전통시대 사행으로 본
동아시아 국제관계

일러두기
• 이 책은 2019년도 동북아역사재단 기획연구 수행 결과물임(NAHF-2019-기획연구-21).

동북아역사재단
연구총서 116

전통시대 사행으로 본 동아시아 국제관계

윤유숙 편

동북아역사재단

| 책머리에

전통시대 사행(使行)으로 본
동아시아 국제관계

종래 전근대 동아시아 국제관계를 이해하는 큰 틀로 기능해온 이론은 일본 학계의 '책봉체제론'과 서구 학계의 '조공체제론'이었다. 그동안 한국 학계의 논리는 조공과 책봉의 문제를 중국 중심적 시각이 아닌 그것을 수용하는 나라의 입장에서도 보아야 한다는 것이었으며, 그런 맥락에서 조공-책봉관계의 명목성 또는 양자(조공-피조공국)의 현실적 필요성을 강조하는 논점이 주류를 이루었다. 이러한 지적은 서구와 일본 학계에 대한 대응논리로서 분명 유의미한 측면이 있으나 논의의 대상이 여전히 조공과 책봉이라는 영역에 머무르고 있는 것도 사실이다.

그런데 역사적으로 동아시아 지역에는 조공-책봉관계에 포섭된 권력과 조공-책봉관계의 외연에 존재하는 권력이 공존하면서 그들 상호 간에 다양한 형태의 '관계'들이 복잡다단하게 전개되었다. 그 일례가 조선과 일본의 통교관계이다. 명(明)·청(淸)과 조공-책봉관계에 있던 조선과 청의 책봉을 받지 않은 일본은 양국의 최고 지배자 간에 국서(國書)를 교환하며 외교관계를 유지했다. 동시에 실질적인 통교의 수행은 일본의 지방권력인 쓰시마(對馬)가 조선 정부에 조공하는 이른바 '유사(類似) 조공관계'의 형태를 취하고 있었기 때문이다. 쓰시마는 조공 사절의 외피를 쓴 다양한 명칭의 사신을 조선에 파견했고 조선은 쓰시마 번주(藩主)를 위무(慰撫)한다는 명목으로 역관(譯官)을 정사(正使)로 하는 사행단을 파견하는 등 조선-쓰시마 사이에서 완결되는 형태의 사행이 조·일 통교 시스템의 커다란 한 축으로 기능하고 있었다.

이처럼 전통시대에 '사행(使行)' 혹은 '사신(使臣)'은 특정 권력 혹은 국가 간의 '관계 설정'은 물론 그 관계를 가시적으로 수행하고 확인하는 중요한 수단이었다. 또한 전근대 동아시아 세계에서 사행은 충돌이나 갈등을 해결하기 위한 외교 교섭, 무역, 의례 수행, 문화 교류와 전파, 사람의 이주(移住) 등을 동반하는 행위이므로, 국제사회에서 국가 간 혹은 국가와 지역 권력 간 관계의 유형과 변화를 상징하는 중요한 열쇠이다. 우리가 '사행'에 주목하게 된 이유는 여기에 있다.

이 책은 총 7편의 논문을 수록하고 있는데, 고대(古代)부터 19세기까지 한반도-중국, 한반도-일본, 중국-동남아시아 간에 행해졌던 사행을 다룸으로써 전통시대 동아시아 국제관계를 다층적 관점으로 그려내고자 했다.

이 책은 크게 1부와 2부로 구성된다. 수록된 순서에 따라 논문 7편의 내용을 소개하면 다음과 같다.

1부는 전근대 동아시아의 국제질서 내지 구조론에 착목한 연구 성과이다. 종래 학계의 대표적인 이론인 '책봉체제론'과 '조공체제론'의 한계를 극복하는 대체논리로서 '조공-맹약체제론'의 가능성을 모색하는 시론(試論)과 19세기 프랑스의 베트남 진출 이후 베트남에 대한 청조의 인식과 정책을 통해 조공-책봉관계의 내실을 조청(朝淸)관계와 비교한 글을 실었다.

1장 「고대 동아시아의 다원적 국제관계와 맹약: '조공-맹약'체제의 가능성」(이재석)에서는 '조공-책봉'론의 의의와 한계를 짚어보고 동아시아의 '맹약'과 복속의 사례들을 검토하여 '조공-책봉론'의 대체이론으로서 '조공-맹약'체제의 가능성을 모색한다. 기존 연구에서 조공-책봉관계에 많은 연구와 관심이 집중된 것에 비해, 왕권에 대한 복속의 형태, 국가와 국가(지역, 종족) 간 관계를 규정할 수 있는 또 하나의 매개체로서 맹약의 존재를 새로운 시각으로 주목해보자는 것이 필자의 출발점이다.

종래 맹약은 주로 중국 북방이나 서방의 민족, 지역 세계의 주요 특징으로 여겨졌지만 전술한 것처럼 그 맹약 세계의 반열에는 동북아시아의 고구려, 백제, 신라 그리고 왜국(일본)까지 묶어서 생각해볼 수 있는 여지가 있다. 맹약의 습속은 중국에서는 내부적으로 진한 제국의 성립 이후 쇠퇴해갔지만, 중원 왕조의 북방·서역에서 동북아시아에 걸친 비중원(非中原) 지역에서는 여전히 강고하게 남아 있었다. 필자는 맹약이 10세기 이전 동아시아 국제관계의 장에서 중원 왕조를 포함하여 다양한 국제관계의 한 유형으로서 기능했다는 결론을 제시한다.

2장 「청말 중국의 베트남 사태에 대한 인식과 대응」(홍성화)에서는 청조-베트남(응우옌 왕조)-프랑스라는 3각 관계에 대한 사례 연구를 통하여, 동아시아 국제질서에서 한중관계의 사례가 특수한 사례인지 아니면 보편적인 사례인지를 검토한다.

청조의 입장에서 책봉국인 응우옌 왕조가 지니는 의미는 ① 조공 질서의 유지, 즉 국제적 규모로서의 예적 질서의 유지, ② 서양의 침략에 대한 국경 지대의 방어선이었다. 애초부터 청조는 응우옌 왕조의 내정에 간섭하지 않았으며, 프랑스의 베트남 침략에 대한 대응이 늦었던 데는 아편전쟁과 태평천국운동 등의 외재적인 변수도 있었지만, 조공질서라는 논리에서 본다면 충분히 있을 수 있는 일이었다.

응우옌 왕조와 프랑스가 맺은 조약에 대해서도 청조는 이를 인정하거나 부정할 수 있는 '종주권'을 갖고 있다고 믿었다. 즉 응우옌 왕조와 프랑스가 맺은 조약보다 청조와 응우옌 왕조가 맺은 조공-책봉 질서가 상위라고 상정하고 있었다. 반대로 근대적인 조약 질서의 시선에서 보자면, 청조의 조공-책봉 질서는 실재적이라기보다는 명목적인 질서라고 간주했던 것이다.

그러나 프랑스의 침략으로 인해 응우옌 왕조의 존립 자체가 어려워지고 국경선에 대한 프랑스의 진출 등이 점점 명확해지면서 청조 역시 개입하기로 결심을 굳히게 되었다. 하지만 베트남 문제에 대한 청조의 개입은 마미(馬尾) 등 해전에서의 패배와 1884년 조선에서 일어난 갑신정변이라는 변동으로 인해 청조의 의도대로 전개되지 않았다. 청조의 실질적인 외교 책임자인 이홍장은 청조가 프랑스와 일본이라는 두 강국을 한꺼번에 상대해야 하는 현실을 매우 우려했다. 이 때문에 이홍장은 반대를 무릅쓰고 강화를 서둘렀던 것이다. 이런 의미에서 청불전쟁은 갑신정변의 계기이고, 다시 갑신정변은 청불전쟁 종결의 계기가 되었다.

2부는 한반도-일본, 한반도-중국을 오가던 사행의 사례를 실증적으로 고찰한 글들로 구성되었다.

3장 「'전연의 맹약' 체결 과정과 사신들의 교섭 활동」(이장욱)에서는 '전연의 맹약' 체결 전후의 역사적 배경과 진행 과정 및 후대에 끼친 영향을 살펴보고, 송과 거란 사이에서 양자 외교업무를 담당했던 주요 정책 결정자와 사신들의 활동을 중심으로 맹약의 역사적 의의를 조명해본다.

필자는 '전연의 맹약' 교섭이 순조롭게 진행되지 않았으나 송과 거란 정책 결정자와 사신들의 활약으로 양국의 군주와 조정(朝廷) 사이를 오가며 서로에게 합리적인 명분을 세워주고 평화와 실리를 추구하는 일치된 목표를 이끌어내 마침내 맹약을 체결하게 되었다고 보았다. 그 결과는 궁극적으로 그 후 1세기 동안 동아시아 국가들 간의 질서를 평화적으로 유지하고 각국이 정치적·경제적·문화적 교류를 하는 데 일조하게 되었다.

'전연의 맹약'은 거란과 송 모두의 필요에 의해 양국의 정책 결정자와 사신들의 활약으로 연출된 고도의 정치적 전략으로, 이를 통해 양자는 각자 얻을 수 있는 이득을 최대한 확보한 상생전략(相生戰略)이었다. 이러한 전략 덕분에 동아시아는 역사상 가장 평화로운 100여 년의 번영을 누리게 되었는데, 필자는 이것이 오늘날 중국의 부상과 더불어 동아시아에서 패권을 다투는 미국 그리고 한국, 일본, 러시아 등의 국가들이 선례를 반추(反芻)해보아야 할 역사적 사실이라고 평가한다.

4장 「16세기 후반 조일관계와 대일사행(對日使行)」(장순순)에서는 일본에 파견된 두 차례(1590년, 1596년)의 통신사행을 검토하여 16세기 후반 조일관계와 통신사행에 대해 살펴본다.

임진왜란 발발 직전에 있었던 1590년 경인(庚寅)통신사는 조선 국왕의 내조를 요구하는 도요토미 히데요시의 요구를 쓰시마 도주가 통신사로 바꾸어 요청한 사행이었다. 따라서 도요토미 히데요시는 조선의 사절을 복속사절로 이해하고 받아들였지만, 조선은 교린국가인 일본의 통일을 축하하는 관례에 준하는 형식을 취하면서 조일 간의 당면한 현안 해결과 일본 국정 탐색을 모색하기 위한 사행이었다.

한편, 1596년 병신(丙申)통신사는 중국과 일본 간의 강화 교섭 과정에서 강화 교섭 당사자였던 두 나라의 파견 요청으로 이뤄졌으나, 한반도 남부에 여전히 일본군이 주둔하고 있는 상황에서 전개되었다. 그럼에도 조선이 통신사라는 이름으로 일본에 사절을 파견하여 명의 책봉사를 수행하게 한 것은 국익을 위해 취할 수 있는 최선의 선택이었다. 명·일 강화 협상의 실체를 파악하고 일본의 재침략 가능성을 탐지함으로써 명분을 잃지 않고 전쟁을 종결시키기 위한 사행이었던 것이다. 그러나 교토까지 갔으나 '일본 국왕'을 접견하지 못하고 국서도 전달하지 못했다는 점에서 통신사 파견을 통해 강화와 전쟁의 종결을 모색하려 했던 조선 측의 의도는 별다른 성과를 거두지 못했다. 그럼에도 불구하고 1590년 경인통신사와 1596년 병신통신사는 조선 왕조의 통신사 외교의 구상을 보여준 사행이었다는 점에서 의의가 있다고 하겠다.

5장 「조선 사신의 명 북경 '관광', 외교적 의미와 관광 소회」(구도영)에서는 기존 북경 사행 연구의 관성에서 벗어나, 조선 사신이 명에서 보낸 사행 일정 중 북경 관광에 주목한 것으로, 외교적 관점에서 조선 사신의 북경 관광 일정이 생겨나고 허가되고 운영되는 과정과 문화적 관점에서 조선 사신의 관광지와 그 소감을 살펴본다.

조선 사신의 북경 일정은 약 40여 일 내외였는데, 이 중 2~3일 정도를 관광하며 보냈다. 15세기 말에는 국자감, 문승상묘, 조천궁 등을 방문했다. 명이 조선 사신의 관광을 공식화한 1534년 이후 조선 사신들이 주로 방문한 관광지는 국자감, 천단, 역대제왕묘였으며, 이 외에 조천궁, 해인사, 백탑사 능을 찾기도 했다.

북경은 명 황제가 있는 중화의 중심부이기에 북경 관광은 조선 사신들에게 '중화'에 대한 기대감을 잔뜩 갖게 했다. 조선 사신은 15세기만 해도 국자감 제도를 완비하기 위해 명의 국자감을 방문하며 탐구했다. 조선 사신은 중국이 구현해나가는 예적 질서와 제도를 알고자 했고, 이를 직접 보고 와서 원대의 제도, 고려의 국속, 현재 조선의 제도들을 검토하여 국내 제도를 개선 또는 유지할지를 결정했다. 명의 국자감, 역대제왕묘는 조선인에게 문화적 동질감, 지식의 확인 및 축적 측면에서 의미가 있었다. 그리고 조천궁과 북경의 거리에서 흔히 접할 수 있는 도교 및 불교 문화는 이질적인 문화와의 만남이기도 했다. 천단, 해인사, 백탑은 화려한 건축물과 수려한 경치를 감상하는 즐거움도 주었다. 한편 조선 사신들은 명의 관광명소를 방문하며 명의 제도와 운영 현황, 풍속에 대해 실망하기도 했다. '중국이 더 이상 예의를 앞세우는 곳이라고 기대할 수 없다'라는 언급도 주저하지 않았다. 그 비판에서는 '조선이 명보다 나은 점이 있다'는 은근한 자신감마저 느껴진다.

조선 사신들의 숙소인 회동관과 예부를 왕래하는 정치적 공간을 벗어나, 명의 속살을 여실히 볼 수 있는 관광은 조선 엘리트들에게 명이 갖고 있는 다양한 층위를 파악하게 해주었다. 당시 조선 엘리트들이 명의 문물을 좀 더 객관화하게 된 배경에는 100여 년 동안 지속된 '북경 관광'이 일정한 영향을 미쳤다. 다른 조공국들과 달리 조선 사신에게는 문금(門禁)이 없었다는 점, 일찍부터 유학적 명소 방문이 가능했고, 북경 사행 사신이라면 누구나 명소를 방문할 수 있었던 경험이 중요한 역할을 했다.

6장 「"중화는 소중화와 다르다": 황재의 연행록에 나타난 18세기 중반 중화 인식의 단면」(남호현)에서는 영조대 두 차례 북경에 다녀온 황재의 연행과 연행록을 분석하여 그의 사행 태도와 함께 연행록에 나타난 중화 인식을 고찰한다.

사행은 그 자체로 동아시아 국제질서의 일면을 보여주지만, 동시에 사행에 참여한 이들의 고정관념은 상대국을 바라보는 시각에도 영향을 미쳐 청나라의 실상과는 다른 고정된 인상을 만들어내기도 한다. 황재는 사행 전부터 청나라에 대한 강한 적개심을 보였는데, 이는 그의 청나라에 대한 고정관념과 함께 당시의 상황에 기인한 것이다. 그 결과 황재의 연행록은 청나라의 부정적인 모습을 부각하고, 청나라 쇠락의 조짐을 발견하는 내용으로 채워졌다. 이 과정에서 황재가 접한 여러 사실과 견문(見聞)은 그의 특정한 시각에 의해 선택되고 재구성되었다.

또한 사절단의 공식 수행원 중 가장 지위가 높은 '삼사신(三使臣)'이기도 했던 황재는 그의 청나라에 대한 시각을 주변이나 조정과도 공유했다. 이러한 사실은 18세기 중반 조선 사회에서 연행록이 단순히 개인적 차원의 여행기가 아닌, 사절단의 청나라와 중화에 대한 특정한 시각을 조선 사회에 확산시키는 매개로 기능했던 모습의 단면을 보여준다.

7장「18세기 후반 쓰시마 간사재판의 조선행 검토」(윤유숙)에서는 18세기 후반 조선에 파견된 쓰시마의 사신(使臣) 간사재판(幹事裁判)이 어떠한 교섭을 행했는지 검토한다. 종래 간사재판으로 분류된 마쓰우라 산지(松浦贊治, 1754), 시마오 다다에몬(嶋雄只右衛門, 1765), 도다 산자에몬(戶田三左衛門, 1771)에 주목하여 그들이 조선에 건너온 이유, 조선과 협상한 내용과 협상의 결말을 상세히 고찰한다. 18세기 후반 간사재판의 사례 연구는 당시 조일통교에서 쟁점이 되었던 사안이 무엇인지, 전개 양상은 어떠했는지를 규명할 수 있는 단서가 되기 때문이다.

마쓰우라 산지는 인삼 구무(求貿) 매매(賣買)와 공작미 연장을 조선에 요구했으나 교섭을 마무리 짓지 못하고 왜관에 온 지 1개월여 만에 귀국했다. 그의 재판사행이 이렇게 끝난 데에는 1750년대 초반, 쓰시마의 거듭된 예단삼 점퇴와 교체 요구로 인해 조선의 반발이 고조되어 인삼 매매가 금지되고 공작미 연장마저 불투명해지는 이례적인 상황이 이어졌기 때문이다. 시마오 다다에몬은 1766년 문위행과 관련하여, 그 사행을 막부가 수락했다는 사실을 조선에 전달한다는 명목으로 파견되었다.

도다 산자에몬은 1760년대 쓰시마의 중대 과제로 부상한 막부의 영속지원금 실현과 관련되어 있었다. 막부는 1770년, 조선과의 사무역(私貿易)이 단절되었다는 이유로 지원금을 하사하면서 교역 재개에 힘쓸 것을 지시했는데, 이에 쓰시마는 '막부의 명령으로 교역 재흥을 요청한다'는 명목으로 도다를 조선에 파견했다. 그러나 조선과의 사무역(개시무역)이 단절되었다는 주장은 쓰시마가 영속지원금을 받아내기 위해 막부를 기만한 것으로, 사무역은 19세기까지도 소규모로 계속 이루어지고 있었다. 쓰시마는 도다에게 사무역 재흥이 어렵다는 조선 역관의 진문(眞文)을 받아오게 했고, 막부를 상대로 이것을 사무역이 단절된 증거로 활용했다.

  이상과 같이 이 책의 필자들은 연구가 미진한 분야뿐만 아니라 활용한 사료나 방법론의 측면에서 실증성과 구체성을 한 단계 진전시키려는 목적을 가지고 집필하였다. 이 책을 통해 전통시대 동아시아 국제 관계를 보다 다층적 관점에서 접근하는 계기가 될 것으로 기대한다.

2020년 11월
한국고중세사연구소 연구위원
윤유숙 씀

차례

책머리에 · 4

제1부 전근대 동아시아의 국제질서

1. 고대 동아시아의 다원적 국제관계와 맹약
'조공-맹약'체제의 가능성 _ 이재석

1. 머리말 · 20
2. 조공-책봉론의 의의와 한계 · 24
3. 동아시아의 맹약과 복속의 제(諸) 사례 · 31
4. 조공-맹약체제의 가능성 · 54
5. 맺음말 · 61

2. 청말 중국의 베트남 사태에 대한 인식과 대응 _ 홍성화

1. 머리말 · 68
2. 청조 조공-책봉 질서 속의 응우옌 왕조 · 71
3. 동치 연간 베트남 문제에 대한 청조의 인식 · 79
4. 광서 연간 초기 베트남 사태에 대한 청조의 인식 · 85
5. 청불전쟁 시기 베트남 사태에 대한 청조의 대응 · 101
6. 맺음말 · 111

제2부 한반도-일본, 한반도-중국 사행의 사례

3. '전연의 맹약' 체결 과정과 사신들의 교섭 활동 _ 이장욱

1. 머리말 · 122
2. '전연의 맹약'의 역사적 배경 · 124
3. '전연의 맹약' 당시의 거란, 중국과 주변국 간의 정황 · 130
4. 전연의 '대치'와 '맹약' 과정에서 사신들의 활약 · 137
5. '전연의 맹약' 주요 내용과 평가 · 145
6. 맺음말 · 149

4. 16세기 후반 조일관계와 대일사행(對日使行) _ 장순순

1. 머리말 · 156
2. 경인통신사(1590) 파견 · 158
3. 명·일 강화 교섭과 병신통신사(1596) 파견 · 164
4. 16세기 후반 조선의 통신사 외교 · 170
5. 맺음말 · 179

5. 조선 사신의 명 북경 '관광', 외교적 의미와 관광 소회 _ 구도영

1. 머리말 · 184
2. 조선 사신, 북경 관광의 시작과 외교적 함의 · 188
3. 조선 사행의 북경 관광 코스와 소회 · 208
4. 맺음말 · 238

6. "중화는 소중화와 다르다"
    황재의 연행록에 나타난 18세기 중반 중화 인식의 단면 _ 남호현

    1. 머리말 · 246
    2. 황재의 사행과 연행록 · 249
    3. 재구성된 견문들 · 257
    4. 굴절된 정보들 · 269
    5. 맺음말 · 280

7. 18세기 후반 쓰시마 간사재판의 조선행 검토 _ 윤유숙

    1. 머리말 · 286
    2. 마쓰우라 산지와 이쿠도 규자에몬의 거듭된 교체 · 287
    3. 별사(別使) 시마오 다다에몬 · 302
    4. 도다 산자에몬과 영속어수당금(永續御手當金) · 306
    5. 맺음말 · 321

찾아보기 · 327

제1부

전근대 동아시아의 국제질서

1.
고대 동아시아의 다원적 국제관계와 맹약

'조공-맹약'체제의 가능성

이재석
한성대학교 역사문화학부 교수

1. 머리말
2. 조공-책봉론의 의의와 한계
3. 동아시아의 맹약과 복속의 제(諸) 사례
4. 조공-맹약체제의 가능성
5. 맺음말

1. 머리말

'동아시아'라는 지역 개념은 그 자체로 자명한 지리적 혹은 문화적 공간이 아니라 하나의 인식의 소산이다. 따라서 '동아시아' 개념을 하나의 범주로서 인식할 경우 그 지리적 범위를 어디까지로 할지에 관해서는 그것을 인식하는 주체와 인식의 필요성(목적성), 인식의 시대적 상황(조건) 등의 제반 조건에 따라 다양하게 설정될 수 있다.

'동아시아'의 범위에 대한 종래의 논의는 대략 세 가지 입장으로 정리할 수 있다.[1] 첫째는 후술하는 것처럼 농경 및 한자문화권을 공통의 문화 기반으로 하고 있는 오늘날의 한국·중국·일본·베트남 지역을 동아시아로 설정하는 입장, 둘째는 농경·한자문화권만이 아니라 유목·초원 지역도 동아시아에 포함시켜야 한다는 입장, 셋째는 농경·한자문화권 및 유목·초원 지역에 더하여 동아시아 해역의 세계도 시야에 넣어야 한다는 입장이 그것이다.

이러한 입장의 배후에 있는 것은 '동아시아'의 성립 요건으로 무엇을 강조할 것인가에 대한 견해차라고 할 수 있다. 즉 동일 문화권의 형성을 중시할 것인가 아니면 지속적·항상적 상호 관계 내지 상호 연관성의 존재를 중시할 것인가의 차이인데,[2] 한자문화권의 강조는 전자의 입장을 대

---

* 이 논문은 동북아역사재단의 기획연구과제로 수행한 결과이다(NAHF-2019-기획연구-21).

1 이에 대한 논의로는 유용태, 2017, 「동아시아 지역인식의 형성과 지역사의 유형」, 『동아시아사를 보는 눈』, 서울대학교 출판문화원이 유익하다.

2 이러한 입장 차는 이미 고병익, 1976, 『동아사의 전통』, 일조각; 민두기, 2001, 「동아시아의 실체와 그 전망」, 『시간과의 경쟁: 동아시아근현대사론집』, 연세대학교 출판부의 연구에 나타나는데, 전자는 문화적 공통성을, 후자는 상호 연관성을 중시하는 입장이다.

표하며 유목·초원 지역과 해역에 주목하는 입장은 후자를 강조하는 것이라고 할 수 있다.

유목·초원 지역은 농경·한자문화권의 생활 지역과는 생태 환경 및 삶의 영위 방식 자체가 다르며 그런 점에서 동일 문화권으로 분류하기는 어렵다.[3] 또한 해역의 세계는 이러한 농경과 유목·초원 지역과는 또 다른 성격의 별도 구역이다. 현재로서는 세 번째 안이 가장 광범위한 '동아시아' 영역론이라고 할 수 있는데 이처럼 성격과 개성이 다른 3개의 영역군이 하나의 '동아시아' 범주를 형성한다고 보면 '동아시아'는 그 자체만으로도 실로 광대하고 매우 다원화된 지역 세계였음을 알 수 있다.[4]

이 글에서 다루고자 하는 고대 동아시아 국제질서의 유형 또한 이러한 다원성에 기초를 두고 있었다. 종래 고대 동아시아 국제관계의 유형으로 가장 주목을 받은 것이 조공-책봉관계였다고 할 수 있다.[5] 그런데 주지

---

[3] 한자문화권에 대비하여 유목·초원 지역에도 일정한 문화적 동질성이 있었다는 것을 전제로 소위 '유목·초원문화권'으로 파악하는 것이 오히려 훨씬 더 알기 쉬울 것이다. 물론 그것이 실제로 가능한지 여부는 필자의 능력 밖의 문제이다.

[4] 다만 '동아시아'라는 지역 명칭은 아시아의 범주 안에서도 동쪽에 위치한 아시아라는 의미를 나타낸다. 그런데 유목·초원의 세계는 아시아의 동쪽에 국한된 지역이 아니라 오늘날의 중앙아시아까지 포괄하는 매우 광대한 지역이므로 이런 지역까지를 포괄하는 용어로서 과연 '동아시아'라는 말이 적절한지에 대해서는 의문이 제기될 소지가 있는 것이 사실이다. 근래 일본 학계에서는 '동부유라시아'라는 용어를 사용하기 시작했는데, 이 글에서는 아시아의 동쪽의 지역사를 주목한다는 의미에서 일단 '동아시아'라는 용어를 사용한다.

[5] 한국 학계의 경우 예를 들어 全海宗, 1966, 「韓中朝貢關係考」, 『동양사학연구』 1; 全海宗, 1973, 「漢代의 朝貢制度에 관한 일고찰」, 『동양사학연구』 6; 이춘식, 1969, 「조공(朝貢)의 기원과 그 의미」, 『중국학보』 10; 이춘식, 1986, 「중국 고대 조공의 실체와 성격」, 『중국학논총』 3, 고려대학교 중국학연구소; 김한규, 1982, 『古代中國的世界秩序研究』, 일조각; 김한규, 1999, 「7~8세기 東아시아 世界秩序의 構造的 特性과 그 運營 體制의 機能」, 『震檀學報』 88; 한국사연구회 편, 1987, 『고대한중관계사의 연구』, 삼지원; 김종완, 1995, 『中國南北朝史研究』, 일조각; 방향숙 외, 2005, 『한중 외교관계와 조

하는 것처럼 조공-책봉관계는 어디까지나 중원 왕조를 중심으로 하는 국제적 정치질서였으며 과연 상기 광범위한 동아시아 지역 전체를 포괄하는 관계 유형이었는가 하는 점에서는 의문의 여지가 있다.[6]

다원적인 동아시아 지역에서는 그 국제질서(관계)가 중원 왕조와 비(非)중원권 간의 관계만이 아니라 응당 비중원권 안에서도 제각각 존재하고 있었으며 그 관계는 조공-책봉만이 아니라 종종 맹약의 형태로[7] 표현되었다. 종래 '맹약'에 관해서는 춘추전국시대 중원 제후들 간의 회맹(會盟)에 관한 연구[8]를 제외하면 주로 10세기 이후 송-요·금의 관계('전연의 맹'이 대표적 사례다) 및 고려-북방 왕조의 관계의 영역에서 가장 많이 언급되었다고 할 수 있다.[9] 그렇지만 맹약이 10세기 이후의 전형적인 국제관

공책봉』, 고구려연구재단; 여호규 외, 2006, 『한국 고대국가와 중국 왕조의 조공·책봉관계』, 고구려연구재단 등은 대표적인 연구 성과의 일부이며 그 밖에도 일일이 열거하지 못할 정도로 많다.

6 조공-책봉관계가 존재했다는 것은 역사적 사실이지만 그렇다고 그것이 동아시아 전체를 규율하는 국제질서 내지 국제관계의 틀(구조)로 기능했는가는 별개의 문제이다.

7 실질적 내용 측면에서는 '맹약'과 별 차이가 없는 것으로 보이지만 그 구체적 표현에서는 '盟約' 외에도 '盟', '約', '誓', '誓盟' 등의 표기가 보인다.

8 김한규, 1999; 김유봉, 2010, 「춘추시기 회맹의 역사적인 역할」, 『중국학논총』 31; 강윤옥, 2013, 「춘추재서(春秋載書) 記錄 小考 - 후마재서(侯馬載書) 宗盟類를 중심으로」, 『중국어문논총』 58; 박병구, 2010, 「춘추전국시기(春秋戰國時期) 회맹(會盟)의 패권질서에 대한 환원주의(還元主義) 비판」, 『지역과 세계』 34-1; 이성원, 2016, 「春秋戰國시대 王權의 변화와 성격」, 『한국고대사연구』 83; 本田濟, 1949, 「春秋會盟考」, 『日本中國學會報』 第一; 高木智見, 1985, 「春秋時代の結盟習俗について」, 『史林』 68-6; 工藤元男, 1994, 「戰國の會盟と符」, 『東洋史硏究』 53-1.

9 이석현, 2009, 「'澶淵의 盟'의 성립과 宋人의 認識」, 『東北亞歷史論叢』 26; 박지훈, 2011, 「송요 간의 전쟁과 和議 - 澶淵의 전역과 맹약을 중심으로」, 『東北亞歷史論叢』 34; 김성규, 2010, 「3개의 '트라이앵글': 北宋時代 동아시아 국제 관계의 大勢와 그 특징에 관한 試論」, 『역사학보』 205; 윤영인, 2007, 「10-13세기 동북아시아 다원적 국제질서에서의 책봉과 맹약」, 『동양사학연구』 101; 윤영인, 2015, 「동아시아 다원적 국제질서의 범위와 성격에 대한 새로운 접근」, 『만주연구』 20; 고병익, 1970, 「몽고·고려

계 유형이었던 것은 아니다. 후술하는 것처럼 당-토번의 회맹을 비롯하여 10세기 이전의 중원 왕조와 북방민족 간에 다수의 맹약 관계가 수립되었으며 고대 한·일의 사료에서도 다수의 맹약 관계의 존재를 확인할 수 있다.[10]

또한 조공은 일종의 복속에 따른 공납의 형태인데 이러한 조공/공납이 책봉관계에서만 가능한 것은 아니었다. 상기한 맹약 관련 사례에서도 맹약에 기초한 조공/공납의 존재(혹은 그러한 인식 태도)를 보여주는 사료를 확인해볼 수 있다. 특히 고대 한·일의 맹약 사례는 조공-맹약의 유형으로 볼 수 있는 경우를 포함하고 있다. 그런 점에서 책봉을 수반하지 않는, 비중원 왕조들 간에 이루어진 이러한 맹약-조공(공납)의 광범위한 사례를 정리하고 종합적인 관점에서 그것이 갖는 동아시아적 성격과 의의를 짚어보는 것도 의미가 있다고 생각한다. 앞으로 그런 작업이 선행되고 또한 연구가 계속 축적된다면 궁극적으로 고대 맹약의 동아시아적 자리매김도 가능할 것으로 생각한다. 그런 의미에서 이 연구는 필자 나름의 맹약에 관한 하나의 시론적(試論的) 성격의 글쓰기라고 할 수 있다.

형제맹약의 성격」, 『동아교섭사의 연구』, 서울대학교 출판부; 고명수, 2015, 「몽골-고려 형제맹약 재검토」, 『역사학보』 225 외 다수가 있다.

10 고대 한·일의 맹약 사례에 관해서는 이재석, 2020, 「고대 韓·日 사료에 보이는 〈盟約〉」, 『한일관계사연구』 67을 참조하기 바란다. 이 글에서도 이들 사례를 소개는 하지만 언급은 최소한으로 줄인다.

2. 조공-책봉론의 의의와 한계

근래 두드러진 연구 성과 중 하나는 전근대 동아시아 국제질서 내지 구조(체제)에 대한 관심이 고조되면서 기존의 연구 성과에 대한 회고와 정리 작업이 이루어지고 있다는 것이다.[11] 예를 들어 김성규는 니시지마 사다오(西嶋定生)가 주창한 책봉체제론[12]과 서구 학계의 대표적 이론인 존 페어뱅크(John K. Fairbank)의 '조공체제(tribute system)'론[13]을 중심으로 '중국적 세계질서'론의 차원에서 비교했으며, 고은미는 책봉체제, 맹약체제와 해역아시아, 몽골제국, 조공무역체제와 호시체제 등을 중심으로 일본 학계의 연구 동향을 정리했다.

소위 '중화제국 질서'에 대한 관심은 최희재나 윤영인에게도 마찬가지인데, 예를 들어 최희재는 서구권과 중국 학계의 동향을 포함하여 그동안 이루어져왔던 전근대 '중화제국'의 국제질서, 특히 조공체제에 관한 연구의 축적을 언급하면서 그 경향성에 대하여 "한편에서 중국 굴기를 배경으로 한 새로운 세계질서 탐색과 관련하여 조공체제에 대한 긍정적인 재조명이 활발하게 진행되는가 하면, 다른 한편으로는 비판적 재검토가

---

11 김성규, 2009, 「미국 및 일본에서 '傳統中國'의 世界秩序'에 관한 연구사와 그 특징 비교」, 『역사문화연구』 32; 고은미, 2017, 「전근대 동아시아의 국제질서 - 일본의 연구 성과를 중심으로」, 『사림』 59, 최희재, 2018, 「'중화제국질서'를 둘러싼 논의의 확산과 수렴 - 조공체제론과 다중체제설을 중심으로」, 『역사문화연구』 65; 윤영인, 2018, 「전근대 동아시아 천하체계와 조공체제」, 『동양문화연구』 29 등을 들 수 있고, 정치학적인 국제질서라는 관점에서 본 연구사 정리로는 김영진, 2016, 「전통 동아시아 국제질서 개념으로서 조공체제에 대한 비판적 고찰」, 『한국정치외교사논총』 38-1 등이 있다.

12 西嶋定生, 1983, 『中國古代國家と東アジア世界』, 東京大出版會.

13 John K. Fairbank (ed.), 1968, *The Chinese World Order: Traditional China's Foreign Relations*, pp.xii, 416, Cambridge, Mass.: Harvard University Press.

확대되면서 조공체제 개념의 무용론이 힘을 얻고 있다"고 지적했다.[14] 그의 정리에 따르면 전근대 중국 중심의 국제질서에 대한 현재적 관심은 무엇보다 현대 중국의 초강대국화의 지향이라는 중국의 위상 재정립 작업과 무관하지 않으며 근년의 동북공정, 서북공정, 청사편찬공정을 비롯한 대규모 학술 프로젝트 추진도 이러한 중화제국 질서의 긍정적 재구축과 밀접한 관련이 있다는 것이다. 아울러 이러한 전근대 중화질서의 '제국성(帝國性)'으로서 근래 제기되고 있는 것이 중국 학계의 신(新)조공 질서론, 신(新)천하주의, 천하체계 등이며 그에 대한 비판적 시각(주변국의 관점)으로서 중국 중심의 질서가 아니라 다양한 복수의 질서가 공존해왔음을 인정하자는 소위 '다중체제(다원적 질서)'설의 존재감을 소개하고 있다.

사실 한국 학계에서도 전근대 조공-책봉의 문제가 근년 갑자기 뜨거운 이슈로 떠오르게 된 데는 중국의 동북공정에서 드러난 고구려·발해사의 중국사 편입 작업이 결정적인 계기를 제공했다는 점을 생각해보면[15] 한국 학계의 동향도 실은 상기 선근대 숭국적 질서를 포함한 동아시아 국제질서에 대한 논의의 흐름과 무관하지 않다는 것을 알 수 있다.

다만 이상의 논의는 모두 고대에서 명청시대까지를 포괄하는 문제이기에 필자의 역량으로는 다루기 어려운 영역이 많다. 따라서 고대사의 논점에 초점을 맞추어 기존 논의를 간단하게 정리해보자면, 먼저 종래 동아시아 전근대 국제관계를 이해하는 큰 틀로서 주목받은 것이 서구 학계의 '조공체제'론과 일본 학계의 '책봉체제'론이었다는 점에서는 이견이 없는 것 같다. 말하자면 일본은 '책봉'을, 서구는 '조공'을 주목한 셈이다.

---

14 최희재, 2018, 136쪽.

15 예를 들면 백영서, 2012, 「중국의 '동북공정'과 한국인의 중국인식의 변화」, 『중국근현대사연구』 58; 한국고대사학회, 2012, 『중국의 동북공정과 한국고대사』, 주류성.

주지하는 것처럼 '조공체제'는 근대적 국제질서의 바탕에 있는 조약체제(treaty system)와 대비되는 전근대 중국의 계층적 국제관계 질서를 조공관계를 중심으로 파악한 개념이다. 중국과 주변 지역이 조공을 매개로 결합될 수 있었던 것은, 중화(화이)사상에 입각한 중국이 문화적 우월감을 바탕으로 주변국과의 국제관계에서 힘을 통한 패권이나 경제적 이득을 추구하기보다는 유교 이념에 의거한 덕에 의한 교화·덕치(德治)를 중시했기 때문이며 그 결과 중국을 중심으로 하는 위계적인 상하 질서(조공-책봉 질서)가 중국 문화권역뿐만 아니라 내륙 아시아 및 그 밖의 외부 지역으로까지 확장성을 가질 수 있었다는 것이다.[16]

한편 책봉체제는 우선 '동아시아 세계'가 전근대 시기에는 그 자체로서 세계사였다는 전제에 입각해 있다. 다시 말해 동아시아는 단순한 지리적 개념이 아니라 일정한 지역 범위에서 공통성과 완결성을 바탕으로 형성되는 자기완결적인 구조를 갖는 역사적 세계였다는 것이다. 그리고 그 '동아시아 세계'는 공통의 문화 요소로서 한자·유교·불교·율령을 공유했으며 이러한 문화가 동아시아 제국(諸國)에 전파될 수 있었던 것도 책봉체제가 어느 정도 공헌했다고 간주한다. 즉 중원 왕조가 주변국에 외신(外臣)으로서의 관직과 작위를 수여하고 이러한 정치적 관계를 매개로 하여 중국의 문화가 주변국에 전달되면서 동아시아에서 공통의 문화권이 형성되었다는 것이다.

이렇듯 책봉체제론은 '동아시아 세계'론과 불가분의 관계였으며 또한 그것은 책봉에 의해 만들어진 중국 중심의 국제질서이자 고대 동아시아 문화권의 성립으로도 귀결되는 구조의 체제 이론이었다. 이러한 논의를

---

16 서구의 조공제도론에 대한 검토는 피터윤(윤영인), 2002, 「서구 학계 조공제도 이론의 중국 중심적 문화론 비판」, 『아세아연구』 45권 3호 참조.

바탕으로 '동아시아 세계'의 범위를 찾아보면 그것은 거의 한자문화권과 일치하며 오늘날의 국가 단위로 구분해 말하자면 중국·한국(조선)·일본·베트남 정도가 여기에 해당한다.

이상의 간략한 개요를 통해서 우리는 조공체제론과 책봉체제론 사이에 공통점이 있음을 알 수 있다. 하나는 양자 모두 근대 이전 시기 동아시아 지역의 국제관계 내지 질서를 구조적으로 이해할 수 있는 모델을 보여주었다는 점에서 긍정적 측면이며, 또 하나는 '책봉'과 '조공'은 양자가 각기 다른 측면에서 중국적 세계질서에 접근하는 것이지만 결국 중국 중심이라는 점에서는 둘 다 동질적이라는 부정적 측면이 그것이다. 그런 점에서 양자는 동전의 양면과 같다고 할 것이다. 양자는 중국적 입장에서 자기만족적으로 본 일방적인 세계질서이며, 그것을 넘어선 동아시아적인 질서로서는 많은 문제를 안고 있다고 하겠다.[17]

먼저 책봉체제론의 문제점을 살펴보자. 주지하듯이 책봉체제론에 대해서는 이미 많은 비판이 제기되었다. 그 비판의 논점은 여러 가지인데 예컨대 최근 히로세 노리오(廣瀨憲雄)는 자신의 저서에서 종래의 책봉체제론에 대한 비판점[18]을 종합하여 다음과 같이 정리하고 있다.[19]

첫째, 책봉체제는 어디까지나 중국 왕조의 이념을 배경으로 한 것이므로 여기에 기초하고 있는 '동아시아 세계'라는 틀에서는 주변 세력(국가, 지역)의 주체성을 충분히 그려내기가 어렵다는 점이다. 여기에 대해서는 주변국은 주변국 나름의 독자성과 자율성을 가지고 있으며 또한 문화

17　김성규, 2009, 162쪽.

18　예를 들어 菊池英夫, 1979, 「總論」, 唐代史研究會 編, 『隋唐帝國と東アジア世界』, 汲古書院.

19　廣瀨憲雄, 2011, 『東アジアの國際秩序と古代日本』, 吉川弘文館, 3-8쪽.

의 전파 시에도 주변국끼리의 관계를 중시할 필요가 있다는 지적[하타다 다케시(旗田巍),[20] 기토 기요아키(鬼頭清明),[21] 다케다 유키오(武田幸男),[22] 이성시[23] 등]을 언급하고 있다.

둘째, 중국 왕조의 외교관계와 국제질서에 대한 검토의 견지에서 보더라도 책봉체제, 동아시아 세계론에는 한계가 있어, 중국 문화가 미치지 않은 돌궐·토번·회흘(回鶻) 등 북방과 서방 지역은 제외된다는 점이다. 여기에 대해서는 책봉체제의 동아시아 세계는 결국 한자문화권으로 귀결되지만 동아시아 지역은 한자문화권만으로는 완결되지 않는 지역 구조라는 지적[호리 도시카즈(堀敏一)][24]과 당(唐) 스스로가 설정한 국제서열에서는 북방·서방 세력이 동방 세력보다 오히려 상위를 점하고 있었다는 지적[야마우치 신지(山内晋次)][25]을 언급하고 있다.

히로세는 이와 같이 정리한 후 책봉체제, 동아시아 세계론의 향후 과제로서 중국과 북방·서방 세력과의 관계와, 주변 여러 세력 간의 관계에 대해서도 동아시아 지역의 국제질서를 다원적으로 생각해봐야 한다는 점을 거론했다. 근래 일본 학계에서 제기되고 있는 동부유라시아론[26]은 기

---

20 旗田巍, 1962, 「十一─十二世紀の東アジアと日本」, 『岩波講座日本歷史 4 古代四』, 岩波書店.
21 鬼頭清明, 1976, 『日本古代國家の形成と東アジア』, 校倉書房.
22 武田幸男, 1980, 「五─六世紀東アジア史の一視点」, 『東アジア世界における日本古代史 講座四 朝鮮三國と倭國』, 學生社.
23 李成市, 2000, 『東アジア文化圈の形成』, 山川出版社.
24 堀敏一, 1994, 『律令制と東アジア世界』, 汲古書院.
25 山内晋次, 2003, 『奈良平安期の日本とアジア』, 吉川弘文館.
26 예를 들면 廣瀨憲雄, 2014, 『古代日本外交-東部ユーラシアの視点から読み直す-』, 講談社選書メチエ; 廣瀨憲雄, 2018, 『古代日本と東部ユーラシアの國際關係』, 勉誠出版; 菅沼愛語, 2013, 『7世紀後半から8世紀の東部ユーラシアの國際情勢とその推移』, 溪水社.

존 동아시아론의 대상을 유라시아 동부까지 확대 적용하려는 일종의 비판적 계승 논리라고 할 수 있다.

책봉체제, 동아시아 세계론에 대한 한국 학계의 기존 비판도 히로세의 정리와 크게 다르지 않다.[27] 특히 삼국(고구려, 백제, 신라) 시대에 삼국이 중원 왕조로부터 받았던 책봉의 의미에 대해서 그것은 어디까지나 외교 형식에 지나지 않으며 거기서 곧장 규제력이 미치는 군신관계를 상정하는 것은 타당하지 않다는 견해가 지금도 유력하다. 이러한 생각의 근저에는 당시의 외교관계와 국제질서가 어차피 정치적 상황과 역관계(力關係)에 따라 정해지는 것이지 책봉이라는 형식에 의거하는 것은 아니었다는 인식이 있다고 할 수 있다.[28]

이러한 비판 논리는 조공체제에 대한 비판에도 그대로 적용된다. 김성규는 앞의 연구사 정리에서 조공체제 비판의 핵심 논리로서 이노구치 다카시(猪口孝)가 지적한 중국 중심주의, 의식적(儀式的) 요소의 과대평가, 중외(中外) 관계에서 동남아시아 및 서양 제국(諸國)의 과대평가라는 세 가지 측면 및 그에 대한 이노구치의 평가, 즉 이 모델은 전통적 중화 세계질서의 중화사상적인 파악으로서는 적절할지 몰라도, 전통적 중화 세계질서, 더 나아가 전통적 동아시아 세계질서의 파악으로서는 부적절하다[29]는 지적을 소개했는데[30] 요컨대 그 귀결점은 국제관계의 당사자 간에는 상

---

27 예를 들어 김유철, 1987, 「日本學界의 東아시아 世界論에 대한 비판적 검토」, 『社會科學研究』 5; 박대재, 2007, 「고대 '동아시아 세계론'과 고구려사」, 『고대 동아시아 세계론과 고구려의 정체성』, 동북아역사재단.

28 예를 들어 임기환, 2003, 「남북조기 한중 책봉·조공 관계의 성격」, 『한국고대사연구』 32; 여호규 외, 2006; 조희승, 2006, 「동아시아세계에서 본 고구려 - '조공'과 '冊封'의 본질을 중심으로」, 『北方史論叢』 9.

29 猪口孝, 1974, 「傳統的東アジア世界秩序試論」, 『國際法外交雜誌』 73-5.

30 김성규, 2009, 161쪽.

대적 자율성에 기초하여 작동하는 현실적 관계가 가장 실체적 관계를 보여준다는 점일 것이다. 윤영인이 10~13세기 국제관계의 다원성을 살펴보면서 중국 일원적인 논리로 당시의 관계를 규율할 수 없다는 점을 강조한 것이나,[31] 유인선이 중국을 대하는 조공국 베트남의 시선(입장)이 기본적으로 대등 관계를 기조로 하고 있었다는 지적[32]은 모두 이러한 측면을 대변한다.

그동안 한국 학계의 논리는 조공과 책봉의 문제를 중국 중심적 시각이 아니라 그것을 수용하는 나라의 입장에서도 보아야 한다는 것이었으며, 그런 맥락에서 조공-책봉관계의 명목성 내지 양자(조공-피조공국)의 현실적 필요성을 강조하는 논점이 주류를 이루었다고 해도 과언이 아니다. 이러한 지적은 서구와 일본 학계에 대한 대응논리로서 유의미한 것이었다고 인정할 수 있을 것이다. 즉 책봉체제나 조공체제나 양자 모두 중화적 질서 관념을 중시했다는 점과 국제관계의 실재를 등한시했다는 비판을 받아왔다는 점에서 보면 이러한 논리는 매우 타당성이 있다. 그렇지만 논의 대상이 여전히 조공과 책봉이라는 영역에 머무르고 있다는 점은 한국 학계가 그에 필적할 만한 대체논리를 구축하는 데는 상대적으로 소극적이었다는 비판을 면하기 어렵다.

최희재는 상기 연구 현황 정리와 관련하여 향후의 연구 과제로서 '중화제국 질서와 동아시아 국제질서의 관계를 어떻게 설정해갈 것인가'라는 문제를 제기했다.[33] '책봉'이나 '조공' 모두 근대 이전의 동아시아 국

---

31 윤영인, 2007.
32 유인선, 1987, 「中越關係와 조공제도」, 『역사학보』 114. 송조의 대(對)안남 관계에 보이는 책봉에 대해서는 김성규, 2011, 「宋王朝 對安南國王 책봉의 형식과 논리」, 『동양사학연구』 115도 도움이 된다.
33 최희재, 2018, 157-158쪽.

제관계에 존재감을 드리우고 있었다는 것은 부정할 수 없는 역사적 사실이다. 한편에서는 이러한 중국 중심의 '책봉'이나 '조공'과는 다른 다원적인 관계가 존재했던 것도 역사적 사실이다. 그렇다면 앞으로의 방향성은 중국 중심의 논리와 다원성의 논리를 접목해서 이해할 수 있는 길을 모색해보는 것도 하나의 방법이 될 것이다. 머리말에서 시사한 바 있는 조공-맹약의 유형이 현재 필자가 생각하고 있는 또 하나의 길이다.

3. 동아시아의 맹약과 복속의 제(諸) 사례

1) 동북아시아 · 한 · 왜(일본)

먼저 동북아시아, 특히 한(韓) 삼국과 왜국(일본)의 사료에 나타난 맹약 관련 내용을 조사해보면 다음과 같은 사례들을 발견할 수 있다. 다만 여기서는 이러한 관계를 분석하는 데 초점을 맞추기보다는 어디까지나 관계의 사례를 확인하는 것이 목적이므로 일일이 상론하는 것은 되도록 피하고자 한다.[34] 또한 전술한 것처럼 맹약과 관련한 표기가 반드시 '맹약'으로만 나오는 것은 아니지만[35] 그 내용상 '맹약'에 준하는 것으로 볼 수 있는 경우도 여기서는 편의상 '맹약'의 사례로 간주했음을 다시 한 번 말해둔다.

---

34 주 10의 별고 참조.
35 주 7 참조.

(1) 고구려

〈사료 1〉국강상광개토경평안호태왕비문(國罡上廣開土境平安好太王碑文)

㉠ … 百殘新羅, 舊是<u>屬民</u> 由來<u>朝貢</u>. 而倭以辛卯年, 來渡□破百殘□□□羅以爲臣民. 以六年丙申, 王躬率□軍, 討伐殘國. … 而殘主困逼, … <u>跪王自誓, 從今以後, 永爲奴客</u>. …

㉡ 八年戊戌, 敎遣偏師, … 因便抄得莫□羅城加太羅谷, <u>男女三百餘人</u>. 自此以來, <u>朝貢論事</u>.

㉢ 九年己亥, <u>百殘違誓</u>與倭和通, 王巡下平穰. 而新羅遣使白王云, 倭人滿其國境, 潰破城池, 以奴客爲民, 歸王請命. 太王恩慈, 矜其忠誠, □遣使還告以□計.

㉣ 十年庚子, 敎遣步騎五萬, 往救新羅. … <u>昔新羅寐錦未有身來論事</u>, □國罡上廣開土境好太王□□□□寐錦□□僕勾□□□□<u>朝貢</u>.

㉤ 廿年庚戌, 東夫餘舊是鄒牟王<u>屬民</u>, 中叛<u>不貢</u>. 王躬率往討. …

〈사료 2〉중원고구려비(中原高句麗碑)

五月中高麗太王祖王公□新羅寐錦世世爲願<u>如兄如弟</u>上下相知(和?)守天東來之寐錦忌太子共前部太使者多亐桓奴主簿□德□□□□□去□□<u>到至跪營</u>□太子共□尙□上共看節賜太翟鄒□□□□<u>賜寐錦之衣服</u>建立處用者賜之隨者□□□<u>奴客人</u>□敎諸位賜上下衣服敎<u>東夷寐錦</u>遝還來節敎賜 錦土內諸衆人□□□ … 受敎<u>跪營</u>之十二月 … <u>新羅土內幢主</u> …

〈사료 3〉『구당서』권199 동이 고려조(『舊唐書』卷199 東夷 高麗條)

… (武德)九年. 新羅百濟遣使訟建武云, 閉其道路, 不得入朝. 又相與有隙, 屢相侵掠. 詔員外散騎侍郞朱子奢, 往和解之. <u>建武奉表謝罪, 請與</u>

新羅對使會盟 …

먼저 고구려의 경우는 광개토대왕 비문에 보이는 "跪王自誓, 從今以後, 永爲奴客"과 "百殘違誓與倭和通"에 보이는 백제(백잔)의 '誓', 즉 '맹세하였다'는 표현이 곧 맹약의 사례에 해당한다. 또한 비문에는 고구려가 당시 백제나 신라를 자신들의 '속민(屬民)'으로서 '조공(朝貢)'을 해온 관계로 설정하고 있는데 여기에 보이는 고구려의 주변 복속국에 대한 자기중심적인 표현은 말하자면 '속민-조공'체제였다고 할 수 있다. 이러한 속민-조공의 관계는 비단 백제, 신라만이 아니라 예컨대 ⓒ과 ⓓ에도 속민-조공의 관계로 설정되어 있다. 아울러 백제의 "노객이 되겠다"는 맹세야말로 속민으로 편입되는 형식이었음을 알 수 있고, 그 결과 조공의 의무가 발생하는 구조였음도 확인할 수 있다.

〈사료 2〉에서는 상기 비문에서 신라를 속민으로 취급하고 있던 고구려가 여기서는 신라를 '동이(東夷)'로 부르고 있음을 보여주며 그 구체적 관계의 표현으로서 '여형여제(如兄如弟)'라는 의제적(擬制的) 친족 관계가 동원되고 있다. 필자는 중원고구려비의 기본적 성격은 고구려 태왕 일행과 신라매금의 회맹비로 보는 것이 타당하다고 생각하며, 고구려의 신라에 대한 '동이' 취급 및 의복 하사, '여형여제' 관계, 고구려 군대의 신라 주둔 등은 〈사료 1〉의 속민-조공관계의 연장선상에서 설정된 구체적 표현이었다고 본다.

〈사료 3〉은 고구려와 신라가 회맹(맹약)이란 형식의 관계 맺기에 이미 익숙하다는 것을 보여주는 사례라고 할 수 있다.

(2) 백제

⟨사료 4⟩ 『일본서기』 신공황후 섭정49년 3월조

… 因以, 平定比自㶱 … 加羅七國. 仍移兵, 西廻至古奚津, 屠南蠻忱彌多禮, 以賜百濟. 於是, 其王肖古及王子貴須, 亦領軍來會. … 唯千熊長彦與百濟王, 至于百濟國, 登辟支山盟之. 復登古沙山, 共居磐石上. 時百濟王盟之曰, … 自今以後, 千秋萬歲, 無絶無窮. 常稱西蕃, 春秋朝貢.
…

⟨사료 5⟩ 『일본서기』 흠명천황 2년(541) 4월조

… 聖明王曰, 昔我先祖速古王.貴首王之世, 安羅.加羅.卓淳旱岐等, 初遣使相通, 厚結親好. 以爲子弟, 冀可恆隆. 而今被誑新羅, … 而遣下部中佐平麻鹵.城方甲背昧奴等, 赴加羅, 會于任那日本府相盟. 以後, 繫念相續, 圖建任那, 旦夕無忘. …

⟨사료 6⟩ 『일본서기』 흠명천황 2년(541) 7월조

乃謂任那曰, 昔我先祖速古王.貴首王, 與故旱岐等, 始約和親, 式爲兄弟. 於是, 我以汝爲子弟, 汝以我爲父兄. 共事天皇, 俱距强敵. 安國全家, 至于今日. …

⟨사료 7⟩ 『일본서기』 흠명천황 5년(544) 11월조

聖明王謂之曰, 任那之國與吾百濟, 自古以來約爲子弟.

위에 제시한 사료는 백제의 맹약 사례이다. ⟨사료 5⟩~⟨사료 7⟩은 성명왕이 가야의 지배층들에게 과거 근초고왕·근구수왕의 시대에 "始約和親", "約爲子弟"라는 표현에서 알 수 있듯이 '약(約)', 즉 맹약으로서 화

친 관계를 맺었으며 또한 그것이 자제(子弟)-부형(父兄)과 같은 의제적 친족 관계로 표현되고 있음을 시사한다. 상기 고구려와 신라가 '여형여제'로 표현되어 있는 것과 동일한 형식이며 고구려와 신라가 그러했듯이 백제와 가야의 관계도 대등한 관계가 아니라 상하관계였을 가능성을 보여준다.[36]

〈사료 4〉는 유명한 가야7국 평정기사로 알려진 사료인데 여기에는 명확하게 '맹(盟)'의 표현이 보인다. 다만 일본 천황에게 영구히 '서번(西蕃)'을 칭하며 조공을 하겠다는 맹세를 성명왕이 왜국 사자인 '千熊長彦'에게 했다는 것은 사실로 보기 어렵다.[37] 다만 '벽지산(辟支山)' 등에서 맹약을 한다는 형식의 표현까지 부정할 필요는 없을 것이다. 백제에서는 이러한 방식의 맹약이 관행적으로 이루어지고 있었을 가능성까지 부정하기는 어렵기 때문이다.

별고에서는 상기 백제의 사례가 전게 고구려의 사례와 유사성이 있음을 지적했다. 즉 첫째 벽지산, 고사산(古沙山)의 맹의 형식이 단지 구두로 복속(西蕃)-조공을 맹세하는 것으로 되어 있는 것은 〈사료 1〉에서 백제왕이 역시 구두로 "跪王自誓, 從今以後, 永爲奴客"한 것과 매우 유사한 구조라는 점, 둘째 백제와 가야의 관계에 대해 성왕이 근초고왕 이래로 지금까지 부자-형제관계로 내려오고 있음을 강조하고 있는 것은 〈사료 2〉의 고구려-신라 간의 "世世爲願如兄如弟" 관계와 유사한 점, 셋째 '여형여제' 관계에 입각하여 고구려는 신라 영내에 고구려군을 주둔시키고 있

---

36 백제가 가야와의 관계를 상하관계로 인식하고 있었을 가능성을 단적으로 보여주는 것이 6세기 『양직공도(梁職貢圖)』의 백제국사조(百濟國使條)이다. 여기에는 백제의 '방소국(傍小國)', 즉 부용국으로서 叛波, 卓, 多羅, 前羅, 斯羅, 止迷, 麻連, 上己汶, 下枕羅가 등장한다.
37 김현구 외, 2002, 『일본서기 한국관계기사 연구(I)』, 일지사, 107-108쪽.

었는데 가야와 유사 관계에 있는 백제 또한 가야 제국 안에 백제군을 주둔시키고 있었다는 점,[38] 넷째 상기 조건들을 바탕으로 고구려는 신라를 '동이(東夷)'로 치부했는데 백제 또한 가야를 '동이'로 인식하고 있었을 가능성이 있는 점[39] 등이 그것이다.

광개토왕비문에 보이는 한반도의 대립 구도는 '고구려+신라' 연합 대 '백제+가야+왜' 연합의 대항이었다. 그런데 고구려와 신라의 관계나 백제와 가야의 관계나 모두 부자-형제관계를 표방한 일종의 맹약관계를 맺고 군대 주둔을 포함한 군사적 협력을 유지하고 있었다는 사실은 매우 흥미롭다.

(3) 신라

〈사료 8〉 진흥왕 마운령비(眞興王磨雲嶺碑)

… 然朕歷數當躬仰紹太祖之基 … 因斯**四方託境廣獲民土隣國誓信和使交通**府自惟忖撫育新古黎庶猶謂道化不周恩施未有於是歲次戊子秋八月**巡狩管境訪採民心以欲勞賚** … 因諭邊堺矣 …

〈사료 9〉 『삼국사기』 신라본기 문무왕 4년(664) 2월조

角干金仁問·伊湌天存, 與唐勅使劉仁願·百濟扶餘隆, **同盟于熊津**.

---

38 『일본서기』, 현종천황 3년(487) 시세조 및 동 흠명천황 5년(544) 2월조에 보이는 백제 동성왕 시대에 紀生磐宿禰의 가야 주둔 및 반란 전승 기사는 백제의 가야 주둔군과 관련된 내용이라고 보는 것이 일반적인 해석이다. 이 문제에 대해서는 김현구, 1993, 『임나일본부연구』, 일조각, 61-75쪽을 참조하기 바란다.

39 〈사료 4〉에 보이는 "南蠻 忱彌多禮"는 백제 중심의 방위관에 입각한 표현이며 이러한 사방(四方) 인식의 존재에서 유추해보면 『양직공도』에 보이는 가야~신라=백제의 '傍小國'군이 백제의 '동이'였을 가능성도 무시할 수 없다.

〈사료 10〉『삼국사기』 신라본기 문무왕 5년(665) 8월조

秋八月, 王與勅使劉仁願·熊津都督扶餘隆, <u>盟于熊津就利山</u>. 初百濟自 扶餘璋, 與高句麗連和, … <u>高宗詔扶餘隆, 歸撫餘衆, 及令與我和好</u>. 至 是, 刑白馬而盟. 先祀神祇及川谷之神, 而後歃血. 其盟文曰, "往者百 濟先王, 迷於逆順, … 仍遣使人右威衛將軍魯城縣公劉仁願, 親臨勸誘, 寔宣成旨, 約之以婚姻, 申之以盟誓, 刑牲歃血, 共敦終始, … 旣盟之後, 共保歲寒. <u>若有背盟</u>, … 明神監之, 百殃是降, 子孫不育, 社稷無守, 禋 祀磨滅, 罔有遺餘. 故作金書鐵券, 藏之宗廟, 子孫萬代, 無敢違祀. 神之 聽之, 是饗是福." 劉仁軌之辭也. <u>歃訖, 埋牲幣於壇之壬地, 藏其書於我 之宗廟</u>.

〈사료 8〉은 진흥왕 순수비 중의 하나인 마운령비로서 그 비문에 "四方 託境 廣獲民土 隣國誓信"이라고 나오는 부분이 주목된다. 이 부분은 예컨 대 진흥왕 황초령비(黃草嶺碑)에도 "四方託境 廣獲民土 隣國誓信 和使交 通"으로 동일하게 보이는데 인국과 화친을 맺는 형식이 '서신(誓信)', 즉 신의를 맹세하는 형식임을 드러내고 있다. 영토와 민(民)의 확장, 인국이 화친을 맹세하는 것은 고구려 광개토왕비문 속의 그것과도 유사하다는 느낌을 준다.

〈사료 9〉와 〈사료 10〉은 백제 멸망 후 백제의 고토에 당이 설치한 웅 진도독부 체제하의 백제와 신라가 웅진회맹과 취리산회맹을 맺었다는 내 용이다. 당 유인원이 주선한 것으로 보이는데 여기에 보이는 회맹 방식 은 백제와 신라, 그리고 당에게도 그리 낯선 방식이 아니었을 것으로 추 측된다. 여기서는 일단 회맹(맹약)의 존재만 확인하고 다음으로 넘어가기 로 한다. 한편 신라 사회의 내부적 관행으로서 '서(誓)'가 일반적으로 자리 잡고 있었음을 보여주는 사례로서는 임신서기석(壬申誓記石), 남산신성

비(南山新城碑) 제1비, 양양(襄陽) 선림원지 종명(禪林院址 鍾銘) 등을 들 수 있다.[40]

(4) 고려

〈사료 11〉『고려사』(世家 卷第一) 태조 9년(926) 4월 경진조

九年 夏四月 庚辰 甄萱質子眞虎病死, 遣侍郞弋萱送其喪. 甄萱謂我殺之, 殺王信, 進軍熊津. 王命諸城, 堅壁不出. 新羅王遣使曰, "**甄萱違盟擧兵**, 天必不祐. 若大王奮一鼓之威, 萱必自敗." 王謂使者曰, …

〈사료 12〉『고려사』(世家 卷第二) 태조 18년(935) 12월 임신조

(12월) 壬申 御天德殿, 會百僚曰, "**朕與新羅, 歃血同盟**, 庶幾兩國永好, 各保社稷. 今羅王固請稱臣, 卿等亦以爲可, 朕心雖愧, 衆意難違." 乃受羅王庭見之禮, 群臣稱賀, 聲動宮掖. …

〈사료 13〉『고려사』(世家 卷第二) 태조 25년(942) 10월조

(壬寅) 二十五年 冬十月 契丹遣使, 來遣橐駝五十匹. 王**以契丹嘗與渤海連和**, 忽生疑貳, **背盟**殄滅, 此甚無道, 不足遠結爲隣. 遂絶交聘, 流其

---

40 원문을 소개하면 다음 표와 같다.

壬申誓記石	壬申年六月十六日二人幷誓記天前誓今自 三年以後忠道執持過失無誓若此事失 天大罪得誓若國不安大亂世可容 行誓之 又別先辛未年七月廿二日大誓 詩尙書禮傳倫得誓三年
南山新城碑 제1비	辛亥年二月廿六日南山新城作節如法以作後三年崩破者罪敎事爲聞敎令誓事之 …
禪林院址 鍾銘	貞元卄年 甲申 三月 卄三日 當寺鍾成內之 … 願旨是者, 法界有情 皆佛道中到內去. 誓內 時寺聞賜主 信廣夫人君 …

使三十人于海島, 繫橐駝萬夫橋下, 皆餓死.

위의 세 사료는 모두 고려 태조 시기인 10세기 초의 상황을 보여주는 사례들이다. 〈사료 11〉에서는 신라 왕이 견훤의 고려 공격을 "違盟擧兵"이라고 지적하고 있으며, 〈사료 12〉는 신라 병합 이전의 상황을 고려 태조가 "歃血同盟, 庶幾兩國永好, 各保社稷"이라고 언급하고 있다. 〈사료 13〉은 거란이 발해를 멸망시킨 것을 두고 "背盟殄滅"이라고 하며 무도한 행위로 비난하고 거란과의 교빙을 단절했다는 내용이다. 왕건은 "王以契丹嘗與渤海連和"라고 나오듯이 과거에 맺었던 거란과 발해의 화친이 곧 '맹'이었다는 인식을 드러내고 있다.

이러한 사례를 보면 후삼국시대 각국의 관계는 기본적으로 맹약을 기초로 한 관계였음을 알 수 있으며, 북방의 거란과 발해 또한 마찬가지였음을 보여준다. 이 시기의 맹약관계를 보여주는 사례로 비단 상기 사례만 있는 것은 아니지만[41] 신라 말 고려 초에 맹약이 국가 간의 일반적인 관계를 표현하는 용어로 빈번하게 사용되었다는 사실을 확인할 수 있다.

(5) 왜(일본)

〈사료 14〉『일본서기』 신공황후 섭정전기(200) 10월 신축조

從和珥津發之. … 新羅王, … 乃今醒之曰, 吾聞, 東有神國. 謂日本. 亦有聖王. 謂天皇. 必其國之神兵也. 豈可擧兵以距乎, 卽素旆而自服. 素組以面縛. 封圖籍, 降於王船之前. 因以, 叩頭之曰, 從今以後, 長與乾

---

[41] 예를 들어『고려사』, 태조 10년(927) 정월 을묘조, 동 12월조, 동 11년 정월 壬月조에도 후백제 관련 맹약 표현이 보이며, 11세기로 넘어가면 동 현종 3년(1012) 10월 윤월조에 여진인들이 화주(和州)에 와서 걸맹(乞盟)했다는 기사도 보인다.

坤, 伏爲飼部. 其不乾船柂, 而春秋獻馬梳及馬鞭. 復不煩海遠, 以每年
貢男女之調. 則**重誓之曰**, 非東日更出西, … 而殊闕春秋之朝, 怠廢梳鞭
之貢, 天神地祇, 共討焉. … 爰新羅王波沙寐錦, 卽以微叱己知波珍干岐
爲質, 仍賷金銀彩色及綾.羅.縑絹, 載于八十艘船, 令從官軍. 是以, 新羅
王, 常以八十船之調貢于日本國, 其是之緣也. **於是**, **高麗**.百濟二國王,
聞新羅收圖籍, 降於日本國密令伺其軍勢. 則知不可勝, **自來于營外**, **叩**
頭而款曰, 從今以後, 永稱西藩, 不絶朝貢. **故因以, 定內官家屯倉**. 是
所謂之三韓也. 皇后從新羅還之.

〈사료 15〉『일본서기』 민달천황 10년(581) 윤2월조
蝦夷數千, 寇於邊境. 由是召其魁帥綾糟等.〈魁帥者, 大毛人也〉詔曰,
惟爾蝦夷者, 大足彥天皇之世, 合殺者斬, 應原者赦. 今朕遵彼前例, 欲
誅元惡. 於是, 綾糟等懼然恐懼, 乃下泊瀨中流, 面三諸岳, **歃水而盟曰**,
臣等蝦夷, 自今以後, 子子孫孫,〈古語云, 生兒八十綿連〉用淸明心, 事
奉天闕. 臣等若違盟者, 天地諸神及天皇靈, 絶滅臣種矣.

〈사료 16〉『일본서기』 제명천황 4년(658) 4월조
阿陪臣〈闕名〉率船師一百八十艘, 伐蝦夷. 齶田·渟代二郡蝦夷, 望怖乞
降. 於是, 勒軍, 陳船於齶田浦. 齶田蝦夷恩荷, **進而誓曰**, 不爲官軍, 故
持弓矢. 但奴等性食肉故持. 若爲官軍, 以儲弓矢, 齶田浦神知矣. 將淸
白心, 仕官朝矣. 仍授恩荷, …

〈사료 17〉『일본서기』 효덕천황 즉위전기(645) 6월 을묘조
天皇, 皇祖母尊, 皇太子, **於大槻樹之下, 召集羣臣盟曰**,〈告天神地祇
曰, 天覆地載, 帝道唯一. 而末代**澆**薄, 君臣失序. 皇天假手於我, 誅殄暴

逆. 今共瀝心血, 而自今以後, 君無二政, 臣無貳朝. 若貳此盟, 天災地妖, 鬼誅人伐. 皎如日月也.〉

〈사료 18〉『일본서기』천지천황 10년(671) 11월 병진·임술조
丙辰. 大友皇子在內裏西殿織佛像前, 左大臣蘇我赤兄臣, 右大臣中臣金連, 蘇我果安臣, 巨勢人臣, 紀大人臣侍焉. **大友皇子手執香鑪先起誓盟曰**, 六人同心奉天皇詔. 若有違者, 必被天罰. 云々. 於是, **左大臣蘇我赤兄臣等手執香鑪隨次而起. 泣血誓盟曰**, 臣等五人隨於殿下, 奉天皇詔. 若有違者, 四天王打. 天神地祇亦復誅罰. 卅三天證知此事, 子孫當絶, 家門必亡. 云々.
壬戌. 五臣奉大友皇子**盟天皇前**.

〈사료 19〉『일본서기』천무천황 8년(679) 5월 을유조
天皇詔皇后及草壁皇子尊, 大津皇子, 高市皇子, 河嶋皇子, 忍壁皇子, 芝基皇子曰, 朕今日與汝等俱盟于庭, 而千歲之後欲無事, 奈之何. 皇子等共對曰, 理實灼然. **則草壁皇子尊先進盟曰**, 天神地祇及天皇證也. … 俱隨天皇勅, 而相扶無忤. 若自今以後, 不如此盟者, 身命亡之, 子孫絶之, 非忘非失矣. **五皇子以次相盟如先**. 然後天皇曰, 朕男等各異腹而生. 然今如一母同産慈之. 則披襟抱其六皇子. **因以盟曰**, 若違盟, 忽亡朕身. **皇后之盟**且如天皇.

〈사료 20〉『속일본기』천평보자 원년(757) 7월 경술조
詔. 更遣中納言藤原朝臣永手等, 窮問東人等, 款云, 每事實也. … **庭中禮拜天地四方, 共歠鹽汁. 誓曰**, 將以七月二日闇頭, 發兵圍內相宅, 殺卻卽圍大殿, 退皇太子. …

〈사료 14〉는 신공황후의 소위 삼한 정벌 전승이다. 여기에서 신라 왕은 항복하여 복속과 조공을 거듭 맹세('重誓')했다고 하며, 이 소식을 들은 고구려 왕과 백제 왕도 조공할 것을 말하며 복속했다고 한다. 고구려와 백제 왕의 언사에는 직접 맹세한다는 표현은 없지만 그 내용은 신라의 맹세와 별반 다르지 않다고 보아도 무방하다. 물론 여기에 보이는 삼한 정벌 전승이 역사적 사실이 아님은 이미 상식이지만[42] 그 문제와는 별개로 여기에 신라 왕의 복속이 '맹세'라는 형식을 통해 이루어졌다고 하는 설정 자체는 왜국 내부의 관행이 반영된 것으로 볼 수 있다.

그런 점에서 〈사료 15〉와 〈사료 16〉의 에미시 집단의 복속 의례가 맹약으로 표현되어 있는 것은 중요하다. 〈사료 17〉~〈사료 20〉은 모두 왜국(일본) 내부의 맹약의 관행을 보여주는 사례들이다. 〈사료 20〉은 반란을 획책하는 주모자들 내부의 결속을 위해 '맹세'가 사용된 경우인데 나머지 〈사료 17〉~〈사료 19〉는 사실상 조정 내부에서 군신 간의 충성과 결속을 확인하는 방편으로 맹약이 동원된 것으로서 복속 의례의 한 방편으로 볼 수 있다는 점에서 〈사료 14〉~〈사료 16〉의 그것과 별반 다르지 않다.

2) 중원, 북방(서역) 아시아

한편 시선을 북방(서역) 아시아 방면으로 돌려보면 한대(漢代)의 흉노에서 당대(唐代)의 돌궐·위구르·남만(南蠻) 등에 이르기까지 다양한 맹약 관련 사료를 추출해볼 수 있다. 앞에서 소개한 동북아시아, 특히 한(韓) 삼국과 왜국(일본)의 사료에 나타나는 맹약 관련 사료는 사회적 관행을 보여

---

42 예를 들어 홍성화, 2010, 「4~6세기 百濟와 倭의 관계 - 『日本書紀』 내 倭의 韓半島 파병과 百濟·倭의 인적교류 기사를 중심으로」, 『한일관계사연구』 36, 8쪽.

주는 경우를 제외하면 국가(왕권)에 대한 복속의 형식으로서 맹약의 형태가 자주 사용되었음을 확인할 수 있었다. 그런데 북방 아시아의 경우 중원 왕조와의 관계에서 사용된 맹약의 사례들은 대체로 대등 관계를 나타내는 경우가 대부분이다.[43]

(1) 흉노

〈사료 21〉『사기』흉노열전

㉠ 是時漢初定中國, 徙韓王信於代, 都馬邑. 匈奴大攻圍馬邑, 韓王信降匈奴. 匈奴得信, 因引兵南踰句注, 攻太原, 至晉陽下. 高帝自將兵往擊之. 會冬大寒雨雪, 卒之墮指者十二三, 於是冒頓詳敗走, 誘漢兵. 漢兵逐擊冒頓, 冒頓匿其精兵, 見其羸弱, 於是漢悉兵, 多步兵, 三十二萬, 北逐之. … 於是高帝令士皆持滿傅矢外鄉, 從解角直出, 竟與大軍合, 而冒頓遂引兵而去. 漢亦引兵而罷, <u>使劉敬結和親之約</u>.

㉡ 是後韓王信爲匈奴將, 及趙利·王黃等數倍約, 侵盜代·雲中. 居無幾何, 陳豨反, 又與韓信合謀擊代. 漢使樊噲往擊之, 復拔代·鴈門·

---

43 한(漢)~당(唐)대의 북방·서방 지역 등과의 외교-전쟁을 포함한 정치적 관계의 추이에 대해서는 護雅夫, 1971, 「北アジア·古代遊牧國家の構造」, 『岩波講座世界歷史6 古代6』, 岩波書店; 嶋崎昌, 1971, 「遊牧國家の中央アジア支配と中國王朝」, 『岩波講座世界歷史6 古代6』, 岩波書店; 杉山正明, 1997, 『遊牧民から見た世界史』, 日本經濟新聞社; 梅村垣, 1999, 「草原とオアシスの世界」, 『岩波講座世界歷史9 中華の分裂と再生』, 岩波書店; 金子修一, 2001, 「中國皇帝と周邊諸國の秩序」, 『隋唐の國際秩序と東アジア』, 名著刊行會; 김호동, 1993, 「唐의 羈縻支配와 북방 유목민족의 대응」, 『역사학보』 137; 김한규, 2003, 『티베트와 중국의 역사적 관계』, 혜안; 丁載勳, 2007, 「唐 德宗時期 (779~805)의 對外政策과 西北民族의 對應」, 『中國古中世史硏究』 18; 이완석, 2015; 정병준, 2013, 「吐蕃의 土谷渾 병합과 大非川 전투」, 『역사학보』 218 등의 논문이 도움이 된다.

雲中郡縣, 不出塞. 是時匈奴以漢將衆往降, 故冒頓常往來侵盜代地. 於是漢患之, <u>高帝乃使劉敬奉宗室女公主爲單于閼氏, 歲奉匈奴絮繒酒米食物各有數, 約爲昆弟以和親</u>, 冒頓乃少止. 後燕王盧綰反, 率其黨數千人降匈奴, 往來苦上谷以東.

ⓒ 高祖崩, 孝惠·呂太后時, 漢初定, 故匈奴以驕. 冒頓乃爲書遺高后, 妄言. 高后欲擊之, 諸將曰:「以高帝賢武, 然尙困於平城.」<u>於是高后乃止, 復與匈奴和親</u>.

ⓓ <u>今帝卽位, 明和親約束</u>, 厚遇, 通關市, 饒給之. 匈奴自單于以下皆親漢, 往來長城下.

위의 사료는 한과 흉노의 맹약관계를 보여주는 『사기』 흉노열전의 몇 가지 사례들이다.[44] 먼저 ㉠은 한 고조와 흉노의 묵특선우(冒頓單于)가 교전한 뒤 가까스로 포위를 뚫고 나온 고조가[45] 유경(劉敬)으로 하여금 흉노와 화친의 약(和親之約)을 맺게 했다는 내용이다. ㉡은 ㉠의 화친 성립 이후에도 싸움이 지속되자 고조가 종실의 여성을 공주라고 하여 묵특선우와 혼인하게 하고 형제의 맹약을 맺어 화친하게(約爲昆弟以和親) 했다는 내용이다. ㉢은 고조의 사후 고후(高后, 여태후)가 흉노와 다시금 화친을 맺었으며, ㉣은 금상(今上, 한 무제)이 흉노와 화친을 약속하고 대우를 후하게 해주니 흉노가 모두 장성 아래로 왕래했다는 내용이다.

---

44 흉노 및 한-흉노의 관계에 대해서는 李珠, 1960, 「後漢初의 南北匈奴考: 建武年間」, 『梨大史苑』 2; 김한규, 1982, 「漢代 中外關係의 몇 가지 유형」, 『古代中國의 世界秩序 硏究』, 일조각; 김병준, 2016, 「『사기』흉노열전의 "흉노 前史(전사)" 기록 검토」, 『中央아시아硏究』 21-1; 이춘식, 2018, 「한 제국의 흉노패권 탈취의 전략과 정책: 국제협공책, 차별이간책, 분할공략책 중심으로」, 『정치와 평론』 22 등을 참조하라.

45 당시 교전의 구체적인 상황에 대해서는 『사기』 韓信盧綰列傳에 자세하다.

물론 위의 사례들만이 한과 흉노의 화친관계를 보여주는 것은 아니다. 『사기』 흉노열전에 따르면 ㉢ 이후에 효문제가 즉위해 과거의 화친을 확인했으며[46] 3년 뒤(기원전 177) 흉노와 전쟁이 발발하여 화친이 깨졌으나 흉노 선우와 효문제 간에 서신을 교환하여 다시금 화친을 맺었으며 묵특선우의 사후 그의 아들 노상계육선우(老上稽粥單于)가 즉위하자 효문제는 이번에도 종실의 여자를 공주라 하고 선우에게 보냈다고 한다. 그러나 다시 흉노와의 관계가 악화되자 효문제 후원(後元) 2년(기원전 162)에 다시 서신으로 화친 의사를 표명하여 화친이 성립했다. 노상계육선우의 아들 군신선우(軍臣單于)가 들어서자 효문제는 다시금 흉노와의 화친을 확인했으나 4년 뒤[47] 흉노는 화친을 끊고 침입했다. 얼마 지나지 않아 효경제가 즉위하자 다시 화친이 성립했는데 이에 대해 『사기』 흉노열전은 "孝景帝復與匈奴和親, 通關市, 給遺匈奴, 遣公主, 如故約. 終孝景時, 時小入盜邊, 無大寇"라고 기술하고 있다. 이 기사에 이어서 ㉣의 한 무제 치세 시기의 한-흉노 관계가 시작하는데 양자 간의 지리한 전쟁에 대해서는 이미 잘 알려져 있다.

이상의 한-흉노 관계 기사에서 '맹'이라는 표현은 보이지 않는다. 오히려 '和親之約'이나 "約爲昆弟以和親"이 양국 관계를 표현하는 가장 정확한 말일 것이다. 여기서 '화친'은 관계의 성격, '약(約)'은 관계의 형식을 보여주는데 그 구체적 관계의 설정을 보여주는 것이 '곤제(昆弟)'라고[48]

---

46 『사기』 흉노열전에 "至孝文帝初立, 復修和親之事"라고 나온다.

47 『사기』 흉노열전의 원문에는 "軍臣單于立四歲"라고 되어 있으나 『사기』 孝文本紀와 『한서』 문제기 및 흉노전 등에 따르면 "歲餘", 즉 1년 남짓으로 되어 있다. 동북아역사재단 편, 2009, 『譯註中國正史外國傳1 史記 外國傳 譯註』, 동북아역사재단, 100쪽 참조.

48 '昆弟' 관계를 통한 한-주변국 간의 관계 설정은 예컨대 『사기』 대완열전에 서역으로 파견되었던 장건이 오손과 한이 형제(곤제) 관계를 맺고 연대하면 대하(大夏) 등도 한

할 수 있다. 이것은 뒤에 나오는 '조공-책봉'의 형식과는 매우 다른 양식이다.

또 한 가지 주목할 것은 '和親之約'이 성립하는 방식이 구두나 서신으로 상호 화친의 의사를 확인하는 것만으로도 충분했다는 점이다. 예를 들어 효문제 후원 2년에 사신을 통해 흉노에게 서신을 보내며 화친할 것을 제의했는데 이어지는 후속 기사는 "單于旣約和親, 於是制詔御史曰, 匈奴大單于遺朕書, 言和親已定, 亡人不足以益衆廣地, 匈奴無入塞, 漢無出塞, 犯今約者殺之, 可以久親, 後無咎, 俱便. 朕已許之. 其布告天下, 使明知之"라고 나온다. 여기에는 서신을 통해 화친의 의사를 확인한 뒤 이를 화친이 성립한 것으로 보고 바로 포고하는 절차에 들어갔음을 보여준다. 그야말로 '약속'의 세계였던 것이다.

(2) 토번

토번은 당과의 관계에서 그 어느 국가보다도 회맹을 많이 맺은 나라이다. 회맹 성립 내지 추진 사실이 확인되는 것만 해도 10회인데 표로 정리하면 다음과 같다.

의 외신(外臣)으로 삼을 수 있다(與漢結昆弟, 其勢宜聽, 聽則是斷匈奴右臂也. 旣連烏孫, 自其西大夏之屬皆可招來而爲外臣)고 건의했다고 하며, 실제로 오손은 장건의 사후 오손과 한의 관계를 알게 된 흉노가 오손을 공격하려 하자 오손은 두려운 나머지 한의 사신에게 한의 옹주를 얻어 '곤제'의 관계를 맺기를 원한다(自博望侯騫死後, 匈奴聞漢通烏孫, 怒, 欲擊之. 及漢使烏孫, 若出其南, 抵大宛·大月氏相屬, 烏孫乃恐, 使使獻馬, 願得尙漢女翁主爲昆弟)라며 한에 말을 바쳤다고 나온다.

표 1 11회의 당·토번 회맹 사례(僞會盟과 中止한 2회의 회맹 포함)[49]

	회맹	시기	회맹의 경위	맹약 내용
①	神龍會盟[50]	中宗 神龍 2년 (706)	당의 재상 등 10명(또는 22명)과 토번의 대신이 회맹에 서명	불명
②		玄宗 開元 2년 (714)	하원(河源)에서 국경을 획정하여 회맹할 예정이었으나, 토번군의 임조(臨洮) 침공으로 중지[51]	하원을 국경으로 하는 것
③	開元會盟[52]	玄宗 開元 18~21년 (730~733)	회맹하여 맹문(盟文)을 새긴 비문을 국경의 적령(赤嶺)에 입석(立石)	국경 획정 및 침범 금지 등
④	寶應會盟[53]	肅宗 寶應 원년 (762) 1월	장안(長安) 홍려시(鴻臚寺)에서 회맹, 토번의 예에 따라 맹약	불명
⑤	永泰會盟(中止)[54]	代宗 永泰 원년 (765) 3월	대종(代宗)은 재상들을 초대하여 흥당사(興唐寺)에서 토번과 회맹하도록 명했으나 회맹은 결국 중지되었음	없음
⑥	大曆會盟[55]	代宗 大曆 2년 (767) 4월	장안 홍당사에서 회맹	불명
⑦	建中會盟[56]	德宗 建中 4년 (783)	정월 청수(淸水)에서 회맹, 7월 장안에서 재도(再度) 회맹	국경 획정, 완충지대에서의 병력 증강, 성새(城塞) 건설, 전지(田地) 경작의 금지 등
⑧	奉天盟書[57]	德宗 建中 4년 10월~興元 원년(784) 1월	주비(朱泚)의 난을 피해 봉천(奉天)으로 도망 중이던 덕종이 장안 탈환을 조건으로 토번과 맹약을 교환함	당은 토번의 장안 탈환 대가로 4진(四鎭)과 북정(北庭)을 할양하고, 매년 견(絹) 1만 단을 제공함
⑨	平涼僞盟[58]	德宗 貞元 3년 (787)	토번의 모략으로 회맹에 모였던 당의 사자 60여 명이 포박됨	
⑩		憲宗 元和 5년 (810) 무렵	당, 회맹 조건으로 토번에게 안락주(安樂州), 진주(秦州), 원주(原州) 반환 요구[59]	회맹 불성립
⑪	長慶會盟[60]	睿宗 長慶 원년~3년 (821~823)	長慶 원년(821) 장안에서 회맹 長慶 2년(822) 라싸에서 회맹 長慶 3년(823) 비문을 세움	국경 획정, 침범 금지 등

(3) 돌궐·회흘(위구르)·남만(南蠻)의 맹약 사례[61]

〈사료 22〉『구당서』(권194) 돌궐전

㉠ (무덕) 七年(624)八月, 頡利, 突利二可汗擧國入寇, 道自原州, 連營南上. 太宗受詔北討, 齊王元吉隷焉. … 太宗乃親率百騎馳詣虜陣, 告之曰, 國家與可汗誓不相負, 何爲背約深入吾地. … 頡利弗之測, 笑而不對. 太宗又前, 令騎告突利曰, 爾往與我盟, 急難相救. 爾今將兵來, 何無香火之情也. … 太宗因縱反間於突利, 突利悅而歸心焉. 遂不欲戰. 其叔姪內離, 頡利欲戰不可, 因遣突利及夾畢特勤阿史那思摩奉見請和. 許之. 突利因自託於太宗, 願結爲兄弟. …

---

49 해당 표는 菅沼愛語, 2010,「唐·吐蕃會盟の歷史的背景とその意義 - 安史の乱以前の二度の會盟を中心に」,『日本西藏學會々報』56의 표를 참조하여 작성했다.

50 『新唐書』216 吐蕃傳,『冊府元龜』981 外臣部盟誓(開元 2년 5월, 開元 6년 11월).

51 『新唐書』吐蕃傳,『資治通鑑』211.

52 『舊唐書』·『新唐書』吐蕃傳,『冊府元龜』979 外臣部盟親 2 등.

53 『舊唐書』196 吐蕃傳,『冊府元龜』981 外臣部盟誓·肅宗元年.

54 『舊唐書』·『新唐書』吐蕃傳,『冊府元龜』981 外臣部盟誓·永泰 元年 3월.

55 『冊府元龜』981 外臣部盟誓·大曆 2년 4월;『資治通鑑』224.

56 『新唐書』吐蕃傳,『冊府元龜』981 外臣部盟誓·建中 4년 정월.

57 『陸宣公奏議』卷10「賜吐蕃將書」卷16「興元賀吐蕃尙結贊抽軍回歸狀」.

58 『舊唐書』·『新唐書』吐蕃傳,『冊府元龜』981 盟誓·貞元 3년.

59 『白氏文集』39.「與吐蕃宰相鉢闡布勅書」「與吐蕃宰相尙綺心兒等書」.

60 『舊唐書』·『新唐書』吐蕃傳,『冊府元龜』981 盟誓·長慶元年.

61 당과 돌궐, 위구르, 남만 등의 관계에 대해서는 정재훈, 1994,「돌궐 제2제국시기 (682~745) 톤유쿠크의 역학과 그 위상」,『동양사학연구』47; 정재훈, 2001,「위구르 유목제국(744~840)의 붕괴와 유목세계의 재편」,『동양사학연구』76; 정재훈, 2007, 「唐 德宗時期(779~805)의 對外政策과 西北民族의 對應」,『中國古中世史硏究』18; 小幡みちる, 2002,「唐代會盟儀禮にみえる宗敎と國際關係 - 唐·南詔間貞元會盟を中心として」,「早稻田大文學硏究科紀要(第4분冊)」48; 菅沼愛語, 2013; 이완석, 2015 등을 참조하라.

ⓛ (무덕) 九年(626)七月, 頡利自率十餘萬騎進寇武功, 京師戒嚴. …
癸未, 頡利遣其腹心執失思力入朝爲覘, 自張形勢云, 二可汗總兵百
萬, 今已至矣. 太宗謂之曰, 我與突厥面自和親, 汝則背之, 我實無
愧. … 思力懼而請命. 太宗不許, 縶之於門下省. 太宗與侍中高士廉,
中書令房玄齡, 將軍周範馳六騎幸渭水之上, 與頡利隔津而語, 責以
負約. 其酋帥大驚, 皆下馬羅拜. 俄而衆軍繼至, 頡利見軍容大盛, 又
知思力就拘, 由是大懼. … 是日, 頡利請和, 詔許焉. 車駕卽日還宮.
乙酉, 又幸城西, 刑白馬, 與頡利同盟于便橋之上. 頡利引兵而退. …

ⓒ 貞觀元年(627), 陰山已北薛延陀, 迴紇, 拔也古等餘部皆相率背叛,
擊走其欲谷設. 頡利遣突利討之. 師又敗績, 輕騎奔還. 頡利怒, 拘之
十餘日. 突利由是怨望, 內欲背之. … 侍臣咸曰, 夷狄無信, 先自猜
疑, 盟後將兵, 忽踐疆境. 可乘其便, 數以背約, 因而討之. 太宗曰,
匹夫一言, 尙須存信, 何況天下主乎. 豈有親與之和, 利其災禍而乘
危迫險以滅之耶. 諸公爲可, 朕不爲也. …

돌궐과 당의 맹약은 당 고조 무덕 7년(624)에 진왕이었던 이세민(당 태종)과 힐리가한(頡利可汗) 사이에 이루어진 화친과 무덕 9년에 화약은 어기고 재침입한 힐리가한과 위수(渭水) 변교(便橋)에서 동맹을 체결한 사례가 대표적이다. '동맹'이란 표현은 ⓛ에서만 나타나기에 마치 화친과 맹약이 구분되어 사용되는 것처럼 보이지만 내용상 별다를 바 없다. 예컨대 ⓛ에서 힐리가한이 "청화(請和)"한 것에 대한 결과물이 위수(渭水) '동맹'으로 나타났으며, ⓒ에서 측근 배신(陪臣)들이 당 태종에게 이적과의 맹·약을 언급하는 데 대해 태종은 동일 사항에 대해 화친으로 표현하고 있어서 화친과 맹약이 별반 다른 것이 아니라는 인식을 보여준다. 물론 ⓛ에는 '刑白馬'라는 표현이 있어 맹약의 의식으로서 희생을 동반한 의례가 이루어졌음을 시사한다. 그렇게 보면 ㉠의 화친은 구두 약속의 형식이므로 양자의 형식적 차이를 부정할 수 없지만 그 내용의 효력과 그에 대한 인식은 별 차이가 없었던 것으로 보인다.[62]

수나라 때 돌궐의 위세는 절정에 달했다. 계민가한(啓民可汗)의 아들 시필가한(始畢可汗) 시대에 강성해져 동쪽의 거란에서 서쪽의 고창국에 이르기까지 모두 돌궐에 신속했으며, 『구당서』에는 "控弦百餘萬, 北狄之盛, 未之有也"라고 기술하고 있을 정도이다.[63] 시필가한의 사후 돌궐은 처라가한(處羅可汗), 힐리가한(頡利可汗) 순으로 권력의 승계가 이루어졌는데 처라가한의 경우 수나라에 조공도 열심히 했다고 한다.[64] 힐리가한과 당 태종의 관계에서는 ㉠에서도 언급되어 있듯이 당 태종의 힐리가한·돌리(突利)가한에 대한 반간계가 작동하고 있었으며 결국 힐리가한은 정관 4년(630) 이정(李靖)에게 대패하고 생포되어 압송되는 신세가 되었다.[65] 힐리가한의 패망을 계기로 서북제번(西北諸蕃)들이 모두 당 태종의 존호를 천가한(天可汗)으로 불렀다고 한다.[66]

---

62 ㉠에서 돌리가한은 "突利因自託於太宗, 願結爲兄弟"했다고 나오는데, 후속 기사에는 이 부분을 "突利初自武德時, 深自結於太宗. 太宗亦以恩義撫之, 結爲兄弟, 與盟而去"라고 기술하고 있다. 형제관계의 성립이 곧 맹약의 형식으로 받아들여지고 있었음을 보여준다.

63 『구당서』 권194 돌궐전(上)에 "始畢可汗咄吉者, 啓民可汗子也. 隋大業中嗣位, 值天下大亂, 中國人奔之者衆. 其族強盛, 東自契丹, 室韋, 西盡吐谷渾, 高昌諸國, 皆臣屬焉. 控弦百餘萬, 北狄之盛, 未之有也. 高視陰山, 有輕中夏之志"라고 나온다.

64 『구당서』 권194 돌궐전(上)에 "處羅可汗嗣位. 又以隋義成公主爲妻. 遣使入朝告喪. 高祖爲之擧哀. 廢朝三日. 詔百官就館弔其使者. 又遣內史舍人鄭德挺往弔處羅. 賻物三萬段. 處羅此後頻遣使朝貢"이라고 나온다.

65 『구당서』 권3 태종본기(下) 정관 4년 정월·2월·3월조.

66 『구당서』 권3 태종본기(下) 정관 4년 4월 정유조에 "自是西北諸蕃咸請上尊號爲天可汗. 於是降璽書冊命其君長, 則兼稱之"라고 나온다.

〈사료 23〉『구당서』(권195) 회흘(迴紇, 回紇)전

㉠ 頓莫賀自立號爲合骨咄祿毗伽可汗, 使其酋長建達干隨文秀來朝. 命京兆尹源休持節冊爲武義成功可汗. 貞元三年(787)八月, 迴紇可汗遣首領墨啜達干, 多覽將軍合闕達干等來貢方物, **且請和親**. 四年十月, 迴紇公主及使至自蕃, 德宗御延喜門見之. 時迴紇可汗喜於和親, 其禮甚恭. 上言, 昔爲兄弟, 今爲子婿, 半子也. …

㉡ 元和四年(809), 藹德曷里祿沒弭施合密毗迦可汗遣使改爲迴鶻, 義取迴旋輕捷如鶻也. **八年四月, 迴鶻請和親**, 使伊難珠還蕃, 宴于三殿, 賜以銀器繒帛. … 十二月二日, 宴歸國迴鶻摩尼八人, 令至中書見宰臣. **先是, 迴鶻請和親, 憲宗使有司計之, 禮費約五百萬貫, 方內有誅討, 未任其親. 以摩尼爲迴鶻信奉, 故使宰臣言其不可**. 乃詔宗正少卿李孝誠使于迴鶻, 太常博士殷侑副之, 諭其來請之意.

㉠은 돈막하달간(頓莫賀達干)이 즉위한 후 정원(貞元) 3년(787)에 당에 화친을 청했으며 이듬해 성립되었음을 보여준다. 여기에는 화친 성립의 경위가 자세하지 않지만 『신당서』·『자치통감』 등의 기사를 참고해보면 덕종은 화친의 조건으로 회흘이 당조에 칭신(稱臣)할 것, 덕종에게 가한이 칭자(稱子)할 것, 매년 파견되는 사신의 수를 200명으로 제한할 것, 호시(互市)에서 말의 수량을 제한할 것, 중국인 또는 소그드 상인과 함께 회흘의 출경을 금지할 것 등을 내세웠다고 한다.[67]

㉡은 당 헌종 원화(元和) 8년(813)에 회흘이 화친을 청했는데 이에 당은 예식 비용만 해도 500만 관이 들며 마침 내부적으로 주토(誅討)할 일

---

[67] 이에 대해서는 동북아역사재단 편, 2011, 『譯註中國正史外國傳 10 舊唐書 外國傳 譯註 上』, 동북아역사재단, 284쪽 참조.

도 있어 화친 건을 감당하기 어렵고 또 회흘이 마니(摩尼)교를 신봉한다는 점 등을 들어 화친에 응할 수 없음을 알렸다고 하는 내용이다.[68]

〈사료 24〉『구당서』(권197) 남만·서남만전

㉠ 동여국(東女國)조: (당 덕종) 貞元九年(793)七月, <u>其王湯立悉</u>與哥鄰國王董臥庭, 白狗國王羅陀忽, 逋租國王弟鄧吉知, 南水國王姪薛尙悉曩, 弱水國王董辟和, 悉董國王湯息贊, 淸遠國王蘇唐磨, 咄霸國王董藐蓬, <u>各率其種落詣劍南西川內附</u>. 其哥鄰國等, … 自中原多故, **皆爲吐蕃所役屬**. 其部落 … 土有絲絮, **歲輸於吐蕃**。**至是悉與之同盟**, 相率獻款, 兼齎天寶中國家所賜官誥共三十九通以進. … 立悉等數國王自來朝, 召見於麟德殿. <u>授立悉銀靑光祿大夫歸化州刺史</u>, 鄧吉知試太府少卿兼丹州長史, …

㉡ 남조만(南詔蠻)조: (대종) 大曆十四年(779), 閣羅鳳子鳳迦異先閣羅鳳死, 立迦異子, 是爲異牟尋. 頗知書, 有才智, 善撫其衆. **吐蕃役賦南蠻重數, 又奪諸蠻險地立城堡, 歲徵兵以助鎭防**. 牟尋益厭苦之. 有鄭回者, 本相州人, … 回嘗言於牟尋曰, 自昔南詔嘗款附中國. 中國尙禮義, 以惠養爲務, 無所求取. <u>今棄蕃歸唐, 無遠戍之勞, 重稅之困</u>, 利莫大焉. 牟尋善其言, 謀內附者十餘年矣. … <u>其明年</u>(덕종 貞元10년, 794년) <u>正月, 異牟尋使其子閣勸及淸平官等與佐時盟於點蒼山神祠. 盟書一藏於神室, 一沉於西洱河, 一置祖廟, 一以進天子</u>. 閣

---

68 『冊府元龜』권981 외신부맹서에 당 대종 광덕 3년(765)에 회흘 수장들과 唐將 곽자의 간에 생긴 일로서 "代宗廣德三年秋, 回紇犯邊先以關內副元帥. (郭子)儀屯涇陽. 十月回紇首領羅達工等率其眾二千餘騎詣涇陽請降. 子儀許之. 合胡祿都督等 … 請咒. 子儀咒曰, 大唐天子萬萬歲. 回紇可汗亦萬萬歲. 若起負心背盟約者, 身死陣前家口屠戮. 合胡祿都督等失色, 及杯至即譯曰, 如令公盟約. 皆喜"라고 나온다.

勸卽尋夢湊也. 鄭回見佐時, 多所指導, 故佐時探得其情. 乃請牟尋斬吐蕃使數人, 以示歸唐. <u>又得其吐蕃所與金印</u>. 牟尋尋遣佐時歸, 仍刻金契以獻, 閣勸賦詩以餞之. **牟尋乃去吐蕃所立帝號, 私於佐時請復南詔舊名. 佐時與盟訖, 留二旬有六日而歸.**

　남만의 경우 동여국과 남조만의 사례를 보자. 먼저 ㉠에서는 동여국을 비롯한 인접국들이 모두 토번에 복속해 토산물인 사서(絲絮)를 해마다 세금으로 바치고 있었음을 보여준다. 아울러 이들이 이제는 당과 동맹을 맺고 당에 내조(來朝)하게 되었는데 당은 동여국 왕 탕립실(湯立悉)에게 "銀靑光祿大夫歸化州刺史"를 수여한 것을 비롯해 이들을 각각의 지위에 책봉했다고 한다. 동여국의 경우는 맹약과 책봉이 공존하는 매우 흥미로운 사례이다.

　남조만의 경우(㉡)는 맹주국 토번이 남만 제국(諸國)과의 관계를 통해 복속국에게 무엇을 요구하고 어떤 관계에 있었는가를 보여주는 좋은 사례이다. 남조만의 왕 이모심(異牟尋)이 가장 힘들어한 것이 바로 "吐蕃役賦南蠻重數, 又奪諸蠻險地立城堡, 歲徵兵以助鎭防, 牟尋益厭苦之"에 잘 나타나 있다. 남만에 대한 무거운 부역 부과, 요충지를 빼앗아 자신의 성채를 만들고 남만인을 징병하여 그 방어에 조력하게 했다는 것이다. 따라서 책사인 정회(鄭回)가 이모심에게 "今棄蕃歸唐, 無遠戍之勞, 重稅之困, 利莫大焉"하다며 당에 복속할 것을 건의한 것도 같은 맥락이라고 할 수 있다. 그래서 드디어 정원 10년(794) 이모심이 아들 각권(閣勸)을 보내 당의 순관(巡官) 최좌시(崔佐時)와 점창산(點蒼山)[69] 신사(神祠)에서 맹약을 맺고 당에 복속했는데 이 과정에서 최자시는 '吐蕃所與金印'을 이모심으

69　點蒼山은 현재 운남성 大理古城 뒤에 있는 蒼山이다.

로부터 얻었으며 이모심은 또한 '吐蕃所立帝號'를 버렸다고 한다. 이것은 곧 토번이 복속국 왕을 '제호(帝號)'로써 책립하고 금인(金印)을 하사했음을 의미하는데 토번과 주변 복속국의 관계를 살펴볼 수 있는 매우 흥미로운 사료라고 할 수 있다.

4. 조공-맹약체제의 가능성

고대 중국에서는 제후들 간에 종종 회맹이 열리곤 했다.[70] 엄밀히 말하자면 원래 '會', '誓(約)', '盟'은 각각 별개의 모임 형식으로 규정되어 있었다.[71] 그렇지만 '約'은 '盟'의 모양새로 거행해야 구속력이 보증된다고 하여 대개 '盟約'과 '約'은 같은 의미로 사용된 것으로 알려져 있으며[72] '盟'은 원래 신에게 무언가를 맹세하는 행위였다.[73] 요컨대 '맹약'은 국가와 국가, 제후와 제후 사이(혹은 개인 간)에 발생한 모순이나 문제를 해결(조정)하기 위해 행하는 의례이며 천신 등에게 맹세를 하는 것으로 어떤 의미에서는 일종의 제천의식이기도 했다.

다만 중원 대륙에서 행해진 맹약 사례의 추이를 보자면 맹약은 선진(先秦)시대까지는 다양한 용도로 존재했지만 진한시대 이후에는 중국 사

---

70 회맹, 맹약의 다양한 사례는 『전국책』・『사기』 등에 산견하며, 사례의 소개는 예컨대 本田濟, 1949; 高木智見, 1985; 工藤元男, 1994 등에 자세하다.
71 『禮記』曲禮下篇에는 "諸侯未及期相見曰遇, 相見於郤地曰會, 諸侯使大夫問於諸侯曰聘, 約信曰誓, 泣牲曰盟"이라고 나온다.
72 竹田龍兒, 1967, 「越南における會盟について」, 『史學』 40-2・3.
73 이성원, 2016, 55-56쪽. 참고로 '盟'의 字意에 대해 『釋名』에는 "告其事於神明也"로 되어 있다.

회 내부에서 맹약의 관행 자체가 점차 사라진 것으로 알려져 있다.[74] 하지만 3장의 제(諸) 사례가 말해주듯이 중국의 주변 지역에서는 종족이나 국가, 정치세력 간의 관계를 규정짓는 하나의 형식으로 기능했음을 알 수 있다. 맹약은 조공-책봉체제와 달리 제도화된 관계를 맺지 않은 양자의 화호를 도모하고 당면한 현안들을 해결하기 위한 목적에서 왕왕 실시되고 있었던 것이다.

앞에서는 먼저 고대 삼국(고구려, 백제, 신라)의 맹약과 왜(일본)의 사례를 확인할 수 있었다. 이들 사례를 통해 개인 간에 행해지던 사적인 맹약의 경우는 차치하더라도 국가 간 혹은 국가와 종족 간의 정치적 관계를 나타내는 것으로 맹약이나 그것에 준하는 표현인 서(誓)가 사용되었음을 알 수 있다. 특히 그 다수의 경우가 이른바 복속의 장에서 사용된 것이 특징적이다. 고구려 호태왕비문에 보이는 속민-조공체제는 맹세(誓), 즉 맹약에 의해 성립했으며 중원고구려비를 통해 속민 관계인 신라와 여형여제(如兄如弟)의 관계 설정을 전제로 양국 왕이 직접 회맹하며 군사적 유대를 관리하고 있었음을 확인했다.

이러한 고구려-신라의 맹약 관계 유형은 당시 이들 그룹과 대항 관계에 있던 백제-가야의 관계에서도 발견된다. 『일본서기』에는 초고왕(速古王, 근초고왕) 이래로 백제는 가야 제국(諸國)과 부형(父兄)-자제(子弟)의 화친을 맺어 고구려-신라에 대항해왔음이 6세기 성왕의 회고담으로서 언급되고 있으며, 이것은 고구려-신라의 맹약 관계에 준하여 양자 관계를 볼 수 있음을 보여준다. 후삼국시대 및 고려 초기의 사례를 보면 각 국가 간의 관계는 기본적으로 '맹(약)'을 통해 표현되는 관계였음을 알 수 있다.

왜(일본)의 경우 신라와 에미시(蝦夷)의 복속 전승에 똑같이 맹약의 형

---

74 高木智見, 1985.

식이 등장한다. 신공황후(神功皇后)의 소위 삼한 복속 전승에서 신라 왕의 맹약은 신라가 일본에 복속하는 근거, 바꾸어 말하자면 천황에게 조공을 바쳐야만 하는 근본적인 이유로서의 의미를 가진다. 물론 이 신공황후의 신라 복속담은 역사적 사실이 아닌 허구의 설정이지만, 왕권과 주변국·종족 사이에 성립하는 복속관계라는 것이 도대체 어떠한 형식을 매개로 이루어지는지에 대한 일본 측의 인식이 여기에 반영되어 있음은 중요하다고 생각한다.[75] 이러한 盟(誓盟)에 대한 일본의 인식의 근저에는 왕권과 군신 사이, 또는 왕족 간에도 종종 맹약이 이루어지는 사례에서 알 수 있는 것처럼 사회적 습속으로 내려오고 있었던 것으로 보인다. 이런 습속이 때로는 왕권과의 관련성 속에서도 등장하게 되는 것이다.

한편 상기한 사례를 동북아시아의 복속의 한 유형으로 보면 어떨까? 고구려와 일본의 경우 맹약(서약)과 조공의 관계가 선명하게 드러난다. 맹약에 의해 속민-속국 관계를 확인하며 복속해온 그들에게 조공을 요구하는 구조인 것이다. 물론 이것이 명목적인 것이자 자기중심적인 주장에 불과한 것일 수도 있지만 어쨌든 그러한 논리구조를 내세웠다는 점을 간과할 수 없다. 백제와 신라는 현전하는 사료에서는 고구려·일본만큼의 조공관계 요구 여부를 선명하게 읽어내기 어렵지만, 맹약(서약)에 의한 복속관계의 성립이라는 구조 자체는 아마도 주변국들과 별다르지 않은 인식을 가지고 있었을 것으로 생각된다.

그런데 고구려 등 상기 제국(諸國)은 시기의 차이는 있지만 중국 왕조와도 각각 외교관계를 맺고 있었다. 그것은 중국 중심의 조공-책봉 질서

---

75 『經國集』卷二十 天平寶字元年十一月의 對策二首에는 삼한(三韓)이 조종(朝宗)해 온 것이 유래가 오래되었는데 근래 신라가 '蕃禮'를 지키지 않는 것을 "蔑先祖之要誓"라고 표현하고 있으며, 『本朝文粹』12에 수록된 〈大宰答新羅返牒 一首〉에는 왜(일본)와 백제의 관계를 "一千年之盟約"으로 표현하고 있다.

에 들어감을 의미했다.[76] 물론 많은 연구자들이 지적하듯이 중국 중심의 조공-책봉관계를 수용한다고 해서 곧 독립 상실 내지 자율 박탈의 완전한 신하국이 되는 것을 의미하지는 않았지만[77] 이러한 중국 중심의 조공-책봉 질서에 비하면 맹약-조공관계는 명백히 그것과 다른 질서였다.

맹약-조공관계에서는 우선 맹주가 속민-속국의 왕 등을 책봉(책립)하는 일이 거의 없다. 단지 정치적 상하관계를 인정하게 한 다음에 '조공'으로 표현되는 공납을 행하는 것만으로도 양국의 국제관계가 기능할 수 있었던 것이다. 그리고 그 맹약-조공관계는 때로는 책봉-조공관계와 중층적으로 공존하는 시기도 있었다. 그렇기에 필자는 이것을 맹약-조공형의 가능성도 생각해볼 수 있지 않을까 하는 것이다.

책봉-조공 질서에 대비되는 맹약-조공형의 관계는 상기 제반 사료에서도 확인할 수 있듯이 실은 흉노를 비롯한 북방·서역 민족의 세계에서는[78] 일반적이었다고 해도 좋을 정도로 빈번하게 발견되는 관계 유형이었다. 비중원권의 지역 세계에서는 그 세력 관계에 의해 패권을 장악하게 된 국가(지역)와 복속관계를 형성하는 경우가 일반적이었다고 해도 과언

---

[76] 왜국(일본)의 경우는 478년의 대송(對宋)외교를 마지막으로 중원 왕조로부터의 책봉은 사라지지만 이후의 대중국 외교가 기본적으로 조공외교였다는 점은 변하지 않는다.

[77] 주 28의 논문 참조.

[78] 북방 유목민 사회에 대한 이해는 다음 연구들을 참조하라. 하자노프 지음, 김호동 옮김, 『유목사회의 구조』, 지식산업사, 1990; 김호동, 1989, 「고대 유목국가의 구조」, 『강좌중국사II - 문벌사회와 호·한의 세계』, 지식산업사; 김호동, 1993, 「북아시아 유목국가의 군주권」, 『동아사상의 왕권』, 한울아카데미; 정재훈, 2005, 『위구르 유목제국사』, 문학과지성사; 정재훈, 2003, 「고대 유목국가의 사회구조」, 『강좌한국사 제3권 고대국가의 구조와 사회』, 가락국사적개발연구원; 정재훈, 2008, 「북아시아 유목민족의 이동과 정착」, 『동양사학연구』 103; 정재훈, 2013, 「북아시아 유목 군주권의 이념적 기초」, 『동양사학연구』 122 등.

은 아닐 것이다. 예를 들어 흉노의 묵특선우가 혼유(渾庾), 굴역(屈射), 정령(丁零), 격곤(鬲昆), 신리(薪犂) 등 다섯 나라를 복속시켰다는 기사나,[79] 『사기』 대완열전에 장건이 몸소 방문했던 대완을 비롯한 몇 개국의 사정을 조정에 보고하는 가운데 오손(烏孫)·강거(康居) 등이 모두 흉노에게 복속해 있음을 언급하는 기사,[80] 돌궐의 전승 시기에 주변국이 모두 돌궐에 복속해 있었다는 기사,[81] 회흘이 돌궐에 신속하는 관계였음을 보여주는 기사,[82] 〈사료 24〉에서 보듯이 남만의 동여국·가린국(哥鄰國)·백구국(白狗國)·청원국(清遠國)·돌패국(咄霸國), 남조만 등이 토번에 복속해 있었다고 하는 기사 등은 모두 이러한 유목·초원의 지역 세계의 복속관계를 보여주는 사례라고 하겠다. 비록 단편적인 제시에 불과하지만 흉노·돌궐·토번 등에 대한 주변국의 복속 사례는 보다 광범위하게 이루어졌다고 보아도 좋을 것이다.

상기(上記) 전성기의 돌궐이 "控弦百餘萬, 北狄之盛, 未之有也"라는 표현은 이들 돌궐의 복속국의 병력까지 동원한 결과 "控弦百餘萬"에 이르게 되었다는 의미일 것이다. 이것은 예컨대 〈사료 24〉에서 남조만이 맹주국 토번에게 징병까지 당하는 고통을 겪고 있었다는 내용을 상기해보면 같은 맥락에서 이해할 수 있을 것이다.

---

79 『사기』 흉노열전에 "後北服渾庾·屈射, 丁零, 鬲昆, 薪犂之國. 於是匈奴貴人大臣皆服, 以冒頓單于爲賢"이라고 나온다.

80 『사기』 대완열전에 오손에 대해서는 "烏孫在大宛東北可二千里, … 與匈奴同俗. 控弦者數萬, 敢戰. 故服匈奴, 及盛, 取其羈屬, 不肯往朝會焉," 강거에 대해서는 "康居在大宛西北可二千里, … 南羈事月氏, 東羈事匈奴"라고 나온다.

81 주 63의 사료 참조. 始畢可汗의 시기에 돌궐로 도망한 중국인뿐만 아니라 거란·실위·토욕혼·고창국 등 돌궐의 동서에 걸친 諸國(族)이 모두 돌궐에 신속했다고 나온다.

82 『구당서』 권195 회흘전에 "迴紇, 其先匈奴之裔也. 在後魏時, 號鐵勒部落. 其衆微小, 其俗驍强, 依託高車, 臣屬突厥"이라고 나온다.

전술한 것처럼 남조만과 토번의 관계는 비중원권의 복속국-피복속국 관계의 실상을 보여준다는 점에서 매우 흥미로운 사례이다. 물론 남조만의 경우를 일반화할 수 있을지에 대해서는 보다 면밀한 검토가 필요하겠지만 남조만에 대해 토번이 요구(실행)한 '부역 부과+요충지 강제 사용+현지인 징병+(帝號) 책립 및 금인 수여'라는 네 가지 사항은 맹주국이 요구할 수 있는 일종의 상한선이었다고 보아도 될 것이다.

그렇다면 이러한 조건의 복속관계는 어떠한 형식으로 성립되었을까? 지금까지 살펴본 사례들을 참고하여 말한다면 맹약(맹세)의 형식 외에는 달리 없는 것 같다. 비중원권 안에서 각각의 관계 만들기는 사실 맹약(맹세)의 형식을 제외하면 달리 특징적인 것이 발견되지 않는다.

그리고 그 복속의 맹세를 확인하는 장(場)의 하나가 바로 맹주국의 조회(朝會)가 아니었을까 생각한다. 맹약의 성립 장소가 반드시 맹주국의 조회여야 할 필요는 없지만 일단 복속의 맹약이 성립한 뒤에는 맹주국의 조회에 참석하여 복속관계를 계속 확인하는 절차가 이루어지지 않았을까 하는 것이다. 그런 점에서 오손과 흉노의 관계에서 보이는 전게 "烏孫 … 與匈奴同俗. 控弦者數萬, 敢戰. 故服匈奴, 及盛, 取其羈屬, 不肯往朝會焉"이라는 기사는 우리의 관심을 끈다. 오손이 흉노에 복속은 하지만 흉노의 조회에[83] 참석하는 것은 그다지 달가워하지 않았다는 것이다. 이것은 흉노에 복속한 나라는 그 조회 참석을 요구받았음을 의미한다. 물론 조회 참석이 피복속국의 의무였는지에 대해서는 아직 단정할 수 없으며 맹주의 조회 참석 여부도 그때그때의 현실적 역관계에 따라 달랐을 가능성이

---

83 흉노의 조회란 5월과 8월에 열리는 흉노의 대회(大會)를 지칭하는 것으로 보인다. 흉노의 대회는 『사기』 흉노열전에 "歲正月, 諸長小會單于庭, 祠. 五月, 大會蘢城, 祭其先·天地·鬼神. 秋, 馬肥, 大會蹛林, 課校人畜計"라고 나온다.

크다. 하지만 맹주의 입장에서는 종종 조회 참석을 요구했을 가능성이 충분히 있다.

이러한 북방의 사례를 보면 동방의 한·일의 경우와 접점이 있다는 것을 알 수 있다. 맹약-조공형을 동아시아 전체를 규율하는 하나의 유력 질서 개념으로 파악하고자 하는 것은 북방·서역의 경우뿐만이 아니라 동북아시아의 고대 한·일관계에서도 맹약-조공형이 공존하고 있었음에 힘입은 바 크다. 물론 이러한 관계와 별도로 중원 왕조와의 책종-조공관계는 여전히 하나의 질서로 기능하고 있었다. 심지어는 맹약과 책봉-조공관계가 혼재하는 경우도 있었다. 예컨대 동여국의 경우는 맹약과 책봉이 공존하는 사례라고 할 수 있으며, 맹약을 위반하고 중원을 침범한 경우와 당이 이들에게 책봉을 적용한 사례는 이루 말할 수 없을 정도로 많다.

하지만 전술한 것처럼 당 태종이 힐리가한의 패망을 계기로 서북 제번들로부터 천가한(天可汗)으로 추대된 사실은 중원 왕조의 내부 영역에서 천자-황제의 지위와 권위만으로는 해소되지 않는 또 다른 권위의 세계가 존재했음을 말해주며, 그런 의미에서 당 태종의 천가한 취임은 기존 유목·초원의 세계 일반에서 유통되고 있던 맹약을 기반으로 한 가한 체제에 중원 왕조의 천자가 편승함을 의미한다고도 볼 수 있다.

또한 맹약 자체는 고대 중국에도 존재했으나 유목·초원의 문화권에서는 이와 별개로 자체 관습에 기반한 맹약 관행에 대한 자의식이 존재했던 것으로 보이며,[84] 중원 왕조의 입장에서도 예컨대 귀순해온 돌궐 지배자의 자격을 기존의 방식대로 '가한'으로 인정할지, 아니면 당 관료인 도

---

84 예컨대 『구당서』 권196 토번(上)전에 "肅宗元年建寅月甲辰, 吐蕃遣使來朝請和. 敕宰相郭子儀, 蕭華, 裴遵慶等於中書設宴, 將詣光宅寺爲盟誓. 使者云, 蕃法盟誓, 取三牲血歃之, 無向佛寺之事, 請明日須於鴻臚寺歃血, 以申蕃戎之禮. 從之"라고 나온다.

독으로 할지에 대해 전자를 전법(前法), 후자를 아국법(我國法)의 영역으로 인식하고 있었음은[85] 쌍방의 지배 방식에 대한 문화적 차이 인식이 비교적 확고하게 자리 잡고 있었음을 보여준다.

동아시아의 국제관계 유형은 일률적이어야 할 필요도, 일원적이어야 할 필요도 없었다. 동아시아의 국제관계는 그야말로 다원적인 관계의 공존이 바로 그 실체였기 때문이다. 그 안에는 중원 왕조 중심의 책봉-조공의 유형도 있었지만 한편으로는 중원을 포함하여 북방·서역의 지역 세계뿐만 아니라 동북아 지역의 고대 한·왜(일본)까지 포괄하는 광범위한 지역에 조공-맹약의 유형이 뿌리를 내리고 있었던 것이다.

5. 맺음말

이 글에서는 맹약-조공(공납)관계의 사례를 고대 한·일의 사료뿐만 아니라 중국의 북방과 서방 등 제민족의 관련 사료에서 검출하여 검토해보았다. 물론 수집한 사료는 이미 일반에 알려져 있는 것이며, 전부 수집한 것도 아니다. 하지만 기존의 연구에서는 책봉-조공관계에 대한 관심이

---

[85] 예컨대 당 태종과 돌리가한은 형제 맹약을 맺은 사이였는데 돌리가한이 귀순해오자 태종은 그를 도독에 봉하면서 '가한'으로 책립한 기존의 법을 바꾸어 이제 아국법(我國法)에 의거할 것임을 언급한 바 있다. 『구당서』권194 돌궐전에 "突利初自武德時, 深自結於太宗, 太宗亦以恩義撫之, 結爲兄弟, 與盟而去. 後頡利政亂, 驟徵兵於突利, 拒之不與, 由是有隙 … 突利乃率其衆來奔, 太宗禮之甚厚, 頻賜以御膳. (貞觀)四年(630), 授右衛大將軍, 封北平郡王, 食邑封七百戶, 以其下兵衆置順, 祐等州, 帥部落還蕃. 太宗謂曰, 昔爾祖啓民亡失兵馬, 一身投隋, 隋家竪立, 遂至强盛, 荷隋之恩, 未嘗報德 … 我所以不立爾爲可汗者, 正爲啓民前事故也. 改變前法, 欲中國久安, 爾宗族永固. 是以授爾都督, 當須依我國法, 整齊所部, 不得妄相侵掠, 如有所違, 當獲重罪"라고 나온다.

집중된 데 비해, 왕권에 대한 복속의 형태, 국가와 국가(지역, 종족) 간 관계를 규정할 수 있는 또 하나의 매개체인 맹약의 존재에 대해 새로운 시각에서 접근해보자는 것이 필자의 출발점이었다.

종래 맹약은 주로 중국 북방이나 서방의 민족, 지역 세계의 주요 특징으로 여겨졌지만 전술한 것처럼 그 맹약 세계의 반열에는 동북아시아의 고구려·백제·신라 그리고 왜국(일본)까지 묶어서 검토해볼 수 있는 여지가 생겼다고 생각한다. 맹약의 습속은 중국에서는 내부적으로 진한 제국의 성립 이후 쇠퇴해갔지만, 중원 왕조의 북방·서역에서 동북아시아에 걸친 비중원 지역에서는 맹약의 습속이 여전히 강고하게 남아 있었다. 또한 이 맹약은 10세기 이전의 동아시아 국제관계의 장에서 중원 왕조를 포함하여 다양한 국제관계의 유형으로서 기능했음을 확인할 수 있었다.

이 글은 '책봉'과 함께 또 하나의 동아시아적 관계 유형으로서 '맹약'의 가능성을 모색해볼 여지가 있음을 검토해본 하나의 시론이지만 향후 보완·심화되어야 할 부분이 많다. 맹약과 관련한 동아시아 각국의 연구 성과를 보다 체계적이고 종합적으로 섭렵할 필요가 있으며, 또한 개별적인 외교관계에 대한 구체적 분석도 필수 불가결할 것이다. 아울러 이러한 맹약이 국제관계의 한 유형으로 기능할 수 있었던 사회적 배경, 예컨대 유목·초원·동북아 지역의 공동체적 결속을 위한 집회[흉노의 대·소회(大·小會), 고구려의 동맹(東盟), 부여의 영고(迎鼓) 등]와 그 정치적 기능의 측면에서 맹약과의 연관성을 검토해볼 필요도 있을 것이다. 이러한 작업은 기본적으로 필자의 연구 역량을 넘어서는 것이기에 고대 맹약에 대한 종합적 공동연구가 필요하다고 생각한다. 많은 질정을 바란다.

참고문헌

고병익, 1976, 『동아사의 전통』, 일조각.

김종완, 1995, 『中國南北朝史硏究』, 일조각.

김한규, 1982, 『古代中國的世界秩序硏究』, 일조각.

_____, 2003, 『티베트와 중국의 역사적 관계』, 혜안.

김현구 외, 2002, 『일본서기 한국관계기사 연구(Ⅰ)』, 일지사.

김현구, 1993, 『임나일본부연구』, 일조각.

방향숙 외, 2005, 『한중 외교관계와 조공책봉』, 고구려연구재단.

여호규 외, 2006, 『한국 고대국가와 중국왕조의 조공·책봉관계』, 고구려연구재단.

유용태, 2017, 『동아시아사를 보는 눈』, 서울대학교 출판문화원.

정재훈, 2005, 『위구르 유목제국사』, 문학과지성사.

하자노프 지음, 김호동 옮김, 1990, 『유목사회의 구조』, 지식산업사.

한국고대사학회 편, 2012, 『중국의 동북공정과 한국고대사』, 주류성.

한국사연구회 편, 1987, 『고대한중관계사의 연구』, 삼지원.

강윤옥, 2013, 「춘추재서(春秋載書) 記錄 小考」, 『중국어문논총』 58.

고명수, 2015, 「몽골-고려 형제맹약 재검토」, 『역사학보』 225.

고병익, 1970, 「몽고·고려 형제맹약의 성격」, 『동아교섭사의 연구』, 서울대학교 출판부.

고은미, 2017, 「전근대 동아시아의 국제질서 – 일본의 연구성과를 중심으로」, 『사림』 59.

김병준, 2016, 「『사기』 흉노열전의 "흉노 前史(전사)" 기록 검토」, 『中央아시아硏究』 21-1.

김성규, 2009, 「미국 및 일본에서 '傳統中國'의 世界秩序'에 관한 연구사와 그 특징 비교」,

『역사문화연구』 32.

_____, 2010, 「3개의 '트라이앵글': 北宋時代 동아시아 국제 관계의 大勢와 그 特徵에 관한 試論」, 『역사학보』 205.

_____, 2011, 「宋王朝 對安南國王 책봉의 형식과 논리」, 『동양사학연구』 115.

김유봉, 2010, 「춘추시기 회맹의 역사적인 역할」, 『중국학논총』 31.

김유철, 1987, 「日本學界의 東아시아 世界論에 대한 비판적 검토」, 『社會科學研究』 5.

김한규, 1999, 「7~8世紀 東아시아 世界秩序의 構造的 特性과 그 運營體制의 機能」, 『震檀學報』 88.

김호동, 1989, 「고대 유목국가의 구조」, 『강좌중국사Ⅱ – 문벌사회와 호·한의 세계』, 지식산업사.

_____, 1993a, 「북아시아 유목국가의 군주권」, 『동아사상의 왕권』, 한울아카데미.

_____, 1993b, 「唐의 羈縻支配와 북방 유목민족의 대응」, 『역사학보』 137.

민두기, 2001, 「동아시아의 실체와 그 전망」, 『시간과의 경쟁: 동아시아근현대사론집』, 연세대학교 출판부.

박대재, 2007, 「고대 '동아시아 세계론'과 고구려사」, 『고대 동아시아 세계론과 고구려의 정체성』, 동북아역사재단.

박병구, 2010, 「춘추전국시기(春秋戰國時期) 회맹(會盟)의 패권질서에 대한 환원주의(還元主義) 비판」, 『지역과 세계』 34-1.

박지훈, 2011, 「송요 간의 전쟁과 和議 – 澶淵의 전역과 맹약을 중심으로」, 『東北亞歷史論叢』 34.

백영서, 2013, 「중국의 '동북공정'과 한국인의 중국인식의 변화」, 『중국근현대사연구』 58.

유인선, 1987, 「中越關係와 조공제도」, 『역사학보』 114.

윤영인, 2007, 「10-13세기 동북아시아 다원적 국제질서에서의 책봉과 맹약」, 『동양사학연구』 101.

_____, 2015, 「동아시아 다원적 국제질서의 범위와 성격에 대한 새로운 접근」, 『만주연구』 20.

_____, 2018, 「전근대 동아시아 천하체계와 조공체제」, 『동양문화연구』 29.

이석현, 2009, 「'澶淵의 盟'의 성립과 宋人의 認識」, 『東北亞歷史論叢』 26.

이성원, 2016, 「春秋戰國시대 王權의 변화와 성격」, 『한국고대사연구』 83.

이완석, 2015, 「唐代 國際關係와 外交禮制의 변용」, 『중국고중세연구』 38.

이재석, 2020, 「고대 韓·日 사료에 보이는 〈盟約〉」, 『한일관계사연구』 67.

李珠, 1960, 「後漢初의 南北匈奴考: 建武年間」, 『梨大史苑』 2.

이춘식, 1969, 「조공(朝貢)의 기원과 그 의미」, 『중국학보』 10.

_____, 1986, 「중국 고대 조공의 실체와 성격」, 『중국학논총』 3, 고려대학교 중국학연구소.

_____, 2018, 「한 제국의 흉노패권 탈취의 전략과 정책: 국제협공책, 차별이간책, 분할공략책 중심으로」, 『정치와 평론』 22.

임기환, 2003, 「남북조기 한중 책봉·조공 관계의 성격」, 『한국고대사연구』 32.

全海宗, 1966, 「韓中朝貢關係考」, 『동양사학연구』 1.

_____, 1973, 「漢代의 朝貢制度에 관한 일고찰」, 『동양사학연구』 6.

정병준, 2013, 「吐蕃의 土谷渾 병합과 大非川 전투」, 『역사학보』 218.

정재훈, 1994, 「돌궐 第二帝國時期(682~745) 톤유쿠크의 역학과 그 위상」, 『동양사학연구』 47.

_____, 2001, 「위구르 유목제국(744~840)의 붕괴와 유목세계의 재편」, 『동양사학연구』 76.

_____, 2003, 「고대 유목국가의 사회구조」, 『강좌한국사 제3권 고대국가의 구조와 사회(2)』, 가락국사적개발연구원.

_____, 2007, 「唐 德宗時期(779~805)의 對外政策과 西北民族의 對應」, 『中國古中世史硏究』 18.

_____, 2008, 「북아시아 유목민족의 이동과 정착」, 『동양사학연구』 103.

_____, 2013, 「북아시아 유목 군주권의 이념적 기초」, 『동양사학연구』 122.

조희승, 2006, 「동아시아세계에서 본 고구려-'조공'과 '冊封'의 본질을 중심으로」, 『北方史論叢』 9.

최희재, 2018, 「'중화제국질서'를 둘러싼 논의의 혁신과 수렴-소공체제론과 다중체제설을 중심으로」, 『역사문화연구』 65.

피터윤(윤영인), 2002, 「서구 학계 조공제도 이론의 중국 중심적 문화론 비판」, 『아세아연구』 45권 3호.

홍성화, 2010, 「4~6세기 百濟와 倭의 관계-『日本書紀』 내 倭의 韓半島 파병과 百濟·倭의 인적 교류 기사를 중심으로」, 『한일관계사연구』 36.

菅沼愛語, 2013, 『7世紀後半から8世紀の東部ユーラシアの國際情勢とその推移』, 溪水社.

廣瀬憲雄, 2011, 『東アジアの國際秩序と古代日本』, 吉川弘文館.

_____, 2014, 『古代日本外交史-東部ユーラシアの視点から読み直す-』, 講談社選書メチエ.

_____, 2018, 『古代日本と東部ユーラシアの國際關係』, 勉誠出版.

堀敏一, 1994, 『律令制と東アジア世界』, 汲古書院.

鬼頭清明, 1976, 『日本古代國家の形成と東アジア』, 校倉書房.

李成市, 2000, 『東アジア文化圏の形成』, 山川出版社.

山内晉次, 2003, 『奈良平安期の日本とアジア』, 吉川弘文館.

杉山正明, 1997, 『遊牧民から見た世界史』, 日本經濟新聞社.

西嶋定生, 1983, 『中國古代國家と東アジア世界』, 東京大出版會.

高木智見, 1985, 「春秋時代の結盟習俗について」, 『史林』 68-6.

工藤元男, 1994, 「戰國の會盟と符」, 『東洋史研究』 53-1.

菅沼愛語, 2010, 「唐・吐蕃會盟の歴史的背景とその意義 – 安史の乱以前の二度の會盟を中心に」, 『日本西蔵學會々報』 56.

菊池英夫, 1979, 「總論」, 唐代史研究會 編, 『隋唐帝國と東アジア世界』, 汲古書院.

旗田巍, 1962, 「十一十二世紀の東アジアと日本」, 『岩波講座日本歴史 4 古代4』, 岩波書店.

金子修一, 2001, 「中國皇帝と周邊諸國の秩序」, 『隋唐の國際秩序と東アジア』, 名著刊行會.

嶋崎昌, 1971, 「遊牧國家の中央アジア支配と中國王朝」, 『岩波講座世界歴史6 古代6』, 岩波書店.

梅村垣, 1999, 「草原とオアシスの世界」, 『岩波講座世界歴史 9中華の分裂と再生』, 岩波書店.

武田幸男, 1980, 「五―六世紀東アジア史の一視点」, 『東アジア世界における日本古代史講座 四朝鮮三國と倭國』, 學生社.

本田濟, 1949, 「春秋會盟考」, 『日本中國學會報』 第一.

小幡みちる, 2002, 「唐代會盟儀禮にみえる宗教と國際關係 – 唐・南詔間貞元會盟を中心として」, 『早稲田大文學研究科紀要(第4分冊)』 48.

猪口孝, 1974, 「傳統的東アジア世界秩序試論」, 『國際法外交雜誌』 73-5.

竹田龍兒, 1967, 「越南における會盟について」, 『史學』 40-2・3.

護雅夫, 1971, 「北アジア・古代遊牧國家の構造」, 『岩波講座世界歴史6 古代6』, 岩波書店.

Fairbank, John K. (ed.), 1968, *The Chinese World Order: Traditional China's Foreign Relations*, Cambridge, Mass.: Harvard University Press.

2.
청말 중국의
베트남 사태에 대한 인식과 대응

홍성화
부산대학교 역사교육과 부교수

1. 머리말
2. 청조 조공-책봉 질서 속의 응우옌 왕조
3. 동치 연간 베트남 문제에 대한 청조의 인식
4. 광서 연간 초기 베트남 사태에 대한 청조의 인식
5. 청불전쟁 시기 베트남 사태에 대한 청조의 대응
6. 맺음말

1. 머리말

중국을 중심으로 동아시아 세계에서 조공-책봉관계는 한대(漢代) 이래 지속되었지만 그 정점은 마지막 왕조인 청대(1644~1911)라고 할 수 있다. 청조와 조공-책봉관계를 맺고 있던 대표적인 국가로 조선, 류큐, 그리고 베트남을 비롯한 동남아시아 국가들을 들 수 있다. 특히 청말 중국 중심의 동아시아 질서는 서양과 일본의 도전에 직면하게 되었고, 커다란 변화의 과정을 거쳤다.[1] 특히 근대 시기 청조와 조선의 관계에 대해서, 1882년 임오군란, 1884년 갑신정변 이후 1895년 시모노세키조약까지의 시기에 대해서는 상당히 많은 연구가 축적되었다.[2] 그중에서도 1882년 '조청상민수륙무역장정' 체결 이후 청조 중국의 조선에 대한 정책이 제국주의적인 것인가, 아니면 조공-책봉 질서의 변용인가 등에 초점이 맞추어져 있다고 생각된다. 반면 조선이 청조로서 매우 중요한 책봉국이었던 것은 사실이지만, 청조는 조선 이외에도 동남아시아의 여러 국가들과 조공-책봉관계를 맺고 있었다는 점은 그다지 주목받지 못하고 있다. 이에 관한 한국 학계의 연구 역시 아직까지 충분히 이루어졌다고 보기는 어렵다.[3]

---

1 王紹坊, 1988, 『中國外交史-鴉片戰爭至辛亥革命時期1840~1911』, 河南人民出版社; 근대 시기 청조와 동남아시아 국가 간의 관계사에 대한 개설은 余定邦, 2015, 『近代中國與東南亞關係史』, 世界圖書出版公司; 중국 학계를 중심으로 한 중국 외교사에 관한 연구사 정리에 대해서는 朱梅光, 2012, 『近代中國外交史學研究』, 黃山書社 참조.

2 대표적인 연구 성과로는 권석봉, 1986, 『청말대조선정책사연구』, 일조각; 구선희, 1999, 『한국 근대 대청정책사 연구』, 혜안; 권혁수, 2000, 『19세기 말 한중관계사연구』, 백산자료원; 권혁수, 2007, 『근대 한중관계사의 재조명』, 혜안; 김기혁, 2007, 『근대 한·중·일 관계사』, 연세대학교 출판부; 김성근, 2010, 『조·청 외교관계 변화연구』, 한국학술정보; 宋慧娟, 2007, 『清代中朝宗藩關係演變研究』, 吉林大學出版社 참조.

3 유인선, 2012, 『베트남과 그 이웃 중국』, 창비; 노영순, 2005, 「청불전쟁(1884

가경(嘉慶) 『대청회전(大淸會典)』과 『청사고(淸史稿)』[4] 등에서는 청조와 조공-책봉관계를 맺은 동남아시아 국가로 베트남,[5] 태국,[6] 미얀마[7] 등을 들고 있다. 이 글에서는 19세기 프랑스의 베트남 진출 이후,[8] 청조는 베트남 내 프랑스 세력을 어떻게 인식했는가. 그리고 청불전쟁 시기[9] 베트남과 프랑스가 체결한 일련의 조약들을 조공 질서하에서 청조는 어떻게 받아들였는가에 대해서 규명하고자 한다. 근대 시기 동아시아 세계질서에 대한 한국 학계의 연구는 주로 한·중관계에 집중되었을 뿐, 청조와 다른 나라의 관계에 주목하는 경우는 상당히 드문 편이다.

중국이 동남아시아를 어떻게 인식하고 있었는지는 중국 측의 동남아시아 인식 방식과 내용 분석을 통해서 이해할 수 있다. 중화 문명권에서 동남아시아에 관한 독립적인 인식 방법이 존재했다기보다는 중국의 천하질서 가운데 하나로서 인식되었던 것이다. 즉 동남아시아가 중화의 입장에서 볼 때, 번부·토사·조공·호시 중 어디에 속했는가라는 '관계 인식' 그리고 중화를 중심으로 해당 지역이 어느 방향으로 분류되었는가라는 점이 기준이 되었다.[10]

~1885년) 전후 중국-베트남 국경문제와 획정과정」, 『동북아역사논총』 4; 조병한, 2010, 「淸末 海防체제와 中越 朝貢관계의 변화」, 『역사학보』 205.

4   홍성화, 2018, 「『청사고』편찬사업과 대외인식」, 『역사와 세계』 54; 정동연, 2018, 「『청사고』에 나타난 동아시아 주변국 인식 「속국전」과 「방교지」를 중심으로」, 『중국근현대사연구』 80 참조.

5   孫宏年, 2006, 『淸代中越宗藩關係硏究』, 黑龍江敎育出版社; 山本達郎 編, 1975, 『ベトナム中國關係史-曲氏の抬頭から淸佛戰爭まで』, 山川出版社.

6   余定邦, 2009, 『中泰關係史』, 中華書局.

7   王巨新, 2015, 『淸代中緬關係』, 社會科學文獻出版社.

8   邵循正, 2000, 『中法越南關係始末』, 河北敎育出版社(原刊, 1935).

9   龍章, 1996, 『越南與中法戰爭』, 臺灣商務印書館.

10 浜下武志, 1997, 『朝貢システムと近代アジア』, 岩波書店, 38쪽.

이 글에서는 청조-베트남(응우옌 왕조)-프랑스라는 3각 관계에 대한 사례 연구를 통하여, 과연 동아시아 국제질서에서 한·중관계가 특수한 사례인지 아니면 보편적인 사례인지를 검토하고자 한다. 이를 위해 이 글에서는 『청실록(淸實錄)』,[11] 『청사고』, 『근대중국외교사자료집요(近代中國外交史資料輯要)』[12] 등 청조 측 사료를 중심으로 프랑스의 침략을 받은 베트남과의 관계를 어떻게 파악하고 있었는가, 그리고 응우옌 왕조에 대한 청조의 태도는 과연 대(對)조선 정책과 비교할 때 어떠한 보편성과 특수성을 가지고 있었는가를 밝혀보고자 한다. 청말 베트남 사태에 대한 청조의 정책에 대해서 '시대착오' 또는 '무지'라고 표현하는 연구들도 있는데,[13] 이는 청조 측의 논리를 이해하지 못했기 때문이라고 판단된다. 그리고 청불전쟁과 중·월관계에 대한 기존의 연구들 가운데 청조 측의 논리를 청조 측이 남긴 사료들을 검토하여 거기에서 조공·책봉 질서의 이미지를 이끌어내는 연구는 그렇게 많지 않았다. 이 글에서는 청조 측에서 남긴 사료를 시간 순으로 파악하여, 청조가 어떻게 베트남 문제를 파악하고 대처해나갔는가를 구체적으로 살펴보고자 한다.

---

11 雲南省歷史研究所 編, 1985, 『淸實錄越南緬甸泰國老撾史料摘抄』, 雲南人民出版社.
12 蔣廷黻 編, 2008, 『近代中國外交史資料輯要』, 湖南敎育出版社.
13 和田博德, 1975, 「阮朝中期と淸との關係(1840~1888年) - アヘン戰爭から淸佛戰爭まで」, 山本達郎 編, 『ベトナム中國關係史 - 曲氏の抬頭から淸佛戰爭まで』, 山川出版社, 586쪽; 坪井善明, 1991, 『近代ヴェトナム政治社會史: 阮朝嗣德帝統治下のヴェトナム 1847~1883』, 東京大學出版會, 101쪽.

2. 청조 조공-책봉 질서 속의 응우옌 왕조

청조와 베트남의 관계를 파악하기 위해서는 우선 청조의 조공-책봉 질서에서 베트남이 어떠한 지위를 차지하고 있었는가를 살펴보아야 할 것이다. 조공국에 관한 사항만을 보면 가경(嘉慶) 『대청회전』에서는 전통적인 조선, 류큐, 베트남뿐만 아니라 스페인, 이탈리아, 포르투갈, 영국까지 조공국으로 편입시켜 놓고 있다. 그 가운데 조선, 류큐, 베트남이 가장 전통적인 조공국이었다. 다만 이 조공국들의 위계가 모두 동일한 것은 결코 아니었다.

이 점은 여러 국가에 파견된 책봉사의 관품을 보아도 확인할 수 있다. 『대청회전』과 『대청회전사례』 등에 따르면 조선에 파견된 책봉사는 내대신(內大臣, 종1품)부터 예부만주시랑(禮部滿洲侍郞, 정2품) 등에서 선발되었고 류큐 및 베트남에 파견되는 책봉사는 내각전적(內閣典籍, 정7품) 등에서 임명되었다.[14] 확실히 청조의 조공 질서에서 조선이 류큐나 베트남보다 상위에 있었음을 말해준다.[15]

그런데 문제는 청대에 들어와서 류큐[16]와 베트남과의 구분이 발생했다는 점이다. 청조가 조선과 류큐에 파견하는 책봉사는 『대청회전』 등의 규정에 따라 북경의 중앙관이 임명되었지만, 베트남에 대한 책봉사로는 건륭 연간 후기 이후, 『대청회전』의 규정과는 달리 조정의 중앙관리가 아니라 지방관인 광서안찰사(廣西按察使)가 파견되었다. 『청사고』 권527

---

14   光緒, 『大淸會典』 卷39 「禮部主客淸吏司」; 『大淸會典事例』 卷502 「禮部朝貢敕封」.

15   이 점은 명대에도 마찬가지였다. 구도영, 2018, 『16세기 한중무역 연구』, 태학사, 제4장 참조.

16   청조와 류큐의 관계에 대해서는 宮田俊彦, 1984, 『琉球・淸國交流史』, 第一書房 참조.

표 1 조선, 류큐, 베트남에 파견된 책봉사

국가	관직	구분
조선	종1품부터 정3품	중앙관
류큐	정5품부터 종7품	중앙관
베트남	광서안찰사(정3품)	지방관

「속국」「월남」에 따르면 청조는 모두 네 차례 책봉사를 응우옌 왕조에 파견했는데, 각각 가경 9년(1804) 제포삼(齊布森), 도광 1년(1821) 반공신(潘恭辰), 도광 22년(1842) 보청(寶淸), 도광 29년(1849) 노숭광(勞崇光)으로 이들은 모두 광서안찰사였다. 즉 규정상으로 볼 때, 중국적 세계질서 속에서 류큐와 베트남은 대등한 위치였지만, 베트남에 대한 책봉사는 광서안찰사가 맡았기 때문에 베트남은 어디까지나 일개 지방관의 관할로 간주되었다고 하겠다(표 1 참조).[17] 이처럼 1802년 응우옌 왕조 성립 이후, 청조는 베트남의 중요성을 간과하고 있었다.

이 점은 각국의 공기(貢期)를 통해서도 잘 나타난다(표 2 참조). 원래 베트남은 '2년1공(二年一貢)'으로 류큐와 같은 수준이었는데, 도광 19년(1839)에 4년1공으로 변경되었다. 이를 통해 베트남은 조선과 류큐에 못 미칠 뿐만 아니라, 같은 동남아시아권에서도 태국보다 낮은 위치에 있었다는 사실을 알 수 있다.

청조와 베트남의 외교관계를 간략히 정리하면 다음과 같다. 1771년 베트남 중부 떠이산(西山)에서 일어난 떠이산당(西山黨)의 반란으로 1786년에 (후)레왕조는 멸망했다. 이러한 혼란을 수습하고 응우옌 왕조

---

[17] 和田博德, 1975; 유인선, 2012, 268쪽. 반대로 응우옌 왕조는 1802년부터 1883년까지 모두 23회의 사신을 파견했다. 孫宏年, 2006, 81-82쪽.

표 2 각 조공국의 공기(貢期)

국가	횟수	국가	횟수
조선	매년4공	술루	5년1공
류큐	2년1공	미얀마	10년1공
태국	3년1공	라오스	10년1공
베트남	4년1공	.	.

를 수립한 이가 바로 응우옌푹아인(阮福映), 즉 자롱(嘉隆) 황제이다. 그는 즉위 이후 청조에 사절을 보내서 입공(入貢)을 하고 국호를 '남월(南越)'로 하겠다고 청했다. 이에 대해 청조는 남월의 뜻이 지나치게 넓어서 양광(兩廣) 지방까지 포함되므로 '남월'을 쓸 수 없다고 했다.[18] 가경 8년(1803) 청조는 안남(安南)이라는 국호를 바꾸도록 하여 월남(越南)이라 하고, 응우옌푹아인을 베트남 국왕으로 책봉했다.

반면 응우옌의 제2대 민망(明命) 황제는 자국에 대한 문화적 자부심이 대단하여 자신들이 중화의 진정한 후계자라고 자청했다.[19] 이러한 차원에서 국호를 다이비엣(大越)에서 다이남(大南)으로 바꾸었다.[20] 즉 자신들의 응우옌 왕조를 남조(南朝)로, 청조를 북조(北朝)로 간주한 것이다.[21] 아마도 이러한 청조에 대한 강렬한 대항의식은 떠이산당의 난 때 청조가 군사

---

18   유인선, 2012, 258-260쪽 참조.
19   제2대 황제 민망제 시대(1820~1841)에 중화적인 각종 제도를 지향하여 이루어진 개혁에 대해서는 Alexander Woodside, *Vietnam and the Chinese Model: a comparative study of Vietnamese and Chinese Government in the first half of the Nineteenth century*, Cambridge, 1988 참조.
20   유인선, 2012, 267쪽.
21   坪井善明, 1991, 88-90쪽.

표 3 청불전쟁 직전까지 응우옌 왕조의 황제

대수	성명	재위 기간	연호
제1대	응우옌푹아인(阮福映)	1802~1820	자롱(嘉隆)
제2대	응우옌푹끼에우(阮福晈)	1820~1841	민망(明命)
제3대	응우옌푹뚜옌(阮福暶)	1841~1847	티에우찌(紹治)
제4대	응우옌푹티(阮福時)	1847~1883	뜨득(嗣德)

적으로 개입했기 때문은 아니었을까 추측된다. 그리고 청군을 격파한 떠이산조(西山朝)의 첫 번째 황제인 응우옌 반후에(阮文惠, 1753~1792)가 민족의 영웅으로 추앙되었던 분위기와 응우옌 왕조의 강렬한 반청(反淸)의식과도 무관하지 않을 것이다.

이처럼 청에 대한 강렬한 대항의식을 지녔던 응우옌 왕조는 제1차 아편전쟁에서 패한 청조를 향해 멸시의 시선을 보내기도 했다.[22] 당시 청조의 패배는 베트남이 청조의 조공 질서에서 더욱 거리를 두는 계기가 되었고, 태평천국 시기에는 베트남에서 북경으로 가는 공로(貢路)가 막혀 1853년부터 1869년까지 조공이 단절[23]되면서 이러한 경향은 더욱 두드러졌다. 즉 1840~1850년대 제1차 아편전쟁과 태평천국을 거치면서 양국의 관계는 전례 없이 소원한 상태가 되었다.[24]

이처럼 청조와 응우옌 왕조의 관계가 약화되자 그 공백을 파고든 세력이 바로 프랑스였다. 특히 프랑스의 베트남 진출은 제4대 뜨득 황제(재위 : 1847~1883)의 재위 때부터 더욱 두드러졌다. 함풍 8년(1858)에 프랑스가 사이공(西貢, 현 호찌민시)을 점령하고, 1860~1861년에는 베트남을

---

22 『大南寔錄』正編第2紀, 卷212. "淸人懦弱, 我知之矣."

23 孫宏年, 2006, 42쪽.

24 李恩涵, 1966, 『曾紀澤的外交』, 臺灣商務印書館, 166쪽.

침공하여 1862년에 강화조약을 체결했는데 이것이 바로 12개조로 이루어진 제1차 사이공조약이다.25 이 조약으로 프랑스의 베트남 지배가 시작되었다. 프랑스는 여기에 만족하지 않고 1874년에는 제2차 사이공조약을 체결하여 베트남의 외교권을 박탈했다.26

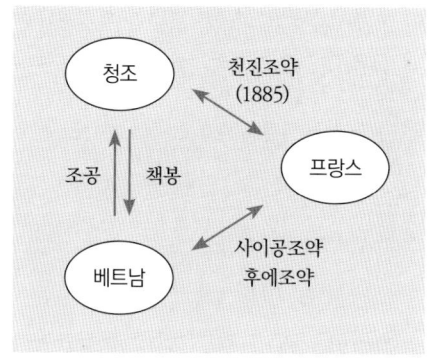

그림 1 청·베트남·프랑스의 외교관계와 조약

한편 1875년(동치 13) 5월, 프랑스는 제2차 사이공조약의 내용을 청조에 통보했다.27 이러한 통보에 대해서 공친왕은 프랑스가 베트남을 보호령으로 삼고 대외정책을 제한하는 것에 대해서 간접적으로 거부 의사를 표시했다.28 반면 프랑스는 청조가 베트남에 대한 종주권을 방기하

---

25 『淸史稿』卷527「屬國」「越南」. "同治元年(1662), 法國拿破崙第三以海軍大擧伐越南, 奪茶麟港, 約割下交趾邊和·嘉定·定祥三省, 開通商三口, 賠償二千萬佛郞, 許其和. 嘉定省卽西貢所在也. 二年, 越南國王阮福時因奉到文宗顯皇帝遺詔, 咨請遣使進香·表賀登極·貢方物, 卻之." 여기에서 맺은 조약이 바로 사이공조약이다. 그러나 여기에서도 알 수 있듯이 웅우옌 왕조에서는 이를 청조에 통보하지 않았다. 제1차 사이공조약의 원문은 中國史學會 主編, 1957, 『中法戰爭』1, 上海人民出版社, 366-370쪽 참조.

26 제2차 사이공조약의 원문은 中國史學會 主編, 1957, 『中法戰爭』1, 上海人民出版社, 380-387쪽 참조.

27 이에 대해서는 望月直人, 2009, 「フランス對淸朝サイゴン條約通告とベトナム出兵問題 -1870年代後半, ベトナムをめぐる淸佛關係の再考」, 『東洋史研究』68-3 참조.

28 『淸史稿』卷527「屬國」「越南」. "劉長佑 … 同治十三年, 法提督僅鳴炮示威, 西三省已入於法人之手, 而紅海通舟, 地險複失. 所立條約, 惟不肯與以東京, 國勢岌岌, 恃此爲犄角. 若複失其東京, 卽不窮極兵力圖滅富春, 已無能自立矣. 臣以爲法人此擧, 志呑全境. 旣得之後, 必請立領事於蒙自等處, 以攘山礦金錫之利, 或取道川蜀以通江海, 據列邦通商口岸之上遊."

고 조약 내용을 묵인하는 것으로 간주했는데, 이는 총리기무아문의 회답이 프랑스어로 번역되는 과정에서 "베트남은 옛날부터 중국의 조공국이었다(越南自昔爲中國藩屬)"라는 표현이 과거형('昔')으로 오역되었기 때문이다.[29] 즉 이를 과거에 조공국이었으나 더 이상은 아니라는 뜻으로 프랑스는 받아들였다.

한편 1870년 프랑스에서는 나폴레옹 3세가 몰락하고 제3공화정이 수립되었는데, 보불전쟁의 패배로 추락한 자국의 국위를 회복하고자 제국주의적 노선을 노골적으로 드러냈다.[30] 이러한 프랑스의 정책이 동아시아에서는 중국 진출을 본격화하는 것으로 나타났다. 제1차 사이공조약 이후 베트남 남부를 획득한 프랑스는 메콩강을 통해서 진출하는 것을 단념하고 홍강(紅江)을 통해 중국으로 진출하려 했다.[31] 응우옌 왕조는 이를 인정할 수 없었기 때문에, 1873년 탐험을 강행하려는 프랑스와 충돌했고, 이를 틈타 프랑스군이 하노이를 점령했다. 이듬해인 1874년에 강화조약인 제2차 사이공조약이 강제로 체결되었는데, 이를 통해 베트남 남부에서의 프랑스 주권이 인정되었다.

한편, 나중에 서술하겠지만 청조는 1880년대에 들어와서야 프랑스의 베트남 침략을 심각하게 여기기 시작했다. 1882년에 비로소 베트남에 군대를 파견했고, 청군에 대항하는 형태로 프랑스군도 베트남의 수도 후에를 공격했다. 이에 응우옌 왕조는 베트남을 실질적인 보호국으로 인정하

---

29 邵循正, 2000, 65-66쪽; Lloyd E. Eastman, 1967, *Throne and Mandarins: China's Search for a Policy during the Sino-French Controversy, 1880-1885*, Cambridge: Harvard University Press, pp. 33-35.
30 橫山信, 1963, 『近代フランス外交史序説』, 東京大學出版會, 7쪽.
31 노영순, 2005, 139쪽.

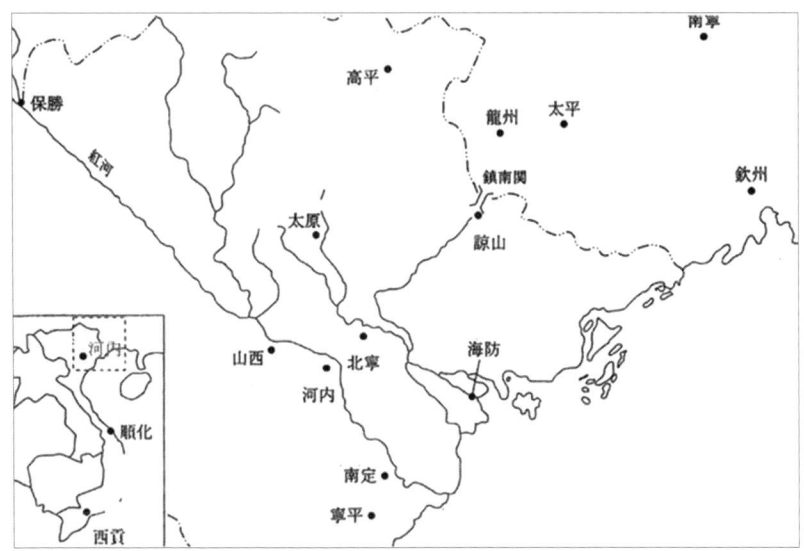

지도 1 청말 중국과 베트남 국경지대 지도(출처: 岡本隆司, 2017)

는 제1차 후에(Hue)조약(아르망조약)을 체결할 수밖에 없었다.[32] 그러자 청조는 흑기군을 베트남에 주둔하는 정규군으로 인정하고 지원했다. 이때 응우옌 왕조 내부에서는 투항파와 항전파로 나뉘어 싸움이 계속되었고, 황제가 독살당하는 사건이 연달아 일어나면서 정국은 혼미에 혼미를 거듭했다. 이 와중에 1884년 6월에 제2차 후에조약이 체결되어 베트남은 완선히 프랑스의 보호국이 되었다.

응우옌 왕조가 외교권을 상실함에 따라 청조와의 조공관계 역시 약 80년의 역사에 그 종지부를 찍게 되었다.[33] 베트남, 프랑스, 청조가 맺은

---

32 이 조약의 원문은 中國史學會 主編, 1957, 『中法戰爭』5, 上海人民出版社, 205-209쪽 참조.

33 이 조약의 원문은 中國史學會 主編, 1957, 『中法戰爭』7, 上海人民出版社, 369-379쪽 참조.

표 4 19세기 응우옌 왕조·프랑스·청조 사이의 조약과 중요 사건

번호	연도	명칭	조약 국가	주요 내용
①	1862년 (동치 원년) 6월 5일	제1차 사이공조약 ('壬戌和約')	베트남· 프랑스	남부 3개 성 할양, 크리스트 교 포교 허용, 메콩강 개방
②	1874년 (동치 13)	제2차 사이공조약 ('甲戌和約')	베트남· 프랑스	베트남 독립국으로 승인, 외교권 박탈
③	1882년 (광서 8) 11월·12월	이홍장·부레 천진 가조약	청조· 프랑스	베트남 북부의 보전
④	1883년 (광서 9) 8월 25일	제1차 후에조약 ('癸未和約') 아르망조약	베트남· 프랑스	베트남의 보호국화, 외교권 상실
⑤	1884년 5월 (광서 10)	천진협약(天津協約) '中法會議簡明條款' 이·푸르니에 협약, 청불간명조약	청조· 프랑스	청군의 통킹 철수, 베트남 과의 국경 분쟁 진정
⑥	1884년 (광서 10) 6월 6일 (음력 4월 24일)	제2차 후에조약 ('甲申和約') 파트노톨조약	베트남· 프랑스	제1차 후에조약 재확인
⑦	1884년 8월부터 1885년 4월까지 청불전쟁(中法戰爭)			
⑧	1885년 4월	파리정전협정(中法和約初 約)	청조· 프랑스	청불전쟁 정전협정
⑨	1885년 (광서 11) 6월 9일, (음력 4월 27일)	천진조약('中法新約')	청조· 프랑스	청불전쟁 종결, 베트남 보호국화에 대한 청조의 인정
⑩	1886년 (광서 12) 3월 23일	월남변계통상장정 (越南邊界通商章程)	청조· 프랑스	천진에서 조약. 광서와 운남 지역의 관세 책정

조약들을 정리하면 〈표 4〉와 같다. 주의할 점은 조약이란 어디까지나 청조와 프랑스 사이에서 체결된 것이고, 아직까지 청조와 응우옌 왕조 사이에는 결코 체결된 적이 없다는 사실이다.

다음에서는 청조가 과연 베트남과 재(在)베트남 프랑스 세력을 어떻게 인식하고 대응해나갔는가에 대해서 시대순으로 살펴보고자 한다.

3. 동치 연간 베트남 문제에 대한 청조의 인식

청조는 도광 19년(1839) 이래 2년마다 한 번씩 보내던 조공사를 4년마다 한 번씩으로 축소했고, 응우옌 왕조는 그에 맞추어 1853년 청조에 사절을 파견했다.[34] 그러나 태평천국운동으로 청조의 전반적인 상황이 점점 어려워지자 응우옌 왕조의 조공을 다음 기회로 미루도록 했다.[35] 이러한 정황은 다음 공기(貢期)에 해당하는 1860년에도 마찬가지였다.[36] 응우옌 왕조의 조공사가 다시 북경에 파견된 것은 거의 10년 만인 동치 2년(1863)으로 함풍제의 조문사절이었다.[37] 그 뒤 청조는 조공로(貢路)의 치

---

34 『淸咸豊實錄』卷106 「咸豊3年(1853) 9月乙卯」. "越南國使臣潘輝泳等六人, 於神武門外瞻覲.";『淸咸豊實錄』卷107 「咸豊3年(1853) 9月乙丑」 "越南國王阮福時, 遣使奉表謝恩, 並賀萬壽. 進貢方物, 命留抵下次正貢, 賞賚如例."

35 『淸咸豊實錄』卷199 「咸豊6년(1855) 9月乙丑」. "又諭, 勞崇光奏, 越南國正貢屆期. 據情代奏一摺. 越南國王阮福時, 以丁巳年正貢屆期. 咨呈勞崇光奏請恭進方物等情. 具見該國王誠悃可嘉. 惟現在用兵省分, 尚未能一律肅清. 若令繞程跋涉, 轉非所以示體. 所有越南國此次例貢. 著緩至下屆兩貢並進, 用副朕懷柔遠方至意."

36 『淸咸豊實錄』卷3209 「咸豊10年(1860) 9月乙丑」. "十月辛未. 諭內閣, 劉長佑奏, 越南國入貢屆期, 察看道路情形請旨遵行一摺. 現在廣西南·太·潯·梧等府, 軍務未竣. 道路尚多梗阻. 所有越南國丁巳辛酉兩屆例貢, 著暫行展緩, 俟該省軍務平靖後, 再由該撫具奏."

37 『淸同治實錄』卷82 「同治2年(1863) 10月戊子」. "諭議政王軍機大臣等·據張凱嵩奏·越南國王阮福時·因奉到文宗顯皇帝遺詔. 擬請遣使恭進禮. 又齎遞表文方物. 慶賀登極等語. 越南國備列藩封, 虔修職貢. 今該王阮福時·以接奉遺詔, 欲遣使臣遠來進香. 自係出於至誠. 惟是文宗顯皇帝梓宮. 已於上年九月內奉移山陵. 該國王遣使進香. 已在奉移之後. 不及恭薦. 著張凱嵩即行知該國王. 令其不必遣使遠來進香. 其慶賀登極方物. 亦

안 상태가 완전히 회복된 동치 7년(1868)부터는 공기에 맞춰서 조공이 이루어지도록 베트남에 지시했다.[38]

전체적으로 제1차 아편전쟁과 태평천국운동 시기인 1840~1860년대까지 베트남에 대한 청조의 장악력은 크게 떨어진 반면, 베트남에 대한 프랑스의 장악력은 강해졌다. 다만 이 기간 동안 베트남에 대한 청조의 관심사는 프랑스의 베트남 잠식이 아니라, 청조와 베트남의 국경 지역, 즉 국경의 산악 지역이나 홍하 델타 주변의 산적과 해적[39]들에 관한 것이었다.[40] 이들은 특히 태평천국운동 시기에 크게 번성하여 양국에 매우 심각한 현안이 되었다. 이들로 인해 청조와 응우옌 왕조 모두 국경 지역의 통제권을 상실할 위기에 처해 있었다.[41]

응우옌 왕조의 뜨득 황제는 광서순무 손봉문(蘇鳳文)에게 국경 지역에서 레왕조의 후예라고 자칭하는 유여명(黎惟明)이라는 비적을 토벌해줄 것을 요청했고, 동치제는 이에 호응하여 광서제독(廣西提督) 풍자재(馮子才)를 파견하여 토벌하도록 했다.[42] 이를 보면 응우옌 왕조는 국경 지대의

無庸呈進. 以示懷柔藩服至意. 將此諭令知之." 청조에 대한 응우옌 왕조의 조공 의례에 대해서는 坪井善明, 1991, 91-93쪽 참조.

38 『清同治實錄』 卷229 「同治7年(1868) 4月甲午」, "蘇鳳文奏·越南正貢屆期. … 越南國王阮福時·以來年己巳正貢屆期. … 前因南太兩郡軍務未平. 該國例貢. 業經三次展綏. 現在由太郡至省. 道路既無梗阻. 自應令其依期入貢."

39 청대 중국과 베트남 국경 지역의 해적 문제 전반에 대해서는 豊岡康史, 2016, 『海賊からみた清朝: 18~19世紀の南シナ海』, 藤原書店 제1장 「ベトナムから來た海賊」 참조.

40 노영순, 2005; 望月直人, 2018, 「境界と匪賊: 19世紀中國·ベトナム間における「越境」と清朝-阮朝關係」, 『東洋史研究』 77-2 참조.

41 孫宏年, 2006, 43쪽.

42 『清同治實錄』 卷133 「同治4年(1865) 3月癸丑」, "諭軍機大臣等·毛鴻賓等奏···· 越南匪徒黎惟明等·自稱越南舊王. 率黨攻破海甯府砡街等處.";『清史稿』 卷527 「屬國」「越南」. "(同治)七年, 國王咨乞廣西巡撫蘇鳳文代奏請兵援剿, 帝命提督馮子材率三十營討之."

비적에 대해서는 청조 지방관들에게 통보를 했지만 프랑스의 침공 사실에 대해서는 의도적으로 침묵했음을 알 수 있다.[43]

그러나 여기에서 청조와 베트남, 그리고 프랑스 사이에 새로운 변수가 등장했으니 바로 태평천국의 잔여 세력이었다. 이 세력의 중심은 광서성 출신으로 오곤(吳鯤)이라고도 불리는 오아종(吳亞終, ?~1870)이었다. 그가 이끄는 무리들은 모두 태평천국운동에 직간접적으로 관여하고 있었는데, 1864년 태평천국이 붕괴하자 청조에 쫓기는 몸이 되었다. 이들은 청군을 피해서 베트남 북부 통킹 지역으로 진출하여 국경 지역에서 웅거하고 있었다. 그들은 응우옌 왕조의 지배도 거부했기 때문에 동치 8년(1869)에 응우옌 왕조의 군대와 광서제독 풍자재의 연합 공격을 받게 되었다. 이에 수령 오아종이 궁지에 몰려 자살한 뒤,[44] 그가 이끄는 부대는 황숭영(黃崇英)이 이끄는 황기군(黃旗軍), 유영복이 이끄는 흑기군(黑旗軍),[45] 양문리(梁文利)와 반문이(盤文二)가 이끄는 백기군(白旗軍)으로 분화되었다. 그중

---

43 노영순, 2005, 139쪽; 山本達郎 編, 1975, 『ベトナム中國關係史』, 山川出版社, 623쪽; 응우옌 왕조 시기 중국에 파견된 조공사('如淸使')에 대해서는 和田博德, 1975, 553-559쪽 참조.

44 『淸同治實錄』卷245「同治7年(1868) 10月癸酉」, "又諭, 蘇鳳文奏接據越南國王咨文, 派兵協勦各等語. 逆匪吳亞終, 句結越南降匪謝靜川等憑險抗拒. 勢甚狓狽, 前盜蘇鳳文等迅督官軍. 會合夷兵夾勦, 剋期殄滅, 茲覽越南國王咨文, 是其待援情形, 實爲迫切. 該國久列藩封, 恭順有加. 乃任內地匪黨, 擾及邊隅, 何以副朝廷懷柔遠人之意, 歸順憑祥等處, 旣有踞匪, 兵力不能兼顧. 卽著蘇鳳文·馮子材等, 添募勁旅. 分道並進, 越境疾攻. 會同越南夷兵兩面夾擊, 迅殲醜類, 以靖邊疆, 不得以越境險遠, 置之不問, 爲越南所笑. 所需糧運軍火, 並著蘇鳳文寬爲接濟, 毋令缺乏. 再輿圖爲行軍所必需, 著該撫將現在本省用兵及有賊處所, 詳細繪圖貼說具奏, 將此由六百里各諭令知之. 尋奏本省太鎭邊境, 現在已無賊蹤, 所有越南國諒山高平一帶, 進兵勦賊處所, 謹繪圖貼說呈覽, 報聞."

45 劉永福에 대해서는 江鐵軍, 2011, 『劉永福』, 廣東人民出版社 참조; 흑기군에 대해서는 小玉新次郎, 1955, 「阮朝と黑旗軍」, 『東洋史研究』 13-5; 大澤一雄, 1961, 「阮朝嗣德帝の土匪對策と黑旗軍」, 『史學』 33-2; 酒井いづみ, 1977, 「1870年代のベトナム社會と抗佛勢力-黑旗軍を中心に」, 『歷史評論』 329 참조.

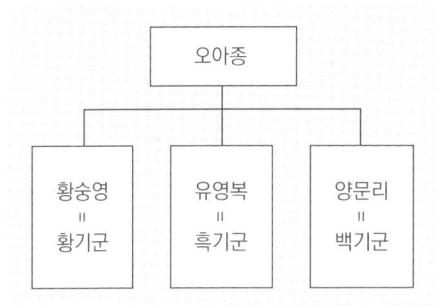

그림 2 오아종 사후 태평천국 잔여 세력의 분화

에서 라오카이(保勝)에 웅거하던 유영복이 이끄는 흑기군은 황기군과 백기군을 궤멸시킨 뒤 마치 북부 베트남에서 독립 왕국을 연상시킬 정도로 대대적으로 성장을 거듭했다. 청불전쟁이 본격적으로 일어나기 전까지 베트남에서 프랑스군의 북베트남 진출을 막았던 주요 세력이 바로 유영복의 흑기군이었다.

응우옌 왕조는 프랑스군과 직접 교전하기보다는 흑기군이나 청조를 이용하여 프랑스군을 제압하려 했다. 일례로 1873년 하노이를 침공한 프랑수아 가르니에를 격퇴하기 위해 흑기군에 원조를 요청하기도 했다. 여기에서 흑기군이 베트남 내에서 합법적으로 활동할 수 있는 공간이 생긴 셈인데, 일례로 1883년 청불전쟁에 앞서서 선전포고도 없이 프랑스군이 다시 하노이를 침공했기 때문에, 여기에 흑기군이 응전하여 지휘관인 앙리 리비에르를 전사시키기도 했다[이른바 '통킹원정(東京遠征)']. 또한 청불전쟁 당시 프랑스군을 격파한 공으로 유영복은 응우옌 국왕으로부터 삼선부제독(三宣副提督)의 직책에 임명되기도 했다. 그러나 그 역시 끝내 1885년 뚜옌꽝(宣光)에서 프랑스군에게 패배하고 말았다.[46]

---

46 『淸史稿』卷527「屬國」「越南」. "劉永福者, 廣西上恩州人, 咸豐間廣西亂, 永福率三百人出鎭南關. 時粤人何均昌據保勝, 永福逐而去之, 遂據保勝, 所部旗皆黑色, 號'黑旗軍'. 永福旣立功, 越南授三省提督職, 時時自備餉械剿匪. … 劉永福與法人戰於河內之紙橋, 大破法軍, 陣斬法将李成利, 越王封永福一等男. … (光緒)十一年 … 法軍攻劉永福於宣光, 永福軍潰."

우여곡절을 겪은 뒤, 청 조정이 베트남에서 활동하는 프랑스 세력을 인지한 것은 동치 12년(1873) 무렵이었다고 생각된다.[47] 그러나 이것 역시 군사적인 잠식일 뿐이지 응우옌 왕조와 프랑스가 맺은 조약을 구체적으로 인지한 것은 그보다 한참 뒤였다. 즉 프랑스 군대가 북쪽의 하노이(河內)를 본격적으로 공격하면서부터였고, 청 조정은 당시 광서순무(廣西巡撫)였던 유장우(劉長佑)의 상주를 통해서 이를 처음 알게 된 것으로 보인다.[48] 이에 대해서 『청사고』에서는 다음과 같이 서술하고 있다.

동치 12년(1873) (道員) 화정걸(華廷傑)의 군대가 (베트남에서) 철수하자, 프랑스인들이 하노이성으로 병선을 타고 돌진하였다. … (廣西巡撫) 유장우는 사실에 따라서 다음과 같이 상주하였다. … 프랑스인들은 중국의 산용(散勇)과 운남 변경의 불온한 무리들을 모아서 베트남의 각 성을 공격하고 있다. 그 수신(守臣)들이 다수 항복하였다. 타이응우옌성(太原省)의 수신(守臣)은 유영복(劉永福)에게 도움을 청하였는데 프랑스 병사가 오자 유영복은 매복을 하여 이를 패배시켰다. 그 장수 프랑수아 가르니에(François Garnier, 安鄴)를 사로잡았다. 프

---

47 다만 『清史稿』 卷527 「屬國」 「越南」의 기록에 따르면 1868년 영국에 주재했던 프랑스 공사 曾紀澤은 베트남에 관하여 프랑스와 여러 번 쟁론을 벌였고 이를 보고했으나 주로 연해 방비에 관한 명령만 전달되었던 듯하다. 『清史稿』 卷527 「屬國」 「越南」. "(同治)時駐英法使臣曾紀澤以越事疊與法廷辨詰, 福建巡撫丁日昌亦疏法·越事以聞, 帝命與北洋大臣李鴻章籌商辦法, 并諭沿江沿海督撫, 密爲籌辦." 그 뒤 1870년 청조는 프랑스 선교사 피살을 계기로 강소순무 정일창(丁日昌)의 제안으로 광서 태평현(太平縣)의 지현인 서정욱(徐廷旭)을 베트남으로 파견했다. 그는 이를 토대로 『越南輯略』(1877)을 저술하기도 했다. 和田博德, 1975, 569-579쪽 참조.
48 『清同治實錄』 卷359 「同治12年(1873) 11月辛酉」. "辛酉. 諭軍機大臣等, 劉長佑奏, 越南各匪肆擾. 現飭粵軍防勦, 並籌保衛邊境一摺. 越南各匪, 在宣光河陽一帶, 分股擄刦. 據報法國帶兵攻破越南河內省城, 官多被擄, 兵有傷亡."

랑스인은 패배하여 하노이성으로 물러나서 베트남 국왕과 화해하였다.[49]

프랑스군은 하노이를 침공했고, 운남 지역과 베트남 각 지역의 불순분자들을 모았으나, 흑기군을 이끌었던 유영복 등이 이에 맞서 싸우곤 했다.[50] 그리고 바익당(白藤) 해구에 관문을 설치하여 세금을 징수하기도 했다. 결정적인 사건은 1873년 흑기군과 프랑스군이 싸웠던 이 전투에서 메콩강 탐험으로 유명한 프랑수아 가르니에('安鄴')가 전사한 것이었다. 가르니에의 죽음으로 베트남 북부를 지배하려고 했던 프랑스의 첫 번째 시도는 무산되었으며, 프랑스의 침략은 일시적으로 소강상태에 빠졌다. 또한 1875년에 운남-미얀마 국경 지역에서 영국 외교관 마가리(Augustus Margary, 1846~1875)가 살해되는 이른바 마가리 사건('馬嘉理事件', '滇案')[51]이 일어나면서, 청조와 영국의 갈등이 불가피하게 되었다. 이미 영국과 갈등 관계였던 청조는 프랑스와 충돌하는 것을 원하지 않았기 때문에, 베트남 문제를 확대시키려 하지 않았다.[52] 이러한 복잡한 국제정세로 인해 청조와 프랑스 사이에는 잠시 소강상태가 찾아왔다.

광서 원년(1875)에 청 조정은 동치제의 유조(遺詔)를 응우옌 왕조에게

49　『淸史稿』 卷527 「屬國」 「越南」.

50　「光緒8年 正月22日(1882年3月11日) 雲貴總督 劉長佑奏」(蔣廷黻編, 2008, 706쪽) "至劉永福籍本粤西, 爲賊首吳亞終之黨, 後與黃崇英構隙, 臣在廣西巡撫任內, 曾於越使回國時言其可用以辦賊, 後果就撫, 爲該國副提督. 曾以兵力拒戰東京, 今駐兵保勝州, 與滇邊河口相接. 應請皇上密諭越王, 信用其人, 給其兵食. 並由臣等潛爲聯絡, 喩以忠義, 亦可以效指臂而助聲威."

51　이에 대해서는 神戶輝夫, 1985, 「マーガリ事件をめぐる英淸交涉-ウェードの第1次北京離脫まで」, 『東洋史硏究』 44-2 참조.

52　李恩涵, 1966, 167쪽.

보냈고.⁵³ 한편 응우옌 왕조도 지속적으로 조공사를 파견하고 있었다.⁵⁴ 이를 계기로 응우옌 왕조 측에서는 국경 지대의 소요에 대해서는 도와줄 것을 청했지만 프랑스에 대해서는 별반 언급하지 않았다.⁵⁵ 응우옌 왕조의 입장에서는 아마도 두 나라 사이 국경 지역에서 활개 치는 비적 문제가 중국과의 협의 사안이라고 간주한 듯하고 프랑스와의 문제는 어디까지나 중국에 통보할 일이 아닌 내정의 문제라고 간주했던 것은 아닐까 생각된다. 이 점은 중국도 마찬가지였을 것이다. 베트남 내 프랑스 세력의 문제는 어디까지나 응우옌 왕조가 해결해야 할 국내 문제라고 생각하지 않았을까.

4. 광서 연간 초기 베트남 사태에 대한 청조의 인식

앞서 서술했듯이 베트남에 주둔한 프랑스 세력에 대해서 청조가 심각하게 인식하기 시작한 것은 광서 7년(1881)이었다고 생각된다.⁵⁶ 이는 베트

---

53 『淸光緖實錄』卷11 「光緖元年(1875) 6月丁丑」. "諭軍機大臣等. 劉長佑奏. 越南國王因奉到穆宗毅皇帝遺詔. 擬遣使恭進香禮. 又齎遞表文方物. 慶賀登極各摺. 越南國備列藩封. 虔修職貢. 今該王阮福時. 以接奉遺詔. 欲遣使遠來進香. 並因登極呈進方物. 具見悃忱. 著該撫即行査照成案. 奏明辦理."

54 『淸光緖實錄』卷27 「光緖2年(1876) 3月丁丑」. "廣西巡撫嚴樹森奏越南國王以丁丑年正貢屆期. 請宣進關日期得旨. 著慶愛查照向例進關之期. 行令該國王遵照辦理."

55 『淸光緖實錄』卷33 「光緖4年(1879) 1月己丑」. "諭軍機大臣等. 劉坤一等奏. 代遞越南國王奏疏. 懇請派兵援勦李揚才股匪一摺. 越南國服有年. 其地與廣東廣西等省壤. 此次李揚才脅眾擾及諒山長慶等處. 疊經諭令該督撫等. 督飭官軍. 相度機宜. 速籌進勦."

56 李恩涵, 1966, 166쪽. 1879년(광서 5)부터 프랑스의 베트남 침략이 강화되었는데 이

남에 대한 지배를 어느 정도 완료한 프랑스가 이제는 중국 본토로 육박해 왔기 때문이다. 예를 들어 1881년 유장우가 운귀총독(雲貴總督)이 된 뒤에 다음과 같은 상주를 올렸다는 기록이 있다.

> 유장우가 운귀(雲貴) (총독으)로 옮긴 뒤에 프랑스인들의 뜻이 베트남을 얻음으로써 운남과 양광(兩廣)을 넘보는 것이 있음을 알게 되었다. 그의 상소를 간략히 하면 다음과 같다. "변성(邊省)이라는 것은 중국의 문호이고 외번(外藩)이라는 것은 중국의 울타리(藩籬)입니다. 울타리가 무너지면 문호가 위험에 빠지고 문호가 위험하면 당실(堂室)이 흔들리게 마련입니다. 베트남은 운남·양광과 순치의 관계에 있습니다. 유럽 여러 나라가 인도에서 싱가포르, 페낭(檳榔嶼)까지 개항장을 설치한 이래에, 프랑스가 베트남에 침을 흘린 지는 오래되었습니다. 사이공에 개항장을 열고 그 요해지를 점거하여 다시 한적(漢賊) 황숭영과 내통하여 통킹을 빼앗으려 하고, 병력을 모아서 홍강(紅江)을 건너서 랑선(諒山) 등지를 침공하려고 하고 있습니다. 또한 베트남을 할양받아서 광서 변경 지역 600리를 (프랑스의) 병력 주둔지로 만들려고 하고 있는 것입니다."[57]

비단 운귀총독과 같은 지방관뿐만 아니라 군기대신과 총리각국사무아문에서 올린 상주에 대해서 광서제는 다음과 같은 상유를 내렸다.

는 프랑스 제3공화국이 이해부터 안정을 찾았기 때문이라고 보았다. 李恩涵, 1966, 167쪽 참조.

57 『淸史稿』卷527 「屬國」 「越南」. 1881년이라는 시점은 응우옌 왕조의 사신이 1881년 6월 30일 북경에 도착하여 베트남 사정을 상주한 것과 관련이 있을지도 모른다. 이에 대해서는 劉伯奎, 1980, 『中法越南交涉史』, 學生書局, 18쪽.

베트남은 예부터 번복(藩服)이며 운남과 양광 지역의 병풍이다. 프랑스인들이 사이공 일대를 점령하여 현재는 다시 통킹 일대에서 도둑을 체포한다는 구실로 병선을 추가하고 있다. 또한 홍강 일대를 통하여 운남과 통상하려고 하니 그 계책을 도무지 짐작하기 어렵다. 베트남은 이미 오랫동안 약체화되어 만약 그대로 (프랑스의) 침략을 내버려둔다면, 운남과 양광 지역의 울타리는 모두 프랑스의 핍박을 받을 것이니 후환은 이루 말할 수 없을 것이다. 총리각국사무아문과 이홍장은 방법을 강구하여 상주하였으니, 이홍장·좌종당·유곤일·장수성·유장우·경유(慶裕)·두서련(杜瑞聯) 등이 서로 비밀리에 적절하게 상의하도록 하라.[58]

즉 청조로서는 프랑스 문제가 베트남의 국내 문제였을 때는 그렇게 심각하게 인식할 필요가 없었다. 즉 남쪽의 사이공(西貢)을 프랑스가 점령한 문제는 북경에 있는 청조의 관심 사항이 아니었다. 그러다가 프랑스 세력이 하노이를 위협하고 중국과 베트남의 국경 지역까지 육박해오자 청조는 그제야 프랑스의 궁극적인 목적이 중국 진출이라는 점을 깨닫게 되었다. 더구나 응우옌 왕조를 운남과 광서성의 방패로 인식하고 있던 청조에게 이제 베트남 문제는 중국 남쪽 국경 지대를 위협하는 직접적인 문제로 다가왔다.

그러나 이 단계에서도 베트남 문제에 적극적으로 개입하려는 움직임은 찾아보기 어렵다. 위의 상유에서도 주요 지방관끼리 베트남 문제를 상의하라는 정도일 뿐이고, 한 달 뒤인 광서 7년(1881) 11월에 베트남 내 프랑스 세력의 활동에 대해 상세히 조사하고 방법을 강구하라는 지시를 내

---

58 『淸光緖實錄』 卷138 「光緖7年(1881) 10月甲戌」.

리는 정도였다.⁵⁹ 양광총독(兩廣總督) 장수성 등에게도 아직까지 프랑스 세력에 대해서 적극적인 행동을 취하거나 하지 않고 은밀히 조사해보라고 한 데서도 알 수 있듯이, 설령 베트남에서 프랑스의 세력이 크게 확대되어도 청조는 그렇게 대단한 일로 여기지 않았다. 즉 현 상태라면 청조가 군사적으로 움직일 정도는 아니었던 것이다.

아울러 외교적인 방법도 강구했는데,⁶⁰ 특히 당시 영국과 프랑스 주재 공사였던 증기택(1839~1890)이 프랑스 정부에 대해서 베트남은 청조의 속국이라고 강력히 항의하기도 했다.⁶¹ 반면 프랑스 측에서는 1874년 제2차 사이공조약에 따라 국제법적으로 베트남은 완전한 독립국이며, 청조는 베트남 사태에 개입할 법적 자격이 없다고 맞섰다.⁶²

광서 7년(1881)에 베트남과 국경을 맞대고 있는 운남과 양광 지역 이외에도 복건순무 정일창 역시 프랑스와 베트남에 관한 일을 상주했다. 광서제는 북양대신 이홍장으로 하여금 전쟁에 대비할 계획을 강구하라고 지시했고, 아울러 장강 연안과 연해의 독무들에게도 같은 지시를 비밀리에 내렸다.⁶³ 즉 1881년에 비로소 베트남 문제는 청의 조정과 독무(督撫)들에게 긴급한 사항으로 인식되었다. 그렇다면 1881년이라는 시점에서 청조는 베트남과 프랑스에 대해 어떻게 인식하고 있었던 것일까? 이를 보여주는 『청실록』의 한 구절을 소개해보면 다음과 같다.

---

59 『淸光緖實錄』 卷139 「光緖7年(1881) 11月丁酉」.
60 『淸光緖實錄』 卷142 「光緖8年(1882) 正月辛未」, "雲貴總督劉長佑等奏. 遵旨細審法人在越南情狀, 豫爲防制, 並請召集公使領事, 辨其曲直, 下該衙門議."
61 李恩涵, 1966, 제4장 「中法越南交涉」 참조.
62 Eastman, 1967, pp. 56-57.
63 『淸史稿』 卷527 「屬國」 「越南」.

(廣西巡撫) 경유(慶裕)가 상주하기를 프랑스인들이 베트남 북경을 점령하기를 도모하였는데 … "프랑스인들의 병력을 사용하여 베트남을 도모할 계책을 세우고 있으니 그 마음을 예측하기 어렵다. … 엄밀하게 방비하여 변경을 신중하게 군건히 하기를 기대하여, (프랑스라는) 문제를 미연에 방지하도록 한다."[64]

여기에서는 "변경을 군건히 하기를 기대하여, (프랑스라는) 문제를 미연에 방지하도록 한다"라고 하고 있다. 즉 프랑스가 베트남의 남부('南圻')를 지배하고 하노이 주변을 위협하는 상황이지만, 아직까지 청조는 현재화되지 않은 것('未形')으로 인식하고 있었던 것이다. 즉 베트남의 안위는 그다지 중요하지 않았고 주안점은 어디까지나 프랑스가 청조의 국경을 위협하느냐에 있었다.[65] 베트남 문제를 심각하게 생각하지 않는 기존의 인식과 별반 달라지지 않았던 것이다. 이러한 가운데 같은 해 10월이 되면서 조정에서는 베트남 문제를 심각하게 여겨야 한다고 주장하면서, 베트남과 중국을 운명 공동체로 인식하기 시작했다.

베트남이 존속하면 우리의 자강도 용이합니다만, 베트남이 망하면 우리의 지킴도 어려워집니다. 번병(藩屏)을 잃어버리면 여러 가지로 다방면으로 이에 대해서 준비해야 할 것입니다. 비록 지혜로운 자라고

---

64 『淸光緖實錄』 卷140 「光緖7年(1881) 12月辛未」.
65 이 점은 공친왕 혁흔의 상주에서도 잘 나타난다. 『淸光緖朝中法交涉史料』 「光緖7年 10月15日 總理各國事務衙門恭親王等奏」. "且紅江爲雲南瀾滄江下游, 紅江通行輪船, 則越南海口旬日可至雲南. 此事關係中國大局." 이 점은 당시 윤선(輪船), 즉 증기선이 홍강에 도입되면서 더욱 중요한 문제로 부각되었다.

하더라도 그 후의 일을 어떻게 처리할지 모를 것입니다.[66]

그러면서 청조와 베트남의 역사성에 대한 검토도 함께 이루어졌다.

신이 베트남의 전대(前代) 일에 대해서 생각해보니, 본래는 중국의 판도에 들어온 곳이었고, 송대와 원대에는 (중국과) 같은 나라였습니다. 명조('前明')에서 이미 취했다가 다시 버리기도 하였습니다. 청조 역시 (베트남에 대해서 명조의) 전례에 따라서 위무했을 뿐입니다. 건륭연간에 일찍이 레왕조가 군대를 일으켰으나 조금이라도 영토를 얻지 못했습니다. 새로운 응우엔 씨와 옛 응우엔 씨가 서로 패권을 다투었습니다. 비록 스스로 황제를 칭하였으나 (중국에 대한) 조공은 극히 공순하였습니다. 그들이 사대의 뜻을 알고 우리는 자소(字小)의 어짊을 지니고 있습니다. 항차 그 땅은 광동 흠주(欽州)에서 시작해서 광서 태평부, 진안부 및 운남 개화부까지 접해 있어서 중국과 외국이 맞닿은 것이 몇 천 리입니다. 실로 순망치한의 관계이니 (베트남의 문제가) 만이(蠻夷)들의 사소한 소란으로 볼 수 없는 것입니다.[67]

여기에서 주목할 점은 청조가 베트남의 칭제(稱帝), 이른바 '내제외왕(內帝外王)'에 대해서 잘 알고 있었다는 것이다. 그러나 베트남의 조공 행위가 매우 공순하고 사대(事大)의 뜻을 잘 알고 있으므로 청조는 그들을 자소(字小)의 인(仁)으로써 대했다고 인식했다는 점이다. 설령 그들이 자

---

66 光緒7年(1881) 10月28日「翰林院侍講學士周德潤奏」(蔣廷黻 編, 2008, 699쪽).
67 光緒7年(1881) 11月初9日「南洋通商大臣兩江總督劉坤一奏」(蔣廷黻 編, 2008, 700-701쪽).

신들의 군왕을 황제로 칭한다고 하더라도, 청조에게 중요한 것은 베트남이 이러한 사실을 숨기고 청조에 어떻게 조공의 예를 표하느냐였다.[68]

같은 해 12월이 되자 프랑스 세력이 베트남을 병탄하려 한다는 정보가 전해지면서 이를 매우 심각하게 고려했다는 것을 알 수 있다.[69] 다음 해인 광서 8년(1882)에 들어와서는 그 심각성이 더욱 가중되었다. 그해 2월에 프랑스 군함이 사이공을 거쳐 홍강 삼각주의 하이두옹(海陽)에 도달하여 통킹을 빼앗으려 했기 때문이다. 이에 관해서 양광총독 장수성은 광서제에게 다음과 같이 상주했다.[70]

> 2월 15일 돌연 프랑스 병선이 사이공에서 하이퐁(海防)으로 진입하여 통킹 등을 공격하여 취하고자 한다고 합니다. 베트남의 국력은 매우 약하니 만약 프랑스인들의 뜻이 (베트남의) 병탄에 있다면 이 나라는 스스로 보전하기 매우 어려울 것입니다. 번속의 의의를 논한다면, 중국은 즉시 파병하여 구원하여야 하는데, 우리들로서는 (거리가 멀기 때문에) 돕고 싶지만 도울 수 없습니다. … 다만 베트남 통킹 각 성과 운남과 양광 지역은 서로 맞닿아 있으므로 만약 프랑스가 통킹 지역('北

---

68 청대 중국에서는 조공국이라 하더라도 연호를 쓰거나 제호(帝號)를 칭할 수 있다고 생각하는 경우도 있었던 듯하다. 일례로 박지원은 『열하일기』 「태학유관록(太學留館錄)」에서 중국 지식인들이 자신에게 조선의 황제는 어떠한 연호를 쓰는지 물어보았다고 적었다. 일부의 사례이긴 하지만, 당시 중국 지식인들이 이웃 나라 역시 황제의 칭호와 연호를 쓸 수 있다고 여겼던 것은 아닐까라고 추측되는 대목이다.

69 光緒7年(1881) 12月26日「兩廣總督張樹聲奏」(蔣廷黻 編, 2008, 702-704쪽). " … 臣伏查越南積弱不振, 南圻舊屬法人, 北圻因於土匪, 復以要盟與法立約, 致啓無厭之心. 其國之富春城及東京等處開埠通商, 耽耽逐逐, 無日不注意北路, 思達雲南. … 竊維法人謀占越南全境, 雖蓄志已久, 而實事未形. … 接據出使日本大臣何如璋抄寄西報, 知有法人伯朗手般獻取東京之論, 續據黃桂蘭探報越南亦聞此說."

70 『清史稿』卷527 「屬國」「越南」.

圻')을 점령한다면, 국경의 울타리가 모두 철거된 뒤이니 후환이 끝이 없을 것입니다.[71]

여기에서 프랑스가 베트남을 병탄하려는 뜻이 있고, 베트남은 이를 막을 힘이 없으며, 청조로서도 거리가 멀어 세력이 닿지 않는다는 것을 전제로 논의가 이루어지고 있음을 알 수 있다. 5월의 상주문에는 프랑스가 청조와 새로운 조약을 맺는 것에 대한 우려가 담겨 있다.[72]

바다에는 원래 군함(師船)이 왕래하지 않았는데, 근래 기선(招商輪船)이 식량을 운반하여 베트남을 왕복하는 것이 매우 성행하고 있습니다. 더욱이 내비(內匪)가 이 기회를 타고 나쁜 마음을 품을 우려가 있고, 일의 변화는 무상하니 예측하기 어렵습니다. … 생각건대 프랑스 오랑캐(法夷)는 쟈딘(嘉定) 6개 성을 점거한 이래, 베트남의 사방에 있는 조약항에 교당을 세웠으니 방자하여 횡횡하니 막을 길이 없습니다. (프랑스인들이) 꺼리는 것은 이 나라의 군도(群盜)가 오랫동안 요진(要津)을 점거하고 있는 것인데, 지금은 군도의 세력도 이미 쇠하여서, 따라서 이를 비난하여 제거하고, 그 나라를 병탄하고자 합니다. 중국의 도움이 없다면 베트남은 생존을 도모할 수 없을 것입니다. 그러나 프랑스 오랑캐들은 베트남의 군신들을 협박하여 이익을 획득한 것이 하루 이틀 일이 아닙니다.[73]

---

71 『淸光緖實錄』 卷144 「光緖8年(1882) 3月 辛亥」.
72 『淸光緖實錄』 卷145 「光緖8년(1882) 4月己巳」, "恐復用占據南圻故智. 修改新約. 迫越南以必從. 事機甚爲緊急."
73 「光緖8年 正月22日(1882年3月11日) 雲貴總督 劉長佑奏」(蔣廷黻 編, 2008, 704쪽).

한편 이즈음부터 베트남과 중국의 미곡 무역에 증기선이 사용되면서 양국의 왕래가 더욱 빈번해졌다. 따라서 중국으로서는 베트남 문제가 중요해질 수밖에 없었다. 청조가 베트남 상황을 심각하게 느꼈던 것은 단순히 베트남 병탄의 문제를 넘어서 기선과 크리스트교 같은 새로운 문물이 유입되고 있다는 점이었다. 청조로서는 만약 베트남 문제를 방치하면 중국 내지에도 그 영향이 미칠 수 있다는 점을 인식하게 되었다.

> 엎드려 생각하니 베트남은 우리의 번신(藩臣)으로, 동치 연간 이래 광동성에서 (황제의) 유지를 받들어 (응우옌 왕조가 도적을) 토벌하는 데 병력을 파견한 것은 사이(四夷)가 주지하고 있는 사실입니다. … 원컨대 황상께서는 총리각국사무아문에 명령하시어 북경 주재 각국 공사들을 불러모으도록 하고, 북양대신과 남양대신으로 하여금 여러 나라 영사들과 공정한 회의를 주재하도록 하여 신의를 보이시고, 황제의 관대함을 널리 펴서 그 마음을 감동시킨다면, 만국공법을 예로 들어서 그 거짓을 파헤치신다면, … 설령 프랑스가 이를 따르지 않더라도 프랑스에 도발의 죄가 있는 것입니다.[74]

베드남이 오래된 번신(藩臣)이며 동치 연간 이래 도적을 토벌하는 데 동참했다는 것은 사이(四夷)들이 모두 아는 사실이라면서 번신을 위로하는 뜻을 보여 적을 막도록 하자는 의견을 제시하고 있다. 그러면서 총리각국사무아문에서 북경에 주재하는 각국 공사들을 초청해서 프랑스의 위법성을 호소하자는 외교적 노력을 펼치려는 계획까지 세웠다.[75] 이러한

---

74 「光緖8年 正月22日(1982年3月11日) 雲貴總督 劉長佑奏」(蔣廷黻 編, 2008, 704쪽).
75 이러한 노력은 1884년에도 다시 시도되었다. 『淸史稿』 卷527 「屬國」 「越南」. "(光緖

노력 끝에 청조와 프랑스 사이에 외교 교섭이 진행되어, 1882년 말 프랑스 공사 부레와 이홍장 사이에 협약이 체결되었다.[76] 이에 대해서『청실록』에서는 다음과 같이 기록하고 있다.

> 또한 (광서제가) 다음과 같이 상유를 내렸다. 베트남이 우리 대청국의 책봉국이 된 지 200여 년이 되었고, (이 사실은) 전책(典冊)에 실려 있으며 중국과 외국이 모두 주지하는 바이다. 프랑스 사람들은 탐욕스럽게 (베트남을) 침탈할 마음을 품고 제멋대로 병탄하였다. 먼저 난낀(南圻, 사이공 일대)의 각 성을 점거하고 이어서 하노이 등지로 진출하여 그 나라의 인민을 살해하고 그 토지를 빼앗으며 그 부세 역시 강탈하였다. 베트남의 군신들은 우매하고 나약하여서 일시적인 안일함을 탐하여 사사로이 (프랑스와) 조약을 맺었다. 그러나 (이에 관해서 중국에) 상주문을 올리지 않았으니, 프랑스는 진실로 무도하고 베트남 역시 프랑스와 함께 죄가 있을 것이다. 그러나 잠시 이를 양해하여 힐문하지 않기로 하였다. 광서 8년(1882) 프랑스 사절 부레(寶海, M. Bourée)가 천진에 와서 이홍장과 3조를 이루어 조약을 의논하였다. … 베트남의 선떠이[山西]성 등은 청군의 주둔지이며, (이곳의) 베트남 비적을 깨끗이 소탕하는 것은 번속을 보호하는 것으로서 프랑스와는 관계없는 일이다.[77]

10年(1884)) 仍準各國總理事務衙門與在京法使往返照會, 情喻理曉, 至再至三."

76 Eastman, 1967, pp.57-65; 何東·胡孝, 2003,「李鴻章與中法戰前交涉」,『西南交通大學學報』2003-2期.

77 『淸光緖實錄』卷189 光緖10年(1884) 7月6日. 이 조약에 대해서는 關威, 2005,「中法戰前李鴻章與寶海·脫利古談判述論」,『韓山師範學院學報』2005-5期 참조.

양자는 협약을 맺어 흑기군을 베트남 국경인 운남과 귀주성으로 철수시키고, 프랑스도 청과 프랑스 사이의 경계를 설정하여 베트남 북부의 자치를 보호하기로 약속하는 가조약이 체결되었다. 이에 대해서 『청사고』는 다음과 같이 기록하고 있다.

> 베트남은 예부터 (중국의) 번속으로 프랑스가 사이공을 점거한 뒤, 베트남 사람들을 협박하여 조약을 맺었고, 홍강(紅江)에 선박이 다닐 수 있도록 허락을 받았다. 증기택(曾紀澤)은 프랑스 외교부에 프랑스와 베트남은 사사로이 조약('私約')을 맺었으니 중국은 이를 인정할 수 없다고 하였으나 그들은 깨닫지 못했다.[78]

즉 청조는 프랑스와 베트남이 체결한 사이공조약[79]이나 후에조약을 인정할 의사가 없었다. 청조의 공인 없이 응우옌 왕조와 프랑스가 사사로이 체결한 것으로 파악했기 때문이다. 즉 책봉국은 조공국의 외교 조약에 간여할 권한이 있으며, 조약 질서보다 조공-책봉 질서가 상위에 있다고 상정했다. 이런 점에서 당시 청조에게 베트남은 ①조공 질서의 유지, 즉 국제적인 예적 질서의 유지, ②서양의 침입에 대한 국경 방어선으로서의 의미를 지니고 있었다. 반대로 근대적인 조약 질서의 시선에서 보자면, 청조의 조공-책봉 질서는 실재적이라기보다는 순수한 의례적인 행위로서 명목적인 것으로 간주했다.[80]

---

78 『淸史稿』卷130 「邦交」 3; 李恩涵, 1966, 173쪽.
79 프랑스는 제2차 사이공조약을 체결한 직후 바로 청조의 總理衙門에 이를 통고했다. 이에 대해서는 望月直人, 2009, 「フランス對淸朝サイゴン條約通告とベトナム出兵問題 - 1870年代後半, ベトナムをめぐる淸佛關係の再考」, 『東洋史硏究』 68-3 참조.
80 和田博德, 1975, 585쪽; 望月直人, 2016, 「儀礼」と「宗主權」のあいだ: 淸佛戰爭前にお

이러한 청조의 노력은 이홍장과 부레 사이에 맺어진 가조약을 프랑스가 일방적으로 위반함으로써 물거품이 되고 말았다. 1883년 8월 프랑스는 응우옌 왕조의 수도인 후에를 공격했고, 제1차 후에조약을 체결하여 베트남을 보호국으로 삼았다. 그 뒤 이홍장은 프랑스 사신 트리코(德理固, Tricou)를 만나 회담을 가졌는데, 그 내용은 다음과 같다.

> 광서 9년(1883) 8월 25일(양력 9월 25일) 프랑스 사신 트리코를 만났다. … "(나는) 베트남은 본래 우리의 속국이고 그 모든 땅은 중국의 속토(屬土)이나 본래부터 그 영토로 이익을 볼 생각은 없다('本無利其土地之意')." … (트리코는) 이에 대해서 "베트남의 모든 영토는 마땅히 프랑스의 보호에 들어와야 하고, 이 말은 절대로 들어줄 수 없다." (이홍장은) 답하여 말하였다. "어쩔 수 없이 반드시 내가 일전에 말한 대로 되어야 할 것인데, 하노이 이남은 프랑스가 보호를 하고, 하노이 이북은 중국이 보호하기로 한다. 광서와 운남 등의 성(省) 경계는 본래 일정해야 한다. 오늘날 의논하고자 하는 것은 중국이 베트남을 보호하는 경계에 대한 것이다. 경내 토지는 여전히 베트남이 소유한다. 다만 (베트남 경내에서) 토비(土匪)가 소요를 일으킨다면, 중국은 파병을 해서 소탕할 수 있게 한다."
> 트리코는 말하기를 "(프랑스와 중국이 서로) 경계를 정한 뒤에 (베트남을) 중국의 판도로 귀속시킬 것인가, 아니면 보호국으로 할 것인가는 원래 중국의 편한 대로 (결정)하는 것이다. 다만 외부 사람의 의견으로는 만약 박낀(통킹) 해안부터 비스듬히 올라가서 라오까이(保勝)까지를 군사적 경계 지역으로 정한다면 (프랑스 측으로는) 경계 획정이 조

ける淸朝·阮朝間の「朝貢」とフランス」,『東アジア近代史』 20, 54쪽.

금 더 편할 듯하다. 결단코 하노이를 경계로 해서는 안 될 것이다."
(이홍장의) 답 : "하노이 이북의 경계를 중국으로 하는 것은 아니니, 나도 감히 승낙할 수 없다."
트리코가 말하기를 "이것은 절대로 불가한 일이다. 프랑스는 후에(Hue) 도성과 베트남 사이에 조약을 맺어서 베트남의 모든 영토가 프랑스의 보호하에 놓이게 되었는데, (이는) 양국 조정이 모두 비준한 상태이다. 프랑스는 반드시 새로운 조약을 처리해야 할 것이다. 지금 이홍장이 하노이를 경계로 프랑스와 중국이 할양하자고 하는 것은 명백히 새로운 조약에 어긋나는 것이다."
(이홍장의) 답 : "후에조약(順化條約)은 중국으로서는 절대로 인정할 수 없다. 중국인의 의견으로는 박낀(北圻) 일대는 모두 중국의 귀속하에 놓여야 한다는 것이다."[81]

결국 프랑스의 주장은 '후에조약'에 입각해서 베트남의 대부분을 프랑스의 관할 아래에 두어야 한다는 것이고, 중국 측의 주장은 기존의 사이공조약을 암묵적으로 승인하여 사이공 주변에 대해서는 프랑스의 권리를 인정하고 하노이 이북은 중국의 관할 아래에 두자는 것이었다. 그러나 여기에서 주목해야 할 것은 "베트남은 본래 우리의 속국이고 그 모든 땅은 중국의 속토(屬土)이나, 본래부터 그 영토에 대해서 이익을 볼 생각이 없다('本無利其土地之意')"는 이홍장의 발언이다. 즉 베트남은 중국의 속국이지만 경제적으로 착취할 생각도 없고 영토적으로 지배할 생각도 없다

---

81 『李鴻章全集』 卷33, 273쪽, 「附 與法使德理固問答節略 光緒9年(1883) 8月25日」. 트리코의 회상에 따르면 당시 이홍장은 이미 베트남에 대한 관심을 잃은 상태였다고 한다. 岡本隆司, 2017, 160쪽.

는 것이었다.

청조로서 '속국'이 지니는 의미는 해당 영토에 대한 직접적인 지배나 경제적 이윤을 얻는 데 있지 않았다. 기존의 조공-책봉관계를 유지하고 국경 지역이 비적이나 프랑스로부터 자유롭다면 베트남에 대한 청조의 요구는 충족된다고 보았던 것이다. 이런 의미에서 청조가 말하는 '보호'는 기존의 조공-책봉관계를 유지하는 것이라고 볼 수 있다.[82]

한편 1883년(광서 9) 협화제(協和帝)는 즉위 후 자신의 정당성을 강화하고자 바로 조공사를 파견했다. 이번에는 바닷길로 기선을 타고 천진을

---

82 駐日公使 하여장(何如章)은 서양 제국주의하의 속국과 중화질서하에서의 속국을 다음과 같이 대비시키고 있다. 駐日公使何如章提交總理衙門之「主持朝鮮外交議」(1880年, 權赫秀 編, 2008, 『近代中韓關係史料選編』, 世界知識出版社, 173쪽) "나는 서양 식민지(泰西屬國)의 사례를 고찰해본 적이 있는데, (서양은 본국이) 속국의 정치를 주도한다. (이 점에서 볼 때) 아시아의 봉헌(奉獻)의 나라(조공국)는 (서양의 기준으로 본다면 서양의) 속토(屬土)로 논할 수 없다. 또한 서양의 통례로 보면 속국과 반자주국이 다른 사람과 조약을 맺을 경우, 대부분 그 관국이 결정한다. 그러나 조선이 다른 사람과 조약을 스스로 맺는 것을 (중국이) 허락하고 있고, (중국은) 다른 나라가 스스로 (내정을) 결정하는 것을 인정하고 있는데, 이것이 중국의 속국인 것이다."
이러한 관점은 당시 조선에 주재했던 원세개에서도 찾아볼 수 있다. 그는 「摘奸論」(1885)에서 "대개 (속국을) 보호할 권리는 상국(上國)에게만 있는 것인데, 임신과 갑신년에 두 차례나 (중국이 조선의) 변란을 평정한 것에서도 명확히 알 수 있다. … 중국이 속방을 대하는 것은 내정과 외교는 그 자주에 맡기고 있는데, 서양(泰西)에서는 이렇게 하지 않고, 오직 매해 (식민지 관료에게) 廩俸을 줄 뿐이며 내정과 외교는 스스로 결정할 수 없으며, 財富를 징수하여 상국에게 귀속시킬 뿐이다"(權赫秀 編, 2008, 259쪽)라고 말하고 있다. 원세개의 「朝鮮大局論」(1886)에서도 그 요지는 계속 유지되고 있다(權赫秀 編, 2008, 290-293쪽). 총리각국사무아문에 보낸 주영공사 증기택의 견해에서도 확인할 수 있다. 曾紀澤, 『曾紀澤遺集』 卷4, 「倫敦致總署辦」(光緒6年, 1880) 참조. 훗날의 손문 역시 서구 제국주의에 대한 대항을 논하면서 중국의 조공관계의 합리성과 정당성을 높이 평가하면서 "대국인 중국이 약한 자를 구원하고 위험에 빠진 나라를 구원하였다"라고 하고, 조화와 공존을 가져오는 질서로 인식했다고 한다. 茂木敏夫, 2006 참조. 대체로 청말민초의 지식인들은 기존의 조공-책봉 질서를 높이 평가했으며, 계승해야 할 중국적 특징으로 인식했음을 알 수 있다.

거쳐 북경으로 들어갔다.[83] 이는 응우옌 왕조 측의 요청으로 이루어진 것인데 광서제는 이를 허락하면서 "요청한 대로 해주길 허락하니 잠시 변통의 기회를 준다. 번복(藩服)을 긍휼하게 여기는 뜻이다"라고 했다. 후에 조약이 체결된 후에도 응우옌 왕조와 청조 사이의 유대는 변함이 없었고 오히려 프랑스의 침략에 맞서 더욱 강고해졌다고 할 수 있다.

베트남의 응우옌 왕조 역시 제2차 사이공조약으로 인해 외교권을 박탈당했음에도 불구하고 1877년과 1881년에 사절을 파견한 사실을 보면, 청조나 응우옌 왕조 모두 조약 질서와 조공 질서를 별개의 것으로 인식했으리라 생각된다. 그러나 프랑스 측에서는 외교권이 없는 응우옌 왕조가 사절을 파견한 것을 비난했다.[84] 즉 프랑스 측에서는 조약 질서가 청조와 응우옌 왕조의 조공-책봉 질서를 해체하는 정당한 근거라고 생각하고 있었다.

당시 청조 외교를 거의 주관하고 있던 북양대신 이홍장은 이 문제를 어떻게 인식했을까?

현재 베트남은 한문에 정통하고 외교 사체(事體)에 밝은 사람이 있어서 프랑스 역관을 대동하고 서양에 파견하여 중국 관원의 수행원이 되고 있다. 그래서 프랑스나 서양의 소식을 탐문하여 베트남에 보고하고 있다. 『법월신약(法越新約)』에 따르면 프랑스는 베트남 국왕의 자주권을 인정하고 있고, 어떤 나라의 아래에 속하지 않는다고 한다. 그렇기 때문에 베트남은 사신을 프랑스로 파견하여 주둔하고 있으니, 중국으로서는 이것이 위법이라고 규탄하기 어렵게 되었다. 들건대 베

---

83 『淸光緖實錄』卷168 「光緖9年(1883) 8月12日」.
84 和田博德, 1975, 581쪽.

트남의 군신들은 평소부터 교활하다고 하니, 반드시 사절 파견을 흔쾌히 여기는 것은 아니고, 중국 외교관의 수행원이 되고자 하여 우리에게 호소를 하고 있으니, 항차 프랑스 조정 역시 이를 알아서 (베트남의 이와 같은 태도를) 반드시 책망할 것이고, 나아가서는 (우리와 프랑스 사이에) 의심과 화근의 원인이 될지 모른다고 하고 있다.[85]

주지하다시피, 이때는 1860년 이후 천진·북경조약이 체결되어 서양 외교관들이 이미 북경에 체류하고 있었고, 청조에서도 1875년 곽숭도를 주영공사로 임명한 것을 시작으로 해외 각국에 공사관과 영사관을 설치했다. 여기에 직업적인 외교관을 선발하여 파견했는데, 이들을 통해 청조는 세계 각국의 정보를 입수하고 있었다. 베트남 역시 프랑스에 외교관을 파견했는데, 이에 대해 청조 측에서는 '법월신약(法越新約)'에 의해서 체결했으니 이를 위법이라고 규탄하기 어렵다고 하고 있다. 이렇듯 청조도 프랑스와 베트남이 맺은 사이공조약을 어느 정도 인정했던 것이다.[86]

반면 프랑스는 베트남 국왕의 자주권을 인정하고 어떤 나라의 계통에 속하지 않는다고 명시하여("第二條法國認越王自主之權, 無論何國皆無統屬"), 중국과의 조공관계를 부정했으나, 이홍장은 이 부분에 대해서 특별히 민감하게 여기지 않았던 것 같다. 이 점은 1876년 한일수호조규(이른바 강화

---

85 『李鴻章全集』卷33, 108쪽,「附 謹將曾大臣原議逐條覈擬錄恭呈鑑定 光緒8年(1882) 正月15日」. "一, 越南爲中國屬國, 例不得遣使臣駐紮他邦, 然該國國如派一精通漢文, 明白事體之員, 帶同法文翻譯官一人前來西洋, 作爲敝處隨員, 亦可常探消息, 報其國家. 查『法越新約』第二條法國認越王自主之權, 無論何國皆無統屬. 則越南如遣使駐法, 中國似難以違例糾之. 聞越南君臣素尚狡猾, 未必肯派員赴法, 作爲中國出使之隨員, 輸忱於我. 況法廷聞知必有責言, 轉增疑釁."
86 『李鴻章全集』卷33, 299-300쪽,「復總署 論越事 光緒9年(1883) 9月26日」.

도조약)에 대한 청조 총리각국사무아문의 반응과도 별로 다르지 않다.[87]

아마도 청조 총리각국사무아문이나 이홍장이 볼 때, 프랑스와 응우옌 왕조가 체결한 조약은 청조와 응우옌 왕조 사이의 조공-책봉과 서로 간섭 효과가 없는 것, 즉 완전히 다른 것이고 심지어 조공-책봉관계가 조약보다 상위에 있는 것이었다. 베트남과 조선에 대한 프랑스와 일본에 의한 자주권 보장에 대한 의외의 무심함은 이러한 사고방식에서 유래한 것이라고 볼 수 있다.

5. 청불전쟁 시기 베트남 사태에 대한 청조의 대응

청불전쟁의 개전에 즈음해서 청조는 예전과 다른 움직임을 보였는데, 이제는 청조가 가지고 있는 최대한의 자원을 활용하려 했다는 점이다. 베트남에 대한 개입의 강화 역시 베트남의 직접적인 지배를 도모했다기보다는 프랑스 세력에 대항하여 자신들의 종주권을 지키고자 한 성격이 좀 더 강했다.[88] 이러한 차원에서 예전에는 비적으로 간주했던 유영복을 만나 프랑스와 대결하여 자립할 것을 설득하기도 했다.

> 광서 9년(1883)에 이부주사(吏部主事) 당경숭(唐景崧, 1841~1903)은 자청하여 베트남에 가서 흑기군을 이끌고 있는 유영복을 초무하려고

---

87 다보하시 기요시 지음, 김종학 옮김, 2013, 『근대일선관계의 연구』 상, 일조각, 제30절 「청한종속관계론, 모리공사와 이홍장의 회담」 참조.
88 鄭汕 외 주편, 1990, 『中國近代邊防史』, 西南師範大學出版社, 251-253쪽.

하였다. 그는 유영복을 만나 세 가지 방책을 진언하였는데, "베트남이 프랑스의 핍박을 받아서 조석 간에 망할 것인데, 라오까이(保勝)에서 격문을 돌려 여러 성을 평정하여 중국에 청명을 하고, 명의를 빌려서 일이 이루어지면 (베트남) 국왕이 될 수 있으니, 이것이 상책입니다. 모든 군사가 하노이를 공격하여 프랑스인을 내쫓는다면, 중국은 반드시 군향을 내서 도울 것이니 이것이 중책입니다. 만약 라오까이를 수비하기만 하여 일이 실패하면 중국에 투항하면 되니 이것이 하책입니다"라고 하였다. 유영복이 말하기를 "미력하여 상책(上策)을 맡기 부족하니, 중책으로 힘써 노력하겠습니다"라고 하였다.[89]

『청사고』는 제1차 후에조약(1883년, 광서 9) 전후 베트남 사정에 대해서 다음과 같이 기록하고 있다.

[광서 9년(1883)] 베트남 국왕 응우옌푹티(阮福時, 제4대 뜨득 황제)가 훙(薨)하였는데 아들이 없어서 당제(堂弟, 죽득 황제)가 즉위하였다. 프랑스는 베트남의 국상을 틈타서 군함('兵輪')으로서 후에(順化)의 바다 쪽 입구로부터 공격해 들어가서 도성을 점거하였다. 베트남의 (새로이) 계승한 국왕이 재위한 지 1개월 만에 보정(輔政) 똔텃투옛(阮說, 尊室說)이 태후(慈裕太皇太后)로 하여금 그를 폐위시켜서, 다시 응우옌푹탕[阮福昇, 히엡호아 황제(協和帝)]을 즉위시켰다. 이때에 이르러 프랑스에 항복을 청하여 27조로 된 조약을 체결하니(제1차 후에조약), 그 제1조에서 말하기를 중국은 베트남에 관한 일은 간섭하지 못한다고 하였고, 그 외정권(外政權)과 이권은 모두 프랑스인에게 돌아간다

---

89 『淸史稿』 卷527 「屬國」 「越南」.

고 하였다. … 법월화약(法越和約) 27조(제1차 후에조약) 및 베트남의 신하 황좌염(黃佐炎)으로 하여금 품록(稟錄)을 군기처로 보내왔다. … 12월 응우옌푹탕이 갑자기 졸하였다. 혹은 프랑스인들이 핍박하여 자살하였다고도 한다. 베트남 사람들은 전왕 응우옌푹티의 셋째 계자(繼子)를 왕으로 삼으니 보정 똔텃투옛의 아들이다.[90]

청조가 베트남 문제에 직접 개입할 수밖에 없었던 것은 1883년 뜨득제(嗣德帝) 사후 프랑스에 대해서 주화파와 강경파로 분열되었고 그 결과 황제들이 독살당하면서 응우옌 왕조의 국정이 완전히 마비되었기 때문이다. 『청사고』에서는 다음과 같이 서술하고 있다.

광서(光緖) 10년(1884) 당경숭(唐景崧)이 라오까이(保勝)에서 군기처에 글을 올려 다음과 같이 말하였다. "… 베트남에서 반년 동안 세 번이나 사군(嗣君)이 바뀌었는데 뭇 신하들의 인심이 흉흉하여 국왕이 없는 것이나 진배없습니다. 근본을 배양하고 난의 근원을 깨끗하게 하기 위해서 군대를 파견하여 바로 후에(順化)로 들어가서 그 임금을 부익(扶翼)하고 인심을 바로잡아서 도적의 무리를 일소해야 합니다. 이렇게 한다면 적(프랑스)의 기세가 꺾일 것이고 군대의 일 역시 조치하기 쉬워질 것입니다. 번복(藩服, 베트남)을 위한 계책은 아니지만, 박낀(北圻, 하노이 지역) 연변의 각 성은 우리가 직접 취해도 무방합니다. 앉아서 외인(프랑스)에게 (베트남을) 잃는 것을 면할 것입니다. …"라고 하였다.

---

90 『淸史稿』 卷527 「屬國」 「越南」.

여기에서 당경숭은 베트남에 대한 직접 개입을 제안하고 있다. 이는 이제까지 청조에서 나온 발언 가운데 가장 강경한 것으로 하노이 부근을 직접 취하자고까지 제안하는 것이었다. 그러나 이러한 논의는 극히 예외적인 것이었고, 이홍장을 중심으로 한 강화파는 계속 프랑스와의 화약을 준비했다.

[광서 10년(1884)] 4월 이홍장과 프랑스 총병 에르네스트 푸르니에(福祿諾, François Ernest Fournier)가 천진에서 조약문을 상의하여 정하였다. … 이홍장은 바로 화약(和約) 5조를 조정에 보고하였다. 대략 (다음과 같이) 말하였다. "중국의 남쪽 경계는 박낀(北圻)과 연결되어 있으나, 프랑스가 (베트남을) 보호하는 역할을 맡는다고 하니, (중국 영토에 대한) 침탈은 걱정하지 않아도 된다. 중국은 마땅히 박낀의 국경과 (중국 국경이) 접하는 것을 허락한다. 프랑스와 베트남의 화물은 그 운송 판매를 허락하며, 장래 프랑스와 베트남이 조약을 개정할 때에, 결코 중국의 체면을 손상하는 말을 넣지 않는다." 조정은 (이홍장의) 보고를 가하다고 여겨 이홍장에게 조약을 체결할 전권을 주었다. 이미 프랑스 공사가 간명조약에서 프랑스 원문과 한문 문장이 서로 맞지 않다고 힐문하자, (광서) 황제는 이홍장의 일처리가 모호하다고 책망하였으며, 여론이 모두 이홍장을 지칭하여 "오랑캐와 내통하고 있다"고 비난하였다.[91]

---

91 『淸史稿』 卷527 「屬國」 「越南」. 이 교섭의 전말에 대해서는 岡本隆司, 2017, 『中國の誕生 : 東アジアの近代外交と國家形成』, 名古屋大學出版會, 제4장 「ヴェトナムをめぐる淸佛交涉とその變容」; 望月直人, 「「秩序再建」と「保護」: 淸佛戰爭前, 2012, フランスの淸越關係觀に關する一考察」, 『東アジア近代史』 15 참조.

여기에서 협약은 천진협약(天津協約), 즉 이·푸르니에협약을 말한다.[92] 이미 1883년에 체결된 후에조약 등을 통해서 프랑스에 의한 베트남의 보호국화는 피할 수 없는 기정사실이 되었다. 청조는 당연히 이를 인정할 수 없었고 베트남 북부 통킹 지방으로 출병하여 유영복이 이끄는 흑기군과 협력하여 프랑스군에 대항했다. 이 과정에서 1884년 6월 청불전쟁이 발발했다.[93] 여기에서는 자세한 전황의 전개[94]는 생략하고 어떻게 전쟁이 종결되었는가를 살펴보기로 하자. 청조는 전쟁이 벌어지고 있는 상황에서도 외교문서를 통해 평화적으로 전쟁을 종결지으려 했다. 이에 대해 『청사고』에서는 다음과 같이 서술하고 있다.

> [광서 10년(1884)] 총리각국사무아문과 북경 주재 프랑스공사와 서로 조회문을 왕복하여 이치로 여러 번 설득하도록 하였다. 윤5월 24일 다시 유지(諭旨)를 내려 조약에 따라서 철병하도록 하여 커다란 신의를 밝혀 보였다. 화약의 국면을 유지하기 위해서 (중국은) 모든 인의로써 성의를 다한 것이다. 프랑스 사람들은 처음부터 끝까지 (조약의) 수식에만 집착하여 멋대로 병비(兵費)를 요구하며 자의적으로 협박하

92　岡本隆司, 2017, 제5장 「淸佛戰爭への道 – 李・フルニエ協定の成立と和平の挫折」 참조.
93　沈渭濱, 2007, 「慈禧在中法戰爭中的作爲」, 『探索與爭鳴』 2007-11期 참조.
94　청불전쟁의 자세한 전황 전개에 대해서는 龍章, 1996, 『越南與中法戰爭』, 臺灣商務印書館 참조. 프랑스와의 전쟁에 대해서 당시 청조 조정은 주전파와 강화파로 의견이 나뉘어 있었다. 주전파의 중심인물은 양광총독 좌종당(左宗棠), 산서순무 장지동(張之洞), 병부상서 팽옥린(彭玉麟) 등이었다. 반면 강화파는 직예총독 이홍장과 공친왕(恭親王) 혁흔(奕訢)이었다. 그러나 서태후는 1884년 이른바 '甲申易樞'를 통해 강화파인 공친왕을 몰아내고 권력을 독점했다. 서태후는 대외정책, 특히 프랑스에 대해 강경노선으로 전환했고 이것이 청불전쟁 발발의 한 원인이 되었다. 이영옥, 2015, 「'萬壽無疆': 자희태후의 생일잔치」, 『역사와 세계』 47; 岡本隆司, 2017, 160쪽 참조.

였다.[95]

중국은 조약에 입각하여 행동하는 인의의 국가이며, 프랑스 사람들은 그렇지 않은 불의한 집단으로 묘사하고 있다. 프랑스가 선전포고를 제대로 하지 않고 공격한 것, 특히 마미에서 청조가 겪은 패배에 대한 비난도 빠짐없이 적고 있다.

"[광서 10년(1884) 閩浙總督] 하경(何璟, 1817~1888)이 본 영사관에서 개전의 조회문을 막 받았을 때, 프랑스군은 이미 (복주의 군항인) 마미(馬尾)를 공격하여 (중국 측) 군함과 상선에 큰 피해를 입혔다. 비록 관군 역시 프랑스 군함을 불태우고 뇌정(雷艇)을 격파하였으며, 아울러 프랑스 병관(兵官)을 죽이기도 하였으나 (선전포고를 제대로 하지 않은 것에 대한) 징계는 아직 크게 이루어지지 않았다. 만약 이를 다시 애매모호하게 용서한다면 무엇으로 공론을 펼치거나 인심을 따르게 할 수 있을 것인가? (프랑스의) 그 무도한 정황을 폭로하기 위하여 천하에 포고하는 바이다.[96]

이처럼 해전에서 프랑스는 1884년(광서 10) 8월 복주(福州) 마미 군항을 공격하여 마미 조선소를 괴멸시키는 등 커다란 타격을 입혔고, 그 밖에 타이완의 지룽(基隆)을 공격했다가 실패했으며,[97] 이듬해인 1885년(광서 11) 3월에는 베트남 국경 지역에 위치한 청의 진남관을 공격하여 실패

---

95 『淸史稿』 卷527 「屬國」 「越南」.
96 『淸史稿』 卷527 「屬國」 「越南」.
97 『淸光緖實錄』 卷202 「光緖11년(1885) 正月29日」.

하고 청의 반격에 랑선(諒山)마저 포기했다. 대체로 해전에서는 프랑스가 승리했으나, 육상전에서는 청군 역시 상당한 전과를 올렸던 것이다. 그 가운데에서 청조는 베트남 랑선에서 거둔 전공을 매우 자랑스럽게 기록했다.

> 랑선을 함락하여 프랑스 군대는 모두 도주하였다. 풍자재(馮子才)가 이끄는 군대가 납목(拉木)을 함락하고 낭갑(郞甲)을 공격하였다. 왕효기(王孝祺)가 귀문관으로 진군하여 다시 예전의 주둔지를 모두 회복하였다. 베트남 사람들은 2만여 명이나 되는 사람이 충의오대단(忠義五大團)을 결성하였는데 모두 풍자재의 군대 기치를 세웠다. 사이공 역시 소문을 듣고 내통해왔다. (남경조약에 의해) 바닷길이 열린 이래 이것이 유일하게 중국과 외국이 전쟁을 해서 (중국이) 가장 크게 승리한 것이다. (이 모든 것이) 풍자재의 공이다.[98]

랑선에서의 승리뿐만 아니라, 베트남 인민들이 청조를 지지했다는 것 역시 빠짐없이 기록하고 있다. 이렇게 보면 청불전쟁은 어느 쪽의 일방적인 승리였다고 말하기는 어렵지만, 앞서 서술했듯이 청불전쟁을 종결 짓게 한 사건은 청조도 프랑스도 아닌 전혀 뜻밖의 곳에서 일어났다. 바로 1884년 조선에서 일어난 갑신정변이다.

청불전쟁의 개전으로 1882년 임오군란 이후 조선에 주둔하고 있던 청군 역시 베트남으로 이동했는데 이를 틈타 12월 김옥균을 비롯한 개화파가 갑신정변을 일으켰다.[99] 이로 인해 조선에서 청군과 일본군이 격돌할지 모른다는 긴장감이 고조되었다. 정변 소식을 접한 실질적인 대외정

---

98 『清史稿』 卷527 「屬國」 「越南」.
99 국사편찬위원회, 2000, 『한국사 38: 개화와 수구의 갈등』 국사편찬위원회, 14쪽.

책의 담당자였던 이홍장은 프랑스와 싸우고 있는 와중에서 일본의 군사적 대두를 우려했고, 결국 프랑스와 일본이 손을 잡고 청조에 맞서는 상황을 염려했다. 이로 인해 청불전쟁 시기 실질적인 외교 책임자였던 이홍장은 청불전쟁을 종결시켜야겠다고 결심했으며, 파견된 장군들의 반대 의견을 묵살하고 강화조약을 위한 협의를 시작했다.[100] 우여곡절 끝에 1885년에 천진조약[101]이 체결되었다. 결국 여기에서 베트남에 대한 종주권은 방기되었고, 프랑스에 의한 베트남의 보호국화가 확정되었다. 이런 의미에서 청불전쟁은 갑신정변의 계기이고, 다시 갑신정변은 청불전쟁 종결의 계기가 되는 셈이다.

『청사고』에서는 전쟁이 종결되는 과정에 대해서 다음과 같이 서술하고 있다.

> 이때 프랑스의 군대가 타이완의 팽호를 점거하고 랑선에서도 대첩을 거두었다. 프랑스인들은 영국인 하트의 중개를 거쳐 이홍장과 화의를 논하였다. 프랑스는 기륭과 팽호를 돌려주고 군대를 철병하며 병비(兵費)를 요구하지 않겠다고 하였다. 이홍장은 다음과 같이 상주하였다. "팽호는 이미 상실하였고, 타이완은 반드시 지킬 수 없으니, 랑선에서의 승리의 위엄을 빌려서 화약을 체결해야 프랑스가 다시 요구하지 못할 것입니다." 조정에서는 그 논의를 받아들여 바로 정전을 명하였다. … 이홍장이 급히 조약 체결을 청하면서 여러 장수를 국경

100　余光富, 1998, 「論甲申政變與中法戰爭」, 『中山大學研究生學刊(社會科學版)』 19.
101　천진조약의 원문은 梁爲楫 外 編, 1993, 『中國近代不平等條約選編與紹介』, 中國廣播電視出版社, 250-251쪽 참조. 갑신정변의 수습을 둘러싸고 이홍장과 이토 히로부미가 체결한 같은 이름의 '천진조약'은 이보다 2개월 전에 체결되었다.

안으로 철수시키니 장군과 사졸들이 매우 분노하여 후퇴하길 바라지 않았는데, 팽옥린(彭玉麟)이나 장지동이 여러 번 전보를 보내어 힘껏 말렸다. 황제는 천진조약으로 (프랑스에게) 결코 신용을 잃어서는 안 된다고 하여 그대로 시행하라는 준엄한 유지를 내렸다. 프랑스는 유영복을 베트남에서 내쫓으라고 요구하고, 장지동은 유영복을 사주(思州)나 흠주(欽州) 등으로 (퇴각하기를) 명령하였으나 유영복은 전혀 명령을 들으려 하지 않았다. 당경숭이 위협하는 말로 이를 협박하고, 조정의 명령이 준엄하여 억지로 겨우 광동으로 돌아가서 총병에 제수되었다. 풍자재는 독판으로 염주(廉州)와 흠주의 변방을 지키라는 명령을 받았다. 조약이 이미 성립되어 베트남은 마침내 프랑스의 보호국이 되었다.[102]

한편, 광서제는 천진조약(1885년 6월)의 의의에 대해서 다음과 같은 상유를 내렸다.

이홍장과 프랑스 사신 파특납(巴特納, Patenotre)으로 하여금 조약 10조를 새롭게 맺게 한다. 베트남 통킹(北圻)을 경계로 하여 통상지를 정하도록 하여, (이로 인해 두 나라는) 화해하게 되었다. 현재 프랑스는

---

102 『淸史稿』卷527「屬國」「越南」. 이때 서구열강이 중재에 나섰는데, 영국은 총세무사인 하트가 이를 담당했다. 하트는 영국 정부로부터 위임을 받고 중국해관의 영국 런던 사무처 제임스 캠벨(James Duncan Campbell, 金登幹)을 통해 1885년 4월 프랑스와 정전협정('議約')을 체결했다. 『淸光緖實錄』卷207「光緖11年(1885) 5月12日」. "總理各國事務衙門奏·洋員赫德·金登幹·商辦議約條款. 均能妥愼, 請賞給寶星. 得旨, 此次中法議約, 赫德·金登幹·悉心商辦, 均臻妥協, 實屬始終出力." 이 과정에 대해서는 劉曉霞, 2008, 『金登干(James Duncan Campbell)與「中法和約草約」』, 『綿陽師範學院學報』, 2008-3期.

기륭과 팽호의 병사를 모두 철수하였는데, 우리도 모두 운남과 양광 소속의 각군을 관내로 철수시켰다. 양측 모두 포로가 많은데, 숫자에 따라서 교환하였다. 이로 인하여 천자의 교화가 미치지 않는 변경 지역('荒服', 베트남)은 병난을 면하였고, 천하는 모두 평온함을 축하하게 되었다. 조정은 이 일에서 처음부터 끝까지 균형을 이루었고, 일의 적절한 시기를 깊게 살폈다. 본래 (중국은) 무력을 남용하여 전쟁을 일삼을 뜻이 없어서, 협조하여 이웃 나라를 보살피는 뜻을 가지고 있으니, 지금 평화협정이 이미 정해짐에 즈음하여 특별히 중외에 통유(通諭)를 내린다. 모두에게 이와 같은 짐의 뜻을 알게 하라.[103]

즉 전쟁의 종결은 청조가 전쟁에 패배해서가 아니라 어디까지나 평화를 사랑하기 때문이라고 밝히고 있다. 어찌 보면 매우 청조다운 종결이었다고 볼 수 있지 않을까.

그렇다면 베트남과 조선에 대한 청조의 태도에는 어떤 공통점이 있을까? 첸웨이팡(陳偉芳)은 청말 중국의 대(對)조선정책을 '① 방임, ② 개입정책, ③ 간섭정책'이라는 세 단계로 나누었다. 그에 따르면 방임에서 직접적인 개입으로 이행하게 된 가장 중요한 계기는 일본의 류큐 합병(1879)과 조선의 갑신정변(1884)이었다.[104] 이처럼 개입의 정도가 높았던 점은 베트남의 경우에도 마찬가지였다. 함풍 연간까지 청조는 특히 태평천국운동으로 인해 베트남 문제에 대해서는 거의 방임 상태였다. 동치 연

---

103 『淸光緖實錄』 卷210 「光緖11년(1885) 6月辛卯」; 천진조약의 체결 과정에 대해서는 姜秉正, 1986, 「中法「李巴條約」談判始末」, 『貴州文史叢刊』 1986-4期; 岡本隆司, 2017, 제6장 「淸佛戰爭の終結-天津條約の締結過程」 참조.

104 陳偉芳, 1959, 『朝鮮問題與甲午戰爭』, 三聯書店, 22-44쪽 참조.

간에 들어와서야 국경 지대에 대한 문제에 개입하기 시작했으며, 광서 연간 이후 1880년대에 들어와서야 비로소 베트남에 대한 간섭을 본격화했다. 즉 전통적인 조공-책봉 단계에서는 전혀 내정에 개입하지 않다가, 외부 세력의 개입에 이르러서야 비로소 조공국에 개입하는 정책의 패턴은 베트남과 조선에서 반복적으로 나타나는 현상이다.

간섭의 단계에서도 영토적 지배를 추구하지 않았다는 점을 기억해두어야 할 것이다. 다만 베트남보다는 조선에 대한 개입의 강도가 높았고 그 지속 기간도 길었다는 차이가 있는데, 이는 1885년 천진조약으로 인한 베트남에 대한 종주권의 상실이 청조에게 여러 가지 교훈을 주었기 때문이 아닐까 생각된다.[105] 이런 점에서 볼 때 청말 베트남 응우옌 왕조의 역사적 경험이 갖는 의미는 조선으로서도 결코 작다고 할 수 없을 것이다.

6. 맺음말

청조의 입장에서 조공국인 응우옌 왕조가 지니는 의미는 ① 조공 질서의 유지, 즉 국제적 규모로서의 예적 질서의 유지, ② 서양의 침입에 대한 국경 지대의 방어선이었다. 그리고 응우옌 왕조가 스스로 제호(帝號)를 칭한다는 점도 익히 알고 있었음에도 청조는 굳이 제재하지 않았다. 애초부터 청조가 응우옌 왕조의 내정에 간섭하는 일은 결코 없었다. 따라서 청

---

[105] 원세개(袁世凱)는 1885년 「摘奸論」(權赫秀, 2008, 259-260쪽)에서 "중국과 조선은 (조선이) 있으면 (중국이) 있는 것이고, (조선이) 망하면 (중국과 조선) 모두 망하는 이치이다. 조선이 없으면, 중국도 없으니 베트남과 (조선은) 비교할 수 없고, 운남이나 광동과 같은 遠省과도 비교할 수 없다"라고까지 단언했다.

조가 프랑스의 베트남 침략에 대한 대응이 늦었던 것은 아편전쟁과 태평천국운동 등의 외재적인 변수도 있었지만, 조공 질서라는 논리로 본다면 충분히 있을 수 있는 일이었다.

청조의 입장에서 '속국'이 지니는 의미는 그 나라 영토를 직접 지배하거나 경제적 이윤을 획득하는 데 있지 않았다. 기존의 조공-책봉관계가 유지되고 국경 지역이 안전하다면 '속국'의 조건을 만족시킨다고 판단했다. 조공국에 대한 내정 간섭은 청조로서는 취할 필요가 없는 정책이었다. 설령 조공국이 다른 나라와 조약을 맺는다고 하더라도 종주국의 국경선이 안전하다면 개입할 필요를 느끼지 못했다. 이 점은 응우옌 왕조의 사례와 조선 왕조의 사례에서도 반복적으로 발견된다. 또한 응우옌 왕조와 프랑스가 맺은 조약에 대해서 청조는 이를 인정하거나 부정할 수 있는 '종주권'을 지니고 있다고 믿었다. 바꾸어 말하자면 응우옌 왕조가 프랑스와 맺은 조약보다는 청조와 응우옌 왕조가 맺은 조공-책봉 질서가 상위에 있다고 상정했다. 반대로 근대적인 조약 질서의 시선에서 보자면, 청조의 조공-책봉 질서는 실재적이라기보다는 명목적인 질서였던 것이다.

그러나 프랑스의 베트남 침략이 점점 청조가 암묵적으로 용인한 선을 넘으면서 청조 역시 개입하지 않을 수 없었다. 즉 응우옌 왕조가 존속하여 프랑스가 중국 영토를 침범하는 것을 저지할 수 있는 한 베트남에 대해 특별한 관심을 갖지 않았지만 응우옌 왕조의 존립 자체가 위태로워지고 프랑스의 중국 국경으로의 진출, 응우옌 왕조의 혼란 등이 점점 명확해지자 청조는 그제야 개입하기로 결심을 굳히게 되었다. 그러나 베트남 문제에 대한 청조의 개입은 마미(馬尾) 등 해전에서의 패배와 1884년 조선에서 일어난 갑신정변이라는 대외적인 변동으로 인해 청조의 의도대로 전개되지 않았다. 청조의 실질적인 외교 책임자였던 이홍장은 청조가 프랑스와 일본이라는 두 강국을 동시에 상대해야 하는 현실을 매우 우려

했다. 이 때문에 이홍장은 반대를 무릅쓰고 강화를 서둘렀다. 이런 의미에서 볼 때, 청불전쟁은 갑신정변의 계기이고, 다시 갑신정변은 청불전쟁 종결의 계기가 되었다고 할 수 있다.

청조의 베트남에 대한 정책의 특징 가운데 하나는 조공-책봉 체제와 조약 체제가 서로 모순되거나 배척된다고 생각하지 않았다는 점이다. 따라서 프랑스가 사이공조약을 맺었을 때도 별반 위기감을 느끼지 못했다. 어찌 보면 청조가 조선과 일본의 강화도조약(1876)이나, 조미수호통상조약(1882)의 체결을 중개한 것은 이러한 인식의 소산이었다고 할 수 있다. 그러나 프랑스나 메이지 일본은 이러한 조공 질서가 갖는 느슨한 약점을 잘 알고 있었기에 그 빈틈을 여지없이 파고들었던 것이다.

참고문헌

구선희, 1999, 『한국 근대 대청정책사 연구』, 혜안.

국사편찬위원회, 2000, 『한국사 38: 개화와 수구의 갈등』, 국사편찬위원회.

권석봉, 1986, 『청말대조선정책사연구』, 일조각.

권혁수, 2000, 『19세기말 한중관계사연구』, 백산자료원.

_____, 2007, 『근대 한중관계사의 재조명』, 혜안.

김기혁, 2007, 『근대 한·중·일 관계사』, 연세대학교 출판부.

김성근, 2010, 『조·청 외교관계 변화연구』, 한국학술정보.

김용구, 2014, 『만국공법』, 소화.

다보하시 기요시 지음, 김종학 옮김, 2016, 『근대 일선관계의 연구』, 일조각.

오카모토 다카시 지음, 강진아 옮김, 2009, 『미완의 기획, 조선의 독립』, 소와당.

유인선, 2012, 『베트남과 그 이웃 중국』, 창비.

_____, 2018, 『베트남의 역사-고대에서 현대까지』, 이산.

유장근, 2004, 『근대중국의 지역사회와 국가권력』, 신서원.

이영옥, 2019, 『중국근대사』, 책과함께.

조흥국, 2017, 『근대 태국의 형성』, 소나무.

노영순, 2005, 「청불전쟁(1884~1885년) 전후 중국-베트남 국경문제와 획정과정」, 『동북아역사논총』 4.

유인선, 2009, 「전근대 베트남의 對중국인식」, 『동북아역사논총』 23.

이영옥, 2015, 「"萬壽無疆": 자희태후의 생일잔치」, 『역사와 세계』 47.

정동연, 2018, 「『청사고』에 나타난 동아시아 주변국 인식 「속국전」과 「방교지」를 중심으로」, 『중국근현대사연구』 80.

조병한, 2010, 「清末 해방체제와 中越 조공관계의 변화」, 『역사학보』 205.

홍성화, 2018, 「『청사고』편찬사업과 대외인식」, 『역사와 세계』 54.

『大淸會典』(光緖), 『大淸會典事例』, 『淸史稿』, 『淸實錄』.

江鐵軍, 2011, 『劉永福』, 廣東人民出版社.

權赫秀 編, 2008, 『近代中韓關係史料選編』, 世界知識出版社.

梁爲楫 外 編, 1993, 『中國近代不平等條約選編與紹介』, 中國廣播電視出版社.

劉伯奎, 1980, 『中法越南交涉史』, 學生書局.

李文杰, 2017, 『中國近代外交官群體的形成』, 三聯書店.

李鴻章, 2007, 『李鴻章全集』, 安徽教育出版社.

牟安世, 1955, 『中法戰爭』, 上海人民出版社.

石源華, 2006, 『近代中國籌邊外交史論』, 上海世紀出版股份有限公司.

邵循正, 2000, 『中法越南關係始末』, 河北教育出版社(原刊, 1935).

孫宏年, 2006, 『淸代中越宗藩關係研究』, 黑龍江教育出版社.

宋慧娟, 2007, 『淸代中朝宗藩關係演變研究』, 吉林大學出版社.

余定邦, 2009, 『中泰關係史』, 中華書局.

_____, 2015, 『近代中國與東南亞關係史』, 世界圖書出版公司.

王巨新, 2015, 『淸代中緬關係』, 社會科學文獻出版社.

王紹坊, 1988, 『中國外交史 - 鴉片戰爭至辛亥革命時期1840-1911』, 河南人民出版社.

龍章, 1996, 『越南與中法戰爭』, 臺灣商務印書館.

雲南省歷史研究所 編, 1985, 『淸實錄越南緬甸泰國老撾史料摘抄』, 雲南人民出版社.

李恩涵, 1966, 『曾紀澤的外交』, 臺灣商務印書館.

蔣廷黻 編, 2008, 『近代中國外交史資料輯要』, 湖南教育出版社.

鄭汕 外 主編, 1990, 『中國近代邊防史』, 西南師範大學出版社.

朱梅光, 2012, 『近代中國外交史學研究』, 黃山書社.

陳偉芳, 1959, 『朝鮮問題與甲午戰爭』, 三聯書店.

黃國安, 1988, 『近代中越關係史資料選編』上, 廣西人民出版社.

姜秉正, 1986, 「中法「李巴條約」談判始末」, 『貴州文史叢刊』 1986-4期.

關威, 2005, 「中法戰前李鴻章與寶海·脫利古談判述論」, 『韓山師範學院學報』 2005-5期.

廖宗麟, 2003, 「中法戰爭期間'戰越牽敵'策的制訂和實施」, 『安徽史學』 2003-2期.

劉曉霞, 2008, 『金登干(James Duncan Campbell)與「中法和約草約」」, 『綿陽師範學院學報』 2008-3期.

李侃·李占領, 1996, 「清流派與中法戰爭」, 『社會科學戰線』.

李峰, 2004, 「曾紀澤與中法戰爭期的英國調停」, 『安徽史學』 2004-4期.

李鳳文, 1997, 「中法越南交涉中曾紀澤的外交活動」, 『歷史教學問題』 1997-4期.

李雲泉, 2010, 「中法戰爭前的中法越南問題交涉與中越關係的變化」, 『社會科學集刊』 2010-5期.

楊立氷, 1986, 「曾紀澤與中法越南交涉」, 『印度支那』 1986-1期.

余光富, 1998, 「論甲申政變與中法戰爭」, 『中山大學研究生學刊(社會科學版)』 19.

莊吉發, 1975, 「暹羅王鄭昭入貢清廷考」, 『大陸雜誌』 51.

沈渭濱, 2007, 「慈禧在中法戰爭中的作爲」, 『探索與爭鳴』 2007-11期.

何東·胡孝, 2003, 「李鴻章與中法戰前交涉」, 『西南交通大學學報』 2003-2期.

黃振南, 2003, 「巴德諾在「中法新約」談判中的表演」, 『廣西社會科學』 2003-4期.

岡本隆司, 2017, 『中國の誕生: 東アジアの近代外交と國家形成』, 名古屋大學出版會.

浜下武志, 1997, 『朝貢システムと近代アジア』, 岩波書店.

山本達郎 編, 1975, 『ベトナム中國關係史－曲氏の抬頭から清佛戰爭まで』, 山川出版社.

小倉貞男, 1997, 『物語ヴェトナムの歷史』, 中央公論.

佐佐木揚, 2000, 『清末中國における日本觀と西洋觀』, 東京大學出版會.

坪井善明, 1991, 『近代ヴェトナム政治社會史: 阮朝嗣德帝統治下のヴェトナム1847-1883』, 東京大學出版會.

豊岡康史, 2016, 『海賊からみた清朝: 18～19世紀の南シナ海』, 藤原書店.

横山信, 1963, 『近代フランス外交史序說』, 東京大學出版會.

多賀良寬, 2014, 「一九世紀ベトナムにおける穀物流通の展開: ベトナム阮朝の漕運制度を中心」, 『史學雜志』 123-1.

大澤一雄, 1961, 「阮朝嗣德帝の土匪對策と黑旗軍」, 『史學』 33-2.

大坪慶之, 2008, 「淸佛戰爭前夜における淸朝中央の外交政策決定過程」, 『東洋學報』 90-3.

望月直人, 2009, 「フランス對清朝サイゴン條約通告とベトナム出兵問題－1870年代後半, ベトナムをめぐる清佛關係の再考」, 『東洋史研究』 68-3.

_____, 2012,「「秩序再建」と「保護」: 清佛戰爭前, フランスの清越關係觀に關する一考察」,『東アジア近代史』15.

_____, 2016,「「儀礼」と「宗主權」のあいだ: 清佛戰爭前における清朝・阮朝間の「朝貢」とフランス」,『東アジア近代史』20.

_____, 2018,「境界と匪賊: 一九世紀中國・ベトナム間における「越境」と清朝-阮朝關係」,『東洋史研究』77-2.

茂木敏夫, 2006,「中國から見た〈朝貢體制〉- 理念と實態, そして近代における再定義」,『アジア文化交流研究』1.

石川和雅, 2017,「19世紀後半の清緬關係:「友邦-朝貢」關係の檢討」,『駿台史學』159.

小玉新次郎, 1955,「阮朝と黒旗軍」,『東洋史研究』13-5.

楊淵斐, 2015,「清佛戰争期日本外交官の清國認識:「日佛連合」をめぐって」,『大東アジア學論集』15.

酒井いづみ, 1977,「1870年代のベトナム社會と抗佛勢力-黒旗軍を中心に」,『歷史評論』329.

和田博德, 1971,「「越南輯略」について: 清末のベトナム研究書」,『東南アジア史學會會報』15.

_____, 1972,「越南輯略[徐延旭著]について-中國人の東南アジア知識と清佛戰爭」,『史學』44(4).

Eastman, Lloyd E., 1967, *Throne and Mandarins: China's Search for a Policy during the Sino-French Controversy, 1880-1885*, Cambridge: Harvard University Press.

Woodside, Alexander, 1988, *Vietnam and the Chinese Model: a comparative study of Vietnamese and Chinese government in the first half of the Nineteenth century*, Cambridge.

제2부

한반도-일본, 한반도-중국 사행의 사례

3.
'전연의 맹약' 체결 과정과 사신들의 교섭 활동

이장욱
동북아역사재단 연구위원

1. 머리말
2. '전연의 맹약'의 역사적 배경
3. '전연의 맹약' 당시의 거란, 중국과 주변국 간의 정황
4. 전연의 '대치'와 '맹약' 과정에서 사신들의 활약
5. '전연의 맹약' 주요 내용과 평가
6. 맺음말

1. 머리말

11세기 초 북방의 신흥강국인 거란(契丹)과 중국 대륙을 새로이 통일한 송조(宋朝)는 동아시아의 패권을 차지하기 위해 전연(澶淵, 오늘날 중국 하남성에 위치)이라는 곳에서 정치, 군사적으로 충돌했다. 양국이 타협하여 맺은 '전연(澶淵)의 맹약(盟約)'[1]으로 향후 100여 년 동안 동아시아 지역은 정치적 안정과 경제적 번영을 누렸고, 더 나아가 거란, 송을 비롯한 주변 국들과 자유롭게 정치·경제·문화적으로 교류할 수 있게 되었다.

20세기 초 이래 1세기에 걸쳐 한·중·일 3국 및 구미(歐美)의 동아시아사 연구자들 사이에서는 '전연의 맹약'을 비롯한 전근대 시기 동아시아 국가들의 대외관계사(對外關係史)에 대한 연구가 많이 진행되어왔다. 중국과 아시아 동쪽에 자리 잡은 국가들과의 관계사는 주로 한·중·일 3국과 오늘날 중국의 동북삼성(東北三省)인 만주(滿洲)와의 관계사를 주제로 한 연구가 이루어졌으며 이는 관방사료(官方史料) 중심으로 정치·경제적 교류, 사신단의 왕래와 이에 대한 분석, 문화 전파 등을 주요 내용으로 하

---

* 이 논문은 동북아역사재단의 기획연구과제로 수행된 연구이다(NAHF-2019-기획연구-21). 『중국지식네트워크』 16집(2020)에 「"전연의 맹약" 체결과정과 사신들의 교섭 활동」이란 제목으로 게재된 논문을 일부 수정·보완했다.

1 '전연의 맹약'에 관한 최근의 연구 성과로는 다음을 참조할 만하다. Tao Jing-shen(陶晉生), 1988, *Two sons of heaven: Studies in Sung-Liao relations*, Tucson, Arizona: University of Arizona Press; David Curtis Wright, 2005, *From war to diplomatic parity in eleventh-century China*, Leiden and Boston: Brill, pp.1-100; Lau Nap-yin(劉立言) and Huang K'uan-chung(黃寬重), 2009, "Founding and consolidation of the Sung dynasty under T'ai-tsu(960-976), T'ai-tsung(976-997), and Chen-tsung(997-1022)," in *The Cambridge history of China*, volume 5: *The Sung dynasty and its precursors, 907-1279*, part 1, (eds.) Denis Twitchett and Paul Jakov Smith, Cambridge, Eng.: Cambridge University Press, pp. 260-270; 박지훈, 2011, 「송요 간의 전쟁과 和議 – 澶淵의 전역과 맹약을 중심으로」, 『동북아역사논총』 34, 95-130쪽.

여 꾸준히 진행되어왔다. 이러한 연구 성과들을 바탕으로 최근에는 외교 형식이나 문서, 의전, 사신단 구성원들에 대한 분석 및 사행 루트 등으로 연구 분야가 다양해지고 있다. 게다가 20세기 이래 중국에서 지속적으로 발굴되고 있는 고고학의 새로운 성과물이나 한국, 일본 등지에서 발견된 고문서(古文書) 등에 의해 더 많은 연구 분야와 새로운 사실들이 추가되고 있다. 그러나 파견된 사신들의 구체적인 역할이나 활동에 관한 역사적 연구는 사료 부족 등으로 인해 상대적으로 연구가 많지 않은 실정이다. 이에 이 글에서는 그동안 연구가 미흡했던 '전연의 맹약'을 전후로 송과 거란의 정책 결정자와 사신의 역할, 그리고 활약상을 재고해보고자 한다.

'전연의 맹약' 교섭은 순조롭게 진행되지 않았다. 그러나 송과 거란의 정책 결정자와 사신들의 활약으로 양국의 군주와 조정(朝廷) 사이를 오가며 서로에게 합리적인 명분을 세워주고 평화와 실리를 추구하는 일치된 목표를 이끌어냄으로써 마침내 맹약을 체결하게 된 것이다. 그 결과는 궁극적으로 향후 1세기 동안 동아시아 국가들 간의 질서를 평화적으로 유지하고 정치·경제·문화적 교류를 하는 데 일조하게 되었으니, 이는 오늘날 우리가 처한 어려운 동북아 국제정세를 어떻게 풀어나가야 하는가의 선례로 연구해볼 만한 가치가 있다고 생각된다.

이 연구는 '전연의 맹약' 체결 전후의 역사적 배경과 진행 과정 및 후대 영향을 살펴보고, 송과 거란 사이에서 외교 업무를 담당했던 주요 정책 결정자와 사신들의 활동을 중심으로 맹약의 역사적 의의를 조명해봄으로써 오늘날 복잡한 국제정세에서 우리의 대처 방법을 반추해보는 데 목적이 있다.

2. '전연의 맹약'의 역사적 배경

1) 당조의 멸망과 동아시아의 국제정세

874년 중국 남방 지역에서 발생한 왕선지(王仙芝), 황소(黃巢)의 농민반란²은 수년간 중국 대륙을 휩쓸면서 전국 각지를 황폐화시켰다. 지난 1천여 년간 귀족 중심의 통치를 기반으로 한 중국의 정치·경제·사회적 근간은 9세기 말 농민들의 반란을 계기로 하여 새로운 시대로 이행하게 되는 변환의 전환점을 맞이하게 되었다.³

당(唐) 제국은 과거 2세기 반에 걸쳐 동아시아 국제질서의 중심축이 되어 주변국들과의 광범위한 정치·경제·사회적 교류를 주도했다. 그러나 10세기 초 당의 멸망과 더불어 중국은 오대십국(五代十國)이라는 군웅할거(群雄割據)의 분열 시대로 접어들었고, 이 때문에 중국 변방에 대한 방어가 약해져 오늘날 북경을 포함한 변경의 주요 군사지역들이 이민족들에게 점령당하는 결과를 초래했다.⁴ 9~10세기에는 유럽에서 활동하던 민족들이 국가를 형성했는데, 동아시아 지역에서도 당의 정치·경제·사

---

2   당말 황소의 반란에 대한 대표적인 연구 성과로는 Robert M. Somers, 1979, "The end of the T'ang," in *The Cambridge history of China*, volume 3: *Sui and T'ang China, 589-906*, part 1, (ed.) Denis Twitchett, Cambridge, Eng.: Cambridge University Press, pp.714-762 참조.

3   David G. Johnson, 1977, "The last years of a great clan: The Li family of Chao chun in late T'ang and early Sung," *Harvard Journal of Asiatic Studies* 37, no.1, pp.5-102.

4   Naomi Standen, 2009, "The Five dynasties," pp.38-132: Hugh R. Clark, 2009, "The Southern kingdoms between the T'ang and the Sung, 907-979," in *The Cambrdige history of China*, volume 5: *The Sung dynasty and its precursors, 907-1279*, part 1, (eds.) Denis Twitchett and Paul Jakov Smith, Cambridge, Eng.: Cambridge University Press, pp.38-205.

회적 영향을 받은 주변국들이 초기 민족의식의 자각과 함께 새로운 정권들을 창출하게 되었다.[5] 중국 동북 지역에서 새로이 일어난 거란을 비롯하여 천 년 만에 중국으로부터 독립한 베트남 등을 대표적인 예로 들 수 있는데, 이것은 최근 구미 학자들 사이에서 언급되는 "중국과 주변국들(China and the surrounding states)" 혹은 "이민족들 사이에 포위된 중국(China surrounded by the alien states)" 같은 표현으로도 설명할 수 있다.[6] 이를 통해 당시 중국과 주변국들의 관계가 이전의 한당(漢唐) 시기와 다르게 대등한 관계로 발전했음을 엿볼 수 있다.

당 이전의 중국은 중국 중심의 세계관을 가지고 주변국들과 다양한 외교 형태를 취하며 자국의 이익을 보호하고 유지하는 정책을 펴왔다.[7] 일례로 10세기 이전의 중국은 고구려(高句麗), 발해(渤海) 등과 함께 상대적으로 군사력이 우세했던 서북, 북방의 유목제국에는 온화한 제스처를 취해왔다. 그러나 기타 서남 지역 등지에서는 상대적으로 우월한 정치·군사·경제·문화적 자산을 앞세워 힘으로 누르며 그들과의 국경을 유지했다.[8] 이러한 상황은 당(唐) 후기 민족의식의 자각과 각지에서 여러 주변

---

5 로마제국 멸망 이후 유럽 역시 843년 베르됭조약(Treaty of Verdun)을 기점으로 하여 프랑크제국이 독일·프랑스·이탈리아 3개 지역으로 분열, 재편되면서 오늘날의 영국을 제외한 서유럽의 기본적인 국가 토대를 마련했다. 베르됭조약에 관한 대표적인 저서로는 Rosamond McKitterick, 1983, *The Frankish kingdoms under the Carolingians, 751-987*, London and New York: Longman 참조.

6 Herbert Franke and Denis Twitchett, 1994, "Introduction," in *The Cambridge history of China*, volume 6: *Alien regimes and border states, 907-1368*, (eds.) Herbert Franke and Denis Twitchett, Cambridge, Eng.: Cambridge University Press, pp.16-18.

7 Franke and Twitchett, 1994, pp.1-21.

8 Charles Backus, 1981, *The Nan-chao kingdom and T'ang China's Southwestern frontier*, Cambridge, Eng.: Cambridge University Press; Mark Edward Lewis, 2009, *China's cosmopolitan empire: The Tang dynasty*, Harvard University Press, pp.145-178.

국들(multi-states)이 형성되면서 변화를 맞게 된다. 즉 10세기 이후의 중국은 북쪽으로는 거란과 여진(女眞), 동쪽으로는 고려(高麗)와 일본, 서쪽으로는 탕구트, 티베트, 대리(大理), 그리고 남쪽으로는 베트남에 의해 흡사 완전히 포위된 상태에 놓이게 되었다. 이러한 연유로 중국은 대외정책에 많은 수정과 변화를 시도했고, 그 결과 힘의 균형, 지역적 특색, 문화의 한화(漢化) 정도 등을 고려하여 주변 지역의 정권들을 구별하는 외교정책을 펴게 되었다. 예컨대 상대적으로 군사력이 강한 이민족 제국인 거란이나 여진에 대해서는 평화적 교류 정책과 수세적인 방어 전략을 폈다. 반면 한반도와 일본에 대해서는 완화된 조공과 책봉 형식의 회유 정책을 폈다. 이 같은 다중적인 외교정책은 몽골제국이 등장하는 13세기 이전까지 약 300여 년 동안 꾸준히 추진·계승되었고, 이는 중국이 역사상 주변국들에 의해 수세에 몰리던 시기로 기억되고 있다.

2) 송조의 건국과 중국의 세계관

오대(五代) 마지막 왕조인 후주(後周) 금군(禁軍)의 수장이던 조광윤(趙匡胤, 후일의 송 태조, 927~976, 재위 960~976)이 새로운 왕조 송을 세우면서 당조 멸망 이후 붕괴되고 방치되었던 중원 왕조의 정치·경제·사회적 체제를 재건하기 시작했다. 후기 봉건시대(封建時代)의 대표적 산물이라 할 수 있는 사대부(士大夫) 중심의 통치체계가 이 시기에 정립되기 시작한 것이다.[9]

송 태조와 태종의 40여 년간의 통치하에 중국은 황소의 난으로 파괴

---

9   河元洙, 1995, 「宋代 士大夫論」, 『강좌중국사 Ⅲ: 士大夫社會와 蒙古帝國』, 지식산업사, 71-125쪽.

되었던 중국 각지의 경제와 사회적 기반을 서서히 회복하여 정치체제를 정비하게 되었다.[10] 이처럼 내부적으로는 안정을 찾아가고 있었으나 외부적으로는 주변 이민족들과의 변경 문제가 여전히 존재하고 있었다.

중국은 전통적으로 한족 중심의 중원 지역을 '문명권', 주변의 이민족을 '비문명권'으로 구분하는 세계관을 가지고 있었다.[11] 이것은 마치 동시기 서양의 로마, 비잔틴이나 사라센제국 등이 자신들과 야만인을 '문명'을 기준으로 하여 구분했던 것과 비슷하다. 그러므로 10세기 이전 문명권을 주도하던 여러 제국들이 모두가 이와 같은 방식이기에, 북방의 유목민들로부터 자국의 안보와 정권의 안정 그리고 평화를 추구했던 것은 중국만의 독특한 특성이라기보다는 전근대의 보편적이고 공통된 특징이라고 유추해볼 수 있겠다.

진시황(秦始皇, 재위 기원전 221~210)의 중국 통일 이후, 한족을 중심으로 한 정권이 계속되면서 한 무제(漢武帝, 재위 기원전 141~87) 시기에는 고대 유교사상을 재정립하게 된다.[12] 중국은 이를 근거로 주변을 동서남북 방위에 따라 동이(東夷), 서융(西戎), 남만(南蠻), 북적(北狄) 오랑캐, 즉 사이(四夷)라 부르며, 이들과의 관계에서 조공(朝貢)과 책봉(冊封)이란 제도를 통해 외교관계를 유지해왔다.[13] 당시 중국은 "천하(天下)라는 것은

---

10 Edmund H. Worthy, Jr., 1976, "The founding of Sung China, 950-1000: Integrative changes in military and political institutions," diss., Princeton University; Lau and Huang, 2009, pp.206-247.

11 朴志焄, 1989, 『宋代 華夷論 硏究』, 이화여자대학교 박사학위논문.

12 Michael Loewe, 1986, "The concept of sovereignty," in *The Cambridge history of China*, volume 1: *The Ch'in and Han empires, 221 B.C.-A.D. 220*, (eds.) Denis Twitchett and Michael Loewe, Cambridge, Eng.: Cambridge University Press, pp.726-746.

13 전근대 시기 중국의 기본적인 외교정책 및 사상에 대해서는 다음과 같은 연구 성과가 있다. John K. Fairbank, 1941, "On the Ch'ing tributary system," *Harvard Journal*

곧 중국이며, 중국의 천자(天子)는 곧 세계의 지배자"라는 유교사상으로 천하 질서를 유지하고 중국을 중심으로 정치와 경제, 사회, 문화 등이 발전해야 한다는 중화사상을 가지고 있었다. 그러므로 중국 이외의 천자는 중국 입장에서 상상할 수도 없는 논리였다.

중국은 이미 한대(漢代, 기원전 206~220)에 등장한 흉노(匈奴)를 비롯하여 북방과 서북 지역의 이민족 문제로 장기간 농경 대 유목이라는 대립 상태에 있었다. 그러다가 4세기 전후에는 서양에서 게르만족이 로마제국으로 이동한 것과 마찬가지로 흉노를 비롯한 오호(五胡)의 북방 유목민족들이 대거 중국 내로 이동하는 민족대이동의 역사를 경험했다.[14] 흉노와 오호 이후에도 중국은 한당 시기 천여 년 동안 유연(柔然), 돌궐(突厥), 토번(吐蕃), 회흘(回紇) 등으로부터 북방과 서북 국경 지역을 끊임없이 위협받아왔다. 당조의 멸망 이후 이러한 세력들은 유목생활을 하던 강력한 유목제국을 중심으로 그 무대를 중국 서북에서 동북 지역으로 옮겨가면서 거란, 여진, 몽골, 만주라는 제국들을 차례로 세우게 된다.[15]

---

of Asiatic Studies 6, pp.135-246; John K. Fairbank, 1968, *The Chinese world order: Traditional China's foreign relations*, Cambridge, Mass.: Harvard University Press; 西島定生, 1983, 『中國古代國家と東アジア世界』, 東京大學出版社; Yu Ying-shih, 1986, "Han foreign relations," *The Cambridge history of China*, volume 1: *The Ch'in and Han empires, 221 B.C.-A.D. 220*, (eds.) Denis Twitchett and Michael Loewe, Cambridge, Eng.: Cambridge University Press, pp.377-462; Wright, 2005, pp.11-38; 윤영인, 2007, 「10-13세기 동북아시아 多元的 國際秩序에서의 冊封과 盟約」, 『동양사학연구』 101, 119-144쪽.

14 Charles Holcombe, 2019, "The sixteen kingdoms," in *The Cambridge history of China*, volume 2: *The Six Dynasties, 220-589*, (eds.) Albert E. Dien and Keith N. Knapp, Cambridge, Eng.: Cambridge University Press, pp.119-144.

15 Denis Sinor, (ed.) 1990, *The Cambridge history of early Inner Asia*, Cambridge, Eng.: Cambridge University Press.

3) 거란의 등장과 연운 16주의 할양(割讓)

당말 오대 시기를 지나는 중국의 혼란스러운 상황을 틈타 오늘날의 몽골과 만주 지역에서는 거란이 새롭게 등장하여 나날이 성장하게 된다.[16] 거란은 뿔뿔이 흩어져 있던 유목민족을 통합하여 안정적인 정치체제를 구축하고 유라시아 동북의 초원에 강력한 기마대를 중심으로 한 거대한 유목제국을 건설했다. 10세기 초 이래 거란은 강력한 군사력을 앞세워 926년에 동만주에 위치한 발해국을 멸망시키는 등 주변 이민족과 정권들을 차례로 병합하며 동북 유라시아의 거대한 제국으로 성장했다. 또한 오대 왕조들 간의 내부 쟁탈전을 틈타 중국 북부의 연운 16주(燕雲16州)[17]를 병합했다. 연운 16주는 당시 중요한 군사적 요충지로서 오늘날의 북경(燕), 대동(大同, 雲)을 중심으로 한 만리장성 남쪽에 위치한 중국 내 북방 영토들이다.

연운 16주가 이민족에 의해 점령당했다는 사실은 지정학적으로 황하 평야를 중심으로 산이 거의 없는 중국으로서는 무방비로 노출된 것과 같은 상황이었다. 만약 북경에서 거란의 기병대가 출격한다면 단시간 내에 당시 중원의 중심지였던 낙양(洛陽)이나 개봉(開封)까지도 들어갈 수 있게 된 것이다. 거란으로서는 중원을 공략하는 데 유리한 거점을 확보한 셈

16　爱宕松男, 1959, 『契丹古代史の硏究』, 京都大學文學部內東洋史硏究會; 張正明, 1979, 『契丹史略』, 中華書局; 舒焚, 1984, 『遼史稿』, 湖北人民出版社; 陳述, 1986, 『契丹政治史稿』, 人民出版社; Denis C. Twitchett and Klaus-Peter Tietze, 1994, "The Liao," in *The Cambridge history of China*, volume 6: *Alien regimes and border states 907-1368*, (eds.) Herbert Franke and Denis C. Twitchett, Cambridge, Eng.: Cambridge University Press, pp.43-153.

17　연운 16주에 대해서는 Twitchett and Tietze, 1994, pp.70-71; Standen, 2009, pp.87-90.

이었다. 왕조의 안보에 위협을 느낀 송 태조와 태종(太宗, 939~997, 재위 976~997)은 후주 세종(後周 世宗, 921~959, 재위 954~959) 시기부터 시작한 북경 이남(以南)의 방어선을 구축하는 데 막대한 국방비와 인력을 투입했고,[18] 태종이 직접 두 차례에 걸쳐서 연운 16주를 회복하기 위한 북벌에 나서기도 했다.[19] 그러나 979년과 986년 두 차례에 걸친 북벌은 송의 패배로 끝났다.

거란은 군사적으로 송을 압박하며 당조 이후의 동아시아에서 중국이 아닌 거란 중심의 새로운 국제질서를 만들고자 했다. 이미 양국의 전쟁 결과가 송의 패배로 끝나고, 997년 송의 진종(眞宗, 968~1022, 재위 997~1022)이 황제로 등극하면서 거란과 송은 동아시아에서의 새로운 패자를 가려내기 위한 충돌이 불가피했다. 결국 전쟁으로 승부를 가려내어 동아시아의 패권국을 정해야 하는 상황이었다.

3. '전연의 맹약' 당시의 거란, 중국과 주변국 간의 정황

1) 11세기 초 송과의 충돌을 앞둔 거란의 입장

중국의 역대 왕조들은 진한 시기 이래 유목민들의 침략에 대항하기 위해

18　張邦煒, 1996, 『中國封建王朝興亡史(兩宋卷)』, 廣西人民出版社, 21-23쪽; Wright, 2005, pp.42-47.

19　송 태종의 옹희북벌에 관한 최근 연구 성과는 다음과 같다. 張邦煒, 1996, 32-34쪽; Lau and Huang, 2009, pp.247-251; 朴志焄, 2010, 「송 태종대 雍熙北伐에 관한 연구」, 『군사』 74, 69-104쪽.

국경 지역에 '각장(榷場)'이라는 시장을 열어 유목민에 대한 완화정책을 펼쳤다. 또한 이민족에게 공주를 시집보내어 화친(和親)을 맺거나 물자를 제공하는 조공, 상징적으로 봉작(封爵)을 수여하는 등의 다양한 방식으로 외교관계를 유지해왔다.[20] 유목민의 입장에서 보면 당시 그들이 제공할 수 있는 주요 상품, 즉 말과 값비싼 동물 가죽 등을 중국에 팔아야만 경제를 유지할 수 있었다.

이것으로 알 수 있는 것은 거란의 입장에서 크게 네 가지 이권을 얻기 위해 내부의 반대에도 불구하고 승천태후(承天太后)와 성종(聖宗)이 송으로 무리한 원정을 추진하게 되었다는 사실이다. 네 가지 이유를 살펴보면 다음과 같다. 첫째는 동아시아에서 상징적인 패권을 확보하는 것이다. 10세기 말 이미 두 차례의 전쟁을 통해 송보다 군사적 우위를 확인한 거란은 11세기 초 송과 전면전을 벌여 정치적·외교적 승리를 얻어내고자 했다. 이러한 상징적인 패권은 전통적으로 천자, 천하관(天下觀), 화이관(華夷觀) 등을 통해 동아시아 패권을 오랫동안 독점해온 중국으로부터 거란이 동등한 위치를 인정받는 동시에 자국의 통치적 안정을 보장받고자 하는 것이다. 둘째, 눈엣가시 같은 고려와 송을 한꺼번에 대적하는 것은 무리였기에 먼저 송을 굴복시키고자 했다. 거란 정권의 안정적인 통치를 보장받기 위해서 고려는 반드시 극복해야만 하는 중요한 동아시아 대상국이었다. 고려 문제를 해결해야만 주변의 여진을 비롯한 다른 동아시아 민족과 정권으로부터 거란의 패권을 인정받게 되고 송과의 국제정치나 외교에서도 우위를 차지할 수 있었다. 고려는 고구려, 발해 이후로 동아시

---

20 Paul Jakov Smith, 1991, *Taxing heaven's storehouse: Horses, bureaucrats and the destruction of the Sichuan tea industry, 1074-1224*, Cambridge, Mass.: Council on East Asian Studies, Harvard University; 西嶋定生 著, 武尙淸 譯, 2004, 『中國古代帝國的形成與結構 —二十等爵制研究』, 中華書局.

아, 특히 만주를 중심으로 한 동북 지역에서 상징적인 영향력을 행사하는 국가였기에 거란으로서는 고려 문제를 해결해야 했고, 그러기 위해서는 먼저 송과의 대치에서 정치적 승리를 거두어야만 했다. 셋째, 군사적으로 송과 고려를 압박하여 조공을 통한 풍부한 물품의 입수와 남방 농경국과의 지속적이고 안정적인 정치, 외교, 문화 교류를 보장받고자 했다. 유목제국은 강력한 군사력을 앞세워 영토의 확장이나 남방의 농경국에게 정치적·군사적 압박을 가할 수 있으나 통치권 내에 있는 초원만으로는 방대한 제국을 운영하기에 경제적 부담이 컸다. 결국 농산물이나 수공업품을 생산하는 농경국으로부터 조공의 형태로 안정적으로 제공받아야 하는 것이 거란의 또 다른 딜레마였다. 마지막으로 옹희북벌 이래 태종, 진종 시기부터 꾸준히 구축하고 있던 하북 지역의 광범위한 도랑을 이용한 송의 방어선을 파괴하고자 했다.[21] 거란은 오대 시기 말 후주 세종의 북벌로 인해 연운 16주 중 전략적으로 중요한 관남 지역 일부를 상실했다.[22] 거란은 당시 내부 제위 쟁탈전으로 인해 후주군을 효과적으로 방어하지 못해 상실한 관남 지역을 탈환해야만 했다.[23] 또한 태종 이후 송이 하북성의 전략적 요충지에 건설하기 시작한 도랑을 포함한 광범위한 방어선을 파괴하여 유명무실하게 만들어야만 했다. 당시 송은 하북 지역의 강과 하천 등의 자연조건을 활용하여 제2의 만리장성과 같은 북방 경계선에 촘촘하면서도 넓은 방어선을 건설하고 있었다.

---

21 10세기 후반부터 송이 북방 방어선에 구축하기 시작했던 도랑에 대한 연구로는 다음과 같은 것들이 있다. Peter Lorge, "The Great Ditch of China and the Song-Liao border"(미발표 원고); Wright, 2005, pp.48-50.

22 후주 세종의 북벌에 대해서는 다음 연구 성과를 참조. 吳宗國, 1996, 中國封建王朝興亡史(隋唐卷), 廣西人民出版社, 365쪽; Standen, 2009, pp.129-132 참조.

23 Twitchett and Tietze, 1994, pp.81-84.

만일 거란의 기마대가 송의 이러한 방어선에 가로막힌다면 기동력이 떨어져 앞으로 송과의 대결에서 충분히 능력을 발휘할 수 없게 된다. 또한 거란의 군사적 우위가 방해를 받는다는 것은 향후 송과의 군사적 대결뿐만 아니라 나머지 연운 16주에 대한 방어도 장담하기 어려운 결과를 초래할 수 있었다. 유목민은 공성이나 방어선에 의지하는 것보다 넓은 평야에서 상대를 공격함으로써 방어하기 때문이다. 결국 거란으로서는 송과 전면전을 벌여 태종 이후 구축하기 시작한 송의 방어선을 방해하거나 파괴하여 향후 있을지도 모를 군사적 위협을 제거해야만 했다. '전연의 맹약'은 거란이 정치적 안정 이상으로 경제적·군사적 이익을 위해서 무모하게 전쟁을 감행했다는 것이 기존 학계의 평가인데, 필자는 설득력이 있는 주장이라고 생각된다.

또한 거란이 정기적으로 공식 외교 루트를 통해 문화 교류를 추진한 것도 눈여겨볼 만한 사실이다. 이전의 흉노나 돌궐에서는 찾아보기 어려웠던 부분으로 거란은 고려, 송과의 정기적인 시신 교류를 통해 자국의 문화 수준을 높이고 정권을 안정적으로 운영하려 했던 것으로 여겨진다. 고려와 송이 가지고 있던 선진 기술과 정보를 사신 왕래를 통해 입수하려 했을 것이다.

2) 거란과 주변국과의 갈등: 고려를 중심으로

거란은 송의 건국 이후 계속되는 중국과의 마찰 속에서도 승천태후(953~1009)의 20여 년간 섭정 아래 국내 안정을 도모하고 주변 유목민족들의 정권을 차례로 정복하여 동북 유라시아에 대제국을 건설했다.[24]

---

24 거란 경종(景宗)의 황후(皇后)이자 성종의 모후(母后) 승천태후에 대해서는, (元) 脫脫

거란의 태조(872~926, 재위 907~926)가 발해를 공략하여 926년 발해국을 멸망시킨 이후, 발해 유민들은 한반도의 통일왕조로 새로이 등장한 고려로 대거 이동하게 된다.25 이에 고려 태조는 국시(國是)로 고구려와 발해의 잃어버린 만주 영토에 대한 회복을 주장하면서 이 지역을 둘러싼 영유권 분쟁이 발생하게 된다. 고려의 입장에서는 반드시 되찾아야 할 고구려 고토를 점령한 거란은 적국일 뿐만 아니라 경제적으로나 문화적으로 고려보다 열세하므로 교류할 필요가 없다고 생각했다. 고려는 이처럼 거란과는 적대적 입장을 취했으나 송과는 우호 정책을 펴나갔다.26

고려는 후삼국(後三國)을 통일한 왕조 초기에는 왕위쟁탈 같은 내부 권력투쟁으로 인해 정치 상황이 불안정했다. 그러나 광종(光宗, 925~975, 재위 949~975)이 등극한 이후 왕권 강화를 통한 정치로 사회가 안정되면서 문벌 중심의 정치체제와 사회 질서를 정립하게 되었다. 고려와 송은 서해와 황해를 통해 평화적인 방법으로 교류했는데 이는 북송(北宋) 시기 내내 지속적으로 이어졌다.27 이처럼 고려는 명백히 '친송반거란(親宋反契

　等 撰, 1974, 『遼史』 卷七一 后妃傳, 中華書局, 1201-1202쪽; Twitchett and Tietze, 1994, pp.87-91.

25　고려사에 대한 전반적인 내용은 다음 참조. 朴龍雲, 1989, 『高麗時代史』, 일지사.

26　송·고려·거란의 상호관계에 대한 개괄적 연구로는 Tao Jing-shen, 1988, "Relations between the Sung, the Liao, and Koryo," in *Two sons of heaven: Studies in Sung-Liao relations*, Tucson, Arizona: University of Arizona Press, pp.79-86.

27　고려와 송조 간의 해양을 통한 교류사에 관한 최근 연구 성과로는 Shiba Yoshinobu, 1970, *Commerce and society in Sung China*, trans. Mark Elvin, Ann Arbor, Mich.: Center for Chinese studies; Shiba Yoshinobu, 1983, "Sung foreign trade: Its scope and organization," in *China among equals: The middle kingdom and its neighbors, 10th-14th centuries*, (ed.) Morris Rossabi, Berkeley, Calif.: University of California Press, pp.89-115; Robert Hartwell, 1983, *Tribute missions to China, 960-1126*, Philadelphia; Angela Schottenhammer, 2015, "China's emergence as a maritime power," in *The Cambridge history of China*, volume 5: *Sung China, 960-1279*, part 2, (eds.) Denis Twitchett and

丹)' 정책을 취했고, 이에 거란은 자국의 안보와 동아시아 패권을 확립하기 위해서 반드시 고려를 먼저 굴복시켜야만 했다. 993년 동경유수(東京留守) 소손녕(蕭遜寧)이 6만 대군을 거느리고 1차로 고려를 침입한 이래, 거란은 1010년에 2차 침략, 1019년에 3차 침략을 강행하며 고려에게 굴복할 것을 강요했다.

　1004년 전연에서 송과 대치한 것은 거란의 송에 대한 대대적 정벌뿐만 아니라 그 이면에는 주변 정세를 고려해 고려도 굴복시키기 위한 목적이 있었다. 거란 입장에서는 군사적으로 약세였던 송을 먼저 굴복시킨 이후에 고려와의 관계를 정리하고자 했던 의도가 보이는데, 이로써 '전연의 맹약' 이후 고려에 대한 외교적 압박은 더욱더 커진다.

3) 11세기 초 거란과 대치하게 된 송조의 상황

송조는 국내 정치 안정과 더불어 풍부한 경제적 여건을 바탕으로 사회·문화적 발전을 이루었지만 중국의 역대 왕조와는 다르게 군사력이 약하다는 약점이 있었다. 이 때문에 건국 초기부터 국가의 '안보' 문제를 급선무로 해결해야만 했다.

　태종 시기 두 차례의 북벌 실패로 중국은 북방의 거란에 대한 군사적 부담을 크게 느끼게 되었는데, 송조 역시 언젠가는 거란과 힘으로 겨루어 동아시아 국제정세에서 수동적인 군사력 문제를 해결하고 자국의 안보와 '평화'를 도모해야만 했다.

　오대 시기 '연운 16주'의 할양으로 만리장성의 역할이 유명무실해지자 송은 거란과 인접한 북방 국경의 방어선을 구축하는 데 막대한 경제

John W. Chaffee, Cambridge, Eng.: Cambridge University Press, pp.437-525.

적 물자를 투입해야만 했다. 게다가 송은 한당 시기에는 무난히 확보할 수 있었던 '군마(軍馬)'를 북방의 거란, 서북 등의 이민족 정권에 넓은 초원지대가 차단당하게 되면서 불가피하게 군사력을 기병 대신 보병 중심의 편제로 전환할 수밖에 없었다.[28] 이것은 11세기 송이 중국 화북 지역에서 군사적 약세를 면치 못하게 된 주요 원인이 되었다. 미국 학자 폴 스미스(Paul Jakov Smith)는 전통적으로 유목민은 기병 한 명당 여러 마리의 말을 보유한 반면에 중국은 내륙의 경제적 중심이 농업이고 그 기반이 토지이다 보니 초원에서 생산할 수 있는 말이 절대적으로 부족할 수밖에 없다고 언급한 바 있다.[29] 결국 전근대 시기 군사력의 중요한 부분인 말의 공급 부족은 송이 주변의 이민족들에게 열세에 몰리게 된 주요 원인이었다고 그는 진단했다.

이러한 연유로 송은 막대한 비용을 지출해서라도 북방 방어선을 구축해야 하는 한편, 고려를 비롯한 주변 이민족과는 외교전을 통해 거란을 압박하면서 향후 있을 양국 간의 전쟁에서 우위를 점해야만 하는 상황이었다. 그러나 앞서 언급했듯 거란의 주변국에 대한 잦은 침략과 고려에 대한 압박은 송으로 하여금 거란과 더 이상은 피할 수 없는 정면 돌파를 통해 안녕을 추구할 수밖에 없게 했다. 송은 10세기 후반 성공적인 중국 대륙 통일을 바탕으로 구축된 정치적 안정, 태조·태종의 노력으로 일구어낸 경제적 번영과 그에 따른 문화·과학기술의 발전 등을 이루고 있

---

28 Smith, 1991, pp.13-47; Wang Tseng-yu, David Curtis Wright, trans., 2015, "A history of the Sung military," in *The Cambridge history of China*, volume 5: *Sung China, 960-1279*, part 2, (eds.) Denis Twitchett and John W. Chaffee, Cambridge, Eng.: Cambridge University Press, pp.214-249.

29 Smith, 1991, pp.14-17.

었다.[30] 마침내 송은 자신들의 장점을 최대한 발휘하여 북방의 군사대국인 거란과의 난제들을 해결해야만 했다.

4. 전연의 '대치'와 '맹약' 과정에서 사신들의 활약

1) 거란의 남침에 대응하는 송 내부의 논쟁

송 진종 경덕 원년(景德 元年, 1004, 거란 성종 통화 22년) 윤9월, 거란의 승천태후는 아들 성종(聖宗, 971~1031, 재위 982~1031)과 함께 기마대로 구성된 20만 정예 대군을 이끌고 송을 정벌하기 위해 오늘날의 중국 북부인 하북성으로 진입했다.[31]

태종 시기 북벌 이후 20여 년 동안 평화를 유지하던 송 조정은 이에 당황하여 대책 마련에 분주했고, 조정의 대신들은 주화파(主和派)와 주전파(主戰派)로 나뉘어 열띤 논쟁을 벌였다. 당시 부재상(副宰相)이던 참지정사(參知政事) 왕흠약(王欽若, 962~1025)과 첨서추밀원사(簽書樞密院事) 진요수(陳堯叟, 961~1017)는 개봉을 포기하고 우선 남방으로 천도한 뒤 거란과 협상하자고 주장했다. 재상(宰相) 구준(寇準, 961~1023)은 개봉에 집

---

30 Mark Elvin, 1973, *The pattern of the Chinese past*, Stanford, Calif.: Stanford University Press; Peter J. Golas, 1988, "The Sung economy: How big?" *Bulletin of Sung-Yuan Studies* 20, pp.91-94; Shiba Yoshinobu, Joseph P. McDermott, trans., 2015, "Economic change in China, 960-1279," in *The Cambridge history of China*, volume 5: *Sung China, 960-1279*, part 2, (eds.) Denis Twitchett and John W. Chaffee, Cambridge, Eng.: Cambridge University Press, pp.321-436.

31 (宋) 李燾 撰, 1980, 『續資治通鑑長編』, 卷五七, 眞宗景德元年閏九月條, 中華書局, 1265-1266쪽.

중되어 있던 금군을 진종 황제가 직접 거느리고 적과 맞서야만 거란과의 협상에서 유리하다고 주장했다.[32] 분열되었던 송 조정은 구준의 강력한 리더십으로 마침내 황제를 설득하여 선주전(先主戰), 후협상(後協商) 방침을 결정했다.

진종(968~1022, 재위 997~1022)[33]은 부친인 태종과 달리 혼란스러웠던 오대 시기나 전쟁을 경험해보지 못한 나약한 이미지의 군주였으나 백부 및 부친과 함께 국정을 보좌했던 기라성 같은 원로대신들이 있었고, 이에 반해 거란의 성종은 막강한 힘과 카리스마를 겸비한 모친 승천태후가 뒤에서 보좌하고 있는 상황이었다. 당시 송에는 전쟁 경험이 없는 진종에게 황제가 직접 전장에 나간다면 금군 50만의 사기가 진작될 것이라며 설득한, 그리하여 전연에서 거란과 대치하는 상황을 연출한 카리스마 넘치는 재상 구준이 있었다.[34]

구준은 거란의 기마대가 정예병이기는 하지만 보급 등의 문제로 적지에서 오랫동안 버티지 못할 것이라고 내다보았다. 또한 송은 병력 수는 많으나 사기가 부족한 것이 약점인데, 만약 어떠한 구심점으로 뭉치면 힘을 발휘할 수 있을 것이라 판단했다. 그러므로 만일 수도를 버린다면 군사들이 전의를 상실할 것이므로 황제가 친히 군대를 이끌고 참전해야 한다고 주장했다. 재상 구준이 이 같은 냉철한 판단으로 정면 돌파를 제안한 덕분에 송은 전쟁 초기의 국가적 위기를 수습할 수 있었다.

---

32 『續資治通鑑長編』卷五七, 眞宗景德元年閏九月條, 1267-1268쪽.
33 진종에 대한 연구 성과는 다음과 같다. Karl F. Olsson, 1974, "The structure of power under the third emperor of Sung China: The shifting balance after the peace of Shan-yuan," diss., University of Chicago; 劉靜貞, 1987, 「北宋前期皇權發展之研究 – 皇帝政治角色的分析」, 國立臺灣大學; Lau and Huang, 2009, pp.260-262.
34 (元) 脫脫 等 撰, 1977, 『宋史』卷二百八十一, 列傳第四十, 中華書局, 9527-9534쪽.

이로써 거란과 송은 979년과 986년 전쟁 이후 20년 만에 다시 충돌하게 되었는데 이전 두 차례 전쟁과 다른 점은 태종 시기 북벌은 주로 연운 16주를 회복하기 위한 전쟁이었다면 전연에서의 대치는 동아시아 패권의 주도권을 잡기 위한 한판 승부였다는 것이다. 양국군을 합쳐 70여만 명의 병력이 전연에서 대치하는 모습은 전근대 시기 중국에서 보기 드문 장대한 역사적 장면을 연출했을 것이다.

2) 왕계충을 비롯한 송·거란 사신들의 활약

'전연'에서 대치한 송과 거란은 앞에서 설명했듯이 양국 모두 사정상 전면전을 감행할 확률은 시작부터 낮은 상태였다.[35] 게다가 거란은 송이 촘촘히 구축해둔 북방의 많은 요새를 놔두고 곧장 송의 수도인 개봉에서 가까운 전연까지 파죽지세로 내려온 상황이었기에 적진에서 긴 병참선을 유지하는 데 어려움이 있었다. 설상가상으로 거란의 수장 소달람(蕭撻覽)이 송의 전주성(澶州城)을 공격할 때 화살에 맞아 전사하면서 거란은 더 이상 전쟁을 이끌고 가기에는 무리가 있다고 판단하게 된다.[36] 특히나 승천태후의 친척인 소달람의 전사는 고령의 승천태후를 심적으로 동요시켜 더 이상의 위험한 도박을 할 수 없게 했다. 사실 전연에서 개봉까지는 거리가 멀지 않았기에 거란의 입장에서는 946년에 함락시켰던 개봉까지 진격하는 공세를 취할 수도 있었다. 그러나 전쟁이 장기전으로 접어들자 거란으로서는 하루빨리 송과의 협상을 마무리하는 것이 최선의 방책이

---

35 전연의 역에 대한 자세한 내용은 다음 연구 성과를 참조. Wright, 2005, pp.50-60; Lau and Huang, 2009, pp.262-263; 박지훈, 2011, 103-108쪽.
36 (元) 脫脫 等 撰, 『遼史』 卷八十五 列傳第十五, 1313-1314쪽.

었다. 그리하여 거란은 망도전역(望都戰役)에서 포로로 사로잡은 송의 장수 왕계충(王繼忠)의 의견을 수용하기로 했다.[37]

왕계충은 진종을 황태자 시절부터 모신 동궁 막료 중의 한 명이었다. 진종이 황제로 즉위한 후 그는 북방 운주관찰사(雲州觀察使)로 있다가 망도(望都)의 전역에서 거란에게 붙잡혀 포로가 되었다.[38] 왕계충은 부친이 와교관전역(瓦橋關戰役)에서 전사한 연유로 이른 나이에 군직(軍職) 계열인 동서반전시(東西班殿侍)에 문음(門蔭)을 통해 관직을 얻었고, 진종이 동궁에 있을 때는 좌우근시로 배치되어 황태자의 최측근이 되기도 했다.[39] 왕계충은 1003년 망도전역에서 거란군의 포로가 되었다. 그러나 그의 이용가치를 알아본 성종과 승천태후의 후원으로 거란에서도 고위관직을 얻었고, 심지어 태후의 친척과 결혼까지 했다. 왕계충은 이러한 송과 거란 권력자와의 특별한 인연을 매개로 먼저 승천태후와 성종에게 화의(和議)를 주장하여 설득했고, 송 진종에게도 밀서를 보내 화의를 타진했다.[40] 여기서 흥미로운 사실은 송과 거란 중 누가 먼저 화의를 제안했느냐는 것이다. 『송사(宋史)』와 『요사(遼史)』에 모두 왕계충열전이 있는데, 『송사』에서는 거란 측이, 『요사』에서는 송 측이 먼저 화의를 청한 것으로 나온다. 이 같은 사실로 미루어 당시 평화협상을 통해서 문제 해결을 할 수밖에 없었던 송, 거란 모두 상대에게 명분에서 밀리면 안 된다는 인식이 높았던 듯하다. 후일 송 신종(神宗, 1048~1085, 재위 1067~1085)이 고

---

37 『續資治通鑑長編』卷五十七, 十一月條, 1282-1283쪽.

38 『宋史』卷二百七十九, 列傳第三十八, 9471-9472쪽; 『遼史』卷八十一, 1284-1285쪽.

39 진종의 동궁 시절 막부들에 대해서는 陳峰, 2004, 『北宋武將群體與相關問題研究』, 中華書局, 47-51쪽 참조.

40 『續資治通鑑長編』卷五七, 眞宗景德元年閏九月條, 1268쪽.

려 문종(文宗, 1019~1083, 재위 1046~1083)에게 비공식적인 사신의 형태로 파견한 송상(宋商)을 통해 각각 국교 재개를 타진한 것과도 매우 유사하다. 확실한 것은 왕계충이 최고 권력자인 송의 진종과 거란의 승천태후 및 성종으로부터 두터운 신임을 받았다는 사실이다. 그 덕분에 그가 중요한 시기에 때마침 역사의 무대에 등장하여 송과 거란 사이에서 가교 역할을 수행하게 되었던 것이다.

결국 거란은 비공식적으로 이흥(李興) 등 4인의 소교(小校), 즉 말단 장교들에게 왕계충의 밀서를 주어 송 막주(莫州) 부서(部署)인 석보(石普)를 만나 의사를 타진하게 했다.[41] 왕계충의 밀사를 통해 거란의 뜻을 접한 송 조정에서는 다시 한 번 주전파와 주화파의 논쟁이 벌어졌다.[42] 구준의 간언으로 불가피하게 친정(親征)을 하게 된 진종은 처음부터 거란과의 전면전을 염두에 두고 있지도 않았던 것 같다. 송은 979년과 986년에 두 차례의 전쟁에서 패배한 적이 있고, 950년대 후주 시기부터 육성하고 유지해오던 중원 통일을 위한 군사력도 사실상 궤멸한 상태였다.[43] 이로 인해 영토의 확대나 회복 등을 위해 대외로 뻗어나갈 군사력은 약화되어 있었고 불가피하게 수세적인 방어만을 할 수밖에 없었던 것이다. 송은 내치(內治) 중심으로 국가의 기본 방침을 정하고 이민족들과의 관계에서도 재물을 통한 회유 등의 방법으로 외교정책을 수립해야 했다. 구준 등의 주전파도 교섭을 위해서 먼저 주전을 한 후 승기를 잡아 협상을 진행해야 한다는 의견으로 방법론만 달랐을 뿐 기본적으로는 대(對)거란 정책에 대해서는 인식을 같이하고 있었다.

---

41 『宋史』卷三百二十四, 列傳第八十三, 10471-10475쪽.
42 『續資治通鑑長編』卷五七, 眞宗景德元年閏九月條, 1268-1269쪽.
43 張邦煒, 1996, 34쪽.

마침내 송은 1004년 10월에 추밀사(樞密使) 왕계영(王繼英, 946~1006)[44]이 추천한 조이용(曹利用, 971~1029)을 거란에 공식 특사로 파견하여 왕계충이 제안한 화의를 협상하고자 했다.[45] 왕계영은 왕계충과 마찬가지로 진종의 동궁 시절 측근으로 당시 군정의 수장인 추밀사로서 주요 정책 결정에 참여했다. 조이용은 하북(河北) 조주(趙州) 출신으로 부친의 덕으로 관료생활을 시작한 신흥 엘리트로 전연의 맹약에서 공을 세운 후 승승장구하여 추밀사의 지위로까지 출세한 인물이다.

조이용과 거란의 만남에서 승천태후와 성종은 예상대로 관남(關南) 지역의 군사 요충지로 연운 16주 중 후주 시기 세종이 탈환했던 지역의 반환을 요구했고, 조이용은 즉시 거절했다.[46] 이는 당시 송의 국시에 따른 것으로, "향후 송조는 기본 외교정책에서 영토는 빼앗기지 말고 재물로 모든 것을 처리하라"는 송 태종의 유고에 의한 것이었다.[47]

관남은 거란 내부에서 제위 계승 쟁탈전이 치열했던 950년대에 후주 세종이 북벌을 통해 탈환한 곳으로, 거란이 보기에 연운 16주는 후진(後晉)으로부터 받은 거란의 땅인데 그중 관남을 후주가 빼앗았으니 응당 돌려받아야 한다는 입장이었다. 따라서 거란은 승자의 입장으로 실지(失地)를 회복해야만 이번 남벌의 목적을 달성하고 국가적으로도 위신을 세울 수 있었다. 반면 송조 입장에서는 연운 16주 모두를 되찾아야만 하는 상

---

44 『宋史』卷二百六十八, 列傳第二十七, 9228-9230쪽.
45 『續資治通鑑長編』卷五八, 眞宗景德元年冬十月條, 1278-1279쪽; 『宋史』卷二百九十, 列傳第四十九, 9705-9708쪽.
46 『續資治通鑑長編』卷五八, 眞宗景德元年十一月條, 1287-1288쪽; Wright, 2005, 64-65쪽.
47 朴志焄, 2011, 109쪽. 송대 祖宗의 法에 대해서는 John W. Chaffee, 1999, *Branches of heaven: A history of the imperial clan of Sung China*, Cambridge, Mass.: Harvard University Asia Center; 鄧小南, 2006, 『祖宗之法: 北宋前期政治述略』, 三聯書店.

황에서 그나마 일부 되찾은 관남 지역을 거란에게 돌려준다는 것은 명분이나 위신으로서도 도저히 양보할 수 없는 것이었다. 이처럼 첫 협상부터 의견이 첨예하게 대립했다. 이렇게 관남 지역을 둘러싼 첫 번째 협상에서 영토 문제로 대립했으나, 앞서 언급했듯이 거란과 송은 여러 이유로 평화적인 교섭을 원했기에 1004년 12월 거란은 좌비용사(左飛龍使) 한기(韓杞)를 첫 공식 사절로 임명하여 조이용과 함께 송에 파견했다.[48]

예상대로 거란은 관남 지역의 영토를 요구했고, 이에 대해 진종은 관남을 절대 내줄 수 없다는 입장을 조이용에게 전한다. 그러면서 한편으로는 경제적으로는 얼마든지 여유가 있으니 재물을 통해서만 협상하라는 지시를 내린다. 그리하여 조이용은 한기와 함께 또다시 거란으로 떠나 승천태후와 황제 성종을 만나게 된다.

이때의 만남에서도 거란은 관남 지역을 언급하며 반환을 요구했다.[49] 조이용은 후진과 후주의 일은 송 때의 일이 아니므로 이번 일과 관련이 없다고 반박하면서 영토 문제는 들어줄 수 없지만, 해마다 세폐(歲幣)를 주는 것은 가능하다고 답변했다. 재미있는 에피소드가 있는데,[50] 조이용을 사신으로 보내기 전에 거란에 보낼 재물의 규모에 대해 진종은 은(銀) 100만 냥까지 내어줄 수 있다는 언질을 주었다고 한다. 그러나 재상 구준은 조이용을 따로 불러 황제가 허락했다 하더라도 은 30만 냥 이상은 안 된다며 엄하게 협상 가이드라인을 제시했다. 협상 결과는 송 측의 예상보다 훨씬 적은 은 10만 냥과 견(絹) 20만 필로 화의를 맺기로 합의되

---

48 『續資治通鑑長編』卷五八, 眞宗景德元年十一月條, 1287-1288쪽; Wright, 2005, 68-70쪽; 朴志焄, 2011, 109-110쪽.

49 『續資治通鑑長編』卷五八, 眞宗景德元年十二月條, 1290-1291쪽; Wright, 2005, 71-72쪽; 朴志焄, 2011, 110-111쪽.

50 (明) 陳邦瞻 編, 1977, 『宋史紀事本末』卷二十一, 「契丹盟好」, 中華書局, 145쪽.

었다.

  이상과 같이 송과 거란은 조이용과 한기를 두 차례나 사신으로 파견하면서 기본적인 협상에 대해서는 합의를 하게 된다. 거란의 입장에서 보면 원래 목적 중의 하나인 관남 지역을 돌려받지는 못했으나 송 측으로부터 화의를 하자는 공식 제의를 먼저 받아 명분을 지켰고 다른 한편으로는 송으로부터 매년 공식적인 세폐를 받아 이윤도 챙겼다. 송의 입장에서도 송대 사서(史書) 기록에 따르면 명분상으로는 왕계충을 통해 거란이 먼저 화의를 청했다고 하고, 세폐 역시 원래 예상했던 액수보다 적은 비용으로 북방 경계선에 대한 안보를 지키고 평화를 유지하게 되었다는 데 의미를 두고 있었다. 다만 송 측의 명분에 불리한 부분은 대외적으로는 진종이 거란의 승천태후를 숙모로 부르기로 하고, 성종과는 형제의 의를 맺는 형식으로 교섭을 매듭지은 것이다. 이것은 하늘 아래 천자가 한 명만 있는 것이 아니라 두 명의 동등(同等)한 천자, 즉 거란과 송이 동등하다는 것을 만천하에 알린 것이다. 이러한 '전연의 맹약'은 후일 진종이 무리하게 봉선(封禪)이라는 전통적인 유교의례에 집착하여 막대한 국가 재정을 들여가며 실추된 천자의 권위를 드높이려는 데에도 영향을 미쳤다고 할 수 있다.[51]

  협상의 진행 과정을 살펴보면 먼저 전연에서 평화 협상의 핵심 내용을 조이용과 한기를 통해 합의한 후, 정식으로 실무진이 형식적인 절차를 위한 마무리 작업을 추진했다. 송조에서는 한림학사(翰林學士) 조안인(趙安仁, 958~1018),[52] 서경좌장고사(西京左藏庫使) 이계창(李繼昌, 948~

---

51 송 진종의 봉선에 대해서는 Lau and Huang, 2009, pp.270-273.

52 『續資治通鑑長編』卷五八, 眞宗景德元年十二月甲申條, 1291쪽.

1019),[53] 거란에서는 우감문위대장군(右監門衛大將軍) 요간지(姚柬之),[54] 서상합문사(西上閤門使) 정진(丁振)[55] 등의 실무관료들이 양 진영을 오가며 교섭을 진행했다.[56] 여러 차례의 협상 과정을 거쳐 최종적으로 1004년 12월에 송은 이계창을, 거란은 정진을 사신으로 파견하여 양자 간에 합의된 내용을 근거로 한 칙서를 거란 성종과 송 진종에게 바침으로써 양국은 맹약을 위한 최종적 합의를 보았다.[57] 역사적인 '전연의 맹약'은 이처럼 송, 거란 양국 사신들과 정책 결정자들의 수차례에 걸친 파견과 협상을 통해 그들의 의사를 전달하고 협의하는 과정을 거쳐 최종적으로 맺어진 것이었다.

5. '전연의 맹약' 주요 내용과 평가

1) '전연의 맹약'의 주요 내용

맹약의 주요 내용을 살펴보면 크게 세 가지다. 첫째, 송은 거란에게 매년 은 10만 냥과 견 20만 필을 세폐로 보낸다. 둘째, 양국의 국경선을 현재 상태로 유지한다. 셋째, 거란과 송은 의형제를 맺어 송의 황제는 형으로, 거란의 황제는 동생으로 대우하고, 또한 송 황제는 거란의 승천태후를 숙

53　『續資治通鑑長編』卷五八, 眞宗景德元年十二月丙戌條, 1291-1292, 1297쪽.
54　『續資治通鑑長編』卷五八, 眞宗景德元年十二月甲申~丙戌條, 1291쪽.
55　『續資治通鑑長編』卷五八, 眞宗景德元年十二月條, 1297쪽.
56　'전연의 맹약'이 마지막 실무선에서 처리되는 과정에 대해서는 다음 책에 상세히 나온다. Wright, 2005, pp.71-79.
57　『續資治通鑑長編』卷五八, 眞宗景德元年十二月條, 1297쪽.

모로 모신다는 것이다.[58] 이외에도 송은 매년 거란 황제와 승천태후의 생일, 즉위나 서거 등의 주요 행사에 사신을 보내기로 약속했다. 거란 역시 송 황제의 주요 행사에 사신을 보내는 것으로 매년 몇 차례의 사신 파견을 통한 공식적인 외교관계를 맺는다는 내용이었다.

'전연의 맹약'은 기본적으로 거란과 송이 대등한 외교관계를 맺은 것을 의미한다. 전통적으로 중국은 스스로를 하늘이 내린 '천자의 나라'로 여겼으며 주변 오랑캐들을 아우르며 중국식 문화가 '문명'이라며 이를 유지하고 전파하는 세계의 중심이라 생각했다. 그런데 한당 시기 군사력의 열세로 간헐적으로 북방의 유목제국에 공주를 시집보내는 '화친'이나 임시방편으로 물자를 제공하는 중국식 '조공'을 행하기도 했으나 송조와 같이 조약을 맺어 거란에 100여 년 동안 지속적으로 교류와 조공을 행한 역사는 없었다. 게다가 거란의 황태후나 황제 생일, 서거 조문, 즉위를 축하하기 위해 사신을 파견한 경우는 중국사에서 유일무이한 것이다.

앞서 설명한 대로 송의 입장에서는 979년과 986년의 북벌에서 패배한 이후 다시 거란을 대적하는 데 부담을 느꼈을 것이다. 이런 연유로 현실적인 안보와 경제 발전을 도모하기 위해 굴욕을 감수하고 맹약을 체결한 것이다.

거란은 송으로부터 동아시아의 새로운 패자로서 대등한 자격을 인정받았고, 또한 송으로부터 매년 막대한 중국식 조공을 받는 관계를 맺음으로써 실리를 챙겼다.[59] 거란의 입장에서 보면 외교적 승리였으며, '전연의

---

58 『續資治通鑑長編』卷五八, 眞宗景德元年十二月條, 1290-1291쪽; Wright, 2005, pp.71-73.

59 Yang Lien-sheng(楊聯陞), 1968, "Historical notes on the Chinese world order," in *The Chinese world order: Traditional China's foreign relations*, (ed.) John K. Fairbank, Cambridge, Mass.: Harvard University Press, p.21; 윤영인, 2013, 「하-송의 5년전쟁

맹약' 이후 거란은 고려를 굴복시키기 위해 이전과 다른 행보를 할 수 있게 되었다.

중국 학자 엽숭기(葉崇岐)의 연구에 따르면 송과 거란은 '전연의 맹약' 이후 약 100여 년 동안 매년 두세 차례씩 사신을 파견했는데 양측 합계 300~400여 차례의 사신 왕래가 있었다고 한다.[60] 이처럼 '전연의 맹약' 이후 중국 대륙의 송조와 유라시아 동북 지역의 유목민족인 거란제국은 중국 역사상 전례 없는 빈번한 사신 왕래를 통해 활발한 외교관계를 유지했다.

2) '전연의 맹약'의 의의와 후대에 미친 영향

송은 하늘 아래 두 명의 천자라는 상황을 인정함으로써 중국의 전통적인 천자 중심의 천하관에 큰 상처를 입었을 뿐만 아니라 이민족 군주에게 경제적 대가로 조공을 바쳐야 하는 결과를 초래했다. 그러나 한편으로는 적은 비용을 지불하여 '평화'라는 커다란 이익을 얻어 이후 100여 년 동안의 정치적 안정과 경제·문화 발전을 이룰 수 있었던 현실적이고도 합리적인 선택이었다. 이 같은 '전연의 맹약'으로 송은 오대 시기에 빼앗긴 연운 16주 고토(古土) 회복에는 실패했으나, "돈으로 무엇보다 값진 평화를 샀다"라는 구미 학자들의 평가대로 10세기 후반 대륙 통일 이후 혼란스러웠던 사회 내부와 거란의 군사적 위협에서 벗어나 정치적 안정을 구축할 수 있었다.[61] 거란으로부터의 군사적 위협이 사라지면서 송은 국내의

(1039-44)과 11세기 동아시아 세력균형」, 『만주연구』 16, 19쪽.
60 葉崇岐, 1980, 『宋史叢考』, 中華書局, 283-375쪽.
61 Wright, 2005, pp.89-99.

비옥한 땅을 기반으로 한 경제활동을 통해 농업과 상공업, 수공업 등의 경제 발전을 이루게 된다. 또한 주변국들과의 자유로운 교역 활동으로 세계 무대로 뻗어나가 해상무역의 발전을 이룩했다.

거란은 당시 북방의 경제적 어려움을 송과 고려로부터 받은 조공품으로 보충할 수 있었고, 예전의 유목제국들이 누리지 못했던 안정적인 정치체제와 경제 번영을 기반으로 문화 발전을 이루게 된다. 거란은 기본적으로 북방의 초원지대에서는 유목민의 지배 형태를 유지하면서 후당(後唐)을 멸하고 얻은 '연운 16주'에서는 중국 영토에 속한 그 특수성을 고려하여 중국식 통치구조를 정립했다. 거란은 관료의 선발에 있어서도 북방민족 외에 한족 등을 포함한 다민족 인재를 등용함으로써 다민족(multi-ethnic) 제국의 모습을 갖추고 중국으로부터 다양한 통치술과 제국의 운영 기술 등 정치·사회·문화적 요소를 적극적으로 받아들였다. 중국과의 문화 교류에서도 거란은 상당히 적극적이었다. 고문서의 기록에 따르면 양국에 파견되는 사신 인원에 대한 의견을 제시하기도 했다. 예를 들면 거란은 문화적 소양이 깊은 한족이나 승려를 포함한 비교적 높은 계급의 관료들을 송에 파견했다. 문학적 조예가 깊은 당송 8대가 구양수, 소철 같은 인물을 파견해달라고 송에 요청하는 사례도 사료에서 찾아볼 수 있다.[62]

거란과 송조 간의 '전연의 맹약' 체결 이후에 양국의 사신 교환을 통한 정치적 안정 및 경제 발전과 문화 교류는 중국 문화가 한반도, 일본, 베트남에 이어 몽골, 만주로 전파되는 중요한 역사적 계기를 마련했다.

'전연의 맹약' 10여 년 후에는 거란과 고려 사이에도 평화 협정을 체

---

62 Herbert Franke, 1983, "Sung embassie: Some general observations," in *China among equals: The middle kingdom and its neighbors, 10-14th centuries*, (ed.) Morris Rossabi, Berkeley, Calif.: University of California Press, pp.116-148.

결하여 11세기 초 동아시아는 이후 100여 년간 평화적으로 교류하면서 정치·경제·사회적 발전을 이루어 후대 사회에 긍정적 영향을 미쳤다. 송의 주변국이었던 고려도 송과 마찬가지로 고구려·발해의 기반이었던 만주 고토 회복에는 성공하지 못했으나 고대왕국 수준에 머물렀던 국가체제를 송, 거란과의 교류를 통해 한층 더 발전시키게 된다. 고려가 이룬 수많은 역사적 업적은 조선을 거쳐 오늘날의 대한민국으로 이어지고 있다.

6. 맺음말

미국과 소련이 힘겨루기를 하던 냉전 구도가 20세기 후반에 붕괴되고 오늘날 세계와 동아시아에서는 힘의 균형이 미국 중심의 패권주의에 의해 주도되고 있는 모습이다. 그러나 중국이 서서히 경쟁력을 회복하며 세계무대에 등장하면서 30여 년에 걸친 동아시아에서 미국의 패권은 위협을 받게 되었다.

21세기의 동아시아는 과거 '전연의 맹약' 시절의 거란과 송 그리고 주변 국가들과 같은 새로운 국제질서 정립을 위한 갈등의 국면으로 들어가고 있다. 이러한 급변하는 상황은 이미 천 년 전 동아시아 정세라는 역사적 사실 속에서 오늘을 살아가고 있는 우리의 실정에 비추어볼 수 있다. 바로 패권국 간의 경쟁 속에서 새로운 국제질서가 정립될 때 한국은 어떠한 입장에서 어떤 역할을 할 것인가이다.

과거에 사신들의 왕래가 있었다면 오늘날에는 동아시아 각국의 외교관들이 자국의 이익을 위해 분주히 사방으로 왕래하고 있다. 10~11세기 거란과 송 그리고 주변국 사신들의 정치적 안정과 안보를 위한 활약상과 역할 등의 사례에서 오늘날 우리가 살아가는 현실에 참고가 되는 부분은 재고되어야 할 것이다.

  '전연의 맹약'은 거란과 송 모두의 필요에 의해 양국의 정책 결정자와 사신들의 활약으로 연출된 고도의 정치적 전략으로 이를 통해 양자는 각자 얻을 수 있는 이득을 최대한 확보한 윈-윈 전략이었다고 생각한다. 이러한 상생전략(相生戰略)으로 말미암아 동아시아는 역사상 가장 평화스러웠던 100여 년 동안의 번영을 누릴 수 있었는데, 이는 오늘날 중국의 부상과 더불어 동아시아에서 패권을 다투는 미국 그리고 한국, 일본, 러시아 등의 국가들이 반추(反芻)해보아야 할 역사적 선례이다. 이를 거울 삼아 각국의 정책 결정자들이나 외교관, 정부 관료들은 상생하는 협상의 기술과 감각을 우리 선조들이 경험했던 역사에서 중요한 교훈을 얻을 수 있다고 생각한다.

참고문헌

朴龍雲, 1989, 『高麗時代史』, 일지사.
朴志焄, 1989, 『宋代 華夷論 硏究』, 이화여자대학교 박사학위논문.
_____, 2010, 「송 태종대 雍熙北伐에 관한 연구」, 『군사』 74.
박지훈, 2011, 「송요 간의 전쟁과 和議 – 澶淵의 전역과 맹약을 중심으로」, 『동북아역사논총』 34.
윤영인, 2007, 「10~13세기 동북아시아 多元的 國際秩序에서의 冊封과 盟約」, 『동양사학연구』 101.
_____, 2013, 「하-송의 5년전쟁(1039~44)과 11세기 동아시아 세력균형」, 『만주연구』 16.
河元洙, 1995, 「宋代 士大夫論」, 『강좌중국사 III – 士大夫社會와 蒙古帝國』, 지식산업사.

(宋) 李燾 撰, 1980, 『續資治通鑑長編』, 中華書局.
(元) 脫脫 等 撰, 1974, 『遼史』, 中華書局.
_____, 1977, 『宋史』, 中華書局.
鄧小南, 2006, 『祖宗之法: 北宋前期政治述略』, 三聯書店.
劉靜貞, 1987, 『北宋前期皇權發展之硏究 – 皇帝政治角色的分析』, 國立臺灣大學 博士學位論文.
西嶋定生 著, 武尙淸 譯, 2004, 『中國古代帝國的形成與結構 – 二十等爵制研究』, 中華書局.
舒焚, 1984, 『遼史稿』, 湖北人民出版社.
葉崇岐, 1980, 『宋史叢考』, 中華書局.
吳宗國, 1996, 『中國封建王朝興亡史(隋唐卷)』, 廣西人民出版社.
張邦煒, 1996, 『中國封建王朝興亡史(兩宋卷)』, 廣西人民出版社.
張正明, 1979, 『契丹史略』, 中華書局.
陳峰, 2004, 『北宋武將群體與相關問題硏究』, 中華書局.

陳述, 1986, 『契丹政治史稿』, 人民出版社.

西島定生, 1983, 『中國古代國家と東アジア世界』, 東京大學出版社.
爱宕松男, 1959, 『契丹古代史の研究』, 京都大學文學部 東洋史研究會.

Backus, Charles, 1981, *The Nan-chao kingdom and T'ang China's Southwestern frontier*, Cambridge, Eng.: Cambridge University Press.

Chaffee, John W., 1999, *Branches of heaven: A history of the imperial clan of Sung China*, Cambridge, Mass.: Harvard University Asia Center.

Elvin, Mark, 1973, *The pattern of the Chinese past*, Stanford, Calif.: Stanford University Press.

Fairbank, John K., 1968, *The Chinese world order: Traditional China's foreign relations*, Cambridge, Mass.: Harvard University Press.

Hartwell, Robert, 1983, *Tribute missions to China, 960-1126*, Philadelphia.

Lewis, Mark Edward, 2009, *China's cosmopolitan empire: The Tang dynasty*, Harvard University Press.

McKitterick, Rosamond, 1983, *The Frankish kingdoms under the Carolingians, 751-987*, London and New York: Longman.

Shiba, Yoshinobu, 1970, *Commerce and society in Sung China*, trans. Mark Elvin, Ann Arbor, Mich.: Center for Chinese studies.

Sinor, Denis, (ed.), 1990, *The Cambridge history of early Inner Asia*, Cambridge, Eng.: Cambridge University Press.

Smith, Paul Jakov, 1991, *Taxing heaven's storehouse: Horses, bureaucrats and the destruction of the Sichuan tea industry, 1074-1224*, Cambridge, Mass.: Council on East Asian Studies, Harvard University.

Tao Jing-shen(陶晉生), 1988, *Two sons of heaven: Studies in Sung-Liao relations*, Tucson, Arizona: University of Arizona Press.

Wright, David Curtis, 2005, *From war to diplomatic parity in eleventh-century China*, Leiden and Boston: Brill.

Clark, Hugh R., 2009, "The Southern kingdoms between the T'ang and the Sung, 907-979," in *The Cambrdige history of China*, volume 5: *The Sung dynasty and its precursors, 907-1279*, Part 1, (eds.) Denis Twitchett and Paul Jakov Smith, Cambridge, Eng.: Cambridge University Press.

Fairbank, John K., 1941, "On the Ch'ing tributary system," *Harvard Journal of Asiatic Studies* 6.

Franke, Herbert and Denis Twitchett, 1994, "Introduction," in *The Cambridge history of China*, volume 6: *Alien regimes and border states, 907-1368*, (eds.) Herbert Franke and Denis Twitchett, Cambridge, Eng.: Cambridge University Press.

Franke, Herbert, 1983, "Sung embassie: Some general observations," in *China among equals: The middle kingdom and its neighbors, 10-14th centuries*, (ed.) Morris Rossabi. Berkeley, Calif.: University of California Press.

Golas, Peter J., 1988, "The Sung economy: How big?" *Bulletin of Sung-Yuan Studies* 20.

Holcome, Charles, 2019, "The sixteen kingdoms," in *The Cambridge history of China*, volume 2: *The Six Dynasties, 220-589*, (eds.) Albert E. Dien and Keith N. Knapp, Cambridge, Eng.: Cambridge University Press.

Johnson, David G., 1977, "The last years of a great clan: The Li family of Chao chun in late T'ang and early Sung," *Harvard Journal of Asiatic Studies* 37, no.1.

Lau, Nap-yin(劉立言) and Huang K'uan-chung(黃寬重), 2009, "Founding and consolidation of the Sung dynasty under T'ai-tsu(960-976), T'ai-tsung(976-997), and Chen-tsung(997-1022)," in *The Cambridge history of China*, volume 5: *The Sung dynasty and its precursors, 907-1279*, Part 1, (eds.) Denis C. Twitchett and Paul Jakov Smith, Cambridge, Eng.: Cambridge University Press.

Loewe, Michael, 1986, "The concept of sovereignty," in *The Cambridge history of China*, volume 1: *The Ch'in and Han empires, 221 B.C.-A.D. 220*, (eds.) Denis C. Twitchett and Michael Loewe, Cambridge, Eng.: Cambridge University Press.

Lorge, Peter, "The Great Ditch of China and the Song-Liao border"(미발표 원고).

Olsson, Karl F., 1974, "The structure of power under the third emperor of Sung China: The shifting balance after the peace of Shan-yuan," Diss., University of Chicago.

Schottenhammer, Angela, 2015, "China's emergence as a maritime power," in *The Cambridge history of China*, volume 5: *Sung China, 960-1279*, Part 2, (eds.) Denis Twitchett and

John W. Chaffee, Cambridge, Eng.: Cambridge University Press.

Shiba, Yoshinobu, 1983, "Sung foreign trade: Its scope and organization," in *China among equals: The middle kingdom and its neighbors, 10th-14th centuries*, (ed.) Morris Rossabi, Berkeley, Calif.: University of California Press.

Shiba, Yoshinobu, Joseph P. McDermott, Trans., 2015, "Economic change in China, 960-1279," in *The Cambridge history of China*, volume 5: *Sung China, 960-1279*, part 2, (eds.) Denis Twitchett and John W. Chaffee, Cambridge, Eng.: Cambridge University Press.

Somers, Robert M., 1979, "The end of the T'ang," in *The Cambridge history of China*, volume 3: *Sui and T'ang China, 589-906*, Part 1, (ed.) Denis C. Twitchett, Cambridge, Eng.: Cambridge University Press.

Standen, Naomi, 2009, "The Five dynasties," in *The Cambridge history of China*, volume 5: *The Sung dynasty and its precursors, 907-1279*, Part 1, (eds.) Denis Twitchett and Paul Jakov Smith, Cambridge, Eng.: Cambridge University Press.

Tao Jing-shen, 1988, "Relations between the Sung, the Liao, and Koryo," in *Two sons of heaven: Studies in Sung-Liao relations*, Tucson, Arizona: University of Arizona Press.

Twitchett, Denis C. and Klaus-Peter Tietze, 1994, "The Liao," in *The Cambridge history of China*, volume 6: *Alien regimes and border states 907-1368*, (eds.) Herbert Franke and Denis C. Twitchett, Cambridge, Eng.: Cambridge University Press.

Wang Tseng-yu, David Curtis Wright, Trans., 2015, "A history of the Sung military," in *The Cambridge history of China*, volume 5: *Sung China, 960-1279*, Part 2, (eds.) Denis Twitchett and John W. Chaffee, Cambridge, Eng.: Cambridge University Press.

Worthy, Edmund H. Jr., 1976, "The founding of Sung China, 950-1000: Integrative changes in military and political institutions," Diss., Princeton University.

Yang, Lien-sheng(楊聯陞), 1968, "Historical notes on the Chinese world order," in *The Chinese world order: Traditional China's foreign relations*, (ed.) John K. Fairbank, Cambridge, Mass.: Harvard University Press.

Yu Ying-shih, 1986, "Han foreign relations," The *Cambridge history of China*, volume 1: *The Ch'in and Han empires, 221 B.C.-A.D. 220*, (eds.) Denis Twitchett and Michael Loewe, Cambridge, Eng.: Cambridge University Press.

4.
16세기 후반 조일관계와 대일사행(對日使行)

장순순
전주대학교 한국고전학연구소 HK연구교수

1. 머리말
2. 경인통신사(1590) 파견
3. 명·일 강화 교섭과 병신통신사(1596) 파견
4. 16세기 후반 조선의 통신사 외교
5. 맺음말

1. 머리말

통신사란 조선의 최고 통치자인 국왕이 일본의 최고 통치자인 막부쇼군(幕府將軍)에게 파견한 공식적인 외교사절로, 막부쇼군에 대한 경하(慶賀)나 조문(弔問), 기타 양국 간에 발생한 긴급한 현안 문제를 해결하기 위해 파견되었다.[1] 조선 전기 통신사는 1429년(세종 11), 1439년(세종 21), 1443년(세종 25), 1590년(선조 23), 1596년(선조 29) 다섯 차례에 걸쳐 파견되었고,[2] 조선 후기 통신사는 1607년 회답겸쇄환사 파견을 시작으로 열두 차례에 걸쳐 일본에 파견되었다. 따라서 통신사 파견은 조선시대 전 시기에 이루어졌으며, 일본에서는 무로마치(室町)시대 초기부터 전국시대를 거쳐 에도(江戶)시대에 이르는 시기에 해당한다.

---

* 이 논문은 동북아역사재단의 기획연구과제로 수행된 연구이다(NAHF-2019-기획연구-21).『한일관계사연구』68집(2020)에「16세기 조일관계와 대일사행의 파견」이란 제목으로 실린 글을 수정·보완했다.

1 통신사란 명칭의 사절 파견은 고려 말에도 있었다. 1375년(우왕 원년)에 왜구 금압 목적으로 일본에 파견된 나흥유(羅興儒) 일행은 '통신사'란 명칭으로 파견되었다. 이후에도 통신사 명칭을 사용한 예가 보이는데, 조선 전기 동아시아에서 통신사는 조선이 일본 국왕에게 파견한 사절인 국왕사만을 의미하는 것이 아니었다. 조선과 교린관계에 있던 동아시아 각국 내지 세력 간에 왕래하는 사절의 명칭으로도 사용되었다. 다만 조선 후기에는 조선 정부가 일본 막부쇼군에게 보내는 사절로 한정되고 정례화된다 (장순순, 2010,「조선전기 통신사의 개념과 성격」,『전북사학』37).

2 조선 정부가 일본 막부에 대해 시도한 최초의 통신사 파견은 1413년(태종 13) 12월이었으나 정사 박분(朴賁)이 발병(發病)함으로써 이듬해 2월 경상도에서 중지되었다. 1413년 계사통신사(癸巳通信使)를 비롯하여 조선 전기에 시도된 통신사 파견은 1429년(세종 11), 1439년(세종 21), 1443년(세종 25), 1459년(세조 5), 1479년(성종 10), 1590년(선조 23), 1596년(선조 29)으로 총 8회였으나 1413년 통신사 외에 1460년 경진통신사는 해상 조난으로, 1479년(성종 10)에는 일본 국내의 내란과 정사 이형원의 사망으로 쓰시마에서 사행이 중지되었다. 따라서 조선 전기에 일본의 수도인 교토(京都)까지 가서 국왕의 국서(國書)를 전한 통신사는 모두 5회였다.

조선시대 대일사행으로서 통신사는 그 성격이나 형태가 매우 다양하기 때문에 사행 전체를 획일적으로 유형화하는 것은 매우 곤란하다.³ 이런 점에 주목하여, 이 글에서는 16세기 후반에 있었던, 통신사라고 불리는 두 차례의 대일사행(1590, 1596)에 대해 살펴보고자 한다. 이 두 번의 통신사행이 임진왜란이라는 동아시아 국제 전쟁의 전야 내지는 그 와중에 전개되었다는 점에서, '통신사=평화 사절'이라는 통념과는 전혀 어울리지 않기 때문이다.

위의 두 번의 대일사행은 조선 전기 통신사 속에서 간략하게 서술되거나 임진왜란 중 전개된 명·일 강화 교섭을 주목한 연구에서 단편적으로 언급될 뿐⁴ 사행 자체에 주목한 연구는 적은 편이다.⁵ 이러한 점에 주목하여 이 글에서는 16세기 후반의 조·일관계 속에서 두 차례의 대일사행이 갖는 성격과 특징을 살펴보고자 한다. 이를 통해 임진왜란을 전후한 시기의 조·일관계와 조선의 통신사 외교의 특징을 규명하는 데 약간이나마 기여할 수 있게 되기를 바란다.

---

3 三宅英利 지음, 손승철 옮김, 1990, 『근세 한일관계사연구』, 이론과실천, 41쪽.

4 中村榮孝, 1974, 「壬辰倭亂の發端と日本の「假道入明」交涉」, 『朝鮮學報』 70.

5 三宅英利는 그의 저서(『근세 한일관계사 연구』)에서 「壬辰亂과 通信使」라는 제목으로 16세기 말 두 차례의 통신사를 소개하고 있다. 경인통신사에 대해서는 윤유숙, 2007, 「도요토미 히데요시의 조선침략 발발 전 한일교섭 실태」, 『일본학보』 70; 한명기, 2012, 「임진왜란 직전 동아시아 정세」, 『韓日關係史研究』 43; 한일관계사학회 편, 2013, 『1590년 통신사행과 귀국보고 재조명』, 경인문화사 등이 있으며, 병신통신사를 독립 주제로 다룬 연구로는 김대길, 2003, 「병신년(丙申年, 1596) 통신사행(通信使行)에 관한 연구 – 황신의 『일본왕환일기』·박홍장의 『동사록』을 중심으로」, 『조선시대의 정치와 제도』, 집문당이 있다. 특히 병신통신사가 주목을 받지 못한 이유는 통신사 파견에 대한 조정의 명분이 약했을 뿐만 아니라 성과도 없었고, 이듬해 정유재란이 발발했기 때문으로 보인다.

2. 경인통신사(1590) 파견

조선 전기 대일관계 속에서 국초에 다양했던 국왕사의 명칭이 통신사로 정착된 것은 세종대였고, 통신사의 규례와 형식이 정비된 것은 성종대였다.[6] 그러나 1479년(성종 10) 정사 이형원(李亨元), 부사 이계동(李季仝), 서장관 김흔(金訢)으로 구성된 통신사가 일본 국내의 '남로병란(南路兵亂)'을 이유로 중단을 요구하는 쓰시마의 비협조와 정사 이형원의 발병으로 사행이 중지되고 쓰시마에서 귀국한 이후 한동안 조선의 대일 통신사 파견은 없었다.[7] 1479년 통신사는 교토(京都)까지 가지 못했고, 통신사에게 부여된 사명을 완수하지 못한 채 시도로 끝나버렸다.

도요토미 히데요시(豊臣秀吉)는 1585년 7월 관백(關白)에 취임했다. 도요토미는 취임 두 달 후인 9월, 부장(部將)인 히도쓰야나기 스에야스(一柳末安)에게 조선과 중국을 정복하겠다는 뜻을 처음으로 밝히고, 이듬해 6월 규슈(九州) 출병에 즈음하여 쓰시마 도주 소씨(宗氏)에게 규슈 출병에 이어 조선 정벌의 결행을 통보했다. 이 서한에서 도요토미는 조선에 대해 외교적 접촉이 아닌 군사적 정복을 선언한 것이다. 이로써 도요토미는 관백 취임 직후부터 동아시아 정복 계획을 구상했으며, 처음부터 조선에 대한 군사행동을 계획했던 것으로 보인다.[8]

일본에 도요토미 정권이 수립되었다는 소식이 조선에 전해진 것은 1587년(선조 20) 9월이었다. 쓰시마 도주 소 요시시게(宗義調)는 가신 유

---

6 장순순, 2017,「조선전기 통신사행과 對日外交의 특징」,『한일관계사연구』56.
7 이후에도 1483년(성종 14)과 1535년(중종 30)에 통신사 파견 논의는 있었지만 모두 실현되지 못했다.
8 北島万次, 1995,『豊臣秀吉の朝鮮侵略』, 吉川弘文館, 14쪽; 민덕기, 2012,「경인통신사의 활동과 일본의 대응-」,『韓日關係史研究』43, 90쪽.

즈야 야스히로(柚谷康廣, 橘康廣)를 일본국왕사라 칭하여 조선에 파견했는데, 도요토미가 조선 국왕의 내조(來朝)를 요구한 사실을 숨기고 통신사 파견 요구를 들고 조선에 접근했다.[9] 조선 국왕이 일본 입조(入朝) 요구에 응하지 않으리라는 것을 너무나도 잘 알고 있던 쓰시마는 그 내용을 바꾸어 새로운 일본 국왕의 즉위를 축하하는 사절, 즉 통신사의 파견을 요청했던 것이다.

같은 해 12월에 통빙(通聘)을 요구하는 유즈야 야스히로가 조선에 건너왔다. 도요토미는 쓰시마 도주에게 조선 침략 준비를 차질 없이 수행할 것과 동시에 조선 국왕의 일본 입조와 '정명향도(征明嚮導)'를 명했다. 도요토미는 조선이 '쓰시마 다이묘에게 순종', 즉 조선이 소씨에게 종속되어 있다고 이해했던 것이다. 도요토미는 쓰시마 도주에게 조선 국왕의 내조가 성공적으로 이루어지면 그의 쓰시마 지배를 인정해주겠다고 제안했다.[10] 이러한 요구는 동아시아 책봉 질서에 대한 무지를 그대로 드러낸 것으로, 그 안에서 전개된 교린관계에도 위배되는 것이었다. 결국 요청은 거부되었고, 야스히로는 빈손으로 귀국할 수밖에 없었다.

1589년 3월 도요토미는 쓰시마의 새로운 도주 소 요시토시(宗義智)에게 조선 국왕의 '내조'가 2년이 지나도록 이뤄지지 않은 것에 대해 꾸짖고, 요시토시에게 직접 조선으로 가서 국왕 입조를 서둘러 실현시킬 것을 요구했다. 이 때문에 소 요시토시는 6월 하카다(博多) 쇼후쿠지(聖福寺) 승려 겐소(玄蘇)를 정사로, 쓰시마의 가로(家老) 야나가와 시게노부(柳川調信)를 도선주로 삼고, 자신은 부사가 되어 하카다 상인 시마이 소시쓰(島

---

9 민덕기, 2013, 「경인통신사의 활동과 일본의 대응」, 『1590년 통신사행과 귀국보고 재조명』, 경인문화사, 64-65쪽.
10 민덕기, 2013, 88쪽.

井宗室) 등 25명을 일본 국왕 사절로 꾸며 조선을 방문했다. 그리고 자신들의 임무는 통신사 파견 요청일 뿐이라고 강조했다.[11]

이에 대해 조정에서는 '일본 국왕' 앞으로 사절을 보낸 지 150여 년이 된 데다가 쓰시마의 갑작스러운 사절 요구에 당황하고 있던 터라 통신사 파견 불가 입장이 대세였다.[12] 이에 도요토미는 교섭에 실패한 쓰시마를 압박하며 조선 국왕이 입조하지 않으면 당장 침략하겠노라고 위협했다. 결국 "통신사 문제를 당초 조정에서 모르는 바는 아니나 지난번에 해구(海寇)가 출몰하고 파도가 험난했기 때문에 오랫동안 폐지해왔는데, 얼마 전에도 해구가 우리의 남쪽 변방을 침범하고 또 우리나라의 도망간 백성을 귀국이 일체 쇄환하지 않고 있다. … 지금 만약 적괴를 포박해 보내고 우리의 도망간 백성을 빠짐없이 되돌려보낸다면, 통신사에 관해 처리할 수 있을 것이다"라는 유성룡의 발언을 통해서도 짐작할 수 있듯이 통신사 파견을 통해 도망간 백성들의 쇄환과 전라도 등에 출몰한 왜구 문제 처리에 대응함으로써 조·일 양국 분쟁의 해결을 꾀한다는 방침으로 조정의 의견이 모아졌다. 결국 일본에 투항하여 왜구의 향도 노릇을 한 진도인 사을화동(沙乙火同) 등을 비롯한 왜구의 압송 및 피로인의 송환을 쓰시마가 해줄 것을 전제로 통신사 파견이 결정되었다.[13]

---

11 민덕기, 2013, 64-65쪽.

12 『선조실록』, 선조 21년 3월 4일. 통신사에 임명된 황윤길은 일본 사자에게 조선이 오랫동안 일본에 통신사를 파견하지 못한 것은 "첫째는 파도의 험난함이 두려워서이고, 둘째는 해적의 환(患)을 염려해서(였다)"라고 했다. 『선조실록』, 선조 22년 12월 3일.

13 『선조실록』, 선조 22년 6월 30일, 8월 1일, 8월 4일, 9월 9일. 쓰시마 도주 소 요시토시(宗義智)의 통신사 요청을 접한 조선 국왕은 이것을 실행하는 전제조건으로 1587년 전라도 손죽도(損竹島)에서 일어난 왜구사건의 범인, 즉 고토(五島)에 있는 적괴 및 반민(叛民) 사을포동(沙乙蒲同)의 포박과 피로인 송환을 요구했다. 이에 쓰시마 도주 소 요시토시는 조선 측의 요청을 거의 받아들여 반민 사을포동과 정해적왜(丁亥賊倭)를 포송하고 피로인을 데리고 왔다. 김문자, 1994, 「島井宗室과 1590년 通信使 派遣問題

조선은 쓰시마의 요구를 계속 거절하기 어렵다고 판단하고 조건을 내세워 통신사 파견에 대한 일본 측의 의지를 알아보기로 했다. 그 조건으로 조선 출신으로 일본 왜구 집단에 붙어 조선 연해를 침략한 사을화동이라는 자를 잡아서 조선에 보내라고 요구했다. 쓰시마는 1587년(선조 20)에 왜구가 침략했을 때 앞잡이를 한 반민(叛民)과 일본에 잡혀간 피로인의 쇄환, 왜구 문제 해결 등을 흔쾌히 수용했다.

조선의 요구는 서둘러 시행되었다. 곧바로 사을화동과 160명의 피로인이 조선으로 송환되었으며, 1590년 2월 28일 사을화동 등이 처형됨으로써 조선이 요구한 통신사 파견 조건이 성립되었다.[14] 조선으로서는 조건이 갖추어졌으므로 통신사 파견은 자연스러운 일이었다. 그러나 쓰시마 도주 소 요시토시를 통해 조선이 사절을 파견하기로 했다는 소식을 들은 도요토미는 통신사를 복속사절(入貢使)로 이해했다.[15]

1589년 11월 18일 통신 상사에 황윤길(黃允吉), 부사에 김성일(金誠一), 서장관에 허성(許筬)이 임명되었다. 사절단에는 이들 삼사 외에 차천로(車天輅) 등 문재(文才)와 기예(技藝)에 뛰어난 인물들이 대거 포함되었다.[16] 통신사 일행은 1590년 3월 6일 서울을 출발해, 4개월여가 지난 7월 21일 일본의 수도 교토에 도착했다. 이때의 통신사는 1443년 계해통신사 이후 150여 년 만에 이루어진 사행이었다. 부사 김성일이 조정에서 내린 사목(事目) 안에 100여 년이 지나 처음으로 가는 통신사인 만큼 중

에 대하여」, 『상명사학』 2, 상명사학회.
14 민덕기, 2013, 66쪽.
15 三宅英利, 1990, 90-91쪽 참조.
16 『선조실록』, 선조 22년 12월 3일.

요한 전례로 만들어야 한다고 언급했던 것[17]에서도 볼 수 있듯이, 경인통신사는 이후 조선통신사의 전례가 된 사행이었다.

국왕의 국서를 가지고 일본에 간 통신사는 예상치 못한 상황에 직면하게 된다. 교토에 도착했지만 곧바로 도요토미를 만나지 못했다. 그 사이 도요토미는 관동 지방(關東地方)의 호조(北條)씨를 정벌(小田原 정벌)하기 위해 3개월여간 출정해 있었던 데다, 9월 3일 교토로 돌아온 후에도 황궁 수리를 이유로 통신사의 접견을 허락하지 않았다. 결국 통신사가 교토에서 도요토미를 만나 국서와 예물을 전달하는 전명의(傳命儀)는 그로부터 한참 뒤인 11월 7일에야 이뤄졌다.[18] 통신사가 교토에 도착한 지 4개월여 만이었다. 더구나 전명의에서 국서를 전달했음에도 관백의 답서를 곧바로 받지 못하고 11월 25일 교토 경계인 사카이(堺)에서 받는 전례 없는 상황이 발생했다. 게다가 도요토미는 답서에 일본의 명 침공과 "朝鮮國使臣來朝云云" 등을 적었는데, 이는 통신사 파견을 '조선의 항복'으로 받아들였던 것이다.[19] 도요토미의 답서를 접한 정사 김성일은 크게 분개하면서 조선은 예를 중시하는데 일본이 무력을 과시하여 '선구입조(先驅入朝)'하는 것은 교린의 의에 어긋난다고 주장하며[20] 승 겐소에게 답서 내용을 고쳐줄 것을 요구하고 답서와 예물을 거부했다. 그러나 그 뜻이 제대로 받아들여지지 않은 채 통신사 일행은 겐소, 야나가와 시게노부 등과 함

---

17 김성일 지음, 정선용 옮김, 1998, 『국역 학봉전집 1』, 민족문화추진회, 318-320쪽. 통신사의 모범이 되어야 한다는 통신사의 의식에 대해서는 민덕기, 2013에 잘 밝혀져 있다.
18 『선조실록』, 선조 24년 1월 13일; 김문자, 1994, 126-127쪽.
19 『선조실록』, 선조 24년 1월 13일, 선조 25년 6월 26일; 『續善隣國寶記』(『續群書類從』 제881권, 雜部 31); 三宅英利, 1990, 91쪽 재인용.
20 金鶴峰, 『海槎錄』.

께 귀국해야만 했다.[21] 통신사는 1591년 1월 10일에 쓰시마에 도착했고, 1월 28일에 귀국했다.[22]

조선에서는 명에 경인통신사의 일본 도해 사실을 알리지 않았다. 같은 해 10월 조선에서 명에 주청사(奏請使) 등을 파견하면서, 일본 측 사신 겐소 등이 조선에 '정명향도(征明向導)'를 요구한 사실을 전하면서 그 정보의 출처를 표류인으로 언급하고, 통신사의 답서에 있던 내용이라는 사실은 알리지 않았다.[23]

경인통신사 파견은 쓰시마 도주의 거짓 계책에 의한 것으로 처음부터 문제가 있었던 만큼 사행 중 각종 문제가 발생할 수밖에 없었다. 그럼에도 조선의 통신사 파견은 사대교린이라는 동아시아 국제질서 속에서 교린외교의 사절 파견을 실행한 것이며, 통신사 파견을 통해 왜구 문제라는 현안에 대한 대응과 새롭게 등장한 도요토미 정권에 대한 국정 탐색이라는 현실적 목적을 가진 외교행위였다. 그러나 그런 사행 목적은 별 성과를 보지 못하고 끝나버린 셈이 되었다.[24] 결국 조선은 2년 후에 거대한 전

---

21 김성일이 주도하여 수정을 요구한 표현은 '각하(閣下)', '방물(方物)', '입조(入朝)' 등이었다. 이에 현소(玄蘇)는 '각하'와 '방물'은 각각 '전하(殿下)'와 '예폐(禮幣)'로 고치겠지만 '입조'는 '대명입조(大明入朝)', 즉 명나라에 입조하겠다는 의미라고 둘러대며 부분 수정에 그쳤다(김성일, 1998, 354-365쪽). 민덕기는 이러한 답서 수정 요청은 에도 막부에 이르면 전례가 되어 통신사가 여러 차례 수정을 요청하게 되었다고 보았다. 민덕기, 2013, 70-71쪽.

22 민덕기, 2013, 90쪽.

23 『선조실록』, 선조 24년 10월 24일.

24 김성일의 경우 일본의 실정을 탐지하는 데 큰 힘을 기울이지 않았고, 일본은 교화의 대상일 뿐이며, 대국의 사신으로서 체통을 지키면서 교린의 우호를 돈독히 하면 되는 것이라고 생각했다. 그는 교토에 4개월 동안 체재하면서 "왕명을 전하기 전에 사신이 도리상 출입하기 어렵다"는 이유로 숙소인 다이토쿠지(大德寺) 밖을 거의 나가지 않았다. 이에 대해서는 하우봉, 2013, 「김성일의 일본인식과 귀국보고」, 『1590년 통신사행과 귀국보고 재조명』 참조.

쟁에 직면하게 되었다. 도요토미는 조선이 '정명향도'를 거부한 사실을 빌미로 1592년 4월에 조선을 침략했다.

3. 명·일 강화 교섭과 병신통신사(1596) 파견

1592년(선조 25) 4월 14일 일본군이 부산진성을 공격하면서 임진왜란은 시작되었다. 다음 날 동래성이 함락되었으며, 이후 조선·일본·명 등 동아시아 3국의 수십만 병력이 동원된 국제전쟁은 7년 동안 지속되었다. 침략군이 부산진에 상륙한 지 20일 만인 5월 2일과 3일 사이에 한양이 함락되자 조정은 명에 구원병을 요청했다. 그해 7월 명나라에서는 7천 명의 정병을 파견했고, 이후 조·명 연합군의 선전과 적의 후방에서 싸우는 의병들의 활동 등으로 조선 관군은 본래의 능력을 차츰 회복하기 시작했다.[25]

명·일 간의 강화 교섭은 1593년 벽제관 전투에서 명이 패배하면서 본격적으로 시작되었다. 명군은 평양성에 이어 벽제관 전투에서도 전력 손실이 많았고, 모병(募兵)으로 출전했지만 약속된 급료를 받지 못하자 내부의 불만이 쌓여갔다. 사기 저하로 도망병이 속출했고, 원정(遠征)에서 소요되는 전비(戰費)를 감당하기 어렵게 되자 명은 조선에 파견된 병력을 조기에 철수할 수밖에 없는 상황이었다.[26] 게다가 "일본이 명국을 침략한 것도 아니고, 명은 단지 전쟁이 요동으로까지 확산되는 것을 막으면 되므

---

25 김대길, 2003, 「병신년(1596) 통신사행(通信使行)에 관한 연구 – 황신의 『일본왕환일기』・박홍장의 『동사록』을 중심으로」, 『조선시대의 정치와 제도』, 집문당, 110-111쪽.
26 한명기, 2002.

로, 일본군과 끝까지 결전할 필요가 없다"는 방향으로 전략을 바꾸면서, 명은 1593년 초반부터 일본과 본격적인 강화 협상에 돌입했다.[27] 4월에는 일본군이 한양에서 물러나자 "중국이 일본과 원수가 될 까닭이 없다"는 것을 내세워 일본군을 추격하지 말 것과 조선에 정예병 약간 명을 남기고 명군 철수를 도모하기까지 했다. 당시 명군의 총책임자였던 석성(石星)은 강화 협상을 통해 전쟁을 끝내려는 강한 집착을 보였다.[28]

일본군도 군량 결핍과 군사 및 군수 물자 부족으로 더 이상 한성 지역을 고수할 수 없게 되자 조선 남부 지역으로 후퇴했다. 일본군은 조선 남부 지역에 왜성을 쌓고 머물면서 강화 교섭에 임했다. 강화 교섭은 5년 이상 지속되었는데,[29] 1596년 병신통신사는 그 와중에 실시된 대일사행이었다.

병신통신사는 명과 일본의 요구로 시작되었다.[30] 그러나 통신사 파견에 대해서는 의견이 분분했다.[31] '통신사'는 쌍방국 간의 신의를 전제로 한 사절이었으나 당시는 '신의'라고는 전혀 찾아볼 수 없는 전쟁 상황이

---

27 한명기, 1999, 『임진왜란과 한중관계』, 역사비평사, 47-48쪽. 일본의 조선과의 교섭은 이미 침략 초기부터 그 움직임이 있었다. 1592년 고니시 유키나가(小西行長)는 파죽지세로 한양으로 진격하면서도 동래에서 조선에 교섭을 청하는 서계를 보냈으며, 상주에서도 왜통사 경응순을 통해 도요토미 히데요시의 서계를 예조에 전달하고자 했다. 김문자, 2010, 「임진왜란기의 조일관계」, 『동아시아 세계와 임진왜란』, 126-127쪽.

28 김문자, 2020, 「임진왜란의 연구의 제 문제」, 『근세한일관계의 실상과 허상』, 경인문화사, 154쪽.

29 전쟁이 7년이라는 장기전이었음에도 불구하고 실제 전투 기간은 1년 6개월(18개월, 임진왜란 초기 11개월과 정유재란기 7개월) 정도였고, 나머지 5년 1개월은 사실상의 '휴전' 상태에서 일본과 조선, 일본과 명 사이에서 강화 교섭, 즉 외교전이 오랫동안 지속되었다. 김문자, 2010, 123-124쪽.

30 『선조실록』, 선조 28년 4월 25일, 5월 15일, 12월 29일, 선조 29년 정월 22일.

31 『선조실록』, 선조 28년 6월 1일, 선조 29년 3월 22일.

었기에, 반대 의견이 나오는 것은 당연했다. 심유경의 접반사로 웅천과 부산의 일본군 진영에 머문 적이 있던 황신과 삼사(三使) 등은 통신사 파견이 조선에 이익보다는 손해가 될 것이라 예상해 부정적인 입장을 취한 반면에,[32] 이덕형 등의 중신들은 일본의 침략을 당한 지 4년이 되었지만 일본의 국내 상황을 정확히 탐지하지 못하고 있다는 점과 조선이 사신을 파견하지 않을 경우 명과 일본이 강화 불발의 책임을 조선에 물을 것이라는 점[33]을 들어 통신사 파견을 주장했다.

통신사 파견에 관한 논의가 진행되는 가운데 사신을 보낼 때 사용할 호칭은 매우 중요하고도 민감한 사안이었으므로 조정에서는 다양한 의견들이 제시되었다. 근수라는 이름으로 보내는 것까지는 수용할 수 있지만 통신사라는 이름으로는 절대 안 된다는 분위기가 지배적이었다. 더욱이 조선에서 근수(根隨)라고 칭해도 일본은 통신사라고 할 것이며, 더 나아가서 걸항사(乞降使)라고도 할 수 있다며 우려하는 견해도 있었다.[34] 결국 통신사를 파견하기로 결정했고, 비변사의 유사당상인 김명원·윤선각은 통신사를 파견해야 한다면 보내는 배신(陪臣)을 너무 낮은 자를 보내지 말고 벼슬이 조금 높은 자 가운데서 심력과 식려(識慮)가 있는 사람을 차출하여 보낼 것을 주장했다.[35]

정사에는 일본군의 정세에 밝은 황신이, 부사에는 무관 출신인 대구부사 박홍장이 정해졌다.[36] 서장관은 없었다. 1590년경에는 통신사의 삼

---

32 『선조실록』, 선조 29년 2월 28일, 4월 7일.
33 방기철, 2014, 「추포 황신의 대일인식」, 『한국사상과 문화』 74, 한국사상문화학회, 139쪽.
34 『선조실록』, 선조 29년 6월 4일.
35 『선조실록』, 선조 29년 6월 23일.
36 『선조실록』, 선조 29년 6월 25일.

사가 문관 출신이었던 것과는 대조적이다.[37] 황신과 박홍장이 각각 지방에 있었기 때문에, 정사와 부사를 제외한 일부 일행만이 서울에서 출발하여 부산에서 합류한 후에야 사행단 구성이 이루어졌다. 국서는 역관 박대근과 이유순이 서울에서 지참한 채 출발하여 경주에서 박홍장을 만났고, 8월 3일 정사 황신이 합류했다.[38] 일행은 다음 날인 8월 4일 일본 측 배를 타고 부산을 출발했다.[39] 일본 측은 최대한 빨리 통신사가 파견되기를 원했다. 쓰시마의 가로 야나가와 시게노부는 통신사가 반드시 고관일 필요도 없고 우선 가까이 있는 한 관원을 통신사라 칭하여 며칠 안으로 영중에 보내고 차후에 진짜 통신사를 보내도 무방하다고 말할 정도였다.[40]

일행은 부산을 출발한 지 6일 후인 8월 10일에 쓰시마의 후주(府中)에 도착했다. 저녁에는 황제의 고칙(誥勅)을 휴대하고 통신사 일행을 기다리고 있던 심유경의 수하인 이중군(李中軍) 등을 만났다.[41] 25일에 이키에 이르고, 29일에는 규슈 나고야(名護屋)에 이르렀다. 윤8월 18일에 오사카의 사카이항에 도착한 통신사는 양방형(楊邦亨)과 심유경 등 먼저 일본에 도착해 있던 책봉사 일행을 만났다. 그런데 도요토미를 일본 국왕에 책봉하기만 하면 전쟁이 끝날 것이라 예상하고 있던 통신사 일행에게 같은 달 29일 도요토미가 통신사를 만나지 않겠다는 소식이 전해졌다. 일본이 명과의 강화 교섭 조건을 충실히 이행하여 조선의 두 왕자를 풀어주었지만 조선에서는 사례하는 뜻을 충분히 보이지 않았으며 통신사 파견에도 적

---

37 『春官志』권2, 「通信使」.
38 황신, 『일본왕환일기』, 병신년 8월 3일.
39 황신, 『일본왕환일기』, 병신년 8월 4일.
40 『선조실록』, 선조 29년 5월 2일.
41 황신, 『일본왕환일기』, 병신년 8월 10일.

극적이지 않았다는 것이 그 이유였다.[42]

도요토미는 9월 2일 오사카성에서 명 책봉사를 만났고, 9월 3일 책봉의례가 행해졌다. 그리고 일본 국왕 책봉에 대한 고마움을 표시하는 잔치를 베풀기까지 했다. 이로써 도요토미 히데요시는 '일본 국왕'이 되었다. 그러나 조선의 통신사를 대하는 태도는 전혀 달랐고 명·일 간의 협상도 결국 실패로 끝났다. 이러한 소식은 9월 6일에 황신에게 전해졌다.[43] 강화 협상이 당초 예상했던 결과를 거두지 못하자 책봉사 양방형과 심유경은 황신에게 함께 귀국할 것을 재촉했다. 이러한 상황은 이미 조선 측이 모르는 사이에 명의 책봉사와 도요토미 히데요시, 심유경과 고니시 유키나가, 데라자와 마사시게(寺澤正成), 소 요시토시 등의 획책에 따라 추진되었던 것으로 보인다.[44] 황신은 "나는 명을 받고 멀리 와서 도대체 분명히 한 것이 없으니 1년이 걸리든 10년이 걸리든 반드시 일을 끝내고야 돌아가겠다"라고 주장했으나, "그대는 수행하러 왔으니 반드시 우리의 행동을 따라야 한다"는 심유경의 요구를 거부할 수 없었다.[45] 결국 통신사는 도요토미를 만나지 못하고 가장 중요한 사명(使命)인 국서를 전달하지 못한 채 9월 9일 책봉사와 함께 배를 타고 귀국길에 올랐다. 화평이 이루어지면 통신사와 함께 귀국할 수 있을 것이라고 약속한 일본 장수들의 말을 믿고 모여들었던 다수의 피로인들이 통신사와 함께 귀국할 수 없게 된 상황에서 통신사 일행은 다음 날인 10일에야 사카이를 출발할 수 있었다.

42　황신, 『일본왕환일기』, 병신년 윤8월 29일, 9월 6일. 또한 『일본왕환일기』에는 명 황제가 내린 고명과 유서에서 "너를 봉하여 일본 국왕으로 삼는다"라는 내용을 보고 크게 화를 내면서 사정이 돌변했다고 나온다. 황신, 『일본왕환일기』, 병신년 9월 4일.

43　황신, 『일본왕환일기』, 병신년 9월 6일.

44　三宅英利, 1990, 97쪽.

45　『선조실록』, 선조 29년 11월 6일; 황신, 『일본왕환일기』, 병신년 9월 8일.

황신은 귀국에 앞서 규슈의 나고야(10월 12일)에서 군관 조덕수(趙德秀)와 박정호(朴挺豪) 등을 먼저 보내 통신사행의 결과를 선조에게 알렸다. 통신사행의 목적을 달성하지 못한 것과 일본에서 접한 다양한 정보들을 책봉사가 도착하기 전에 미리 보고하기 위해서였다. 그 내용은 일본에 머무는 동안 보았던 견문 및 명·일 강화 교섭 상황, 일본의 재침 여부를 확인하는 것으로 요약된다. 이 자리에서 조정은 통신사행의 결과를 개략적으로 듣게 되었고, 도요토미 등이 조선의 재침을 공공연히 언급하고 있으며, 일본의 국내 사정에 대해서는 전쟁으로 식량 사정이 매우 좋지 않고 도요토미 히데요시에 대한 민중의 불만이 높다는 사실을 파악하게 되었다.[46] 이에 따라 조정에서는 명에 주문사를 파견하여 사태의 추이를 알리는 한편 원군을 요청했다.

통신사 일행은 10월 25일 쓰시마에 도착했다. 28일과 29일에 도주는 송연을 열어 통신사의 참석을 거듭 요청했으나 황신 등은 왕명을 관백에게 전하지 못했음을 들어 참석을 거부했다. 그리고 11월 23일 밤에 부산에 도착해서 부산의 왜영(倭營)에서 머물렀다.[47]

우여곡절 끝에 파견된 통신사행을 통해서 전쟁의 종결을 모색하려 했던 조선 측의 의도는 별다른 성과를 거두지 못했다. 조·명 연합군이 일본의 재침에 대비하여 방어전과 함께 선제공격을 준비하고 있는 가운데 조선의 바람과 달리 일본이 1597년 8월에 조선을 재침하면서, 조선은 정유재란의 파국에 빠져들게 되었다.

---

46 『선조실록』, 선조 29년 11월 6일.
47 황신, 『일본왕환일기』, 병신년 10월 27일, 28일, 11월 23일, 25일~12월 6일.

4. 16세기 후반 조선의 통신사 외교

조선시대 통신사 연구의 대표적인 연구자인 미야케 히데토시(三宅英利)는 '통신사라고 규정할 수 있는 원칙'을 다음과 같이 언급했다.[48]

- 一. 조선 국왕이 일본 쇼군 앞으로 보냄.
- 一. 일본 장군에 대한 길흉경조(吉凶慶弔), 또는 양국 간에 긴급한 문제 해결의 목적을 갖지만, 회례·보빙의 의미는 없음.
- 一. 조선 국왕이 일본 쇼군 앞으로 보내는 국서 및 예단을 지참하고 감.
- 一. 사절단은 중앙관리 3인 이하로 편성함.
- 一. 통신사(通信使) 또는 그에 준하는 국왕사(國王使)의 호칭을 갖는 등의 조건을 갖춘 사절.

미야케의 통신사에 대한 규정은 대부분의 연구자들이 동의하는바, 이런 관점에서 본다면 1590년대에 있었던 두 번의 통신사는 그 형식과 내용에서 다른 통신사와는 현격한 차이가 있다. 물론 외형적으로는 일견 위의 원칙이 준수된 것으로 보이지만, 그 내용 면에서 16세기 후반의 두 사행은 임진왜란이라는 동아시아 국제전쟁 상황에서 전개된 '특수한' 사행이었던 만큼 여타 통신사와 동일한 성격으로 볼 수 없다. 가장 두드러진 차이는 국서의 수령 여부에서 찾을 수 있다.

1590년의 경인통신사는 조선에서는 일본 국왕의 요구로 일본에서 도요토미 히데요시 정권의 탄생을 축하하기 위한 목적으로 '통신사'라는 명칭으로 실행되었고, 그에 걸맞은 국서와 예물을 지참한 사행이었다. 그러

---

48 三宅英利, 1990, 41-47쪽.

나 국서의 수령자인 관백(關白) 도요토미 히데요시는 통신사를 조선 국왕의 내조를 대신하는 조공사 내지 복속 사절로 이해하고 맞이했다. 게다가 통신사가 도요토미 히데요시와 접견하기까지 4개월여라는 기간이 걸렸고, 국서에 대한 답서도 전명의(傳命儀)에서 직접 전달된 것이 아니라 귀국길에 전달되었다. 답서 내용도 '관백' 신립 축하에 대해 답하는 신의의 사절로서의 모습이 아니라 일본의 명 침공과 조선 국왕의 일본 입조 방침을 표명한 것이었다.

한편 1596년의 통신사는 임진왜란의 와중에 실시된 사행이었다. 전쟁 중에 실시된 통신사 파견은 조·일관계 역사상 찾아볼 수 없는 예이다. 이 사행은 명과 일본의 강화 교섭 과정에서 일본 국왕의 책봉을 명목으로 도일하는 명나라의 책봉사를 수행하는 사절로 동행한 것인 데다, 정작 일본 국왕인 도요토미 히데요시는 접견도 못하고 지참하고 간 국서와 예물을 전달하지도 못한 채 귀국해야 했다. 그래서인지 이때의 사행을 통신사라고 호칭하는 것은 당대의 기록인 『선조실록』뿐이며, 『준관지』 권2 「통신」에서도 다음과 같이 언급하고 있다.

> 병오(통)신사 차출 시 비변사가 아뢰어 말하기를 일찍이 근례를 상고하건대 경인년의 상·부사·서장관은 모두 문신으로 차송하였습니다. 병신년은 상사는 문관으로 부사는 무관으로 차송하였고, 서장관은 없었습니다. 지금 이미 사절 파견을 허가하였으므로, 경인년(1590)의 예에 따라 사람을 갖추어 차송함이 마땅할 것 같습니다 하니 왕이 윤허하였다. 생각건대 병신사신(丙申使臣)에서 문(관)은 황신(黃慎)을 말하고, 무(관)은 박홍장(朴弘長)을 말하는 것이다. 이는 특별히 천조(天朝, 명)의 책봉사(冊封使)를 따랐을 뿐이다. 때문에 근수배신(跟隨陪臣)이

므로 훗날의 전례로 삼을 수 없는 것이다.[49]

이후 이어지는 통신사 사례에 1590년의 경인통신사를 포함하여 설명하고 있지만, 1596년의 대일사행에 대해서는 언급이 없다. 1596년 병신년에 있었던 대일사행을 '병신사(丙申使)'라 언급하고 일본에 다녀온 정사와 부사를 '근수배신(跟隨陪臣)', 즉 '황제가 보낸 사신을 따라가는 제후의 벼슬아치'로 기록했다. 그리고 훗날의 전례가 될 수 없다고 했다. 이러한 기술 태도는 조선의 대표적인 외교 규정집인 『통문관지』나 『증정교린지』에서도 마찬가지이다.[50] 이로 미루어 볼 때, 1596년의 대일사행은 조선 후기에 통신사로 인정받지 못한 사행이었음을 알 수 있다.[51]

여기에서는 '통신(通信)'과 '사(使)'가 합쳐진 것으로, '신의(信義)를 통하는 사절'로 쌍방 간의 신의를 전제로 한 국가 간의 사절인 통신사가 '신의'라고는 조금도 찾아볼 수 없는 국제 상황 속에서 실시되었으며, 당시 조선 조정에서는 왜 통신사라는 명칭으로 일본에 사절을 파견했을까 하는 점에 주목하고자 한다.[52]

---

49 『춘관지』권2, 「통신사」. "丙午信使差出時 備邊司啓曰 嘗考近例 庚寅年上副使書狀官 皆以文臣差送 丙申年上使文官副使以武官差送 而無書狀官 今槪許遣使 則依庚寅例備員差送似當傳曰允 按丙申使臣文曰黃愼武曰朴弘長 以特隨天朝冊封使而已 故曰跟隨陪臣 非後可爲例者也."

50 『증정교린지』와 『통문관지』등의 「통신사」에서는 "선조 25년(1592) 임진왜란 이후에 왜가 심유경(沈惟敬)을 통하여 또 와서 화친할 것을 청하였으나 조정에서는 의(義)로써 이를 거절하였다"라고 기술하고 있을 뿐 병신통신사에 대한 언급은 전혀 없다. 『춘관지』부록, 「國書及倭答書」에서도 1590년 경인통신사의 국서는 나오나 병신통신사의 국서는 보이지 않는다.

51 이러한 점을 고려할 때 '병신통신사'는 물론, 더 나아가 조선시대 통신사의 정의에 대한 재검토가 요구된다.

52 통신사에 대한 규정은 장순순, 2010 참조.

1590년 통신사는 도요토미 히데요시가 새로운 일본 국왕이 되었다는 명분에서 실시된 것으로, 조선 국왕의 국서와 별폭을 지참한 사행이었다. 즉 1590년의 통신사 파견은 중국 중심의 동아시아 외교 질서 속에서 일본 국왕의 즉위 축하와 교린을 지향하는 조선 왕조의 전통적인 대일외교 정책에 기초한 것으로, 즉 조선 전기 통신사의 파견이라는 전례에 입각하여 이루어진 것이었다. 때문에 통신사가 전달한 선조의 국서는 도요토미의 일본 통일을 축하하고 향후 양국의 우호를 공고히 하자는 취지의 내용이었다.

　1590년 통신사가 귀국한 후, 도요토미는 본격적인 조선 침략 준비에 착수했다. 1591년 8월 규슈 히젠(肥前) 지역의 나고야를 조선 침략의 전진기지로 삼고 그해 10월부터 전국의 다이묘를 동원하여 축성(築城)을 시작하여 이듬해 3월에 완공했다. 그리고 나고야성 외에 주변 지역에도 30여만 명에 이르는 병력이 주둔할 수 있는 기지들을 만들었고, 1592년 3월 13일 총 15만 8,700여 명의 군사를 9개 군으로 편성하라는 명령서가 내려졌다.[53] 1592년 음력 4월 14일 일본군이 부산진성을 공격하면서 임진왜란이 발발했다. 수십만의 병력이 동원되고 7년 이상 지속된 조선과 일본, 그리고 명까지 참여한 동아시아 국제전쟁의 시작이었다.

　일본군이 부산에 상륙한 지 20일 만인 5월 20일에 한양이 함락되자 조정에서는 명에 구원병을 요청했다. 그해 7월에 명나라에서는 7천 명의 정병을 파견함으로써 참전하게 되는데, 이후 조·명 연합군의 선전과 의병들의 활동, 조선 관군의 정비 등으로 초기의 열세를 회복하기 시작했다. 본래 참전 목적이 요동의 보호에 있었던 명은 원병으로 인한 재정적 압박이 커지자 이듬해인 1593년 3월부터 일본과 강화회담을 추진하는 쪽으

53　김경태, 2014, 『임진전쟁기 강화교섭 연구』, 고려대학교 박사학위논문, 38-39쪽.

로 방향을 선회했다. 조선 조정에서는 분명하게 반대 의사를 표명했지만 명·일 간의 강화 교섭은 빠르게 진행되었다.

강화 교섭은 명군 최고의 지휘관 송응창의 지시를 받은 심유경이 주도했다. 명군 측이 일본군에 제시한 조건은 조선에서 전면 철수할 것, 가토 기요마사(加藤淸正) 군에 포로로 잡혀 있는 두 왕자(임해군과 순화군)의 석방이었다. 그리고 일본군 철수 후에 도요토미 히데요시가 사죄를 한다면 책봉과 조공을 허락해주겠다는 것이었다. 이에 대해 일본군 측은 명에서 책봉과 조공을 허락하고 이를 증명하기 위한 사절을 파견해달라는 조건을 내세웠다.

송응창은 도요토미 히데요시가 직접 쓴 항복 문서를 받아서 이를 명 조정에 제출한 뒤 책봉과 조공을 승인한다는 계획을 세우고, 자신의 휘하에 있던 사용재(謝用梓)와 서일관(徐一貫)을 명 조정에서 보내는 정식 사절로 꾸며 일본에 보냈다. 송응창이 그들에게 맡긴 임무는 도요토미의 항복 문서를 받아오는 것이었다.

1593년 5월 15일 도일한 사용재와 서일관 일행에게는 항복 문서가 아닌 도요토미의 강화 조건이 제시되었다. 그 내용은 ① 명나라 황녀를 일본의 왕비로 맞아들이는 것, ② 명과 무역을 재개하도록 할 것, ③ 명·일 대신들 사이에 화친 서약을 할 것, ④ 조선 4도의 할양, ⑤ 조선 왕자와 신하를 인질로 요구, ⑥ 조선 왕자들의 송환, ⑦ 조선의 서약서 작성 등 7개 조항으로 이루어졌다. 이른바 '히데요시의 7개 조건'으로 불리는 이 문서는 도요토미가 임진왜란 중 강화 조건으로 요구한 최초의 제안이었다.[54]

---

54 김경태, 2019, 『허세와 타협 – 임진왜란을 둘러싼 삼국의 협상』, 동북아역사재단, 85-87쪽.

한편 일본군은 평양성 전투에서 크게 패배하고 조선인들의 저항을 견디기 힘든 상황이었다. 이러한 상황에서 도요토미가 조선과 명이 도저히 수용할 수 없는 강화 조건을 요구한 것은 전쟁에서 자신이 승리했음을 선전하기 위한 것이었다. 도요토미가 제시한 7개 조건 가운데 일본 측이 특별히 강조한 것은 명나라 황녀와의 혼인과 조선 분할이었다. 그 가운데 가장 중요한 것은 명 황녀와의 혼인이었다. 실제로 도요토미는 영토나 보물 같은 실물을 요구하지 않을 것이며, 무엇보다 명예가 중요하니 영토를 줄 수 없다면 이를 대신할 다른 무언가를 달라고 했다.

그는 고귀한 신분인 황녀를 일본의 왕비로 맞아들이고 이를 일본인들에게 보여줌으로써 자신의 승리를 선전하면서 전쟁을 끝내고 싶었던 것이다. 전쟁을 끝내기 위해 그가 필요로 한 것은 혼례(인질=명예)와 영토(실물)였는데, 그중에서도 명예를 더 중시한 것이었다. 아무것도 손에 쥔 것이 없는 상황에서 도요토미는 자신이 원하는 것을 얻고자 조선과 명에 협박과 허세, 회유와 설득을 함께 사용한 것인데, 어떻든 혼례와 영토 모두 실현되기 어려운 조건에서 명·일 간에 본격적인 교섭이 시작되었다.[55]

강화 교섭은 명과 일본 사이에서 진행되었고, 일방적으로 침략당한 당사국인 조선은 전혀 개입하지 못했다. 교섭을 담당한 명군 지휘부가 자신들의 교섭 방식에 반대 입장을 표명하는 조선을 배제했기 때문이다. 물론 조선도 명의 강화 교섭 자체를 부정했던 것은 아니다. 다만 일본이 명을 목표로 삼고 '충성스러운 속국'인 조선을 침략한 것에 대해 한 번은 강한 벌을 줘야 하며, 그 이후에 교섭에 임해야 한다는 입장이었다.[56] 침략을 당한 조선의 입장에서는 당연한 요구였다.

55　김경태, 2019, 93-96쪽.
56　김경태, 2019, 105쪽.

그러나 심유경과 고니시 유키나가가 주도한 강화 교섭은 1594년 중국이 일본으로 책봉사를 파견하기로 결정하면서 완전히 중단되었다. 책봉사 일행은 1596년 1월 30일 북경을 출발하여, 4월 20일에 한성에 도착했다. 심유경을 통해 책봉사에 관한 소식을 들은 고니시 유키나가는 일본으로 건너가 도요토미 히데요시에게 전했다. 도요토미는 크게 기뻐하며 5월 22일 3개 조항으로 이루어진 '대명조선여일본화평지조목(大明朝鮮與日本和平之條目)'을 제시했다. 그런데 그 내용에는 앞서 명·일 간의 강화 교섭에서 핵심 조건이던 명 황녀와의 혼례에 대한 언급은 전혀 없고, 그 대신 조선의 왕자를 인질로 보낸다는 내용이 포함되어 있었다. 그리고 조선의 왕자를 인질로 일본에 보낸다면 '일본이 소유하고 있는 4개 도(道)'를 그에게 영지를 내리는 형식으로 돌려주겠다는 것이었다.

1595년 12월 일본으로 건너가 도요토미 히데요시를 만나고 온 야나가와 시게노부는 도요토미가 조선에 사절 파견을 요구했다는 소식을 전했다. 이때부터 심유경과 일본 측 모두 사절 파견을 집요하게 요구한 것으로 미루어 왕자에 관한 조건이 심유경과 고니시 유키나가의 논의를 거쳐 통신사로 조정된 것으로 보인다. 병신통신사 파견 이전인 1595~1596년 사이에 고니시 유키나가와 쓰시마 측 인물들이 수시로 조선과 일본을 오가며 도요토미를 만났는데, 그 자리에서 조율하며 왕자를 사절로 바꾸고 도요토미를 만나 승낙을 얻어낸 것으로 추정된다.[57]

조선은 명 조정에 '책봉 요청'을 전달한 후 어쩔 수 없이 명과 일본의 교섭에 개입하게 되면서 명나라가 조선에 사신 파견을 요구할 경우 이를 거부할 수만은 없는 상황에 놓였다. 명의 책봉사를 수행한다는 명목이었지만 통신사 파견을 둘러싼 조정의 논의는 분분했다. 영의정 유성룡을 비

---

57 김경태, 2019, 131-132쪽.

롯한 고위 관료들은 소극적이나마 파견에 찬성했고, 삼사 등 언관들은 강경한 반대 의사를 피력했다. 논의가 좀처럼 결론이 나지 않자 마침내 선조가 결단을 내렸다. 1596년 6월, 책봉사 양방형은 일본으로 향하고 있었고, 심유경은 이미 일본에 가 있던 급박한 상황에서 선조는 언관들의 반대를 무릅쓰고 통신사 정사에 황신, 부사에 박홍장을 임명하고, 사행원들이 지참할 국서와 예물까지 결정해버렸다. 통신사 일행은 8월 3일에 일본으로 출발했다.

　이렇게 실시된 사절의 명칭은 통신사였지만, 그 실상은 기존의 통신사 파견의 전례와 취지를 완전히 부정한 것이었다. 한반도 남부에 여전히 일본군이 주둔하고 있는 상황에서 실시된 사행이었으며, 무엇보다도 국왕 선조를 비롯하여 조정 중신들은 처음부터 통신사를 파견하겠다는 의지가 없었다. 임진왜란 직후 일본의 통신사 파견 요청에 대해 그 명칭을 '회답겸쇄환사'라고 명명하고 사행을 실시한 것을 생각하면 이러한 사절의 파견은 조선으로서는 도저히 용납하기 어려운 것이었다. 그럼에도 통신사란 이름으로 일본에 사절을 파견하여 명의 책봉사를 수행토록 한 것은 명과 일본의 강화 교섭에서 배제된 조선이 국익을 위해 취할 수 있었던 최선의 선택이었을 것으로 보인다.

　1593년 3월 이후 명이 일본과의 전쟁보다는 강화 협상을 택한 이후, 조선은 전쟁 당사국임에도 강화 협상에서 철저히 무시되고 배제된 상황이었다. 이 때문에 조선은 명 책봉사의 수행이라는 명분 외에 강화 협상의 내용을 파악하고, 일본의 재침략 가능성을 탐지하는 것이 무엇보다 절실했고, 그러한 목적을 위해 내키지 않은 통신사행을 실시해야 했던 것이다. 국가의 운명과 존망이 걸린 문제였던 것이다. 따라서 일본에서 '항복을 비는 사절'이라고 볼 수 있다는 견해가 있었음에도 불구하고, 조선 정부가 일본에 통신사를 파견한 것은 나름의 대처 방식이자 위기 속에서 전개된 외교행위였다고 평가할 수 있다.

그러나 조선이 직면한 운명은 가혹했다. 9월 1일 책봉사가 오사카에서 도요토미를 만났고, 당초 책봉사와 통신사 일행은 9월 2일에 도요토미를 접견하기로 되어 있었으나 통신사와 도요토미의 만남은 성사되지 않았다. 9월 3일에는 책봉 의례가 행해졌다. 그러나 도요토미는 명의 책봉 의례를 기쁘게 받으면서도 조선의 통신사에 대해서는 전혀 다른 태도를 취했다. 자신들은 명과의 강화 교섭 조건을 충실히 이행하여 조선의 두 왕자를 풀어주었으나 조선에서 사례하는 뜻을 충분히 보이지 않았으며, 통신사 파견에도 적극적이지 않았다는 것이 그 이유였다. 결국 통신사는 가장 중요한 임무인 국서 전달도 하지 못한 채 책봉사의 재촉에 떠밀려 9월 9일 귀국길에 올랐다. 조선 전 시기 동안 17회의 통신사가 당시 일본의 수도인 교토까지 갔으나 '일본 국왕'을 접견하지 못하고 국서도 전달하지 못한 경우는 이때가 유일하다. 우여곡절 끝에 통신사를 파견하여 명·일 강화와 전쟁의 종결을 모색하고자 했던 조선 측의 의도는 별다른 성과를 거두지 못했다.

그러나 다른 한편으로 병신통신사는 명나라와 일본 간의 강화 교섭 상황과 일본 국내 상황, 그리고 일본의 재침 여부를 확인할 수 있는 기회가 된 사행이었다. 따라서 병신통신사는 전쟁의 당사자임에도 불구하고 배제된 조선이 명과 일본 사이에 진행된 강화 교섭 과정을 파악하기 위해 취할 수 있는 대일외교의 적극성을 최대한 보여준 사행이었다는 점에서 의의가 있다고 할 수 있다.

5. 맺음말

이상으로 16세기 후반에 있었던 두 차례의 대일사행을 검토함으로써 당시 조·일관계와 통신사행에 대해서 살펴보았다. 그 결과를 요약하는 것으로 맺음말을 대신하고자 한다.

1592년과 1596년에 파견된 통신사는 명칭은 '통신사'였으나 '신의' 및 '교린'을 전제로 한 통신사와는 거리가 멀었다. 조선 조정은 1592년의 통신사 파견을 도요토미 히데요시의 파견 요청에 따른 것으로 이해했지만, 일본 측은 입공사절(入貢使節) 내지 복속사절(服屬使節)로 이해하면서 결국 파행적인 결과를 낳았다. 그리고 1596년의 사절은 왜란이라는 전란 속에서 애초부터 '신의'가 고려될 수 없는 것이었고, 결국에는 최고 실권자인 도요토미 히데요시를 만나지도 못했고, 사행 목적인 국서 전달도 못한 채 귀국해야 했다. 따라서 이 두 차례의 통신사는 동아시아 외교 질서 속에서 교린 사절로서의 통신사로 규정할 수 없을지도 모른다. 요컨대 이들 대일사행은 조선의 자발적인 의지가 이전의 그것과는 전혀 다른 것이었다는 점에서 명칭은 통신사이나 내용은 통신사일 수 없는 사행이었다고 할 수 있다.

임진왜란 발발 직전의 1590년 경인통신사는 조선 국왕의 내조를 요구하는 도요토미의 요구를 쓰시마 도주가 통신사로 바꾸어 요청한 사행이었다. 따라서 도요토미는 조선의 사절을 복속사절로 이해하고 받아들였지만, 조선은 교린국인 일본의 통일을 축하하는 관례에 준하는 형식을 취하면서 조·일 간의 현안 해결과 일본 국정 탐색을 위한 사행이었다.

한편 병신통신사는 중국과 일본 간의 강화 교섭 과정에서 강화 교섭 당사자였던 두 나라의 파견 요청으로 이뤄졌으나, 신의의 사절일 수 없는 이 사행, 즉 한반도 남부에 여전히 일본군이 주둔하고 있는 상황에서 전개되었다. 그럼에도 조선이 통신사란 이름으로 일본에 사절을 파견하여 명의 책봉사를 수행하게 한 것은 국익을 위해 취할 수 있었던 최선의 선택이었을 것이다. 명·일 강화 협상의 실체를 파악하고, 일본의 재침략 가능성을 탐지함으로써 명분을 잃지 않고 전쟁을 종결시키기 위한 사행이었다는 점에서 그렇다. 그러나 교토까지 갔으나 '일본 국왕'을 접견하지 못하고 국서도 전달하지 못했다는 점에서 통신사 파견을 통해 강화와 전쟁 종결을 모색하려 했던 조선 측의 의도는 성과를 거두지 못했다. 그럼에도 불구하고 1590년 경인통신사와 1596년 병신통신사는 조선왕조의 통신사 외교의 구상을 보여준 사행이었다는 점에서 의의가 있다.

참고문헌

『宣祖實錄』,『宣祖修正實錄』,『鶴峯集』(김성일),『海槎錄』(김성일),『日本往還日記』(황신)
   (이상 한국고전번역원),『東槎錄』(박홍장),『春官志』(이맹휴).
기타지마 만지 지음, 김유성 옮김, 2008,『(도요토미 히데요시의) 조선침략』, 경인문화사.
김경태, 2014,『임진전쟁기 강화교섭 연구』, 고려대학교 박사학위논문.
_____, 2019,『허세와 타협, 임진왜란을 둘러싼 삼국의 협상』, 동북아역사재단.
민덕기, 2007,『前近代 동아시아 세계의 韓·日관계』, 경인문화사.
三宅英利 지음, 손승철 옮김, 1990,『근세 한일관계사 연구』, 이론과실천.
孫承喆, 1994,『朝鮮時代 韓日關係史硏究』, 지성의샘.
한일관계사연구논집 편찬위원회 편, 2010,『동아시아 세계와 임진왜란』, 경인문화사.
한일관계사학회 편, 2013,『1590년 통신사행과 귀국보고 재조명』, 경인문화사.
한일문화교류기금 편,『근세 한일관계의 실상과 허상』, 경인문화사, 2020.
김대길, 2003,「병신년(1596) 통신사행(通信使行)에 관한 연구 – 황신의『일본왕환일기』·
   박홍장의『동사록』을 중심으로」,『조선시대의 정치와 제도』, 집문당.
김돈, 2017,「선조대 경인통신사의 사행과 조정의 대응방식」,『역사교육』144, 역사교육
   연구회.
김문자, 1994,「島井宗室과 1590년 通信使 派遣問題에 대하여」,『상명사학』2, 상명사학회.
_____, 2005, 임진왜란기 일·명 강화교섭의 파탄에 관한 一考察: 사명당(松雲大師)·加藤
   淸正 간의 회담을 중심으로」,『정신문화연구』28-3, 한국정신문화연구원.
_____, 2012,「임진왜란기의 강화교섭과 加藤淸正: 조선왕자의 送還문제를 중심으로」,
   『韓日關係史硏究』42.
_____, 2012,「풍신수길의 책봉문제와 임란기의 강화교섭: 정유재란의 원인을 중심으
   로」,『中央史論』36.
민덕기, 2013,「임진왜란기 대마도의 조선 교섭」,『東北亞歷史論叢』41.

윤유숙, 2007,「도요토미 히데요시의 조선침략 발발 전 한일교섭 실태」,『일본학보』70.
장순순, 2010,「조선전기 통신사의 개념과 성격」,『전북사학』37, 전북사학회, 2010.
_____, 2017,「조선전기 통신사행과 對日外交의 특징」,『한일관계사연구』56, 한일관계사학회.
한명기, 2002,「임진왜란기 明·日의 협상에 관한 연구 – 명의 강화집착과 조선과의 갈등을 중심으로」,『국사관논총』98.
_____, 2012,「임진왜란 직전 동아시아 정세」,『韓日關係史硏究』43.

5.
조선 사신의 명 북경 '관광', 외교적 의미와 관광 소회

구도영
이화여자대학교 한국문화연구원 연구교수

1. 머리말
2. 조선 사신, 북경 관광의 시작과 외교적 함의
3. 조선 사행의 북경 관광 코스와 소회
4. 맺음말

1. 머리말

2018년 한국의 해외여행객 수가 세계 6위를 차지했다.[1] 외국의 이국적인 풍물과 경치를 이야기하는 콘텐츠가 쏟아지고 여행의 가치를 담은 책이 베스트셀러가 되곤 한다. 자신의 일상과 지역을 벗어나 새로운 곳으로 이동하여 다른 문화를 경험하는 일련의 행위는 지적 즐거움과 성찰을 안겨 준다. 동시에 상호 문화 교류의 장을 마련하기도 한다. 근대 이후 교통수단의 발달, 부의 축적과 소비시장의 성장, 열린 정치체제로 해외여행이 본격화되면서 이제 해외 관광은 쉽게 경험하고 공감할 수 있는 대중적 삶과 문화로 자리 잡았다.

그러나 조선시대에는 '자유로운 해외여행'이란 존재하지 않았다. 오직 공식 '사절단(使節團)'만이 다른 나라로 나갈 수 있는 합법적 기회를 가졌다. 외국 여행이 제한되었던 조선시대, 사절단의 외국 관광은 현대 사회의 그것보다 더 큰 의미를 가질 수밖에 없었다. 사행에 포함되어 중국에 가는 것은 조선시대 지식인들에게 자신의 학문과 직결되는 성지를 방문하는 '관광의 길'로도 볼 수 있다.[2] 조선시대 사행은 공식적인 외교의 기능을 수행했지만, 한편으로는 중국을 실제로 보고 느낄 수 있는 경험을 제공하는 유일한 기회였다는 점에서 사행의 의미를 대외정치적인 시각에서 문화의 관점까지 폭넓게 살펴볼 필요가 있다. 무엇보다 북경은 명 황제가 거처하는 명의 수도이자, 동아시아 세계의 중심지였다. 조선 사신들

---

[1] 『머니투데이』, 2019. 7. 23; 『조선일보』, 2019. 5. 2. 2018년 한국인 해외여행객 수는 2,869만 명이라 한다. 인구 대비 56%의 비율이다. 일본의 해외여행 인구 비율이 15%라고 하니, 한국인의 해외여행 비율이 얼마나 높은지 알 수 있다.

[2] 황소연, 2010, 「조선시대 使行문학과 '觀光'의식: 통신사·연행사·신사유람단을 중심으로」, 『일본학연구』 30.

의 북경 관광 욕구와 기대치는 클 수밖에 없으며, 북경 관광을 통해 보고 느낀 경험들은 사행로 여느 도시의 그것보다 더 특별할 수밖에 없었다.³

그럼에도 조선 전기 사행의 북경 일정을 관광의 시각으로 접근한 연구는 없다. 조선 사신이 북경에 도착한 뒤 한 달여 기간을 머무르며 보내는 일정에 대해서는 주로 외교 및 무역 활동의 시선으로 바라보았다.⁴ 그러다 보니 조선 사신이 북경에서 어떠한 곳들을 방문하고 관람했는지, 그

---

3 오늘날 관광(觀光)의 광의적 개념에서 비추어 보았을 때, 조선시대 관광 활동은 관광(觀光), 유관(遊觀), 유람(遊覽) 등의 용어로 표현되었으며, 그 쓰임새가 조금씩 달랐다. '관광(觀光)'은 '光', 즉 빛을 본다는 의미에서 이색적인 볼거리, 상국(上國)의 문물과 제도를 본다는 의미가 들어 있었다. 유관(遊觀)은 관광과 비슷한 의미이지만 유희적 성격이 좀 더 강했다. 유람(遊覽)은 자연경관을 벗 삼아 휴식하며 구경하는 행위에 가까웠다. 한경수, 1998, 「조선 전기 관광 사상에 대한 연구」, 『대한관광경영학회』 12; 한경수, 2013, 「고서화에 나타난 조선시대 전통관광의 유형 및 행태」, 『관광경영연구』 57; 하재철, 2016, 「18세기 연행록에 나타난 관광용어:《노가재연행일기》와《열하일기》를 중심으로」, 『중국문학연구』 62; 육재용, 2009, 「朝鮮時代 사대부들의 관광행위와 양상 연구: 금강산 지리산 유람록을 중심으로」, 『관광학연구』 33-7; 진윤수, 2014, 「《율곡전서》에 나타난 유람에 관한 연구」, 『한국체육사학회지』 19-2; 황소연, 2010, 「조선시대 使行문학과 觀光 의식: 통신사 연행사 신사유람단을 중심으로」, 『일본학연구』 30; 고태규, 2018, 「박지원의 열하일기에 대한 관광학적 고찰」, 『관광연구저널』 32-3. 이러한 측면에서 이 글에서는 조선 사신이 문화선진국인 명 북경에서 문물과 명소, 경치 등을 관람하는 행위를 관광이라는 용어로 통일했다.

4 김경록, 2000, 「조선초기 대명외교와 외교절차」, 『한국사론』 44; 魏華仙, 2000年 5月, 「論明代會同館與對外朝貢貿易」, 『四川師範學院學報』 第3期; 高艶林, 2005, 「明代中朝貿易及貿易中的相互了解」, 『求是學刊』 第32卷 第4期; 이영춘, 2005, 「류중영의 〈燕京行錄〉」, 『조선시대사학보』 32; 김경록, 2006, 「조선시대 사행과 사행기록」, 『한국문화』 38; 백옥경, 2006, 「조선 전기의 사행 밀무역 연구 – 부경사행을 중심으로」, 『역사문화연구』 25; 이숙경, 2011, 「조선 선조대 柳根의 대외관계 활동」, 『한국인물사연구』 15; 刁書仁, 2011, 「明代朝鮮使臣赴明的貿易活動」, 『東北師大學報』 251期; 李善洪, 2012, 「明代會同館對朝鮮使臣"門禁"問題研究」, 『黑龍江社會科學』 132期; 구도영, 2013, 「조선 전기 對明 陸路使行의 형태와 실상」, 『진단학보』 117; 陳彝秋, 2014年 5月, 「從朝鮮使臣的中國記看明代中后期的玉河館 - 以會同館提督官爲中心」, 『南京曉庄學院學報』 第3期; 구도영, 2018, 『16세기 한중무역 연구』, 태학사.

미시적인 움직임까지는 세세하게 포착하지 못했다.[5]

이에 이 글에서는 기존 북경 사행 연구의 관성에서 벗어나, 조선 사신이 명에서 보낸 사행 일정 중 북경 관광에 주목하고자 한다. 다만 한 가지 간과해서는 안 될 점은 명의 대외정책의 특징이다. 조공국 사행단은 북경 도성에 도착하면 공식 일정 외에는 숙소인 회동관 밖으로 함부로 나갈 수 없었다. 명이 수도 북경에서 중국민들이 외국인들과 접촉하는 것을 꺼렸기 때문에 취한 조치인데, 이를 문금(門禁)이라 했다. 외국인들의 숙소 밖 출입이 자유롭지 않은 상황에서, 정사(正使)가 북경에서 관광을 한다는 것은 더욱 접근하기 어려운 일이었다.

> 가정(嘉靖) 26년, 특별히 (조선) 사신이 서장관과 종인 2~3명을 데리고 교단(郊壇)과 국자감을 유관(游觀)하는 것을 허가하였다. 예부는 통사 1명을 동행하게 하고, 관부(館夫)를 뽑아 방호하게 하여, 우대하는 모습을 보인 것이라 하였다.[6]

위의 기사는 명이 조선 사신의 북경 관광을 허가한다는 내용이다.[7] 『대명회전(大明會典)』의 「외이(外夷)」 조항에서 외국 사신의 유관을 허용한다는 내용은 조선에게만 나타난다. 외국인의 이동이 자유롭지 못했던

---

5 반면 외국 사신의 조선 관광을 다룬 연구는 있다. 심승구, 2008,「조선시대 외국인 관광의 사례와 특성」,『역사민속학』27.

6 『大明會典』卷105, 禮部 63, 朝貢 一, 東南夷 上, 朝鮮國.

7 기존 연구에서는 위의『대명회전』사료를 주로 조선 사행에 대한 문금(門禁)이 시작되거나 강화된 전거로 보았다. 명이 관부를 뽑아 조선 사행을 방호하게 했다는 내용에 주목했기 때문이다. 김경록, 2000,「조선초기 대명외교와 외교절차」,『한국사론』44; 정은주, 2017,『조선 지식인, 중국을 거닐다』, 한국학중앙연구원 출판부, 68쪽. 다만 문금은 이미 1522년에 시작되었기에, 조선 사신의 유관 측면에서 고찰할 필요가 있다.

북경에서, 사신이 관광을 한다는 것은 매우 상징적인 의미가 있다. 양국이 이 코스에 대한 합의가 있어야 했으며, 조선 사신은 북경 관광에 대한 남다른 의미가 있어야 했다. 무엇보다 명이 관광을 허가하기까지 많은 이야기들이 필요할 수 있다. 구체적으로 ① 조선·명 외교의 관점으로 보면, 명은 어떠한 맥락에서 조선 사신의 관광을 허용했으며, 조선은 이것을 어떻게 받아들였을까? ② 관광의 시선으로 보았을 때, 북경에서 조선 사신들이 찾는 관광지는 어느 곳이었으며, 그들은 북경 관광 후에 어떠한 소회를 남겼을까?

　이 연구는 이 같은 의문을 염두에 두고, 조선 사신들의 북경 관광 일기를 추적하고자 한다. 우선 2절에서는 외교적 관점에서, 조선 사신의 북경 관광 일정이 생겨나고 허가되고 운영되는 과정을 고찰한다. 3절에서는 문화적 관점에서 조선 사신들의 관광지와 그 소감을 확인한다. 조선 사신들의 북경 체류 공식 일정 전반에서 관광 일정이 어떻게 배치되었는지 검토할 것이다. 또한 조선 사신들이 찾은 주요 관광지와 해당 지역의 성격을 확인하며, 조선 사신들이 중화의 중심지 북경을 육안으로 실제 경험하는 가운데 어떠한 점을 느꼈는지도 파악할 것이다.

　이 연구를 통해 조선 사신들이 다녀간 관광지가 어느 곳인지, 그 관광지는 어떠한 성격을 갖고 있는지 파악할 수 있을 것이다. 이는 조선 사신들의 북경 일정을 '외교'의 시선으로 보는 것에서 더 나아가, '관광'이라는 문화 코드의 시각에서 살펴볼 수 있는 효과를 기대할 수 있다. 또한 여러 조공국 사행 중 조선 사신의 관광 일정이 생겨나고 허가되고 운위되는 과정에서 조·명 외교의 성격은 물론 명대 동아시아 국제질서에서 조·명관계의 성격을 관광의 관점으로도 이해하는 기회가 될 것이다.

2. 조선 사신, 북경 관광의 시작과 외교적 함의

1) 외국 사신의 문금(門禁) 원칙과 조선 사신의 국자감 방문

외국 사신이 북경에서 관광이 가능하려면 우선 도성을 자유롭게 왕래할 수 있는 자유가 확보되어야 한다. 그러나 원대(元代) 등 특정 시기를 제외하면 전근대 시기 외국 사신이 중국의 도시를 쉽게 돌아다닐 수 있는 기회는 많지 않았다. 이는 중국뿐 아니라 조선 역시 마찬가지였다. 국가 보안상의 문제로 볼 때 자국 내 이방인의 왕래를 제한하는 것은 자연스러운 일이라 할 수 있겠다.

국초 명의 수도는 남경이었으나, 3대 황제 영락제(永樂帝)가 1421년에 수도를 북경으로 이전했다. 영락제가 천도를 단행할 당시 북경은 척박한 군사 요충지였으므로 이 시기 명은 북경 수도 개발에 매진했다. 15세기 전반 도시 개발로 북경 도성이 어수선했을 것임은 충분히 짐작할 수 있겠다. 더욱이 북경은 몽골, 여진과 지리적으로 인접한 지역이어서, 명 조정은 북방 주변 민족들과의 관계 정립에도 많은 노력을 기울여야 했다. 이들에 대한 정벌도 이루어지며, 수도 북경의 보안은 더 중시될 수밖에 없었다.[8]

이러한 상황에서 명 조정은 외국 사절이 명 민간인과 소통하는 것을

---

[8] 조영헌, 1996, 「明初 運河의 開通과 그 社會經濟的 意義」, 『서울대 동양사학과논집』 20; 이민호, 1997, 「明代 前期의 通貨政策과 그 性格」, 『동양학연구』 3, 161-162쪽; 이민호, 2007, 「明代 北京의 商業, 商稅와 宦官」, 『중국학보』 56; 남의현, 2007, 「明代 土木의 變과 北邊 防禦戰略의 변화 – 河套와 遼東 지역을 중심으로」, 『중국학보』 56; 전순동, 2010, 「永樂帝의 北京 遷都와 그 意義」, 『중국사연구』 65; 조영헌, 2011, 「원·명·청 시대 수도 북경과 陪都의 변천」, 『역사학보』 209.

꺼려, 이를 금지하는 법안을 마련했다. 중국인이 외국 사신과 사적으로 왕래하며 국내 사정을 발설하면 변위(邊衛)에 충군(充軍)시켰다.[9] 북경에 머무는 외국 사행단들에게는 문금을 적용하여, 공식 일정을 제외하면 숙소에만 머무르게 했다. 외국 사신의 출입은 예부 관리가 통제했다.[10] 외국 사신의 무역도 숙소인 회동관 내부에서 행하게 했다.[11] 즉 명은 외국 사신을 주로 숙소 안에 머무르게 하며, 외부 출입을 제한했다. 15세기 전반 북경은 어수선한 국내외 사정이 중첩되어, 외국 사신들은 관광은커녕 북경 도성 왕래조차 쉽지 않았다.[12]

이처럼 명은 외국인의 북경 도성 내 왕래를 엄격히 통제했지만, 15세기 중후반 조선과 류큐(琉球) 사행단에게는 문금을 적용하지 않았다. 명이 조선을 '예의의 나라(禮義之國)'로 여겨, 조선 사행단의 북경 도성 왕래를 용인한 것이다. 신뢰에 기반한 일종의 우대조치였다. 그 덕분에 조선 통사들은 별도의 통제 없이 북경 도성 이곳저곳을 오가며 정보를 습득하고, 무역과 외교활동을 활발하게 진행할 수 있었다. 다만 사신(使臣)은 정무적 특성상 통사와 같은 실무진만큼 외부 출입이 자유롭지는 못했다.[13]

그렇다면 조선 사신이 북경 명소를 방문한 것은 언제부터일까. 기록에 따르면 성종대 무렵으로 보인다. 성종대 조선 조정은 성균관 내부 제도를 정비하고 있었고, 명의 제도를 참고하고 싶어 했다. 1478년(성종 9) 조선

---

9   『大明會典』卷108, 禮部 66, 朝貢 4, 朝貢通例.

10 『大明會典』卷109, 禮部 67, 賓客, 會同館; 『大明會典』卷145, 兵部 28, 驛傳 一, 會同館.

11 『大明會典』卷109, 禮部 67, 賓客, 會同館. "各處貢夷到京 主客司員外郎主事輪赴會同館 點視方物 議防出入 貢夷去復回部視事."

12 『吏文』卷4, 禁約擅入會同館買賣; 『세종실록』, 세종 14년 10월 20일; 『大明會典』卷108, 禮部 66, 朝貢4, 朝貢通例. 15세기 전반에는 조선의 북경 무역조차 쉽지 않았다.

13 구도영, 2018, 95-126쪽.

조정은 명에서 누구를 문묘에 종사하는지 정확히 파악하고자 했고, 이에 천추사 김영견(金永堅)으로 하여금 명 국자감 관료에게 물어 오게 했다.[14] 국자감을 직접 방문하여 관찰하라고 한 것이 아니라 국자감 관료에게 물어서 확인하게 했다는 점에서 아직 국자감 관광이 시작되기 전으로 판단한다. 1479년(성종 10) 정조사 이파(李坡)는 채침(蔡沈), 진덕수(眞德秀), 호안국(胡安國)이 원나라 때부터 문묘에 종사하기 시작했다는 점을 국자감에 '물어보고' 돌아왔다.[15] 이러한 정황을 보았을 때 조선 사행이 국자감에 가보지 못한 것이 확실해 보인다.

이로부터 10여 년 뒤인 1490년(성종 21) 조선 사신이 국자감을 방문한 것을 확인할 수 있다. 이는 아래와 같다.

> 정조사 윤효손(尹孝孫)이 와서 복명하였다. … 윤효손이 또 아뢰기를, "신이 국자감에 가서 보니 십철(十哲)은 2위(位)에 한 개의 찬탁(饌卓)을 공유(公有)하고 있었으며, 동무(東廡)·서무(西廡)에도 2위가 한 개의 찬탁을 공유하고 있었습니다. 우리나라에서는 비록 종사(從祀)는 하나 조탁(俎卓)이 없는데, 더구나 동무·서무이겠습니까? 청컨대 중국 조정의 제도에 의하도록 하소서" 하였다.[16]

위의 기사에서 정조사 윤효손은 북경에서 돌아와 성종과 인견하며 자신이 직접 본 국자감에 대해 설명하고 있다. 이를 통해 늦어도 1490년에는 조선 사신이 북경 명소인 국자감에 직접 가보았다는 것을 확인할 수

---

14 『성종실록』, 성종 9년 4월 11일.
15 『성종실록』, 성종 10년 3월 6일.
16 『성종실록』, 성종 21년 3월 4일.

있다. 1478년에 문묘 정보를 국자감 관리에게 물어서 확인했던 점과 다르다. 다만 1490년에 조선 사신의 국자감 방문을 관광이라고 단정하기에는 좀 이른 감이 있다. 명의 국자감 제도를 파악하려는 '정보 습득'이 보다 분명한 목적이었으며, 국자감을 처음 방문한 상황에서 '관광'의 여유를 즐기기는 어려웠을 것이기 때문이다. 정조사 윤효손의 복명 이후, 성종은 곧바로 조선 문묘에도 문선왕, 사성, 십철 자리 앞에 찬탁을 설치하도록 하명했다.[17] 요컨대 1490년(성종 21)의 사례를 조선 사신의 본격적인 관광의 시작이라고 단정하기는 어렵지만, 이러한 경험이 북경 관광의 가능성을 열어주었다는 점에서 유의미하다고 볼 수 있다.

1498년(연산군 4)의 사례를 보면, 조선 사신의 북경 관광이 이루어지고 있다는 점을 확인할 수 있다.

> 승상(丞相)의 사당을 어느 곳에서 찾을 수 있나.
> 천가(天街)의 북쪽 궁궐 뒤켠에 있다.
> 청풍이 조용히 묘정(廟廷) 깊숙이 부는데
> 승상의 초상은 당당히 오랜 세월 동안 서 있다.
> …
> 지금은 가시덤불만 무성하고 무엇이 남았는가.
> 한때의 성패(成敗)는 아득한 일이 되었고
> 오랫동안 묘당(廟堂)에서 제사를 받드는구나.[18]
> …

---

17 『성종실록』, 성종 21년 3월 11일.
18 『梅溪集』 卷3, 燕行錄, 謁文丞相廟. "丞相祠堂何處尋 天街北畔鳳城陰 清風肅肅廟庭邃 遺像堂堂歲月深 … 于今凡楚竟誰存 一時成敗悠悠事 血食千秋廟貌尊 …."

위 인용문은 1498년 성절사로 북경에 다녀온 조위(曺偉)의 연행록 중 일부이다. 조위는 문승상(文丞相)의 묘당에 다녀온 것으로 보인다. 문승상은 송(宋)의 충신 문천상(文天祥)을 가리킨다. 문승상은 원나라의 신료 되기를 끝까지 거부하여, 원나라에 의해 처형당했다.[19] 위의 시를 통해, 당시 문천상 사당이 황성의 북쪽에 위치하고 있었고, 사당에 여전히 그의 유상(遺像)이 남아 있었다는 것을 알 수 있다. 문승상 사당은 국자감 근처에 있으므로[20] 조선 사신이 국자감을 다녀오면서 문승상 사당도 관람했을 것으로 보인다.

그런데 1500년(연산군 6)에 성절사 질정관 이행(李荇)은 북경에서 관광을 하지 못했다고 언급하고 있다. 이는 아래와 같다.

연경(燕京)의 유월은 날씨가 크게 무더워
나그네에게 서늘한 그늘 주지 않누나.
문 앞의 수레와 말은 먼지에 휩싸였는데
변발에 털옷 두른 오랑캐와 함께 지낸다.
황조의 법망은 날이 갈수록 진밀하여
객관에 우두커니 있자니 감옥살이인 듯.
서호(西湖)의 빼어난 경치 들은 지 오래건만

---

19 『燃藜室記述』別集 卷5, 事大典故, 赴京道路. "황성(皇城) 안에는 시시(柴市)가 있는데, 이곳은 곧 문승상(文丞相, 文天祥)이 죽은 곳이다. 지금은 국자감이 있으며, 지나가는 사람들이 신(薪)을 사던 곳이다. 황성의 동로(東路) 왼편에는 삼충사(三忠祠)가 있는데, 삼충(三忠)은 제갈량, 악비, 문승상을 이른다."

20 『敬亭續集』卷3, 朝天錄 下, 甲子年 2月 初2日 丙戌. "文天祥廟 在 順天府 學之傍 天壽山 在 北一百里 爲皇都 鎭山 山下有 永安城."

구경하러 가고 싶어도 허락하지 않누나.[21]

위의 시에서 유념할 부분은, 이행이 언급한 '서호(西湖)'가 북경 도성 안에 있는 호수 지명 그 자체를 가리키기보다 조선 사행이 유람할 만한 관광지를 시상(詩想)에 잠겨 감상적으로 읊은 상징 공간의 표현으로 보아야 한다는 점이다. 시의 특성상, 조선 사신이 거쳐간 명소를 산문처럼 일일이 열거하여 서술하는 방식을 사용하지 않고, 서호라는 단어로 북경 명소를 압축하여 표현한 것이다. 위의 시를 보면, 1500년 사행을 다녀온 이행은 북경 관광을 하지 못했던 것으로 보인다. 그렇다고 이 시기 조선 사행의 관광이 중단된 것은 아니었다. "서호의 빼어난 경치 들은 지 오래건만"이라는 구절을 통해, 이행의 사행 이전에는 관광이 이루어졌다는 것을 확인할 수 있기 때문이다. 조선 사신 관광이 아예 없었다면 "구경하러 가고 싶어도 허락하지 않누나"라는 언급이 나올 수 없다. 이전에 북경을 다녀온 다른 사신들에게 경치를 전해들은 적이 있고, 본인도 구경하러 가고 싶은데, 명이 허락하지 않아 관광하지 못했다는 것이다.

2년 전 사행을 다녀온 조위는 문천상 사당에도 다녀왔는데, 이행은 왜 관광하지 못했던 것일까? 이를 이해하기 위해 1500년(연산군 6) 명 북경의 상황을 살펴볼 필요가 있다. 이행이 사행을 다녀온 1500년 5월에 여진 사행단 일원이 외국인을 죽이는 불미스러운 사건이 발생했다. 살인 사건이 발생하자, 병부는 조공사행 인원들의 숙소 밖 출입을 엄금하는 조치를 취한다.[22] 홍치제의 생일은 7월 3일이다.[23] 그의 탄일을 축하하는 조선의 성절사는 보통 4월 초에 출발하여,[24] 9월에 한양으로 돌아왔다.[25] 한양에서 출발하여 북경에 도착하기까지 보통 두어 달이 걸리므로 조선 사행

---

21 『容齋集』卷4, 朝天錄, 大熱.

은 6월 초에 북경에 도착했을 것이다. 하필 5월에 '외국' 사신들 간에 살인 사건이 발생하여 분위기가 흉흉한 즈음에 북경에 도착한 조선 사행은 명 병부의 긴급 조치 때문에 관광이 어려웠던 것이다.

그러나 조선 사행에 대한 문금은 오래가지 않았다. 병부가 외국 사신의 문금 조치를 일제히 강화했지만, 예부에서 조선 사행만큼은 문금에서 자유롭게 해주어야 한다는 의견을 제기했기 때문이다. 여진 사행의 난동으로 엄혹한 분위기 속에서도 명은 조선 사행의 문금을 해제했다. 조선인은 예의를 알기에 명 조정이 염려할 만한 문제를 일으키지 않을 것이라는 신뢰가 있었기 때문이다.[26] 성절사 질정관 이행은 운이 없게 여진 사행의 난동으로 잠시 문금이 강화되었던 시기에 사행을 다녀와 관광을 하지 못했던 것이다.

1519년(중종 14) 사은사로 북경에 다녀온 김세필(金世弼)[27]은 문천상

22　夏言, 『南宮奏稿』 卷5, 遵舊制以便出入疏. "主客淸吏司案呈 奉本部送 提督會同館主事 張鼇呈 據朝鮮國使臣蘇洗讓等呈 前事 竊照 本國粗識禮義 至誠事大 朝廷待遇有同內服 … 又該弘治十三年五月間 有會同館安歇 女直早哈殺死一般夷人 兵部奉聖旨 備由出榜 曉諭朝貢夷人 著令在館不許出入 幷本國一體防禁 …."

23　『성종실록』, 성종 20년 7월 3일, 성종 22년 7월 3일;『연산군일기』, 연산군 10년 7월 3일.

24　『연산군일기』, 연산군 5년 4월 11일, 연산군 6년 4월 3일, 연산군 8년 4월 11일, 연산군 9년 4월 13일, 연산군 11년 4월 12일.

25　『연산군일기』, 연산군 5년 9월 4일, 연산군 8년 9월 12일.

26　夏言, 『南宮奏稿』 卷5, 遵舊制以便出入疏. "又該弘治十三年五月間 有會同館安歇 女直早哈殺死一般夷人 兵部奉聖旨 備由出榜 曉諭朝貢夷人 著令在館不許出入 幷本國一體防禁 禮部據主事劉綱陳言奏本 査得 先該本部見行事例 朝鮮素守禮義 敬事朝廷 比與他夷不同 進貢人員 自行出入 原無防禁 近該兵部等衙門會議 禁約將前項事例 一槩革去 以致提督官員 嚴加拘禁 不得出入 合無仍照前項舊例 朝鮮人員 令其自行貨賣 深爲便益 奉聖旨 是 欽此 本國使臣出入自由 無有防禁 …";『明孝宗實錄』 卷170, 弘治 14年 正月 壬申.

27　『중종실록』, 중종 14년 10월 13일.

사당에 다녀온 소감을 시(詩)로 남겼다.[28] 이 시기 문천상 사당을 다녀오거나 감상하는 시가 종종 등장한다는 점에서, 당시 북경 관광은 문천상 사당 인근 국자감을 중심으로 이루어졌을 것으로 짐작해볼 수 있다.

한편 1522년(중종 17) 사은사 강징(姜澂)은 황제가 주관하는 국자감 알성 행사에 참여한다.[29] 이는 아래와 같다.

> 사은사 강징(姜澂)이 북경에서 돌아왔다. … 강징이 아뢰기를, "3월 초이렛날 황제가 알성(謁聖)한 다음 경서(經書)를 손에 들고서 질문하고 논란하였는데, 신이 옥하관(玉河館) 주사(主事)를 보고 '나도 유자(儒者)이기에 비록 평시라 하더라도 국자감 관람을 청하고 싶었는데, 더구나 성대한 행사를 만나게 되므로 입참(入參)하고 싶은 마음 간절하다' 하니, 주사가 '당신은 예의지국(禮義之國)의 유신(儒臣)이므로 그러는 것이니, 두서너 사람들과 참관하게 하겠다' 하고, 즉시 예부낭중 손존(孫存)에게 통고하자, 손존이 서면(書面)으로 알리기를 '당신은 문헌(文獻)의 나라 문관(文官)이므로 입참하고자 하는 것이어서 아름다운 뜻이니, 당신들의 심정을 써오라' 했습니다. 이러하기를 두어 번 한 다음에, 신이 대강 서계(書啓)를 만들어 보내자, 상서(尙書)에게 전달되어 드디어 황제에게 주달(奏達)하니 관광하도록 윤허했었습니다."[30]

---

28 『十淸軒集』卷3, 詩, 謁文丞相廟.
29 『明世宗實錄』卷12, 嘉靖 元年 3月 癸丑. "朝鮮國差陪臣 刑曹參判 姜澂 謝恩幷貢方物 馬匹 賜宴賞如例 澂等因乞觀幸學禮 許之."
30 『중종실록』, 중종 17년 6월 5일.

위의 기사를 통해 조선의 북경 관광에 대해 몇 가지를 추론할 수 있다. 첫째, 앞서 언급한 것처럼 조선 사신이 예부에 국자감 관람을 요청하면 관광이 가능했다. 이는 강징이 "나도 유자(儒者)이기에 비록 평시라 하더라도 국자감 관람을 청하고 싶었는데"라는 대목에서 확인할 수 있다. 둘째, 1522년 이전까지 조선 사신은 황제의 국자감 알성 행사에 참여한 적이 없었던 것으로 보인다. 사은사 강징은 국자감 알성 행사가 열린다는 소식을 듣자, 여기에 참석하고 싶다는 의사를 예부낭중에 알렸고, 예부낭중은 예부상서를 거쳐 황제에게 주청하여 조선 사신이 참석할 수 있도록 도왔다.

강징의 국자감 알성 사실이 선래통사를 통해 조선에 전달되자, 조선 조정에서는 이 일을 우려하며 비중 있게 다루었다. 명의 국자감 알성은 공식 행사였기에 조선 사신이 여기에 참석하는 것은 개인적인 관광 이상으로 정치적·상징적 의미가 크다고 여겼던 것이다. 무엇보다 논란이 되었던 것은, 사신이 조선 조정과 아무런 상의도 없이 즉흥적으로 국자감 알성 행사에 참석해도 되는지의 여부였다. 중종은 사은사 강징의 처사가 정사로서 적절하지 못한 행동이라고 여겼다. 반면 신료들은 강징이 유학자로서 요청한 일이고, 명 또한 조선을 예의지국으로 여겨 알성을 허락했으니, 강징에게 죄를 주는 것은 옳지 않다는 입장을 보였다.[31] 강징은 결국 처벌받지 않았는데, 이 같은 내용을 종합하면 조선 사신이 황제가 주관하는 국자감 알성에 참석한 것은 1522년이 처음이었던 것이다.

1522년(중종 17) 조선 사신이 국자감 알성 행사에 참석한 것은 '관광' 면에서 일정한 의미를 갖는다. 국자감 알성 행사에는 명에서도 문관은 4품 이상, 무관은 도독(都督) 이상의 고위급 관료들만 국자감 안에 들어갈

---

31 『중종실록』, 중종 17년 5월 17일.

수 있었다.³² 외국인인 조선 사신이 이 행사에 참석한 것 자체가 매우 드물고 주목되는 일이었다. 이 시기까지는 아직 조선 사신 관광에 대해 명문화된 규정이 없었다는 점에서, 명의 국자감 알성 행사에 조선 사신이 참석한 것은 자연스레 명 고위급 관료들 사이에 조선의 위상과 관광 관행을 알린 계기가 되었을 것이다. 즉 그동안 조선 사신의 국자감 관광을 몰랐던 명 관료들도 조선 사신이 국자감 알성 행사에 직접 참석한 모습을 보면서, 조선 사신의 관광 이야기를 접했을 가능성이 크다. 따라서 명 황제와 고위급 신료들이 한자리에 모이는 국자감 알성 행사에서 조선 사신이 참석한 것은, 명이나 조선 모두에게 조선 사신의 국자감 관광이 더 표면화되고 알려지는 계기가 되었을 것이다.

1534년(중종 29) 조선 사신의 언급에 따르면, 16세기 초 조선 사행은 정관(약 30명 내외) 모두가 북경을 관광할 수 있었다. 이때 조선 사행이 북경 관광을 위해 특별히 발급받아야 할 신분증명 문서도 없었다.³³ 조선인은 옷차림만으로도 구별되었을 터이지만, 별다른 문서 없이 명의 수도 북경에서 일정한 관광을 보장받은 것은, 폐쇄적인 대외정책을 폈던 명대 사회에서 주목할 만한 일이다.

이상에서 살펴본 바와 같이, 조선 사신의 관광은 15세기 후반에 시작되었다. 관광 기록이 풍부하지 않아서 이 시기 모든 조선 사신이 반드시 북경 관광을 했는지는 분명하지 않다. 다만 15세기 후반~16세기 초는 조선 사행의 북경 도성 활동이 가장 자유로운 시기였다는 점에서 이 시기 조선 사신의 관광이 지속적일 수 있는 여건은 충분했을 것으로 보인다.³⁴

---

32 『중종실록』, 중종 17년 6월 5일.
33 『중종실록』, 중종 29년 4월 24일.
34 1522년에 조선 사행에 대한 문금이 생겼으므로, 15세기 후반 무렵부터 16세기 초반

조선 사신이 명 예부에 관람을 요청하면 관광이 가능했으며, 인원 제한 없이 정관 모두가 관광할 수 있었다. 조선은 명에 사행을 가장 자주 파견한 외국이었고, 문금이 없어 활동이 자유로웠기 때문에 북경에서 조선인을 보는 것은 그다지 특이한 일이 아니었을 것이다. 1522년 사은사가 북경에 머무를 때 우연히 황제의 국자감 알성 행사가 열리자, 정사 강징이 참석하고 싶다는 뜻을 적극적으로 밝혀 허락을 받기도 했다. 황제가 주관하는 커다란 행사에 조선 사신이 참석한 것은 조선 사신 관광이 더욱 표면화된 계기가 되었을 것이다. 이 국자감 알성에 외국 사신으로는 유일하게 조선 사신만이 참석했다.

2) 명 예부 : '통사 문금'과 '사신 관광'의 거래

1522년(중종 17) 사은사 강징이 국자감 알성에 참석했던 시점에 주목되는 사람이 있다. 강징이 국자감 알성에 참석할 수 있도록 도와준 명 관료 예부낭중 손존(孫存)이다. 그런데 그는 두 달 전에 조선 사행의 문금(숙소 밖 출입 제한) 조치를 취하게 한 장본인이었다.

예부낭중 손존은 1522년 1월에 성절사 심순경의 통사 김이석(金利錫)이 관본서책(官本書冊) 『대명일통지(大明一統志)』를 구입한 것을 이유로,[35] 원칙에 따라 조선 사행을 문금했다. 명에서는 사서(史書), 서번(西蕃)의 연단필(蓮緞匹), 병기, 염초, 우각(牛角) 등의 물건은 외국인이 구매할 수 없도록 했다. 예부낭중은 법을 어긴 조선 통사를 징벌하려고 조선 사행을

까지가 조선 사행의 북경 도성 활동이 가장 자유로웠던 시기이다.

[35] 『중종실록』, 중종 17년 2월 3일.

문금한 것이었다.³⁶ 게다가 예부낭중 손존은 이 서책을 판매한 명 상인을 잡아다가, 칼을 씌워 30여 일 동안 길거리에 세워놓았다. 이 역시 원칙적인 대응이었다. 명은 자국 백성이 회동관에 머무는 외국인과 금지된 물품을 교역하면 한 달 동안 칼을 씌워 회동관 앞에 세워둔 뒤, 변위에 충군시키라는 법률이 있었다.³⁷ 예부낭중의 처사는 융통성이라고는 조금도 없는 원칙적인 조치였다.

그런데 그 예부낭중 손존이 같은 해 3월 사은사 강징에게는 "조선 사신은 문헌(文獻)의 나라 문관이므로 국자감 알성에 참석하고자 하는 것은 아름다운 뜻"이라며 국자감 알성 참관에 도움을 주었다. 역설적이게도 이번 예부낭중이 조선 사신의 국자감 알성을 도와준 것 역시 '예의지국' 조선에 대한 명의 대외정책을 준수하는 원칙적인 조치였다.

북경을 '두루 돌아다니며 이루어지는 관광'과, '출입을 통제하는 문금'은 상호 대립되는 관계이다. 출입이 통제되는 상황에서 관광이 이루어지는 것은 어렵기 때문이다. 1522년(중종 17)에는 예부낭중 손존으로 인해, 우연하게도 북경에서 조선 사행의 '국자감 알성'과 '문금'이 동시에 행해졌다. 상호 모순적으로 보일 수 있는 국자감 알성과 문금이 동시에 발생한 1522년 이후, 조선 사신의 관광이 주목되지 않을 수 없다.

1522년 우연히 발생한 조선 사행 문금은 일회성 징벌 조치로 끝나지 않았다. 그동안 조선 통사는 북경 도성을 자유롭게 오가며 정보를 습득하고 시장 무역을 진행했는데, 문금 조치로 인해 숙소 밖 출입이 어려워지자 통사의 업무 활동에도 차질이 생겼다.³⁸ 이에 조선 조정은 정보 습득과

---

36 『大明會典』卷108, 禮部 66, 朝貢 4, 朝貢通例;『通文館志』卷3, 事大 上, 告示.
37 『大明會典』卷108, 禮部 66, 朝貢 4, 朝貢通例.
38 『중종실록』, 중종 18년 3월 21일, 중종 19년 2월 27일, 중종 20년 3월 7일, 중종 20년

무역에 방해가 되는 문금을 해제하기 위해 노력했다.

조선 조정은 진하사 소세양(蘇世讓)에게 문금 해제 임무를 부여했다.[39] 1534년(중종 29) 1월 북경에 도착한 소세양은 조선에서 준비해간 주청문서를 올리는 한편 명 제독주사(提督主事)에게 조선의 입장을 전달했다. 예부낭중과 예부상서에게도 문금 조치의 부당함을 알렸다. 제독주사는 문금 해제를 요구하는 소세양의 의견에 적극 공감하면서, 조선의 소원을 꼭 이루어주겠다고 약속했다. 그는 조선의 문금을 해결하기 위해 직접 예부에 주청문서를 올리는 성의를 보였다. 제독주사가 주청문서를 올린 초반, 진하사 소세양은 문금도 곧 해제될 것이고 "천제(天祭)를 지내는 행사도 구경할 수 있을 것"이라는 낙관적인 정보를 들었다.[40]

그러나 희망적인 분위기는 곧 바뀌었다. 명 회동관 상인이 조선 사행의 문금이 유지되도록 제독주사 등의 예부 관리를 매수했기 때문이다. 상술했다시피, 조선은 여러 조공국들 가운데 특별히 문금이 적용되지 않은 나라였다. 문금이 없었기 때문에 통사가 북경 시장을 자유로이 오갈 수 있었고, 덕분에 북경 시장 무역 규모가 커질 수 있었다. 1522년에 우연한 조치로 성절사행의 문금이 시행되면서 북경 시장을 왕래하지 못하게 되자, 조선 통사는 시장에서 소화하려던 무역을 부득이 회동관 상인과 거래했었다. 명 회동관 상인들은 문금으로 조선 사행과의 무역을 독점할 수 있었고, 조선 사행의 무역 규모가 크다는 것을 깨달았다. 그러자 이들은 조선 사행과의 무역을 계속 독점하기 위해 예부 관료를 매수하면서까지

5월 2일.

39 『중종실록』, 중종 28년 12월 16일.

40 『중종실록』, 중종 29년 4월 24일.

'조선 문금 강화'를 적극 지지한 것이다.[41]

제독주사는 처음에 진하사 소세양의 의견에 적극 동조하며, 조선의 문금을 해제해야 한다는 주문(奏聞)을 본인이 직접 올렸다. 하지만 명 상인에게 매수된 이후 오히려 이 상황을 적절히 무마해야 했다. 이를 위해서는 무엇보다 명이 예의지국인 조선 사행단을 문금한다는 합리적인 이유가 필요했다. 그러나 이유를 만드는 것은 쉽지 않았다. 예의지국인 조선을 예우해야 한다는 것은 이미 오랜 시간 동안 이루어진 양국 간 외교 관행이었다.[42] '예의지국'이 법적 구속력을 갖는 것은 아니었지만, 15세기를 지나며 만들어진 '조선=예의지국'은 명 역시도 어느 정도는 조선에 대한 외교정책에서 '고려해야 하는' 외교적 관행이었다. 1522년 사은사 강징이 국자감 알성 행사를 관람할 수 있었던 것도 '조선은 예의지국이며, 문헌의 나라'라는 점을 명 예부 관료 역시 인정했기 때문이다.[43] 규정에도 없는 황제 주관 행사에 참관하는 것을 허락받은 조선 사신을 갑자기 '숙소에 가둔다(문금)'는 것은 무순이었다. 더욱이 명 가징세 시기 대례의(大禮議) 문제에 조선이 호응한 일로 명 황제는 조선에 대해 각별한 감정을 갖고 있었다. 가정제는 국내에서 비판받던 대례의 문제에 축하 사절단을 파견한 조선 사행에 기뻐하며, 봉천문까지 친히 나와 조선 사신을 접

---

41 구도영, 2018, 139-150쪽.

42 『明史』 卷320, 列傳 208, 外國 1, 朝鮮. "帝已遷北都 朝鮮益近 而事大之禮益恭 朝廷亦待以加禮 他國不敢望也.": 『大明會典』 卷108, 禮部 66, 朝貢4, 朝貢通例; 『皇明外夷朝貢考』 卷下, 「朝貢」, 外國四夷符勅勘合沿革事例; 『禮部志稿』 卷91, 朝貢備考, 頒貢夷禮, 不許海外國乞詔; 『明憲宗實錄』 卷38, 成化 3年 春正月 戊子; 『明憲宗實錄』 卷61, 成化 4年 12月 壬子; 『明憲宗實錄』 卷172, 成化 13年 11月 乙亥; 『세종실록』, 세종 6년 3월 2일; 『성종실록』, 성종 18년 10월 12일; 『明孝宗實錄』 卷170, 弘治 14年 正月 壬申; 『南宮奏稿』 卷5, 遵舊制以便出入疏; 『荷谷集』 朝天記 中, 萬曆 2年 甲戌 8月 30日; 『明世宗實錄』 卷204, 嘉靖 16年 9月 庚寅.

43 『중종실록』, 중종 17년 6월 5일.

건한 바도 있었다.[44] 즉 조선인을 문금하는 일은 조선의 반발도 적지 않은 데다, 당시 명 황제가 조선을 두텁게 신뢰하고 있었으므로 그것을 납득시킬 명분을 찾기란 쉽지 않았다.

예부는 합리적인 명분이 필요했고, 고심 끝에 절충안을 제시했다. 아래는 1534년 조선의 문금 해제 요청에 대해, 예부가 화답하는 내용을 황제에게 올려 최종 허가받는 주문 내용 중 일부이다.

> 조선국 사신은 본래 예의를 지켜, 절기마다 경사에 와서 경하했습니다. 본 예부가 조사해보니, 구례(舊例)에는 예(禮)로 대우하여, 국자감 등 처에 알성하도록 했습니다. 모든 무역도 그 자유대로 하게 했습니다. 근래 오랑캐 사행의 근수인역(跟隨人役)들이 사단을 자주 일으켜, 해당 관원이 비로소 모두의 단속(문금)을 엄하게 했습니다. … 마땅히 5일에 한 번 해당 국가의 정사(正使)와 서장관(書狀官)이 숙소를 나가 시가(市街) 부근을 유관(遊觀, 관광)하게 허가해주려 합니다. 본 예부가 이에 차부(箚付)하여, 공한(空閒)통사 1명을 (조선 정사가) 출입할 때 동행하게 하여, 예로 대우하고 보호하는 뜻을 보여줄 것입니다. 그 수종인들(통사 등)은 문금하던 전례에 따라 마음대로 출입하지 못하게 하면, 원인(遠人, 조선)의 뜻을 거스르지 않으면서, 중국의 법을 폐하지 않는 방법일 것입니다.[45]

---

44 『明世宗實錄』卷221, 嘉靖 18年 2月 乙巳; 『明世宗實錄』卷224, 嘉靖 18年 5月 戊寅.
45 『南宮奏稿』卷5, 遵舊制以便出入疏. "… 朝鮮國使臣 素守禮義 節年慶賀到京 本部查照 舊例待遇以禮 於國子監等處 聽令謁拜 於一應貨買 聽其自便 近年以來 止因遠方夷使 跟隨人役 多生事端 該管官員 始行一槩約束 加嚴 … 但遠人言服 旣殊易羅國禁 亦須曲爲之處 合候命下每五日一次 許令該國正使及書狀官人等 出館於附近市衢觀游 本部仍 箚付 空閒通事一員 陪侍出入 以示禮待 防衛之意 其隨從人役 仍行照前拘禁 不許擅自出入 庶幾不拂遠人之情 不廢中國之法矣 …."

위의 기사에서 예부는 조선이 본래 예의를 지켜 오래전부터 명 조정이 예우해왔다는 점을 우선적으로 밝히고 있다. 그렇지만 근래 조공국 실무진들이 사단을 일으켜, 이제 모든 외국인에게 문금을 일괄 적용할 것이라는 점도 언급했다. 조선 사신이 왜 문금 조치에 항의하는지, 명 예부는 왜 문금을 하게 되었는지 설명하는 부분이다. 그러고 나서 명 예부는 그 해결책으로 일선 실무자인 통사를 문금하는 한편, 조선 정사 및 서장관의 관광을 보장하겠다고 했다. 명 예부는 조선 삼사신의 관광을 강조하여 조선 사행의 자유로운 출입을 일부 보장했다고 주장했고, 이로써 실제 무역을 행하는 통사의 문금은 유지하게 했다. 이것이야말로 문금을 유지해야 하는 중국의 입장과 문금을 해제해야 하는 조선 사신의 요구를 적절하게 고려한 것이라는 주장이었다.

조선이 통사의 문금을 해제해달라고 한 요구가 조선 사신의 관광을 공식적으로 보장하는 결과로 나타난 것이다.

신이 통사를 시켜 주사에게 가서 "나가서 유람하는 것에 관한 제본(題本)이 어제 이미 왔다. 내일은 곧 드나들 수 있는 날이므로 재상 등이 가서 알성하려고 한다" 하니, 주사가 "재상·서장관·질정관 및 수종(隨從) 각 한 사람씩과 통사 한 사람만이 서반 장헌(張憲)과 함께 가서 알성해야 한다"고 하고, 이어 표첩(票帖)을 주었습니다. 그리고 소갑(小甲)·관부(館夫) 등에게 일행을 데리고 가게 하면서 "혹 날이 저물어서 돌아오거나 혹 잘못되는 일이 있게 되면 너희들이 모두 죄를 입게 될 것이다" 했습니다.

만일 이렇게 한다면 비록 출입할 수 있다 하더라도 길을 갈 적에 마치 염소를 몰고 가듯이 하게 될 것이기 때문에 통사가 즉시 고하기를 "전에는 제본이 없었지만 알성할 때는 일행이 모두 갔었다. 이번의 제본은 전의 준례에 따라 편리하게 드나들 수 있게 하는 것인데, 대인 (大人)이 지금 표첩을 내주고 서반을 딸려 보내고 소갑과 관부가 데리고 가게 하여 특히 전의 준례와 다르게 하는 것은 무슨 까닭인가?" 하니, 주사가 "그렇다면 알성할 때만 정관(正官)들은 전대로 모두 가고, 뒷날 나가서 유람할 적에는 앞에 말한 바와 같이 해야 한다"고 했습니다.[46]

위의 기사에서 보는 바와 같이, 1534년에 명은 조선 사신의 관광과 문금 규정을 새롭게 마련했다. 예부주사는 진하사 소세양에게 재상(정사)·서장관·질정관 및 종인 각 한 사람과 통사 한 사람만이 국자감 관광이 가능하다고 전했다. 관광은 약 7명만 가능하도록 했고, 관광 시 명의 관부가 동행해야 했다. 이전에는 조선의 관광이 공론화되지 않았기 때문에 별도의 규정이 없었다. 그래서 정사가 관광을 하고자 하면 정관이 모두 갈 수도 있었다. 명 관리 서반이 동행하지 않았으며, 출입 증명서 같은 표첩 없이도 왕래할 수 있었다. 그런데 이제부터는 표첩도 발급해야 하고, 명 관리가 동행하고, 사행원 중 7명 정도만 관광할 수 있었다. 관광 인원이 삼사신 위주로 축소된 것은 무역을 행하는 통사의 참석을 막기 위한 것으로 보이며, 명 관리의 동행도 이를 감시하기 위한 것으로 보인다.

새로운 규정을 전달받은 소세양은 아프다는 핑계를 대고 북경 관광을 거부했다. 이번 명의 결정을 따르게 되면 조선도 이에 동의했다고 여겨, 향후 이 구조가 관광의 전형이 될 수 있기 때문이었다. 그는 차라리 관광을 가지 않는 편이 낫다고 판단했다. 소세양의 반응에 명 서반 등의 하급 관리들 역시 예부의 새로운 규정이 부당하다는 점을 인정하는 상황이

---

46 『중종실록』, 중종 29년 4월 24일.

었다. 제독주사가 나서서 관광할 것을 강하게 권유해도 소세양이 가지 않겠다고 하자, 주사는 이내 완화된 조건을 제시했다. 이는 다음과 같다.

> 주사(主事)가 표첩은 없이 단지 (서반) 장헌만 따라가게 하였고, (조선 사행) 일행들도 전부 따라가게 했습니다. 또 친히 와서 병을 위문하기에 "이제는 괜찮다" 했고, 그 후 5일째 되던 드나들 수 있는 날에 드디어 알성하러 갔습니다.[47]

위의 내용과 같이, 명 제독주사는 처음 제시한 조건에서 한발 물러났다. 표첩 없이 서반 장헌만 조선 사행을 호위하게 했으며, 조선 사행 정관 모두 관광할 수 있도록 했다. 소세양이 우회적으로 불쾌감을 표시하자, 명 예부는 자신들이 제안한 관광 인원수 제한과 명 관료 대동 문제에서 한발 양보한 것이다. 조건이 완화되자 소세양은 북경 명소를 두루 관람했다.

1534년(중종 29) 동지사 정사룡(鄭士龍)도 북경에 도착하여 예부상서에게 문금 조치의 부당함을 항의했다. 이에 예부상서는 제본(題本)의 단자에 직접 "해동(海東)의 사신은 날마다 출입하여도 제한할 것 없다"라고 써서 입계히여 '성지가 내려섰다. 그럼에도 문금이 여전하여 조선 사신이 재차 항의하자, 예부상서가 제독주사를 질책했고 문금이 없어졌다. 동지사 정사룡은 제지 없이 두루 돌아다녔다.[48]

이후 조선 사신의 북경 관광은 사행 일정의 필수 코스로 자리 잡았다. 정·부사, 서장관, 질정관은 관광 경험을 사행록에 남겼다. 그리고 명은 만

---

47 『중종실록』, 중종 29년 4월 24일.
48 『湖陰雜稿』 卷2, 朝天錄, 國子監; 『중종실록』, 중종 30년 1월 27일.

력제 시기 간행한 『대명회전(大明會典)』에 조선 사신 관광 공식화를 명문화했다. 머리말에서 살펴보았던 『대명회전』 기록을 다시 호출해보자.

> 가정 26년, 특별히 (조선) 사신이 서장관과 종인 2~3명을 데리고 교단(郊壇)과 국자감을 유관(游觀)하는 것을 허가하였다. 예부가 통사 1명을 동행하게 하고, 관부(館夫)를 뽑아 방호하게 하여, 우대하는 모습을 보인 것이라 하였다.[49]

위의 기사를 보면, 법전에 명기된 시기(가정 26년, 1547)가 조선 사신 관광이 공식적으로 실시된 1534년과 일치하지 않는다는 점을 알 수 있다. 그 이유를 설명해주는 구체적인 기록은 없다. 다만 전후 맥락으로 추정하자면, 1547년(가정 26)은 1534년(중종 29, 가정 12) 명이 제시했던 관광 규정이 명백해진 시기로 보인다. 1534년 명 예부가 조선 사신 관광을 황제에게 준허받으면서, 조선 사신 관광이 공식화되었다. 다만 진하사 소세양은 명이 제시한 관광 규정을 불쾌하게 여겼고, 이에 명 예부도 한 발 물러나 이내 완화된 조건을 제시했다. 명 예부가 확정짓지 못한 것은 관광 여부가 아니라 관광 인원 제한과 명 서반의 동행 여부였고, 이 역시 조선의 눈치를 어느 정도 살필 수밖에 없었다. 따라서 조선과 명 사이에는 이를 협의하는 과정이 필요했다.[50]

조선은 『대명회전』의 조선 관광 기록을 늦어도 1552년(명종 7)에 이

---

49 『大明會典』卷105, 禮部 63, 朝貢 一, 東南夷 上, 朝鮮國. "嘉靖二十六年 特許其使臣同書狀官 及從人二三名 於郊壇 及國子監游觀 禮部劄委通事一員伴行 撥館夫防護 以示優異云."

50 『중종실록』, 중종 30년 1월 27일; 『檜山集』 卷2, 朝天錄, 嘉靖 16年 丁酉 9月 6日; 9月 15日.

미 파악하고 있었다.[51] 『대명회전』「조선국」 조항의 모든 내용이 『조선왕조실록』 1552년 기록에 수록되어 있다. 조선 사신들이 개수가 진행 중인 『대명회전』「조선국」 내용을 필사해왔기 때문이다. 조선 사신이 명 내부 문서를 필사한다는 것은 명 예부에서 공공연한 사실이었다.[52] 『대명회전』의 반포는 이로부터 30여 년 이후에 이루어졌지만, 조선 관련 내용은 이미 양국 사이에 공유되고 있었다.[53] 주목되는 것은 1552년 당시 조선이 『대명회전』에 실린 조선 사행 관광 내용에 별다른 이의를 제기하지 않았다는 점이다. 조선 사신은 명에 부당한 대우를 받거나 중국인과 학문적 견해 차이가 있으면 반드시 짚고 넘어갔다.[54] 이러한 점들로 미루어 『대명회전』에 조선 사신 북경 관광이 기록된 1547년(명종 2, 가정 26) 무렵에는 새로운 관광 여건에 대해 양국의 의견이 합일된 시기로 볼 수 있다.

그렇다면 명이 조선 사신 관광을 법전에 명문화한 것은 당시 대명 조공국들의 경우와 비교했을 때 어떠한 의미를 가지는 것일까? 『대명회전』에 등장하는 동남이, 동북이, 북적, 서융 등의 외국 사신들에 대해 명이 관광을 허가했다고 기록한 경우는 조선이 유일하다. 명이 조선 사신 관광 공식화를 법전에 수록한 것의 의미를 주목할 필요가 있다. 국가 간 벌어진 여러 외교 사건과 사안들이 명의 법전에 전부 반영되는 것은 아니다. 외교 규정 변화와 사건들은 실록에 기록되거나 외교문서 교환 이후 양국

---

51 『명종실록』, 명종 7년 1월 2일.

52 구도영, 2016, 「16세기 조선 對明 사행단의 정보수집과 정보력」, 『대동문화연구』 95; 정신남, 2017, 「16·17세기 朝鮮燕行使의 중국 通報 수집활동」, 『한국문화』 79.

53 『중종실록』, 중종 13년 4월 17일; 『명종실록』, 명종 7년 1월 2일, 명종 8년 윤3월 8일, 명종 11년 10월 8일.

54 『중종실록』, 중종 14년 3월 22일; 『沖齋集』 卷7, 朝天錄, 世宗 嘉靖 18年 11月 11日; 『檜山集』 卷2, 朝天錄, 丁酉年 9月 初6日; 『荷谷集』 朝天記 中, 萬曆 2年 甲戌 8月 2日.

간 약속 이행에 머무는 것이 거의 대부분이다. 『대명회전』 외이 조항에 기록되는 내용은 그 나라의 특징이나 특별한 규정이라 이를 수 있는 것이다. 따라서 명이 조선 사행의 관광을 명문화한 것은 당시 명의 당국자들이 이를 비중 있는 사건으로 받아들였다는 증거이다.

　　명의 문금 조치는 외국 사신들에게 일반적으로 적용되는 규정이었다. 이제까지 이러한 제한 규정에서 비껴나 있던 조선도 16세기 무역 문제가 결부되면서 문금을 거스르기 어려운 환경을 맞이할 수밖에 없었다. 그러나 명은 조선이 누려왔던 우대와 품격의 지위가 가지는 관성을 바로 제어할 수는 없었다. 명은 조선의 항의를 받아들여 관광을 공식화하는 절충안을 마련했다. 이 공식화는 그 자체가 명대 관료사회나 대외관계에서 매우 특수한 조치였기에 명의 법전에까지 조문화되기에 이르렀다. 이렇듯 조선 사신의 북경 관광은 당시 조선과 명 사이에서 벌어진 정치적 성격, 그리고 여타 국가들과 차별되는 조·명관계의 특징을 아울러 엿볼 수 있는 사안이라 할 수 있다.

3. 조선 사행의 북경 관광 코스와 소회

1) 북경 사행 일정에서 관광 일지

조선은 새해 정조(또는 동지), 명 황제의 생일(성절) 등 매년 돌아오는 명의 명절에 맞추어 정기적으로 사행을 보냈다. 뿐만 아니라 조·명관계에 긴밀한 외교 사안이 발생할 때에도 이를 해결하기 위해 비정기적으로 사행을 파견했다. 조정의 명을 받은 조선의 사신들은 국경을 넘어 북경으로 가는 여정을 시작했다. 북경에 도착하면 조선 사행의 인적 정보를 홍려시(鴻臚寺)에 전달하는 것을 시작으로 각종 외교 업무와 공식 행사를 소화했다. 그들은 북경에서 외교 교섭을 진행하는 가운데 틈틈이 관광을 다녔다. 이 절에서는 조선 사신들이 북경에 체류하면서 이루어진 공식적인 일정의 대강을 정리하고, 그 가운데에서 언제 관광이 진행되었는지를 도식적으로 살펴보고자 한다. 이를 통해 사행의 외교 일정과 관광 일정의 시간적·공간적 맥락을 가늠하고자 한다.

이를 위해 1534년 진하사, 1561년 동지사, 1574년 성절사의 일정을 간단하게 정리해보면 〈표 1〉~〈표 3〉과 같다.

〈표 1〉은 1534년(중종 29) 진하사 소세양의 사행록을, 〈표 2〉는 1562년(명종 17) 관압사 류중영의 사행록을,[55] 〈표 3〉은 1574년(선조 7) 성절사 서장관 허봉과 질정관 조헌의 사행록을 간단하게 정리한 것이다. 실제 조선 사행의 북경 일정은 표에서 제시한 것보다 훨씬 복잡하다. 정기 사행이라고 해도 특정 외교 임무가 부여되는 경우가 종종 있어서 이를 해결하기 위해 예부 등을 자주 방문하며 분주했고, 상(賞賜)을 받거나 사은하는 일로 예궐하는 일도 잦았다. 귀국 절차를 밟는 데에도 여러 날을 보냈고, 명 서반과 술자리를 가지며 친목을 도모하기도 했다. 제시한 표는 조선 사행의 관광 일정이 언제 이루어지는지 확인하기 위한 것이므로 조선 사행의 북경 일정 가운데 필수 행사와 관광 일정만 정리한 것이다.[56]

55　〈표 2〉는 1562년 관압사 류중영의 사행록을 참고한 것이지만, 동지사의 일정이라고 할 수 있다. 4년마다 한 번씩 말을 바치는 임무를 맡은 관압사는 동지사와 동행했다. 류중영은 관압사이지만, 동지사와 함께 조하 연습에도 참석하는 등 동지사 일정을 함께 소화했다. 따라서 본 사행록을 통해 동지사의 일정을 확인할 수 있다.

56　위 세 가지 사행록을 선택한 기준은 우선 사행 일정을 비교적 자세하게 기록하여 북경 체류 일정이 파악되는 사행록이어야 했다. 그 가운데 중종, 명종, 선조대로 시기적 차이를 두어 선택했으며, 사행의 종류도 비정기 사행인 진하사, 정기 사행인 동지사 및 성절사 사행록을 골고루 안배하고자 했다. 이를 통해 시기마다, 또는 사행의 종류에 따

표 1 1534년(중종 29) 비정기 사행 진하사의 북경 체류 시 주요 일정

① 2. 25. 북경 도성 도착, 옥하관 입관	② 2. 28. 홍려시에 보단 전달	③ 표문과 방물을 올림
④ 윤2. 2. 제독청 후원 관광	⑤ 윤2. 11. 회동관 개시	⑥ 윤2. 13. 하마연(下馬宴)
⑦ 윤2. 25. 국자감, 해인사 관광	⑧ 윤2. 26. 상마연(上馬宴)	⑨ 3. 1. 역대제왕묘, 조천궁, 백탑 관광
⑩ 3. 10. 사조(辭朝)	⑪ 3. 12. 북경 도성 출발	

※ 출처: 『陽谷赴京日記』

표 2 1562년(명종 17) 정기 사행 동지사의 북경 체류 시 주요 일정

① 11. 6. 북경 도성 도착, 옥하관 입관	② 11. 7. 홍려시에 보단 전달	③ 표문, 방물 올림
④ 11. 10. 조천궁에서 동지 조하례(冬至朝賀禮) 연습, 날씨 때문에 백탑사 관광 못함	⑤ 11. 11. 조천궁에서 동지 조하례 연습, 역대제왕묘 관광	⑥ 11. 19. 동지조하
⑦ 11. 27. 하마연	⑧ 11. 28. 국자감 관광	⑨ 11. 30. 천단(天壇) 관광
⑩ 12. 3. 상마연	⑪ 12. 23. 사조(辭朝)	⑫ 12. 24. 북경 도성 출발

※ 출처: 『燕京行錄』

표 내용을 살펴보면, 조선 사행단은 북경 도성에 도착하면, 숙소인 옥하관(玉河館)에 들어가 짐을 풀었다. 다음 날 통사가 조선 사행의 인적 사항이 적힌 보단(報單)을 홍려시에 제출했고, 광록시에서는 보단에 적힌 사람 수만큼 쌀과 고기, 채소, 차 등을 옥하관으로 보냈다. 조선 사행은 식료

라 관광 일정에 어떤 차이가 있는지 드러내고자 했다.

표 3 1574년(선조 7) 정기사행 성절사의 북경 체류 시 주요 일정

① 8. 5. 북경 도성 도착, 옥하관 입관	② 8. 7. 홍려시에 보단 전달	③ 8. 9~10. 표문, 방물 올림
④ 8. 13. 조천궁에서 성절 조하례 연습, 역대제왕묘 관광	⑤ 8. 14. 조천궁에서 성절조하례 연습	⑥ 8. 16. 하마연
⑦ 8. 17. 성절조하(聖節朝賀)	⑧ 8. 20. 국자감 관광	⑨ 8. 21. 회동관 개시
⑩ 8. 25. 천단 관광	⑪ 8. 26. 상마연	⑫ 9. 5. 사조(辭朝), 칙서 받음
⑬ 9. 6. 북경 도성 출발		

※ 출처: 『荷谷集』, 『重峰集』

　품을 확보하고 난 뒤, 외교문서와 방물(方物)을 올렸다. 외교문서와 방물을 올리는 일은 조공사행단의 가장 우선적인 임무라 할 것이다.

　이후에는 곧이어 있을 성대한 절일(정조 또는 동지, 성절) 조하(朝賀) 행사를 위해 의례를 연습했는데, 조천궁(朝天宮)에서 이루어졌다. 절일에는 명의 황제와 백관들, 조공국 사행원이 모두 모인 가운데 성대한 의식이 치러졌기 때문에, 명은 조하 행사에서 실수하지 않도록 리허설을 2번이나 했다. 절일 의례 연습은 이틀이나 이어졌지만, 비정기 사행인 진하사는 〈표 1〉처럼 절일 행사도, 행사 대비 연습도 없었다. 비정기 사행은 조선의 특정한 외교 사안을 해결하기 위해 파견되는 사행이므로 정사(正使)의 업무 난이도가 높았을 가능성이 크지만, 공식 일정은 정기 사행보다 비교적 단순했다. 〈표 1〉의 진하사 소세양은 절일 의례 연습을 위해 조천궁에 가보지 못했지만, 3월 1일 조천궁을 별도로 방문하여 관광을 즐겼다. 다른 사신들은 의례 연습 때문에 조천궁을 접했다면, 소세양은 오직 관광 목적

으로 방문했던 것이다.[57]

조천궁은 도성의 서쪽에 있었는데, 조선 사행은 조하 연습을 위해 조천궁에 갔다가 돌아오는 길에 그 근처에 있는 역대제왕묘(歷代帝王廟)와 백탑사(白塔寺)를 관광하기도 했다. 역대제왕묘와 조천궁, 백탑 등이 근거리에 있어 하루에 두세 곳을 방문할 수 있었던 것이다. 〈표 2〉의 류중영은 11월 18일에 예궐하여 예를 행했는데, 끝나고 바로 숙소로 돌아가지 않고, 단문(端門) 밖으로 나와 문지기에게 청하여 대묘지문(大廟之門) 안으로 들어가 궁 일부를 구경하고, 명 관료와 구중문(九重門)에 대해 대화를 나누기도 했다. 〈표 1〉의 진하사 소세양은 윤2월 2일 제독청(提督廳)을 방문했다가 제독청 앞에 복숭아꽃(桃花)이 만개한 것을 보고, 명 서반들과 그곳에서 술자리를 가졌다. 후원(後園) 역시 광활하여 유람하고 돌아왔다고 적고 있다. 정사의 성향에 따라 관광이 좀 더 다양하게 이루어지기도 한 것이다.

정기 사행의 절일 조하 의례까지 마무리되면, 이후 회동관 개시(무역)가 이루어졌고, 사신들은 천단(天壇)과 국자감(國子監) 등을 관광했다. 천단과 국자감은 서로 멀리 떨어져 있어서 각각 하루를 시간 내어 관광해야 했다. 천단과 국자감 관광에 순서가 있는 것은 아니었고 사행의 일정에 따라 조율했다. 해인사(海印寺)는 국자감과 근거리에 있어서, 사신들은 국자감을 관광한 후 그날 해인사로 이동해 관광하고 돌아왔다.

앞의 표와 같이, 조선 사행의 관광지와 일정 순서는 큰 틀에서 비슷하지만, 완전히 똑같지는 않았다. 조선 사신은 표문(表文)과 방물을 바치고,

---

57 조천궁은 조하 연습 때문에 외국 사행단이 필참하는지라 조선 사신의 관광지로 보기 애매한 부분이 있기는 하다. 그러나 조선 사신이 조천궁의 모습과 소감을 기록으로 남겼다는 점, 조천궁을 필수로 방문하지 않는 비정기 사행의 경우에 조천궁을 별도로 방문하고 있어, 이 역시 조선 사신의 관광지로 파악했다.

절일 조하 연습, 절일 조하, 하마연 등 주요 행사가 끝나고 나서 관광하는 경우가 일반적이었다.

시기별 관광지를 살펴보면, 관광이 시작되던 15세기 후반에는 조선 사신의 관광지로 국자감과 문승상묘가 있었다.[58] 1532년 명은 역대제왕묘를 완공했고, 조선 사신은 관광지에 역대제왕묘를 추가했다. 1534년 진하사 소세양, 1535년 동지사 정사룡이 모두 역대제왕묘를 방문했다. 1537년 사은사가 천단을 다녀왔고,[59] 이후 조선 사신들이 모두 천단을 필수 코스로 방문했다. 관광 기록이 자세히 확인되는 1530년대 이후 조선 사행 거의 대부분이 들르는 관광지는 국자감, 천단, 역대제왕묘였다.

사신에 따라 위의 필수 관광지 외에 몇 군데를 더 방문하기도 했다. 1534년 진하사 소세양, 1535년 동지사 정사룡은 국자감, 역대제왕묘에다 조천궁과 해인사, 백탑사를 더 다녀왔다.[60] 1562년 류중영은 필수 관광지에, 백탑사를 추가로 다녀올 계획을 세웠다. 1537년 사은사는 해인사를 추가적으로 더 관광했지만, 비정기 사행이라 조하 연습 기회가 없어 조천궁에 가지 않게 되자 그 근처에 있는 역대제왕묘도 방문하지 않았다. 역대제왕묘는 필수 관광지이긴 했으나, 국자감이나 천단보다는 상대적으로 관심의 정도가 낮았으며, 절일 조하 연습을 하러 조천궁에 간 김에 역대제왕묘까지 관광하는 경우가 많았다.

1562년 류중영은 조천궁에 조하 연습을 하러 갔을 때 마침 날씨가 춥고 바람이 불어 먼지와 모래가 가로막아 백탑사 관광을 포기하고 돌아온

---

58 이 글 2절의 1) 참조.
59 『檜山集』卷2, 朝天錄, 嘉靖 16年 丁酉 9月 20日.
60 『湖陰雜稿』卷2, 朝天錄, 朝天宮 宮前牌樓; 歷代帝王廟; 國子監; 海印寺鏡光閣.

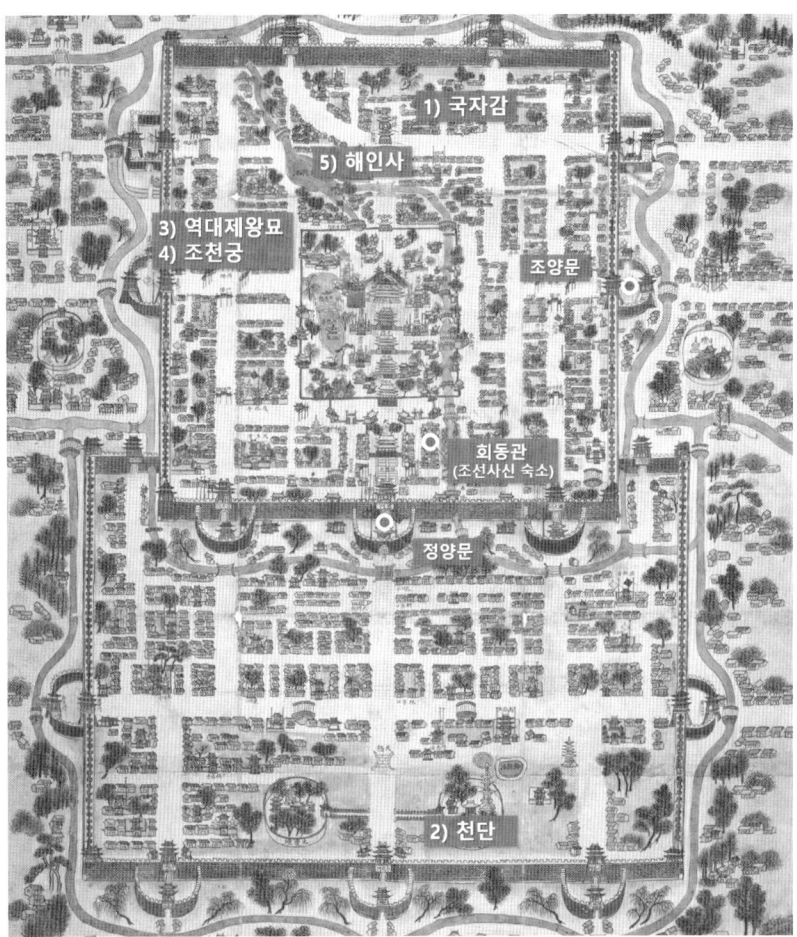

그림 1 조선 사신의 북경 관광지 위치[63]

것에 대한 아쉬움을 토로했다.[61] 1574년 성절사 서장관 허봉은 국자감 관광을 다녀오는 동안 바람을 너무 많이 쐬어서 병이 나기도 했다.[62] 북경은

---

61 『燕京行錄』嘉靖 41年 壬戌 11月 10日.
62 『荷谷集』朝天記 中, 甲戌年 萬曆 2年 8月 20日 辛酉.

여름에나 겨울에나 바람이 많이 불었으며, 이러한 날씨도 북경 관광에 영향을 주었다.

이와 같이 조선 사신의 관광지는 날씨, 사신의 개인적 취향과 관광지 간의 거리, 사행단의 활동 폭에 따라 일정한 차이가 있었다. 조선 사행의 숙소를 기준으로 국자감은 북쪽에, 천단은 남쪽에, 역대제왕묘는 서쪽에 있어서 각 관광에 하루씩 걸렸다. 조선 사행은 사행 기간 중 관광에 약 2~3일 정도를 소비했다. 조선 사신이 다녀간 관광지의 위치를 종합적으로 나타내면 〈그림 1〉과 같다.

2) 필수 관광지와 소회

(1) 국자감 : 문묘(文廟), 유생 없는 교육의 전당

국자감은 원 세조 쿠빌라이 시기에 창건되었다. 원말에 훼손되었는데, 명 영락제가 수도를 남경에서 북경으로 옮기며 재건했다. 국자감은 조선 사신 숙소인 회동관을 기준으로 동북쪽에 있었다. 조선 사신 숙소인 옥하관에서 국자감에 가려면, 동화문(東華門)·동창(東廠)·어마감(御馬監)·육재방(育才坊)·대흥현(大興縣)의 육현가(育賢街)를 거치게 된다.[64]

명 국자감의 구조는 둘로 구분할 수 있다. 동쪽의 대성전(大成殿)은 공자 등의 성현에 제사를 지내는 공간이다. 서쪽 이륜당(彝倫堂)은 국자감 학생들이 공부하는 공적 교육기관이었다. 조선 사신들은 보통 문묘부터

---

[63] 이 그림은 北京都城三街六市五壇八廟全圖(서울대학교 규장각한국학연구원)이며, 조선 후기에 그려진 여지도(輿地圖) 중 일부이다. 청대 시기의 북경 도성을 표현한 그림이나, 도성 구조의 큰 틀이 명청대 내내 지속되었다는 점에서, 명대 북경 관광지 위치를 설명하는 데 본 그림을 활용했다.

[64] 『荷谷集』朝天記 中, 甲戌年 萬曆 2年 8月 20日 辛酉.

들른 다음 이륜당을 구경했다.

국자감은 조선 사신의 첫 관광지로서 그 의미가 크다. 조선의 성균관 정비와 관련해서, 조선 사신은 일찍부터 국자감에 관심이 많았고, 유학 문화의 친연성으로 1490년(성종 21) 무렵 국자감을 방문할 수 있었다. 일찍부터 조선 사신의 필수 관광지였다. 1522년(중종 17) 사은사 강징은 황제가 주관하는 국자감 알성 행사도 구경했다.[65] 사은사 강징의 국자감 알성 참관에 대해, 병조판서 장순손(張順孫)은 "우리나라에도 시학(視學)하는 예가 있으므로 상국의 예를 관광하여 우리나라에 참작하여 쓴다면 사문(斯文)의 아름다운 일"이라고 언급했다.[66] 조선 사신의 북경 관광은 단순한 유희를 넘어 국자감 문화를 향유하는 국가로서 지적 욕구에 대한 충족과 공감대가 있었고, 조선의 문화 제도를 개선하는 데 참고가 되기도 했다.

조선 사신들은 명의 국자감에 가서 문묘 제도를 두루 관람했고, 조선 성균관 체제와의 공통점과 차별점을 분별하며 감상평을 남겼다.[67] 1537년(중종 32) 성절사 서장관 정환(丁煥)과 1562년(명종 17) 관압사 류중영은 국자감을 방문하여 문묘를 둘러보면서, 공자의 위패, 공자 위패 좌우에 사성 십철을 안치한 것 등의 모습이 한결같이 "조선의 대성전 제

---

65 『明世宗實錄』卷12, 嘉靖 元年 3月 癸丑.

66 『중종실록』, 중종 17년 5월 17일.

67 『陽谷赴京日記』嘉靖 13年 甲午 2月 25日;『湖陰雜稿』卷2, 朝天錄, 國子監;『檜山集』卷2, 朝天錄, 嘉靖 16年 丁酉 9月 20日;『冲齋集』卷7, 朝天錄, 嘉靖 18年 中宗大王 34年 11月 7日;『燕京行錄』嘉靖 41年 壬戌 11月 28日;『東湘集』卷7, 朝天錄, 11月 16日 戊戌;『荷谷集』朝天記 中, 甲戌年 萬曆 2年 8月 20日 辛酉;『鶴峯逸稿』卷3, 朝天日記, 丁丑年 4月 28日 乙酉;『簡易集』卷6, 辛巳行錄, 觀國學;『臨淵齋集』卷4, 朝天錄, 萬曆 15年 丁亥 6月 丁亥.

도와 같다"고 언급했다.[68] 1587년(선조 20) 진사사 배삼익은 공자 위패의 높이는 낮고 너비는 협소하여 조선의 제도와 같지 않지만, 위패를 둔 곳과 동쪽과 서쪽에 함께 제사를 받는 분들을 모신 것 등은 조선의 제도와 같다면서, 양국의 문묘 제도를 비교했다.[69]

차이점에 대해서도 언급했다. 가장 자주 거론된 것은 명 국자감의 공자 위패에 '문선왕(文宣王)'이 아닌 '선사지성공자지위(先師至聖孔子之位)'라고 호칭되어 있다는 점이다.[70] 문선왕은 당나라 현종이 추증한 공자의 존호인데, 명은 1530년(중종 25) 사전(祀典)을 개정하면서 공자의 위호를 대성지성문선왕(大成至聖文宣王)에서 지성선사공자로 고쳤다.[71]

명에서 공자의 위호를 바꾼 것은 국자감 관광으로 인해 조선에 곧바로 전해졌다. 그렇지만 조선 국왕은 선사가 공자를 더 존중하는 위호라고 판단하지 않아[72] 기존 제도를 유지했다. 이후 조선 사신은 "문선왕은 왕호여서 천자보다 낮은 위치이지만, 선사라고 하면 천자 위에 있을 수 있기 때문"에 명에서 공자 위호를 바꾼 것이라고 파악해왔다.[73] 이에 선사라는 표현이 예에 합당하다는 주장이 신료들 사이에서 제기되기도 했지만,[74] 이 문제는 조선 내부에서도 의견이 쉽게 합일되지 않아 호칭이 변경되지 않았다. 1574년 북경에 함께 방문한 허봉과 조헌도 입장이 동일하지 않

---

68 『檜山集』卷2, 朝天錄, 嘉靖 16年 丁酉 9月 20日; 『燕京行錄』 嘉靖 41年 壬戌 11月 28日.
69 『臨淵齋集』卷4, 朝天錄, 萬曆 15年 丁亥 6月 丁亥.
70 『靜容齋集』卷1, 燕行日記 11月 7日; 『東湘集』卷7, 朝天錄, 隆慶 6年 壬申 11月 16日 戊戌; 『簡易集』卷6, 辛巳行錄.
71 『明世宗實錄』卷119 嘉靖 9年 11月 15日 辛丑; 『선조실록』, 선조 34년 1월 24일.
72 『중종실록』, 중종 31년 12월 28일.
73 『중종실록』, 중종 34년 11월 8일.
74 『명종실록』, 명종 11년 10월 8일.

았다. 허봉은 자신의 명확한 입장을 밝히지 않은 채, 명대 학자 서함(徐咸)이 지은 『황명명신록(皇明名臣錄)』의 내용을 소개했다. 『황명명신록』에는 "공자는 실로 만세 도학(道學)의 종주이므로 제나 왕이라고 칭하는 것은 타당치 않으며, 의당 선성이라고 칭하여야 할 것이다"라고 설명되어 있었다.[75] 따라서 선사라는 표현에 동의하는 것으로 볼 수도 있지만, 허봉은 이것이 당시 가정제로부터 총애를 받던 장총(張璁)의 주장이라는 점에서, 선사라는 표현을 꺼림칙하게 여겼다.[76] 장총은 대례의 문제로 조선 사회에서 비판받던 인물이었으므로, 그의 주장을 신뢰하지 못하여 판단을 유보한 것으로 보인다. 반면 조헌은 공자의 위호가 문선왕보다 '선사'라는 표현이 옳다면서, 조선도 공자의 위호를 바꿀 것을 상소했다.[77] 그러나 공자의 위호는 끝내 변경되지 않았다. 선사가 문선왕보다 확실하게 예에 합당한 것인지 조선 신료들 사이에서도 의견이 합일되지 않았기 때문으로 보인다. 조선은 명의 제도라고 해서 무조건 따르기보다 고제(古制)와 명의 시제(時制)를 함께 검토했으며, 예제 변경에 대해 숙고했다.[78]

한편 국자감의 문묘에서 조선 사신의 눈길을 끈 것은 원나라 유학자 협산(恊山) 반적(潘迪)[79]이 쓴 비석이었다. 대성전 정문 안에는 석고(石鼓)가 10개 있었는데, 선진(先秦)시대의 것이었다. 석고 자체가 워낙 오래된

---

75 『荷谷集』朝天記 中, 萬曆 2年 8月 20日 辛酉; 『荷谷集』朝天記 中, 萬曆 2年 8月 27日 戊辰.
76 『荷谷集』朝天記 中, 萬曆 2年 8月 20日 辛酉.
77 『선조수정실록』, 선조 7년 11월 1일.
78 『臨淵齋集』卷4, 朝天錄, 萬曆 15年 丁亥 6月 丁亥.
79 원나라 시기 하북성 대명(大名) 원성(元城) 사람. 박학하고 문장에 능했다. 지원(至元) 연간에 국자감 사업(司業)과 집현학사(集賢學士)를 지냈다. 『周易述解』와 『春秋述解』, 『中庸述解』, 『六經發明』, 『格物類編』 등의 저서를 썼으나 모두 전하지 않는다. 임종욱·김해명, 2010, 『중국역대인명사전』, 이화문화사.

데다 전서체(篆書體)라서, 석고에 적힌 글을 알아보기 어려웠다. 이에 원나라 시기에 석고 글귀의 내용을 새 비석에 해서체(楷書體)로 전각했다. 그리고 석고 동쪽 옆에 새 비석을 세워두어, 많은 사람들이 석고 내용을 쉽게 알아볼 수 있게 했다. 1562년 관압사 류중영은 통사에게 이 비석의 글을 구입해오게 했는데, 류중영은 이 글이 원나라 학자 반적이 쓴 것인지는 몰랐던 것 같다.[80] 1574년 성절사 허봉은 이 비석을 반적이 썼다는 것을 알고, 손으로 비석을 어루만지며 탄식했다. 그는 "성대한 예를 완연하게 보는 것 같아 천고의 끝없는 감회를 이길 수 없다"라며 감동의 소감을 남겼다. 허봉이 이 비석을 감상하고 있을 때 이미 어느 중국인이 조선 사신에게 주려고 비문을 탁본하고 있었다.[81] 그동안 이 비석의 탁본을 구입해간 조선인이 많았을 것이라는 점이 짐작되며, 그렇기에 그 중국인도 조선인에게 판매하기 위해 미리 탁본을 준비했던 것으로 보인다. 허봉이 국자감의 서무(西廡)로 이동하려 하자, 이번에는 명 감인(監人)이 부채를 줘야 문을 열어주겠다며 도망했다. 조선인 관광객을 상대로 소소한 이문을 기대하는 중국인들도 있었던 것이다.

이처럼 조선 사신은 국자감의 동편 문묘 제도를 두루 돌아보면서 조선 성균관 대성전 제도를 정비했고, 원나라 유학자 반적이 쓴 비석을 직접 어루만지며 감격의 소감을 남기기도 했다. 그러나 문묘에서 나와 서쪽으로 이동해 이륜당을 구경한 후에는 전혀 다른 소감을 남겼다.

1539년 주청사 권벌은 이륜당과 동·서무에 유자가 하나도 없다는 점을 언급했다.[82] 1562년 관압사 류중영은 이륜당 마루에 먼지가 가득하여

---

80 『燕京行錄』嘉靖 41年 壬戌 11月 28日.
81 『荷谷集』朝天記 中, 甲戌年 萬曆 2年 8月 20日 辛酉.
82 『冲齋集』卷7, 朝天錄, 嘉靖 18年 中宗大王 34年 11月 7日.

일하는 관리가 없는 것 같았고, 동재(東齋)와 서재(西齋) 역시 퇴폐하여 수리하지 않은 곳이 있었다고 말했다.[83] 명초에는 국자감을 중시했다. 하지만 감생(監生)이 관리로 나아가는 진로가 나날이 축소되고 돈을 바치면 국자감에 들어갈 수 있게 되면서, 16세기에 이르면 명 국자감은 창건의 의의를 상실한 상태였다.[84] 국자감의 교육 기능이 쇠락하고 관리되지 않은 모습을 본 조선 사신들의 실망은 이만저만이 아니었다.

1534년 진하사 소세양은 국자감 동재에서 차를 마시고 나오는 길에 명 유생 수십 명과 읍을 하며 대화를 나누었는데, 소세양이 예물로 붓을 주었더니, 유생들은 서로 조선 붓을 가지겠다고 싸움을 벌였다.[85] 이것은 단순한 해프닝이 아니었다. 1572년(선조 5) 하등극사 자제군관 허진동(許震童)은[86] 물론 1574년 성절사 서장관 허봉, 1587년 진사사 배삼익 역시 국자감에서 비슷한 경험을 했다.

> 우리들이 나오려고 하면서 예물로 붓·먹 따위의 물건을 주자, 여러 사람들이 마구 일어나 서로 다투어 빼앗아서 질서가 없는 것을 보고 우리들은 매우 비루하게 여기었다. … 당재(堂齋)가 깨끗하게 단장되어서 환경이 그윽하고 조용한 것을 보니, 참으로 스승과 생도가 도(道)를 강론할 만한 곳이었으나, 스승이 된 이는 자리만 차지하고 강론하지 않고, 제자 되는 이가 흩어져서 거리에서 살며, 제주(祭酒)와 사업(司業)들은 큰 벼슬에 뛰어오를 것만 생각하고 감생과 세공(歲貢)들은 이

---

83 『燕京行錄』 嘉靖 41年 壬戌 11月 28日.
84 何懷宏, 1999, 「중국의 유학전통과 태학(국자감)」, 『대동문화연구』 34, 81-83쪽.
85 『陽谷赴京日記』 嘉靖 13年 甲午 閏2月 25日.
86 『東湘集』 卷7, 朝天錄, 隆慶 6年 壬申 11月 16日 戊戌.

일명(一命)을 얻는 것을 영화로 삼고, 예의와 염치가 무엇인지를 알지 못하여, 학교가 퇴폐하고 타락함이 이에 이르렀으니, 인재(人材)는 옛 적만 같지 못한 것이 마땅하다. 아아, 슬프도다! [87]

동재와 서재 밖에는 홰나무를 두 줄로 심어두어 그늘이 뜰을 가리고 있었는데 즐기면서 산책할 만하였다. 그러나 선생과 학생들이 강학하지 않고 지저분하게 풀만 무성한 것이 안타까웠다. 민간의 천한 사람들이 그 안으로 난입하여 성인의 사당에 있는 탁상에 혹 뛰어오르거나 걸터앉는 자들도 있었다. 이른바 유학자들이 쓰는 관을 쓴 사람들도 대부분 어리석고 무식하였으며, 글씨를 구하려고 하는 사람들은 짐을 풀고 잠시 휴식을 하고 나면 끝없이 다투어 글씨를 요구하였고, 이미 혹 먼저 얻어간 사람들도 오히려 계속해서 더 줄 것을 요구하였으니, 중화(中華)가 예의(禮義)를 앞세우는 곳이라는 것을 전혀 기대할 수 없었다. [88]

첫 번째 인용문은 1574년 성절사 허봉이 이륜당 대청에서 감생과 대화를 나눈 이후에, 두 번째 인용문은 1587년 진사사 배삼익이 국자감을 다녀와서 적은 술회이다. 소세양과 허진동, 허봉, 배삼익이 마치 동행이라도 한 것처럼 내용이 비슷하다. 더욱이 배삼익은 중국을 비판하는 목소리가 매우 강했다. 중화의 본국인 명에서 국자감을 소홀히 관리하고 있는 모습, 국자감 학생들이 조선 부채를 가지겠다고 서로 다투는 모습에 실망하며, 이제 "중국도 예의를 상선(相先)하는 곳이라는 점을 기대할 수

---

87 『荷谷集』朝天記 中, 甲戌年 萬曆 2年 8月 20日 辛酉.
88 『臨淵齋集』卷4, 朝天錄, 萬曆 15年 丁亥 6月 丁亥.

없다"고 언급하기에 이르렀다. 1574년 허봉과 동행했던 질정관 조헌은 "선현의 훈계 말씀을 스승과 학생이 바라볼 수 없는 막힌 장소에 두었으니, 어떻게 학문을 가르쳐 마음과 눈을 경계할 것인가. 과연 중국 사람들이 유학을 숭상하지 않는다는 것을 알겠다"라고 결론 내렸다.[89]

조선 사신들은 명의 지식인들이 양명학을 존숭하는 점도 실망스러웠다. 허봉은 물론 1572년 하등극사 자제군관 허진동도 "강당에 먼지가 있고 유생이 용렬하여 강론하기 부족했다. 요즘 명에서 존중하는 사람이 왕양명이라 하니, 가히 알 만하다. 부채와 필묵을 증정하니 모두 많이 얻고자 하였다. 겸양의 뜻이 없고 중조 사습이 자질구레해졌으니 또한 가히 알 만하다"라며 크게 비판했다.[90] 즉 학교에 공부하는 학생이 없고, 왕양명 같은 학자를 존숭하며, 염치도 없이 부채와 같은 금품을 얻고자 다투는 모습이 너무도 실망스러웠던 것이다.

사실 조선 사행은 압록강을 넘어 북경에 도착하기까지 중국의 실망스러운 모습을 여러 차례 목격했다. 요동 사람들이 어버이에 대한 복상(服喪)의 예를 행하지 않는 것을 특히 비판적으로 보았다.[91] 조선 사신들은 요동 지방이 거란, 여진, 몽골의 영역에 오래도록 속해 있었기 때문에 오랑캐 풍속이 여전히 남아 있다고 생각했다.[92] 그럼에도 1562년 관압사 류중영은 "중국은 예법의 나라이며, 그것을 좇아 예의로써 다스린 지 200여 년"이나 되었는데도 여전히 바뀌지 않은 것에 의문을 품었다.[93] 요동 지방

---

89 『重峯集』 卷11, 朝天日記, 萬曆 2年 甲戌 8月 20日.
90 『東湘集』 卷7, 朝天錄, 隆慶 6年 壬申 11月 16日 戊戌.
91 『燕京行錄』 嘉靖 41年 壬戌 9月 16日.
92 『荷谷集』 朝天記 上, 甲戌年 萬曆 2年 6月 17日 庚申.
93 『燕京行錄』 嘉靖 41年 壬戌 9月 16日.

에 예가 없는 이유를 거란, 여진 등 오랑캐의 영역이었던 적이 많아 그럴 것이라고 여긴 것은 황제가 있는 북경은 이와 다를 것이라는 믿음이 있었기 때문이다. 따라서 북경 관광에서 느낀 명의 실망스러운 모습은 요동에서 느꼈던 감상보다 더 큰 실망으로 다가왔다.

15세기 후반 명은 조선을 예의지국이라 인정하며 다른 오랑캐 나라들과 차등적으로 대우했고, 조선 역시 스스로를 예의의 나라로 자임했다.[94] 조선 엘리트들의 학문은 성숙해갔고, 스스로를 예의지국 백성으로 내면화하는 데 주저하지 않았다. 예의지국 백성으로서의 자부심은 중화의 본국인 명의 풍속을 질책하는 데에도 주저하지 않았다. 나아가 중국인들이 유학을 숭상하지 않으며 더 이상 예의를 앞세우는 곳으로 보기 어렵다는 소회까지 토해낸다. 이는 한편으로 조선인은 그와 다르다는, 즉 스스로에 대한 자부심을 은근히 드러낸 것이기도 하다. 조선 사신이 명을 중화의 이상향으로만 그리지 않고, 이렇게 강도 높은 비판을 할 수 있었던 것은 명을 책으로만 접한 것이 아닌, 직접 방문하여 여러 곳을 두루 관광하며 그들의 실상을 경험했기에 가능했다. 그리고 그 관광 경험을 한 것이 중국의 변두리 도시가 아니라, 황제가 있는 중화의 중심 북경이었기에, 북경에서 목격한 중화답지 못한 모습들은 사행로에서 보았던 풍경보다 더 깊은 인상으로 다가왔다.

(2) 천단 : 화려함과 광활함의 공간, 술 한 잔의 여유

천단은 매년 동지에 황제가 하늘에 제사를 드리던 장소이다. 영락제는 1420년(영락 18) 북경에 천지단(天地壇)을 건축했다. 천지단의 주요 건축

---

94 구도영, 2015, 「조선 전기 朝明외교관계의 함수, '禮義之國'」, 『대동문화연구』 89, 183-188쪽.

물은 대사전(大祀殿)이었는데, 천신일월(天神日月)에 대한 제사를 모두 여기에서 지냈다.⁹⁵ 그러나 가정제 시기, 대사전이 천단 건축물로 적합하지 않다는 비판이 나왔다. 대사전의 외관은 다음 사진(그림 2)과 같다.

사진은 대사전의 모형이다. 명초 영락제 시기에 지어진 대사전은 궁전 건축물과 다름없는 외관을 지니고 있었던 것이다. 천단이 천원지방(天圓地方)에 따라 지어져야 한다는 논의가 가정제 시기에 제기되었고, 1530년(중종 25) 천단의 대대적인 신축 및 증축이 이루어졌다. 우선 지단(地壇)을 별도로 건립하여, 기존의 천·지단을 온전히 천단으로만 사용했다. 천단 내부 건축물도 새로 지었다. 하늘에 제를 지내는 제단인 환구(圜丘), 제천시 사용하는 신패나 황제의 위패를 모시는 태신전(泰神殿)을 신축했다. 태신전은 1538년(중종 33) '황궁우(皇穹宇)'로 이름을 바꾸었다.⁹⁶ 그리고 같은 해 궁전 모양의 대사전을 허물고, 원형의 건축물인 대형전(大亨殿, 오늘날의 기년전)을 지었다.⁹⁷ 천단의 주요 건축물은 대형전, 환구, 황궁우 등인데, 모두 명 가정제 시기에 지어진 것이다.

조선 사신의 천단 관광을 명확히 확인할 수 있는 기록은 1537년 성절사 서장관 정환의 사행록이다. 그의 천단 관광 일기를 살펴보면 다음과 같다.⁹⁸

1537년 성절사 일행은 9월 15일 제독청에 관광을 고하고 길을 나섰다. 천단은 황성의 남쪽에 자리하고 있다. 조선 사행은 회동관을 나와 대명문(大明門) 밖에서 말에서 내렸고, 정양문(正陽門)을 나가서 남쪽의 정

---

95 『大明一統志』卷1, 壇廟; 『檜山集』卷2, 朝天錄, 嘉靖 16年 丁酉 9月 15日.
96 王建偉 主編, 2016, 『北京都市空間中的歷史文脈傳承』, 中國社會科學出版社.
97 『明穆宗實錄』卷2, 隆慶 元年 正月 10日.
98 『檜山集』卷2, 朝天錄, 嘉靖 16年 丁酉 9月 15日.

그림 2 천단 기년전 동배전(東配殿)에 전시된 대사전 모형

양교를 건넜다. 남쪽으로 10리를 더 내려가면 삼연홍문(三連虹門)이 동서로 마주 보고 있다. 서쪽에는 토단(지단)이, 동쪽에는 천단이 있었다. 천단 내부 북쪽에 제천하는 구전(舊殿, 대사전)이 있으며, 남쪽에는 사제(祀帝)하는 신구(新丘, 환구)가 있다. 신로(神路)에 이르자, 서반 이승화(李承華) 등 3명과 태상시승(太常寺丞)이 먼저 와서 조선 사신을 기다리고 있었다. 명 관리들은 조선 사행과 동행한 것이 아니라, 천단에 미리 도착해 있었던 것이다.

환구는 푸른 벽돌을 3층으로 쌓아 대(臺)를 만들었고 원형이었다. 매 층마다 석란(石欄)으로 둘렀다. 서장관 정환은 그 모습을 현벽금화(玄碧金華)의 기운이 밝게 빛나고 맑고 깨끗하다는 감상을 남겼다. 북단 밖에는 2층짜리 소원각(小圓閣)이 있었는데, 그 만듦새가 지극히 공묘하고, 청기와로 덮여 있었다. 태상시승은 조선 사신에게 그곳이 옥황신주를 봉안하는 곳이라고 설명했다.[99] 태상시는 명에서 국가의 제례를 주관하는 부서이다. 태상시승은 천단을 운영·관리하는 관료이므로 천단 전문가인데,

---

99 『檜山集』卷2, 朝天錄, 嘉靖 16年 丁酉 9月 15日.

그가 파견되어 조선 사행에게 천단에 대해 직접 설명해주고 있었다. 즉 태상시의 정6품 관료가 파견되어, 조선 사신의 관광 해설사 역할을 했던 것이다. 황제의 조칙을 가지고 조선에 파견되는 명 사신의 품계가 보통 6품이었음을 고려하면,[100] 조선 사신의 관광 해설사로 명의 6품 관원이 나섰다는 것은 주목할 만한 일이다. 조선 사행이 환구에서 나와 쉬고 있는 동안, 태상시승은 조선 사행에게 따뜻한 차를 대접했으며 조선 사행도 주과(酒果)를 가져와서 나누어 먹었다.

서반은 "저기 적취(積翠) 중에 우뚝 솟은 각(閣)이 대사전인데, 옛날에 제천하던 곳입니다. 또한 가볼 수 있습니다"라고 하면서 앞장서서 조선 사행을 이끌었다. 대사전에 도착하자 태상시승은 이번에도 그곳에 대한 설명을 잊지 않았다.

선대에는 천신과 일월에 대한 제사를 모두 이 궐(대사전)에서 했습니다. 지금 황상(皇上, 嘉靖帝)이 별도로 궐의 남쪽에 환구를 축성하여 하늘에 제사합니다. 또한 일월(日月)에 대해 제사하는 단(壇)이 성 밖의 동서쪽에 있습니다. (그래서) 이 궐(대사전)은 지금 이용하지 않고 있습니다. 황제 즉위 후에 여러 곳에 궁루정각(宮樓亭閣)을 창건하였는데 한두 곳이 아닙니다. 토목의 역이 끊이지 않아, 민력을 고용하니 백성 또한 심히 고단합니다.[101]

---

100 명은 조선에 정사(正使)를 조관(朝官)으로 파견할 경우 대개 6품(翰林院 侍讀, 侍講, 修撰) 관료를 선발했다. 『예종실록』, 예종 즉위년 9월 16일; 『성종실록』, 성종 19년 3월 13일; 『연산군일기』, 연산군 12년 3월 10일; 『중종실록』, 중종 16년 9월 20일, 중종 31년 12월 1일; 『선조실록』, 선조 35년 3월 15일.

101 『檜山集』卷2, 朝天錄, 嘉靖 16年 丁酉 9月 15日. "序班等曰 彼積翠中巋然之閣 乃大祀殿 祭天之舊處 亦可往觀 前導而行 … 寺丞云先代祭天神與日月 皆於此闕 今皇上別築圓丘於闕之南以祀天 又壇祀日月於城外之東西 此闕今爲閑闕 又聞之皇帝卽位後 諸所

위 기사는 명 태상시승이 조선 사행에게 대사전을 소개하는 내용이다. 서반과 태상시승은 짝을 이루어 조선 사행의 관광을 도왔다. 서반은 당시 제사 역할이 중단되어 조선 사행이 방문하지 않을 수 있는 대사전까지 안내하며 조선 사행의 원활한 관광을 도왔고, 태상시승은 각 건축물에 대한 자세한 설명을 곁들였다. 명이 조선 사행을 위해 관광 가이드와 해설사를 파견했다는 점이 주목되는데, 사행록마다 기록 여부에 편차가 있어, 이러한 관광 가이드 및 해설 서비스가 모든 사행단에게 지속적으로 제공되었는지는 명확하지 않다.[102]

위의 성절사 정환은 1537년에 사행을 다녀와서 대사전을 관람했지만, 1538년 이후 방문한 조선 사신들은 대사전을 허물고 새로 지은 대형전을 관람한다. 1539년 주청사 권벌은 완공된 지 얼마 되지 않은 대형전을 본다. 그는 대형전에 깔린 푸른 벽돌의 찬란함, 동량(棟樑)의 금채(金彩)는 눈을 뜨고 볼 수 없을 정도라고 묘사했다. 기와 색깔도 위는 벽색(碧色), 가운데는 황색(黃色), 이래는 청색(靑色)으로, 그 공교함은 말로 표현하기 어려울 정도라며, 새로 지어진 대형전의 화려함에 감탄했다. 1587년(선조 20)에 방문한 진사사 배삼익은 천단과 북쪽에 있는 황건전(皇乾殿)에 푸른 기와를 사용했고, 남쪽의 환구 난간과 벽돌도 모두 짙은 청색으로 깔아둔 것을 인상 깊게 보았다.[103]

오후가 되면 천단에 중국인들도 많이 찾아왔다. 천단에는 전나무, 잣나무, 측백나무, 소나무 등 나무들이 담장마다 울창하게 심어져 있었다.

創建宮樓亭閣 非一二數 土木之役尙未絶 然雇用民力 民亦不甚苦之云."
102 1562년 류중영이 관광할 때에도 누구라고 기록하지는 않았으나, 건축물에 대해 설명해주는 이가 있었다. 사행마다 차이가 날 수 있지만, 대체로 해설 서비스는 관광이 공식화된 초반에 제공되었을 것으로 추정한다.
103 『臨淵齋集』 卷4, 朝天錄, 萬曆 15年 丁亥 6月 辛卯.

1574년 허봉은 천단 입구 담 위에 "일 없는 사람은 들어오는 것을 허락하지 않는다"라는 태상시의 공문이 붙어 있는 것을 보았다. 이 때문에 조선 사행도 준비해간 표첩을 문지기에게 보여주고서 입장했다. 태상시가 천단의 출입을 제한했던 것은 당시 중국인들 역시 천단 관람을 선호했다는 것을 방증한다. 많은 사람들이 찾기에 천단을 보호하는 차원에서 어느 정도 제한이 필요했던 것이다. 허봉은 관광지로서 천단의 매력에 대해 "천단은 성시(城市)에 가까웠으나 지경이 조용하였고, 더욱이 나무숲으로 가려져서 세속 밖 같은 맛이 있었다"라고 술회했다. 허봉은 천단 관람 중 해가 기울자, 석문 동쪽 잣나무 밑에서 잠시 술잔을 기울였다. 조선 사신들은 천단에 나무들이 5~6리에 걸쳐 흐트러짐 없이 정연하게 늘어서 있고 뜰도 광활하다는 점에서, 좋은 볼거리라 여겼다.[104] 지단은 봄 가을의 제사 때 외에는 문을 열지 않아 조선 사신도 구경할 수 없었다.[105]

천단은 지금도 북경의 주요 관광지이다. 조선 사행은 천단에서 푸른 기와와 유리, 금빛으로 꾸민 대형전(또는 대사전)과 황건전, 환구와 황궁우 등 건축물의 공교함과 화려함에 감탄했다. 천단의 건물들, 신로(神路), 무성하고 정돈된 나무들과 광활한 뜰이 잘 어우러져 좋은 볼거리였다고 언급하고 있다. 나무가 울창한 곳에서는 조선 사행단과 명의 서반 및 태상시승 등이 술이나 차, 음식을 나누며 대화를 이어갔다.[106] 옥하관에서 아

---

[104] 『東湘集』卷7, 朝天錄, 隆慶 6年 壬申 11月 20日; 『臨淵齋集』卷4, 朝天錄, 萬曆 15年 丁亥 7月 辛卯; 『重峯集』卷11, 朝天日記, 萬曆 2年 甲戌 8月 25日.
[105] 『燕京行錄』嘉靖 41年 壬戌 11月 30日.
[106] 『檜山集』卷2, 朝天錄, 嘉靖 16年 丁酉 9月 15日; 『東湘集』卷7, 朝天錄, 隆慶 6年 壬申 11月 20日; 『臨淵齋集』卷4, 朝天錄, 萬曆 15年 丁亥 7月 辛卯; 『重峯集』卷11, 朝天日記, 萬曆 2年 甲戌 8月 25日.

침을 먹고 출발해도 천단을 구경하고 나면 해가 저물었다.[107] 여름에 천단을 구경했던 배삼익은 북경의 뜨거운 무더위 속에서 차가운 음료를 너무 많이 마시는 바람에 배탈이 나서 다음 날 하루 종일 누워 있어야 했다.[108]

(3) 역대제왕묘

역대제왕묘는 삼왕오제(三王五帝), 중국 역대의 왕들과 공신, 명장들에게 제사를 지내던 곳이다.[109] 가정제의 명으로 1531년에 건설하여,[110] 1532년에 완공했다.[111] 명은 삼왕오제 및 한·당·송 왕조의 창업군주를 모셨고, 청은 그곳에 요·금·원의 창업군주들을 추가 배향했다.[112]

역대제왕묘가 1532년에 완공되었는데, 1534년 3월 조선 사행단이 이미 역대제왕묘를 관광하고 있었다.[113] 완공되고 얼마 되지 않아 바로 조선 사신에게 공개한 것이다.

1534년 소세양은 역대제왕묘에 들어가서 여러 왕과 명신의 위패를 보았다. 역대제왕묘의 서쪽과 동쪽 양끝에 매우 큰 비(碑)가 세워져 있었는데, 그 비석에 쓰인 문장은 가정 11년에 황제가 제술한 것이었다.[114] 역

---

107 『燕京行錄』 嘉靖 41年 壬戌 11月 30日; 『東湘集』 卷7, 朝天錄, 隆慶 6年 壬申 11月 20日; 『荷谷集』 朝天記 中, 甲戌年 萬曆 2年 8月 25日 丙寅.
108 『臨淵齋集』 卷4, 朝天錄, 萬曆 15年 丁亥 7月 壬辰.
109 정은주, 2012, 『조선시대 사행기록화 – 옛 그림으로 읽는 한중관계사』, 사회평론, 211쪽.
110 『明世宗實錄』 卷121, 嘉靖 10年 正月 12日; 『明世宗實錄』 卷123, 嘉靖 10年 3月 17日.
111 『明世宗實錄』 卷141, 嘉靖 11年 8月 2日.
112 윤욱, 2018, 「淸朝 下 동아시아 국제질서의 변화」, 『역사와 경계』 106, 252쪽.
113 『陽谷集』 卷3, 詩, 謁帝王廟; 『陽谷赴京日記』 嘉靖 13年 甲午 3月 1日.
114 『陽谷赴京日記』 嘉靖 13年 甲午 3月 1日.

대제왕묘는 역사가 깊은 건축물이 아니라, 현 황제인 가정제 시기에 만들어진 신축 건물이었다. 이에 1530년대 역대제왕묘를 방문한 조선 사신들은 당대 황제가 쓴 어제비에 관심을 보였다. 1535년(중종 30) 동지사 정사 룡은 역대제왕묘의 규모가 크다고 적고 있다.[115]

조선 사신의 기록에서 눈에 띄는 대목은 1534년 역대제왕묘에 도착하자, 늙은 도사(道士) 1명이 나와 조선 사행을 대접했다는 것이다. 도사는 조선 사행을 이끌고 계단에 올라 사배례도 행했다. 진하사 소세양은 호기심이 발동했는지 도사에게 거주하는 곳을 보여달라고 청했고, 도사는 흔쾌히 소세양을 데리고 들어가 차를 내어주었다.[116] 소세양은 한양에서 접할 수 없는 중국식 도교 문화를 비판하기보다 흥미롭게 경험하고, 도사와 차도 마시며 담소를 나누었다. 역대제왕묘와 조천궁이 인접해 있어서, 소세양은 역대제왕묘를 관람한 뒤 조천궁으로 이동했다. 조천궁에서도 서반, 도사와 함께 술을 마셨으며, 도사가 거주하는 곳에 가서 차를 마시고 나서야 헤어졌다.[117] 조선 사신들 역시 요즘 관광 행태와 비슷하게 관람 도중에 만나는 중국인들과 차나 술, 음식을 나누어 먹고 마시며 관광의 즐거움과 여유로움을 만끽했다.

1562년(명종 17) 류중영은 미학적인 면에 관심이 있었던 만큼 역대제왕묘에 가서도 건축 모양을 꼼꼼히 구경하고 기록으로 남겼다. 그는 역대제왕묘에 모셔진 명신 이름까지 하나하나 지목했다. 그는 명에서 이들에게 봄 가을로 제사를 지낸다는 설명을 들었다. 또한 역대제왕묘에 오르지 못한 원 세조를 위해 별도로 사당을 세워 제사를 지냈는데, 과도관(科道

---

115 『陽谷集』卷3, 詩, 謁帝王廟; 『湖陰雜稿』卷2, 朝天錄, 歷代帝王廟.
116 『陽谷赴京日記』嘉靖 13年 甲午 3月 1日.
117 『陽谷赴京日記』嘉靖 13年 甲午 3月 1日.

官)들의 비판이 제기되어 현재는 제사도 지내지 않고 사당을 수리하지 않고 있다는 설명을 들었다. 류중영은 역대제왕묘의 제사 정황이나, 역대제왕에서 제외된 원 세조에 대한 설명을 자세히 들었지만, 누구에게 들었는지는 기록하지 않았다.[118]

3) 그 외 관광지와 소회

(1) 조천궁 : 하례 절차 연습 장소이자 도교 문화 공간

조공국 사신들이 북경에 모일 때에는 보통 정조나 동지, 성절 등 명의 주요 절일을 축하하기 위해서였다. 해당 절일에는 황성의 오문(午門) 안에서 거대한 의례가 행해졌다. 따라서 정식 조하례가 있기 전에, 하례에 참석할 인원들이 한데 모여, 행례절차(行禮節次)를 미리 연습해야 했다. 이 연습은 간략하게 약식으로 치러지는 것이 아니라, 조하 당일과 마찬가지로 천여 명의 명 관원들은 물론 국자감 학생과 순천부의 생원, 승도와 도사, 그리고 조공국 사신들까지 관복을 갖추어 입고 모여서 행했다.[119] 거대한 규모가 아닐 수 없다.

이렇게 많은 인원이 모여서 의례를 연습하려면 그 인원을 수용할 만한 공간이 필요했는데, 그곳이 바로 조천궁이었다. 조천궁은 황성의 서쪽에 위치한다. 조천궁으로 들어가는 앞문의 문호(門戶)가 매우 화려했는데, 이는 천신(天神)을 접하는 곳이었다. 궁 가운데 삼청보전(三淸寶殿)이 있고

---

118 『燕京行錄』嘉靖 41年 壬戌 11月 11日.
119 『燕京行錄』嘉靖 41年 壬戌 11月 10日;『荷谷集』朝天記 中, 萬曆 2年 8月 13日 甲寅; 『重峯集』卷11, 朝天日記, 萬曆 2年 甲戌 8月 13日.

왼쪽에 위령사(威靈祠), 오른쪽에 현응사(顯應祠)가 있었다.[120]

조천궁은 의례를 연습하는 공간이므로 특별히 시간을 내어 관광 일정에 추가하지 않아도 모든 조공국 사신들이 방문하는 곳이다. 그렇지만 비정기 사행의 경우는 조천궁을 의무적으로 방문하지 않기 때문에 별도로 시간을 내어 조천궁을 관광하기도 했다.

1534년(중종 29)에 진하사 소세양은 비정기 사행이라 조하례 연습을 위해 조천궁을 자연스럽게 방문할 기회는 없었다. 그는 3월 1일에 시간을 내어 역대제왕묘를 관람하고 난 뒤, 조천궁을 구경했다. 역대제왕묘와 조천궁이 근거리에 있어 하루 코스로 잡은 것이다. 소세양은 조천궁을 관광 목적으로만 방문했기에 긴 시간 동안 여유 있게 구경했다. 조천궁 전(殿) 뒤에 있는 작은 산에도 올라가 풍경을 내려다보았다. 조천궁의 중당(中堂)에서는 조천궁 소속 도사, 명 서반과 함께 술 한잔을 하면서 대화를 나누기도 했다. 관광은 여유로웠다.[121]

1562년(명종 17) 관압사 류중영은 동지 조하 연습을 위해 조천궁을 방문했지만, 조천궁의 건축 형태를 관심 있게 보고 이를 기록으로 남겼다. 조천궁 회랑은 채색 그림과 신선이 수련하는 형상으로 장식되었는데 극히 정묘했다. 삼청보전 안에는 무극(無極)의 상(像), 금목수화(金木水火), 팔방신(八方神), 일월성신(日月星辰)이 있었다. 류중영은 삼청보전 뒤에 소명전(昭明殿)이 있는데 기교가 말로 다 표현할 수 없을 정도라고 언급하고 있다. 그는 사행길에서 서화(書畫)를 구입하는 등 미술품에 유독 관심이 많았는데, 그런 성향이 반영되어 조천궁을 관람할 때에도 건축물의 정밀

---

120 『荷谷集』朝天記 中, 萬曆 2年 8月 13日 甲寅.
121 『陽谷赴京日記』嘉靖 13年 甲午 3月 1日.

함과 장대함 등에 관심을 보였다.¹²² 근대 관광에서도 유럽의 중세 성당이나 아시아의 고궁, 불사 등에 관심이 높은데, 그때도 크게 다르지 않았다.

조천궁이라는 공간이 조금 더 특별했던 이유는, 이곳이 조하 의례를 연습하는 공간일 뿐만 아니라 도교 공간이라는 점에 있었다. 조천궁은 북경 최대의 도교 시설로, 1433년에 건설되었으며 가정제 시기에 가장 번성했다.¹²³ 가정제는 예에 관심이 많아 국자감, 천단, 역대제왕묘 등의 여러 건축물을 신축 또는 증축했고 각종 예제를 변경했는데, 도교를 또한 깊이 신봉하여 불로장생을 위해 수은을 먹거나 도교와 관련된 행각을 벌이는 일이 잦았다.¹²⁴

가정제 사후 신료들은 황제가 도교에 빠졌던 점을 크게 비판했다. 따라서 가정제 이후의 황제인 융경제는 도교를 제한하는 조치를 취했고, 만력제는 도교 신봉을 공개적으로 드러내지 않았으나, 실제 가정제 못지않게 도교에 심취했다.¹²⁵ 조선 사신은 조천궁 뜰에 잡초가 무성하다는 사실을 언급하며, 현재 황제인 만력제가 도교를 멀리하고 있다고 느끼기도 했으나,¹²⁶ 북경 시가지에는 가정제가 날마다 도사와 기도를 일삼았다는 서성궁(西城宮)이 있었고,¹²⁷ 조천궁, 영제궁(靈濟宮), 도록사(道錄祠) 등 도교 관련 관사 및 도관이 그대로 있었다. 허봉과 조헌은 조천궁을 오가는 길

---

122 『燕京行錄』嘉靖 41年 壬戌 11月 10日. 류중영은 조천궁을 '朝見宮'이라고 불렀다.

123 『日下舊聞考』卷 52, 門僧塔無考.

124 『중종실록』, 중종 35년 10월 13일, 중종 35년 10월 14일, 중종 38년 1월 28일;『명종실록』, 명종 1년 10월 24일, 명종 9년 2월 21일.

125 晁中辰, 2004,「明朝皇帝的崇道之風」,『JOURNAL OF LITERATURE, HISTORY AND PHILOSOPHY』284, 37-38쪽.

126 『荷谷集』朝天記 中, 萬曆 2年 8月 13日 甲寅.

127 『인종실록』, 인종 1년 2월 27일.

에 백탑사와 묘응선림문(妙應禪林門)도 보았다. 가정제가 오래 거주했던 서성궁은 관음사(觀音寺)와 가까웠는데, 설재(設齋)하는 이가 향불을 나열하고 북을 요란하게 치고 있었다. 조선 신료들은 향을 태우며 소원을 빌고, 북소리가 진동하는 소란스러운 모습을 낯설고 경박하게 느꼈다. 시끄러운 길거리에서 "대재(大齋)에 보시(布施)하라"는 글을 누런 종이에 써서 길 위에 벌여놓은 자들이 있었다. 그중에는 이것이 성지(聖旨)를 받든 일이라고 우기는 자도 있었다. 허봉은 필시 중의 무리가 거짓으로 속이는 짓이라며 개탄했다. 허봉은 황제가 있는 수도 북경 도성 한복판에서 도교 및 불교 문화가 넘쳐나는 것을 보고 한탄했다.[128]

> 지금 명나라가 옛날 오랑캐의 풍속을 씻고 왼쪽으로 옷을 여미던 것을 한족의 풍속으로 바뀌게 했으니 조정 문물의 성대함이 가히 볼 만했다. 그러나 일반 백성들은 도교와 불교를 숭상하고 유학은 숭상하지 않으며, 장사를 업으로 삼고 농사에는 힘쓰지 않았다. 의복은 짧고 좁아 남녀가 같고, 음식은 누린내가 나고 더러우며 귀한 자와 천한 자가 같은 그릇을 사용하는 등 아직도 오랑캐의 풍속이 전부 없어지지 않았으니 안타까운 일이었다.[129]

최금남(崔錦南, 崔溥)이 중국의 풍속을 평론하기를, "도(道)·불(佛)을 숭상하고 귀신을 높이는 것은 중국의 문물(文物)과 예악(禮樂)이 모인 바이다"라고 한 말을 평소에 적이 괴이하게 여기고서, 저 먼 지방이나

---

128 『荷谷集』 朝天記 中, 萬曆 2年 8月 13日 甲寅; 『重峯集』 卷11, 朝天日記, 萬曆 2年 甲戌 8月 13日.
129 『錦南漂海錄』 卷3, 弘治 元年 戊申 4月 23日.

외딴 마을에서야 혹은 기도도 하고 제사도 지내는 곳이 있을 수 있다고 하겠으나, 어찌하여 온 천하를 들어서 모두 그렇게 하는 이치가 있겠는가 하였다. 지금에 와서 목격하니, 이 말은 참으로 속일 수 없는 것이었다. 대저 경사(京師)는 사방에서 모이는 곳인데도 이와 같이 방자한 행동을 거리낌 없이 하니, 반드시 이것은 조정 사람이 보고 듣고 두루 익히고서도 구원하고 바로잡는 방법에 힘을 쓰지 않았던 때문인 것이다. 아! 괴이하고 놀랍다고 말할 수 있겠다.[130]

첫 번째 기사는 1487년(성종 18) 중국 동남부인 영파(寧波) 지역에 표류하다가, 북경을 거쳐 조선으로 돌아온 최부(崔溥)의 『표해록』중 일부이다. 최부는 표류로 인해 중국 영파 지역에서 항주(杭州), 소주(蘇州)를 거쳐 북경에 이르기까지 일반 조선인이 볼 수 없는 중국의 광대한 지역을 구경할 수 있었다. 이 과정에서 그는 명 민간에 도교와 불교가 훨씬 광대하게 퍼져 있다는 것을 확인했다.

두 번째 기사는 1574년 성절사 서장관 허봉의 기록이다. 허봉은 북경에 가기 전까지는 최부의 기록을 설마 하며 곧이 믿지 않았으나, 북경을 관광하면서 도교 및 불교 문화를 다수 접하고, 도성에서 구복하는 중국인들의 모습을 경험하고 나서는 최부의 기록을 온전히 받아들인다. 북경 관광은 명의 다양한 모습을 이해 진작시키는 데에 충분히 의미가 있었다. 허봉은 만국이 모이는 수도 북경의 모습이 이럴진대 다른 지방은 더 말할 것도 없다고 생각한다. 그는 수많은 명의 관원들이 조천궁을 오가며 도교 문화 공간을 계속 접하는데도 없애지 않는 것을 비판적으로 바라보았다.

이상과 같이 조천궁은 성절, 동지 등의 절일에 거행할 조하 의례를 연

---

130 『荷谷集』朝天記 中, 萬曆 2年 8月 13日 甲寅.

습하기 위해 명의 주요 관직자들과 여러 나라의 사신들이 모이는 공간이었다. 지극히 유교적인 행례 절차를 연습하는 조천궁이 도교 시설이었다는 점에는 흥미로운 역설이 들어 있다. 조선 사행단 중 어떤 이는 조천궁의 도사(道士)와 술 한잔 하며 담소를 나누었고, 누군가는 조천궁 건축물의 아름다움에 시선을 빼앗겼다. 또 누군가는 북경 도성에 도교 문화가 만연하다는 것에 비판적인 언설을 하기도 했다. 조천궁은 조선인만의 특별한 관광지였다고 할 수는 없지만, 조선의 모든 정기 사행 사신들이 방문하는 건축물이었고, 비정기 사행의 사신들도 별도로 시간을 내어 방문했다는 점에서 조선 사신들이 찾는 관광지 중 하나였다고 볼 수 있다. 조천궁의 건축물은 화려했고 규모도 장대하여, 조선 사신들의 시선을 사로잡았다. 이 조천궁은 1626년에 화재로 13개 중전이 전소했고, 현재는 남아 있지 않다.[131]

(2) 해인사(대자은사, 大慈恩寺): 감흥이 깃드는 풍경 명소

북경에 있는 해인사는 원대에 건설되어 번영했던 불교(라마교) 사찰이다. 명 영락제가 북경으로 천도한 이후 해인사는 주요 사찰이었고, 1429년에 중건한 후 대자은사로 개칭했다.[132] 명의 성화제, 홍치제, 정덕제 시기에 해인사에 머물렀던 범왕(法王) 국사(國師)가 만 명에 이르렀다고 할 정도로 많았고, 명 어선방(御膳房)에서 이들에게 음식을 제공했다.[133] 하지만 도교를 중시하던 가정제는 이들에 대한 음식 제공을 중지하고, 라마교 승

---

131 『明熹宗實錄』卷71, 天啓 6年 5月 癸亥;『日下舊聞考』卷 52, 門僧塔無考.
132 王彬, 2007, 『北京微觀地理笔記』, 生活 讀書 新知三聯書店.
133 해인사는 명 선덕제 시기 대자은사로 개칭되었지만, 조선 사신은 여전히 이곳을 해인사라고 불렀다. 이 글은 조선 사신의 관광지를 다룬다는 점에서, 대자은사를 조선 사신이 부르던 해인사로 명명하고자 한다.

려들을 내쫓았으며, 1543년에 해인사를 허물기에 이른다. 17세기 초 북경에는 해인사의 기와 한 장도 남아 있지 않았다.[134] 가정제 시기 조천궁은 도교 사찰로서 번성한 데에 반해, 라마교 사찰이었던 해인사는 자취를 감추었다.

해인사는 황성의 북쪽에 위치했으며, 십찰해와 접해 있었다. 그래서 조선 사신은 국자감을 먼저 보고 나서, 해인사로 이동하여 관람한 뒤 숙소로 돌아왔다. 조선 사신은 해인사를 종교 시설물로 대하기보다는 아름다운 풍광과 볼거리가 많은 공간으로 받아들였다.

1537년(중종 32) 성절사 서장관 정환은 국자감 관광 후에 해인사로 갔다. 그는 해인사 앞에 연못이 있었고, 이것이 동서 삼변을 두르고 있다고 언급했다. 정환은 해인사에서 바라보는 연못, 무성한 갈대, 궁중누각과 관청의 푸르름이 그림과 같아 단연 최고의 경치였다는 감상평을 남겼다. 또한 해인사의 지경이 속세와 떨어져 깨끗하고 그윽했으며(淸幽), 속세의 기운이 깃들지 않았다는 소회도 밝혔다.[135] 그는 북경의 여러 관광지 중 해인사의 풍광이 가장 빼어나다고 보았다.

1534년 2월 진하사 소세양도 해인사를 관광했는데, 소세양이 해인사에 도착했을 때 명 관리가 먼저 와 있었고, 해인사 관광 후 숙소로 돌아갈 때에는 동행하지 않고 헤어져 각자 돌아갔다.[136] 1537년 성절사행이 해인사를 관람할 때에도 서반 이시정(李時貞)과 손벽(孫壁)이 해인사에 먼저 도착해서 조선 사행을 기다리고 있었다. 성절사 일행은 해인사의 법당까

---

134 『萬曆野獲編』卷1, 賜百官食.
135 『檜山集』卷2, 朝天錄, 嘉靖 16年 丁酉 9월 20일.
136 소세양은 조정에서는 환관 5~6명이 있었다고 언급했으나, 사행록에서는 서반을 언급하고 있어 차이를 보인다.『중종실록』, 중종 29년 4월 24일; 『陽谷赴京日記』嘉靖 13年 甲午 2月 25日.

지 두루 보고 나서 잠시 앉아 쉬었는데, 이때 서반 손벽은 준비해온 술과 음식을 차려 조선 사행에게 제공했다. 명 관리들은 조선 사신을 단지 방호하는 임무만 했던 것이 아니라 중간에 술과 안주, 음식 등을 제공하며 관광이 편안히 이루어질 수 있게 보조해주었다.[137] 1535년 동지사 정사룡은 서반과 함께 해인사 경광각(鏡光閣) 앞에서 술과 음식을 먹었는데, 그곳에 머무는 승려 역시 와서 함께 마셨다.[138] 16세기 전반 무렵 조선 사신들은 관광지에서 만난 도사나 승려들과도 어울리며, 명 서반과 함께 차나 술을 마시며 담소를 나누었다.

4. 맺음말

명은 북경에서 외국 사행단이 공식 일정 외에 숙소인 회동관 밖으로 외출하는 것을 제한했다. 이를 문금(門禁)이라 한다. 문금을 한 이유는 수도 북경에서 자국민과 외국인의 접촉을 최소화하여 국가 기밀 유출을 방지하고, 외국인들이 명에서 방만하게 무역하는 행위를 통제하기 위해서였다. 따라서 외국 사행은 북경 관광은커녕 무역이나 도성 왕래도 쉽지 않았다. 그러나 명은 '예의지국'이라 여긴 조선과 류큐에게는 상대적으로 문금에 관대하여, 조선 사행은 도성 왕래가 가능했다. 조선 사신은 15세기 말 국자감을 방문할 수 있었으며, 16세기 초 정관(약 30명 내외) 모두가 북경 관광에 참여할 수 있었다. 그런데 1522년(중종 17) 조선 통사가 명에서 수출을 금지한 서책을 구입하다 적발되었고, 담당 관리였던 예부낭중 손존

---

137 『檜山集』卷2, 朝天錄, 嘉靖 16年 丁酉 9月 20日.
138 『湖陰雜稿』卷2, 朝天錄, 海印寺鏡光閣.

은 이에 대한 징벌 조치로 조선 사행을 일시적으로 문금했다. 그의 조치는 원칙적인 것이었으나, 조선 사행단은 갑작스러운 문금으로 북경 시장에 나가기 어려워졌다. 이에 가져온 무역품을 일시적으로 숙소 내부 회동관 상인들과 거래하게 되었고, 회동관 상인들은 생각지도 못한 큰 수익을 얻었다. 회동관 상인들은 조선 문금이 자신들에게 이익이라는 것을 경험하자, 조선 문금이 계속되도록 예부 관료를 매수하기에 이른다.

문금이 장기화되자 1534년(중종 29) 조선 조정은 명에 문금 해제를 요청했다. 명 예부는 명 상인에게 매수되어 조선 사행의 문금을 유지하고자 했지만, 문금 해제를 요청하는 조선의 입장도 고려하지 않을 수 없었다. 무엇보다 그동안 명 조정이 예의지국이라 인정해왔던 조선 사행을 문금해도 된다는 합리적인 논리를 만들어내야 했다. 이에 명 예부는 "사단을 일으킬 수 있는 근수(根隨, 통사 등)를 문금하고, 사신의 북경 관광을 공식적으로 보장"하여, 조선의 문금 해제 요구와 명 조정의 입장을 절충했다고 주장한다. 그들은 황제에게 올린 주문에서, 명 조정이 유독 조선 사신에게 관광까지 허가할 만큼 관대하다는 사실을 강조했다. 이로써 예부는 무역을 실질적으로 행하는 조선 사행 실무진(통사 등)의 문금 해제 요청을 무마할 수 있었다. 조선이 통사의 문금을 해제해달라고 한 요구가 조선 사신의 관광을 공식적으로 보장하는 결과로 나타난 것이다.

외국 사신의 문금과 관광은 상호 대립되는 개념이다. 그런데 조선의 경우 아이러니하게도 문금 때문에 사신의 관광이 공식적으로 보장되는 결과로 나타났다. 이는 당시 조·명관계의 특징, 명 상인과 예부의 결탁, 명 예부가 조선 사신들을 문금하는 데 따른 일정한 예우 및 보상책 등이 착종하면서 벌어진 결과라 하겠다. 명대 사회에서 '예외적인' 외국인 관광의 탄생과 공식화는 조·명관계의 특징에서 빚어진 외교적 산물이었다.

그렇다면 이제 조선 사신이 관광하는 모습을 따라가 보자. 조선 사신의 북경 일정은 약 40여 일 내외였는데, 그중 2~3일 정도를 관광하며 보냈다. 15세기 말에는 국자감, 문승상묘, 조천궁 등을 방문했다. 명이 조선 사신의 관광을 공식화한 1534년 이후 조선 사신들이 방문하는 필수 관광지는 국자감, 천단, 역대제왕묘였으며, 이외에 조천궁, 해인사, 백탑사 등을 방문하기도 했다. 조선 사신의 관광지는 대체적으로 비슷했지만 정사의 개인적 성향과 날씨, 활동 폭에 따라 일부 차이가 존재했다. 조선 사신은 북경의 이곳저곳을 관광하면서, 도시의 풍경과 소감을 기록으로 남겼다. 명은 조선 사신의 관광을 공식화한 초반에는 관광 서비스도 제공했다. 서반은 관광 가이드의 역할을 했다. 서반은 음료와 음식을 준비해와서 조선 사행에게 제공하여, 관광이 원활하게 이루어지도록 도왔다. 서반은 조선 사신보다 관광지에 먼저 와서 기다리고 있었다. 서반은 조선 사신에 대한 방호와 관광 보조 역할을 모두 했다고 볼 수 있다. 이외에 관광 해설사도 있었다. 국가 제례를 관리하는 정6품의 태상시승이 천단에 별도로 파견되어, 천단에 대한 자세한 설명을 곁들였다. 역대제왕묘, 조천궁, 해인사에는 도사나 승려 등의 관리자가 있어, 조선 사행을 대접하고 해당 건축물에 대한 설명을 해주었다. 조선 사신들은 이들과 차나 술을 마시며 관광의 즐거움을 누렸다.

　북경은 명 황제가 있는 중화의 중심부였기에, 북경 관광은 조선 사신에게 '중화'에 대한 기대감을 잔뜩 갖게 했다. 조선 사신은 15세기만 해도 국자감 제도를 완비하기 위해 명의 국자감을 방문하며 탐구했다. 국자감의 구조나 위패의 모습 등은 책을 통해 섭취할 수 있는 것이 아니므로 실제 현장 방문이 중요했다. 조선 사신은 중국의 예적 질서와 제도를 알고자 했고, 이를 직접 보고 와서 원대의 제도, 고려의 국속, 현재 조선의 제도들을 검토하여 국내 제도를 개선 또는 유지할지를 결정했다. 명의 국자감, 역대제왕묘는 조선인에게 문화적 동질감, 지식의 확인 및 축적 측면에서 의미가 있었다. 그리고 조천궁과 북경의 거리에서 흔히 접할 수 있는 도교 및 불교 문화는 이질적인 문화와의 만남이기도 했다. 천단, 해인사, 백탑은 화려한 건축물, 수려한 경치 등 보는 즐거움도 주었다.

한편 명의 관광 명소를 방문하며 명의 제도와 운영 현황, 명의 풍속에 대해 실망하기도 했다. 국자감에는 먼지가 쌓여 있고, 공부하는 유생이 거의 없으며, 조선인이 주는 조그만 선물을 받으려 다투는 유생들의 모습을 보고 한심해한다. 천단, 역대제왕묘를 방문하면서 도교와 불교, 양명학이 번성한 명의 풍조를 강하게 비판한다. 이러한 모습은 16세기 후반에 뚜렷하게 드러난다. 성리학 국가를 지향하고 학문의 깊이가 더해졌으며, 예의지국인으로서의 자부심도 높았던 조선인들은 이제 명 풍속과 문화의 부족한 점을 비판하기에 이른다. 이에 '중국이 더 이상 예의를 앞세우는 곳이라고 기대할 수 없다'라는 언급도 주저하지 않았다. 그 비판에는 '조선이 명보다 나은 점이 있다'는 은근한 자신감마저 들어 있다.

조선 사신 숙소인 회동관과 예부를 왕래하는 정치적 공간을 벗어나, 명의 속살을 볼 수 있는 관광은 조선 엘리트들에게 명이 갖고 있는 다양한 층위를 파악하게 해주었다. 당시 조선 엘리트들이 명의 문물을 좀 더 객관적으로 바라보게 된 배경에는 100여 년 동안 지속된 '북경 관광'이 일정한 영향을 미쳤다. 여느 조공국들과 달리 조선인에게는 문금이 없었다는 점, 거기에다 일찍부터 유학적 명소 방문이 가능했고, 북경 사행 사신이라면 누구나 명소를 방문할 수 있었던 경험이 중요한 역할을 했다고 생각한다.

물론 조선 사신들이 북경 관광에서 명에 실망감을 느꼈다고 하더라도, 현실 속에서 명이 가장 선진문화를 갖고 있는 나라라는 사실은 분명했다. 다만 상상 속의 국자감, 책에서만 접할 수 있는 '환상' 속의 국자감이 아니라, 사신이라면 누구나 갈 수 있게 된 관광 명소, 그래서 익숙해진 명의 관소는 이제 조선 엘리트들에게 성지(聖地)의 대상이라기보다, 조선과 비교했을 때 허점도 보이는, 즉 관망하고 조망할 수 있는 대상이 되었던 것이다.

참고문헌

『簡易集』, 『錦南漂海錄』, 『東湘集』, 『臨淵齋集』, 『梅溪集』, 『葆眞堂燕行日記』, 『四佳集』, 『十淸軒集』, 『陽谷赴京日記』, 『燕京行錄』, 『燃藜室記述』, 『容齋集』, 『吏文』, 『潛谷遺稿』, 『靜容齋集』, 『朝鮮王朝實錄』, 『重峯集』, 『冲齋集』, 『通文館志』, 『荷谷集』, 『鶴峯逸稿』, 『湖陰雜稿』, 『檜山集』.

구도영, 2018, 『16세기 한중무역 연구』, 태학사.

임종욱·김해명, 2010, 『중국역대인명사전』, 이화문화사.

정은주, 2012, 『조선시대 사행기록화 - 옛 그림으로 읽는 한중관계사』, 사회평론.

고태규, 2018, 「박지원의 열하일기에 대한 관광학적 고찰」, 『관광연구저널』 32-3.

구도영, 2015, 「조선 전기 명명외교관계의 함수, '禮義之國'」, 『대동문화연구』 89.

심승구, 2008, 「조선시대 외국인 관광의 사례와 특성」, 『역사민속학』 27.

육재용, 2009, 「朝鮮時代 사대부들의 관광행위와 양상 연구 - 금강산 지리산 유람록을 중심으로」, 『관광학연구』 33-7.

윤욱, 2018, 「淸朝 下 동아시아 국제질서의 변화」, 『역사와경계』 106.

이민호, 2007, 「明代 北京의 商業. 商稅와 宦官」, 『중국학보』 56.

조영헌, 1996, 「明初 運河의 開通과 그 社會經濟的 意義」, 『서울대 동양사학과논집』 20.

진윤수, 2014, 「《율곡전서》에 나타난 유람에 관한 연구」, 『한국체육사학회지』 19-2.

하재철, 2016, 「18세기 연행록에 나타난 관광용어 - 《노가재연행일기》와 《열하일기》를 중심으로」, 『중국문학연구』 62.

何懷宏, 1999, 「중국의 유학전통과 태학(국자감)」, 『대동문화연구』 34.

한경수, 1998, 「조선 전기 관광 사상에 대한 연구」, 『Korean Journal of Tourism Research』 12.

_____, 2013, 「고서화에 나타난 조선시대 전통관광의 유형 및 행태」, 『관광경영연구』 57.

황소연, 2010, 「조선시대 使行문학과 觀光 의식 - 통신사 연행사 신사유람단을 중심으로」,

『일본학연구』 30.

『南宮奏稿』,『大明一統志』,『大明會典』,『萬曆野獲編』,『明史』,『明實錄』,『日下舊聞考』.
王建偉 主編, 2016,『北京都市空間中的歷史文脈傳承』, 中國社會科學出版社.
王彬, 2007,『北京微觀地理笔記』, 生活 讀書 新知三聯書店.
晁中辰, 2004,「明朝皇帝的崇道之風」,『JOURNAL OF LITERATURE, HISTORY AND PHILOSOPHY』 284.

6.
"중화는 소중화와 다르다"
황재의 연행록에 나타난 18세기 중반 중화 인식의 단면

남호현
공군사관학교 역사·철학과 조교수

1. 머리말
2. 황재의 사행과 연행록
3. 재구성된 견문들
4. 굴절된 정보들
5. 맺음말

1. 머리말

사행(使行)을 통해 전통시대 동아시아의 국제관계를 살피는 데에는 여러 층위가 있다. 사신이 받든 사명(使命)에 따라 양국의 주요 외교 현안을 알 수 있고, 그 과정에 수반된 교역을 통해 전통시대 한·중 경제 교류의 일면을 살펴볼 수도 있다. 또 사신들이 해당국을 방문하고 남긴 기록을 통해 우리는 전통시대 동아시아 국제관계의 기저에 자리한 행위자들의 인식을 살필 수도 있다. 특히 조선과 중국(명·청 왕조) 사이에서 이루어진 사행은 500여 년 동안 끊임없이 이어졌으며, 그 사신들이 수백 편의 사행 기록을 남겼다는 점에서 주목받고 있다. 그들이 남긴 기록의 명칭은 각기 다르지만, 우리는 이러한 사료군(史料群)을 연행록(燕行錄)이라 부르며 조선시대 한·중관계를 연구하는 귀중한 사료로 활용하고 있다.

이 글은 조선 후기 영조대 황재(黃梓, 1689~1756)의 사행과 연행록을 분석하고, 이를 통해 18세기 중반 조선 지식인의 중화 인식의 단면과, 그것이 공유되는 과정을 살핀다. 황재는 1734년(영조 10)과 1750년(영조 26)에 각각 서장관(書狀官)과 부사(副使)로 북경에 다녀왔다. 그는 두 번 연행을 다녀온 후 세 편의 연행록을 남겼는데, 갑인년(1734) 연행을 다룬 『갑인연행록(甲寅燕行錄)』과 『갑인연행별록(甲寅燕行別錄)』, 경오년(1750) 연행을 다룬 『경오연행록(庚午燕行錄)』이 그것이다.

황재가 연행한 18세기 중반에는 대개 삼사신(三使臣)을 중심으로 연행록이 작성되었다. 정사(正使)와 부사 그리고 서장관을 일컫는 이들 삼사신은 사절단을 이끄는 최고위 관료로, 공식적인 사명을 수행함과 함께 청

---

* 이 글은 『한국사상사학』 62, 2019에 게재된 논문을 수정·보완한 것이다.

나라의 사정을 살피는 탐문(探問)의 역할을 부여받았다. 그리고 사행의 경과와 함께 사행 중 견문한 정보들을 복명(復命) 자리에서 공유함으로써, 사행 경험을 국왕을 비롯한 조선 왕조의 핵심 정책 결정자들과 공유했다. 따라서 이 시기의 연행록은 단순히 고위 관료의 '유락적 기록'을 넘어 중국의 문물과 정세를 소개한 보고서의 성격을 지니는 것으로 평가받는다.[1] 황재의 연행록 또한 이러한 범주에서 크게 벗어나지 않는데, 그 결과 황재의 연행록은 조선 후기 연행록을 전반적으로 조망하는 가운데 일부 언급되거나,[2] 번역과 함께 해제를 겸한 연구가 이루어졌다.[3] 이를 통해 황재의 생애를 비롯한 기초 정보가 소개되었으며, 연행록에 대한 전반적인 내용이 정리되었다. 하지만 다음과 같은 점에서 황재의 연행록에 대해서는 추가적인 논의가 필요하며, 보다 정치한 분석이 요구된다.

첫째, 황재의 갑인년 연행에 대한 서로 다른 기록의 존재이다. 황재는 자신의 갑인년 연행을 『갑인연행록』과 『갑인연행별록』이라는 두 편의 연행록으로 남겼다. 두 연행록은 다뤄진 일자에서 다소 차이를 보이면서도 거의 동일한 일정을 다루는데, 이때 주목되는 것은 같은 날짜를 다룬 기사에서도 상당한 서술상의 차이가 발견된다는 점이다. 두 연행록이 이본(異本)이 아님에도 한 명의 저자가 같은 사건을 두고 서로 다른 연행록을 남긴 사실은 연행록의 저술 동기를 파악하는 데 중요한 시사점을 제공해

---

1 김현미, 2007, 『18세기 연행록의 전개와 특성』, 혜안, 46-83쪽.
2 藤塚鄰, 1975, 『淸朝文化東傳の研究』, 東京: 國書刊行會; 노대환, 2014, 「19세기 전반 지식인의 對淸 危機認識과 北學論의 변화」, 『연행록연구총서』 8, 학고방.
3 신로사, 2013, 「黃梓의 甲寅·庚午 연행록에 관한 고찰 – 雍正·乾隆 연간의 정세 인식을 중심으로」, 『한국한문학연구』 52; 신로사, 2015, 「해제: 황재와 그의 연행록에 관하여 – 18세기 전반 조선 문인의 청대 인식의 일면」, 황재 지음, 서한석 옮김, 『국역 갑인연행록』, 세종대왕기념사업회.

준다. 두 기록의 비교를 통해 연행록의 내용이 어떠한 과정을 통해 '재구성'되는지를 살펴볼 수 있기 때문이다.

둘째, 황재의 청나라와 중화(혹은 중국)에 대한 시각이 그의 연행록 서술에 어떤 영향을 미쳤으며, 사신의 사행 경험이 어떤 방향으로 서술되는지를 구체적으로 살펴볼 필요가 있다. 연행록은 당대인의 중국 견문이라는 사실만으로 일종의 객관성을 담보한 것처럼 보이지만, 사절단의 방문지가 그들이 '원수'로 여긴 청나라였다는 점과 함께 조선이 '사대'의 대상으로 여긴 명나라의 유지(遺址)이기도 하다는 점에서 그 서술을 있는 그대로 신뢰하기는 어렵다는 지적이 있다.[4] 이는 연행록의 서술 과정에서 의도적인 왜곡이나 오독, 잘못된 정보의 활용이나 문화적 편견 같은 이유로 모종의 '굴절' 현상이 존재함을 지적한 것으로, 연행록을 통해 당대의 시대상을 살필 때 주의해야 할 부분이다. 특히 황재는 자신의 사행을 다룬 여러 기록에서 동일 사건이나 인물에 대해 서로 다른 서술과 평가를 노정했다. 이러한 사실은 사절단이 수집한 정보를 의도적으로 가공한 구체적인 과정을 보여준다는 점에서, 연행록의 '진실성' 문제에 대한 하나의 실마리를 제공할 수 있을 것이다.

마지막으로 황재가 사행 중 수집한 정보는 여느 사절단과 마찬가지로 조정에 보고되었고, 황재의 연행록과 『조선왕조실록』을 비롯한 관찬 사료에는 사절단이 수집한 정보가 어떤 방식으로 조선에서 공유되고 활용되었는지에 대한 구체적인 정황이 담겨 있다. 따라서 황재의 연행과 연행

---

4   임기중, 2014, 『연행록연구층위』, 학고방; 張伯偉, 2017, 「'燕行錄' 및 관련 문헌의 '眞實性' 문제 初探」, 『대동문화연구』 97; 진재교, 2017, 「'燕行錄'과 知識·情報」, 『대동문화연구』 97; 조민우, 2018, 「燕行錄의 死角: 의도된 省略과 縮小」, 『동방학지』 182; 거자오광 지음, 이연승 옮김, 2019, 『이역을 상상하다: 조선 연행사절단의 연행록을 중심으로』, 그물.

록에 담긴 정보가 조선 조정에서 공유되는 장면을 살펴보는 것은 단순히 개별 연행록에 대한 천착을 넘어 조선 후기 지식인의 시대인식을 살펴보는 데에도 중요한 실마리가 될 것이다.

황재는 경오년 사행 당시 지은 시에서 "중화는 소중화와 다르다(中華不類小中華)"라고 읊은 바 있다.[5] 이 시 자체는 조선과는 다른 청나라의 풍경을 묘사한 것에 지나지 않지만, 그의 연행록 곳곳에는 조선과 다른 청나라의 모습을 특정한 시각으로 바라본 서술이 다수 존재한다. 사행 당시 황재가 찾았던 지리적 중화, 즉 청나라가 소중화, 즉 조선과 다르다는 인식의 기저에는 황재를 비롯한 당대 조선인들이 공유한 화이(華夷)에 대한 뿌리 깊은 분별의식이 자리하고 있었다. 황재에게 중화를 진정한 '중화'이게 하는 근본적인 요소는 무엇인가? 또 이러한 인식은 그의 연행록 서술에 '어떤' 영향을 미쳤는가? 이러한 문제의식을 바탕으로 이 글은 우선 황재의 연행과 연행록에 대한 분석적 접근을 시도한다. 이러한 접근은 황재의 사행과 연행록을 보다 다각적으로 이해할 수 있는 단서를 제공해줄 것이며, 연행록을 바탕으로 조선 후기 지식인들의 시대인식을 살펴보는 데 유의미한 사례 연구의 기능을 수행할 것으로 기대된다.

2. 황재의 사행과 연행록

황재의 사행은 어떠한 배경에서 이루어졌으며, 이에 임하는 태도는 어떠

---

[5] 『庚午燕行錄』卷1, 辛未年 1月 8日. 이하 황재의 문집 『畢依齋遺稿』와 『甲寅燕行錄』, 『甲寅燕行別錄』, 『庚午燕行錄』의 원문 인용은 모두 고려대학교 해외한국학자료센터에서 제공하는 온라인 자료(http://kostma.korea.ac.kr)를 활용했으며, 세종대왕기념사업회 발간 연행록국역총서(1~3) 또한 두루 참고했음을 밝힌다.

했는가? 또한 이러한 점들은 그의 연행록에 어떻게 반영되었는가? 황재에 대한 기초적인 정보는 선행 연구에서 검토된 바 있으므로, 이 글에서는 황재의 문집을 중심으로 사행을 전후한 시기 황재의 상황과 사행 태도를 살펴보기로 한다.

황재는 1718년(숙종 44) 문과에 급제한 뒤 1721년(경종 1)부터 관직 생활을 시작했으나, 영조대에는 '노론의 의리' 때문에 거의 관직에 나아가지 않았다.[6] 갑인년 당시에도 황재는 홍문관 응교에 임명되었으나, 나아가지 않아 파직되었다.[7] 1734년(영조 10)을 전후한 시기 영조와 노론은 노론 4대신의 복권 문제 등으로 대립했고, 황재는 노론에 동조해 관직에 나아가지 않았던 것이다. 그런데 황재는 바로 이 시기에 내려진 서장관의 명은 받아들였는데,[8] 이는 임금이 치욕을 당하면 신하는 죽어야 한다는 뜻에 따라 나아가지 않으면 안 된다고 생각했기 때문이다.[9] 이때 황재가 '임금의 치욕'으로 여긴 사건은 바로 전년에 있었던 일로, 김세정(金世丁) 등 30명 남짓의 조선인이 국경을 넘어 인삼 등을 약탈하고 청나라 사람 7명을 살해한 사건이다.[10] 이 사건이 조선인들에게 치욕으로 여겨진 것은 청 예부의 자문에 변방의 단속을 소홀히 한 관리뿐만 아니라 조선의 국왕

---

6 신로사, 2015, 3쪽.
7 『영조실록』, 영조 10년 1월 25일; 『承政院日記』776冊, 英祖 10年 3月 27日 癸卯.
8 『영조실록』, 영조 10년 3월 12일.
9 『畢依齋遺稿』卷16 附錄, 「行狀」. "甲寅以北道犯越事, 彼人賫書至將有陳奏之擧, 府君爲書狀官, 府君以爲主辱臣死之義, 不敢不出." 신로사는 위 사료와 함께 『畢依齋遺稿』卷10 拾遺錄에 있는 「燕館病臥偶吟遣懷錄奉三友堂(甲寅)」을 근거로 황재의 사행 경위를 설명했다(신로사, 2015, 4쪽). 하지만 후술하듯이 「燕館病臥偶吟遣懷錄奉三友堂(甲寅)」은 황재의 사행 경위와 관련이 없으며, 오히려 그의 사행 태도 및 중화 인식과 관련하여 이해되어야 한다.
10 해당 사건의 전개는 임현채, 2017, 「英祖代 朝鮮人 범월사건 처리방침을 통해 본 朝鮮의 對淸 태도」, 『명청사연구』48, 511쪽 참조.

까지도 청나라 황제의 '처분' 대상으로 명시되었기 때문이다. 다음은 김세정 범월 사건 당시 청나라에서 보내온 자문의 일부이다.

> 전번에 조사한 조선국인 김세정 등이 함부로 내지(內地, 청나라)에 들어와서 사람을 죽인 안건은, 그때 피살된 사람들은 혹 기인(旗人)도 있고 혹은 민인(民人)도 있으니, 응당 성경장군(盛京將軍)과 영고탑장군(寧古塔將軍)에게 확실히 조사하여 상세히 아뢰게 하였다. 이어 조선국왕에게 신칙하니, 도망간 김영창(金永昌) 등을 철저히 조사하여 힘써 나획하고 김세정 등도 똑같이 확실히 조사하여 상세히 주달하고 청지(請旨)하라. 그리고 방비를 소홀하게 한 해당 지방관과, 국인(國人)들에게 (국경을 범하지 말라는) <u>약속을 엄중하게 하지 못한 국왕에 대해서는 명백한 조사 내용이 도착하기를 기다려 일체 똑같이 예부에 맡겨 전례를 참조해서</u> 조사 참작한 다음 논의해 처분하겠다. (강조: 필자)¹¹

이처럼 청나라가 단순 범월 사건에 대해 '국왕의 처분'까지 운운한 것을 조선은 큰 치욕으로 여겼으며, 사건 당시 연경에 머무르면서도 사태를 수습하지 못한 사절단에 대한 처벌이 논의될 정도로 이 사건을 심각하게 받아들였다.¹² 요컨대 갑인년 연행을 앞두고 황제가 제시한 '주욕신사(主辱臣死)'의 명분은 황제의 개인적인 사행 태도임과 동시에, 당시 조선인

---

11 『영조실록』, 영조 10년 3월 11일. "前來查朝鮮國人金世丁等, 擅入內地, 搶殺一案, 其被殺之人, 或係旗人, 或係民人, 應令盛京將軍及寧古塔將軍, 確查具奏, 仍飭令該國王, 將在逃之金永昌等, 嚴拿務獲, 同金世丁等, 一竝確審, 具奏請旨. 至於疎防之地方官與約束國人不嚴之該國王, 俟查明到日, 一併交部, 照例查參議處等因."

12 『영조실록』, 영조 10년 3월 11일.

대다수의 청나라를 향한 적개심을 반영한 것이었다. 황재를 비롯한 조선인들에게 청나라는 과거 삼전도에서 치욕을 안겨준 나라임과 동시에 당시까지도 조선에 굴욕을 준 나라로 여겨졌던 것이다.

이러한 상황에서 황재의 청조 인식이 긍정적일 수는 없었다. 조선 후기 지식인 사이에서 17세기뿐만 아니라 18세기에도 거의 전 시기 동안 청나라 사행은 가는 사람이나 보내는 사람 모두에게 치욕스러운 일로 기억되었다.[13] 다음은 황재가 갑인년 사행을 회고하며 지은 시로, 사행에 대한 그의 태도를 단적으로 보여준다.

이번 연행은 남에게 말할 만한 것이 없으니	茲行無可對人言
하루 종일 신음하며 숙소에 누워 보내네	盡日涔涔臥蟄溫
숙소에 갇혀 시간을 보내니	魚館鎖扃隨早晩
벌레먹은 책을 시장에서 구해 어리석음을 밝히네	蠹書購市了明昏
백 년이 지나도 천하는 여전히 크게 치욕스러운데	百年天下餘深恥
만세산 속에는 오히려 옛 흔적이 뚜렷하다	萬歲山中尙舊痕
주인이 욕을 당하면 신하는 죽는 것이 의로움을 아는데	主辱但知臣死義
그러지 못한 나는 전원에서 일어서지 못하네[14]	不然吾不起田園

실제 사행 중에는 청나라의 이곳저곳을 둘러보고 스스로도 두 번이나 사행한 사실을 "성은을 입었다"라며 자못 자랑스러워한 그였지만,[15] 조·

---

13 조선 연행 사절단의 청나라에 대한 적개심과 연행에 대한 부정적 인식은 안대회, 2010, 「조선 후기 燕行을 보는 세 가지 시선: 燕行使를 보내는 送序를 중심으로」, 『한국실학연구』 19, 95쪽; 거자오광, 2019, 70-81쪽 참조.

14 『畢依齋遺稿』 卷10, 詩(拾遺錄), 「燕館病臥偶吟遣懷錄奉三友堂(甲寅)」.

15 『畢依齋遺稿』 卷7, 詩, 「自敍」. "殘生誰拜再之燕, 前後往還過一年, 留日合爲百五十, 行

청관계라는 현실 속에서 임금이 치욕을 당한 것도 모자라 그것을 해명해야 한다는 사실은 달가운 일이 아니었다. 이러한 사정은 "이번 사행은 남에게 말할 만한 것이 없다"는 시구를 통해 직접적으로 드러난다.

위 시에서 황재가 주목한 것은 그러한 세상 속에서도 여전히 남아 있는 옛 명나라의 흔적이다. 만세산이 바로 그것인데, 만세산은 경산(景山)으로도 불리는 인공 산으로, 명나라의 마지막 황제 숭정제(崇禎帝)가 자결한 곳으로 유명하다. 황재가 자신의 연행을 자평하는 시에서 굳이 만세산을 언급한 것은, 자신의 처지가 명나라의 멸망과 무관하지 않다고 생각했기 때문일 것이다. 이러한 점에서 "백 년이 지나도 천하가 여전히 치욕스럽다"라는 구절과 "주인이 욕을 당하면 신하는 죽는 것이 의로움을 아는데"라는 구절은 조선의 처지를 빗댄 것임과 동시에, 명나라가 망한 지 100년이 지났음에도 여전히 청나라가 천하를 지배하는 현실에 대한 한탄이기도 했다.

마찬가지로 '전원에서 일어서지 못하네(不起田園)'라는 마지막 구절 또한 주목을 요한다. 해당 구절은 직역하면 그 의미를 찾기 어려우나, 그 맥락은 정두경(鄭斗卿, 1597~1673)이 지은 조익(趙翼, 1579~1655)의 만사(挽詞)에서 조익이 인목대비의 유폐에 반발하여 관직을 버리고 초야에 있다가 인조반정 직후 인조를 만나 정계에 복귀한 것을 빗댄 구절을 참고할 수 있다.[16] 즉 서인의 입장에서 광해군의 폭정을 떠나 초야에서 지내다 인조라는 '풍운(風雲)'을 만난 조익과 달리, 황재가 처한 현실은 100년이 다 되도록 청나라의 천하가 계속되는 현실을 비유적으로 표현한 것이다.

程通計萬三千, 驅馳自許消埃報, 跋履敢言疾病綿, 不死歸來人莫恠, 此身知荷聖恩偏.

[16] 『浦渚年譜』卷4 「附錄」. "晚居台鼎受皇恩, 一代皆稱出處尊, 天地閉時辭爵祿, 風雲會日起田園, 傳經學入先儒室, 事主忠移孝子門, 欲作挽歌偏下淚, 世間憂國幾人存."

비록 조선의 힘으로 청나라를 몰아낼 수는 없었지만, 언젠가 운세가 다하면 청나라는 원래의 본거지로 되돌아가리라는 소극적 기대 차원의 중화 회복 의식은 조선 후기에도 잔존했다.[17] 요컨대 위 시는 자신의 군주가 치욕을 입어 떠나게 된 사행에서, 망한 명나라의 유지에 주목하는 한편 여전히 지속되는 청나라의 천하를 비통한 심정으로 읊은 것이다. 이러한 심리는 황재가 연행에서 얻은 견문의 새로움이나 관광의 즐거움과 함께, 자신의 사행을 자평할 때 반복적으로 나타난다.

그렇다면 갑인년 사행으로부터 16년이 지난 경오년의 사행은 어떠했는가? 경오년 사행의 계기는 갑인년과 마찬가지로 조선인 김인술(金仁述) 등 7명이 국경을 넘어 청나라 사람 5명을 살해한 사건이었다.[18] 경오년에도 청나라의 천하라는 현실은 변하지 않았으므로, 경오년 사행 또한 갑인년과 크게 다르지 않았음을 짐작할 수 있다. 심지어 당시 황재는 62세의 고령인 데다 추위와 사행 중 얻은 병으로 『경오연행록』의 곳곳에서 고통을 토로했다.[19] 황재는 경오년 연행을 앞둔 어느 날 자신의 처지를 다음과 같이 적었다.

남아의 뜻과 기상은 더욱더 쇠락해지고	南兒志氣轉催頹
먼지가 구해를 덮은 모습 눈에 선하다	滿眼腥塵尙九垓
사신은 이 해에 거듭 북쪽으로 떠나고	拭玉當年曾北去
비단장을 한 중국 사신은 이날 또 서쪽에서 오는구나	銷金此日又西來
황하의 소식은 어찌 묻는가?	黃河消息何由問

---

17 허태용, 2009, 『조선후기 중화론과 역사인식』, 아카넷, 114-115쪽.
18 『영조실록』, 영조 26년 1월 15일, 영조 27년 윤5월 10일.
19 신로사, 2015, 10쪽.

흰 머리는 분주하여 다만 스스로 슬퍼하노라	白首棲遑只自哀
약국은 오히려 차마 의를 붙잡고 있으니	弱國猶存舍忍義
존주 일념은 죽어도 다하기 어렵구나![20]	尊周一念死難灰

갑인년에 비해 고령이 된 자신의 처지와 함께 여전히 청나라가 지배하는 현실을 개탄하고 있다. 이러한 사실은 황재의 청나라에 대한 인식이 두 차례 연행에서 일관되게 유지되고 있음을 다시 한 번 확인해준다. 물론 사행 내내 황재가 청나라의 풍경과 문물에 대해 부정적인 표현으로만 일관한 것은 아니다. 황재는 북경에 머물며 청나라 당국의 소식지인 당보(塘報)를 적극적으로 수집하는 등, 국왕의 명을 받은 사신의 역할을 충실히 수행했다.[21] 또 때로는 연행에서 느낀 다양한 감회를 시로 표현했으며, 이역의 인물을 목격하고는 그들의 외양을 시로 묘사하기도 했다.[22] 하지만 황재는 이러한 시에서도 청나라에 대한 비판적인 태도를 견지하는 것을 잊지 않았다.

이와 함께 주목되는 것은 『경오연행록』의 시작 부분에 나타난 영조와의 대담 장면이다. 『경오연행록』은 '경오년 7월' 기사로 시작하지만, 해당 기사는 사행을 가게 된 계기와 사절단의 명단을 나열할 뿐이다.[23] 바

---

20 『畢依齋遺稿』卷6 詩, 「北客過去」.

21 연행사에게 塘報가 지니는 중요성에 대해서는 丁晨楠, 2018, 『明淸時代 朝鮮의 중국 정보 수집: '新聞類 소식지'를 중심으로』, 연세대학교 박사학위논문, 117-122쪽 참조. 특히 이 논문의 각주 447, 462에는 황재가 갑인년, 경오년 사행에서 당보를 접한 사례를 제시하고 있다.

22 異域 사람을 묘사한 시는 다음과 같다. 『畢依齋遺稿』卷7 詩, 「大鼻㺚子」; 「西洋人」; 「琉球貢使」; 「緬甸新附」; 「西藏」. 시의 내용은 해당 인물의 외양을 묘사하거나 역사적 유래를 읊는 정도로 구성되어 있다.

23 『庚午燕行錄』卷1, 庚午年 7月.

로 뒤에 이어지는 '11월 7일' 기사부터 연행록의 본격적인 서술이 나타난다. 11월 7일은 사절단이 영조에게 사조(辭朝)하는 날로, 이 자리에서 황재는 영조에게 지나친 거조(過擧)를 중단하고,『자성편(自省篇)』을 지은 뜻을 생각하며 근신하고 또 근신할 것을 당부한다.[24] 경오년 연행 직전인 10월 29일, 영조는 자신의 독단적인 처사를 비판하는 영의정 조현명(趙顯命, 1690~1752)과 갈등을 빚었고 이로 인해 조현명의 영의정 직을 거두었다.[25] 때마침 우박이 내리는 등 재이(災異)까지 발생하자 많은 신하들이 영조의 처사에 반발했는데, 이에 영조는 합문(閤門)을 폐쇄하고 신하들과 만나지 않는 한편 감선(減膳)을 실시하여 수라까지 거두었다. 이러한 갈등은 영조가 다시금 신하들을 인견하는 11월 4일에야 일단락되었는데,[26] 황재는 바로 이러한 영조의 처신을 지나친 거조라고 하며 자성을 당부했던 것이다.

연행록의 도입부에서 사행 경위를 밝히거나 임금과의 대화 내용을 수록하는 것은 일반적인 형식이며, 이는 대개 알현 사실을 간략히 밝히거나 임금을 칭송하는 등 상투적인 표현인 경우가 대부분이다. 그런데『경오연행록』에서 황재는 굳이 사행과는 별 관련이 없는, 임금의 지나친 거조를 지적하는 자신의 모습을 부각하여 서술했다. 이 시기 영조가 지나친 거조를 하기에 이른 것은 격화된 붕당 간의 갈등을 무마하기 위한 정치적 고

---

24 『庚午燕行錄』卷1, 庚午年 11月 7日.『自省篇』은 영조가 독서 등을 통해 느끼고 생각한 바를 엮은 책으로, 영조는 "내가 지나친 거조를 하거든 諸臣은 이 책을 가지고 간언하라"고 했다. 이후 현안의 처리를 두고 신하와 영조 간에 의견 차가 생기면 신하들이 이 말을 인용하곤 했는데, 그때마다 영조는 이 책을 지은 것이 후회된다고 말했다. 황재 지음, 하현주 옮김, 2015,『국역 경오연행록』, 세종대왕기념사업회, 17쪽 각주 11.

25 『영조실록』, 영조 26년 10월 23일, 영조 10월 29일.

26 『영조실록』, 영조 26년 11월 4일. 이날 조현명은 領敦寧으로 복직되었다.

육지책이었다.[27] 따라서 영조의 처사를 비판한 황재의 지적 또한 정치적 고려와 무관한 것이라고 보기는 어렵다. 이러한 사실은 황재가 사행에 임하는 사신이기에 앞서 국왕의 처신을 경계하는 선비로서의 입장, 즉 노론 신하로서의 입장을 표명하는 것에 주안점을 두고 있음을 보여준다.

요컨대 황재는 두 차례 사행에서 청나라에 대한 부정적 시각을 견지하는 한편, 문집에서 '노론의 의리를 지키는' 입장을 강하게 드러내었다. 이러한 요소는 그의 사행 태도 및 연행록의 서술에도 그대로 반영되었으며, 이를 통해 우리는 18세기에 주로 사행을 다녀온 서인계 노론 인사,[28] 그중에서도 임금의 지나친 거조를 경계하며 노론 사대신의 복권을 주장한 이들의 중화 인식과 그것이 형성되어간 단면을 살펴볼 수 있다. 황재의 연행록이 단순히 개인적 차원의 여행기라거나 정세 보고서 차원에 머물지 않는 이유가 여기에 있다.

3. 재구성된 견문들

황재는 갑인년 연행을 『갑인연행록』과 『갑인연행별록』이라는 두 편의 연행록으로 남겼는데, 『갑인연행록』은 갑인년 7월 2일부터 11월 20일까지의 기록을, 『갑인연행별록』은 동년 8월 1일부터 12월 17일까지의 기록을 담고 있다는 점에서 다소 차이를 보인다. 또한 『갑인연행별록』은 두

---

27 김자현 지음, 김백철·김기연 옮김, 2017, 『왕이라는 유산』, 너머북스, 184-192쪽.
28 18세기 연행록의 주된 작자층은 서인계 중에서도 특히 노론 인사들이었는데, 그들이 청요직을 두루 겸하고 있어 삼사신이 될 가능성이 높았기 때문이다. 김현미, 2007, 274쪽.

권으로 구분되는데, 권1은 일기이고 권2는 별도의 제목은 없으나 구성으로 보아 잡지 혹은 별단의 형태를 취하고 있다.

황재가 『갑인연행록』에 이어 『갑인연행별록』을 별도로 지은 이유는 특정하기 어렵다. 다만 『갑인연행록』은 일자별로 전반적인 연행 과정에 대한 설명뿐 아니라 하인들을 단속하거나 역관의 신상과 같은 세세한 부분까지 모두 수록한 반면, 『갑인연행별록』은 비교적 굵직한 사건만을 다루고 있다는 점에서 차이를 보인다.

실제로 황재는 갑인년 사행 이듬해에 "연행 견문록을 독촉받은 지 오래되어 문을 닫고 수정하였다"[29]라고 한 바 있는데, 이러한 사실은 『갑인연행록』과 『갑인연행별록』이 갑인년 연행으로부터 그리 멀지 않은 시기에 저술되었음을 짐작케 한다. 이와 더불어 황재의 지위가 서장관이었다는 점도 주목할 만하다. 서장관은 연행에서 견문한 중요 사안을 보고하는 임무를 지녔기 때문이다. 서장관의 기록은 흔히 '별단'으로도 불렸는데, 별단은 공식 보고서이기도 하지만 책으로 묶여 널리 읽히기도 했다.[30] 황재 또한 『갑인연행록』에서 연행 중 목격한 방문(榜文)이나 비문(碑文)을 수록하는가 하면, 연행 중 접한 전문(傳聞)을 소개하기도 했다.

요컨대 『갑인연행록』은 황재가 서장관으로 연행을 수행하면서 수집한 정보와 행정적인 내용을 최대한 모아 작성한 비망록 형식의 연행록인 반면, 『갑인연행별록』은 『갑인연행록』의 내용을 바탕으로 이를 일기와

---

29 『畢依齋遺稿』卷3 詩, 「題燕行錄」, "燕行聞見錄, 久被催督, 至是閉門修正." 『畢依齋遺稿』卷3의 시들은 을묘년(1735) 3월부터 시간 순으로 수록되었는데, 「題燕行錄」 앞에 수록된 「果川村舍」의 註는 이 시가 4월에 쓰였음을 밝히고 있으며, 「題燕行錄」 바로 뒤에 수록된 「乾里」의 註에는 이 시가 윤4월에 쓰였음을 밝히고 있어 「燕行錄」의 창작 시기는 1735년 4월과 윤4월 사이로 짐작할 수 있다.

30 진재교, 2017, 51-52쪽.

잡지를 혼합한 형태로 재구성한 연행록으로 보아도 무리는 없을 것이다. 『갑인연행록』에서는 역관들이 아팠던 일을 상세하게 다룬 반면, 『갑인연행별록』에서는 역관의 이야기 자체가 거의 나오지 않을뿐더러 그 이름조차 '임역(任譯)'이라고 표기한 것 또한 이러한 점과 무관하지 않은 것으로 보인다.[31] 『갑인연행록』이 연행에서 있었던 일들을 사실 그대로 기록하기 위한 연행록인 것에 비해, 『갑인연행별록』은 황재의 연행 견문을 접하고 싶어 하는 황재 주위의 인물들, 즉 노론계 인사들을 염두에 두고 작성된 연행록이기 때문이다.

그렇다면 이처럼 서로 다른 목적으로 서술된 두 연행록의 차이는 어떠한 방식으로 나타나는가? 두 연행록은 다뤄진 일자에 약간의 차이가 있을 뿐이며, 그 내용 또한 동일한 여정을 다루고 있어 『갑인연행별록』이 『갑인연행록』의 단순한 축약본처럼 보이기도 한다. 하지만 『갑인연행록』과 『갑인연행별록』의 의미심장한 차이는 장소와 인물, 복식, 견문 등의 서술에서 적지 않게 발견할 수 있다. 다음은 사절단이 심양(瀋陽)에 도착한 8월 14일의 기사이다.

『갑인연행록』

심양성에 이르렀다. … 외성은 흙으로 쌓아 낮고 평평했으며 도로의 좌우로는 민가와 상점이 서로 이어져 있다. 내성은 벽돌로 쌓아 가지런하고 튼튼했고, 성가퀴와 포루도 매우 웅장하고 아름다웠다. … 사람과 물자가 번성하고 저자에 물품이 풍성한 것을 보니, 요동성이

---

31 신로사, 2015, 9쪽. 다만 신로사는 이러한 차이를 『갑인연행별록』이 『갑인연행록』에 비해 "공무와 관련된 내용"을 주로 다루고 있기 때문인 것으로 보았다. 하지만 연행 중의 정보 수집과 함께 역관과 짐꾼들의 관리 또한 서장관의 '공무'였다는 점을 고려할 때, 『갑인연행록』과 『갑인연행별록』의 차이를 단순히 공무의 여부로 보기는 어렵다.

10개가 있다 한들 여기에 미치지 못할 것이다. … 성 바깥 동남쪽으로 몇 리쯤 되는 곳에 효묘(孝廟)께서 심양에 머무실 때의 행궁 터가 있다고 하는데 어디인지 명확하게 알 수가 없다. 이리저리 바라보니 가리키는 곳마다 그저 나무가 울창하게 자란 것만 보일 뿐이다. 지난 일을 떠올리자니 느꺼운 눈물이 절로 흘렀다.[32]

『갑인연행별록』

심양에 도착했다. 저자의 수많은 사람들은 요동의 열 배도 더 될 듯하였다. 성 안에는 궁궐과 창고가 있다. 오부(五府)를 설치하고 위계가 높은 장군 하나를 두어 다스리면서 심양을 성경(盛京)이라고 불렀다. 재물과 식량을 가득 채우고 성곽과 갑옷 입은 병사로 견고하게 지켜 결코 함락되지 않을 근거지로 보이게 하였으니, 아마도 조만간 위급할 때 이곳으로 오고자 작정한 것이 아니겠는가? 혼하(渾河) 동쪽은 옛날 고구려와의 경계였다. 동팔참(東八站)의 산천 형세는 우리나라와 똑같았다. 중첩된 산봉우리와 고개, 깊은 골짜기와 긴 계곡은 실로 하늘이 만들어준 천혜의 요새이거늘 지금은 모두 저들의 소유가 되어버렸다. 압록강 한 줄기를 제외하면 달리 믿을 만한 요새도 없으니, 훗날 우리나라에 닥칠지도 모르는 근심을 어찌 이루 다 말할 수 있으랴![33]

---

32 『甲寅燕行錄』卷1, 甲寅年 8月 14日. "到瀋陽城 … 外城土築低平, 路左右閭家市廛相連. 內城甓築齊整堅厚, 雉堞砲樓俱極壯麗. … 人物之繁盛, 市貨之殷富, 略見可知非十遼東所及也. … 城外東南數里, 許有孝廟駐瀋時行宮遺址云, 而未能的知某處. 回望指點, 但見樹木森蔚而已. 追惟徃事, 感涕自零."

33 『甲寅燕行別錄』卷1, 甲寅年 8月 14日. "抵瀋陽. 土城外去盖垂馬人, 南門市肆人衆, 非十遼東所及也. 城中有宮闕倉庫, 設五府, 行省置一將軍峻其秩而鎭之, 號爲盛京. 其所以玉帛穊糧, 而實之城郭甲兵, 而固之視爲不拔之塞者, 此豈非早晚緩急, 必以爲歸之計耶. 渾河以東, 昔時高句麗地界也. 東八站山川形勢, 一如我國. 其重崗複嶺深洞長谷, 眞所謂

사실『갑인연행록』에서 황재는 이날 아침 백탑촌(白塔村) 학당의 훈장과 『대의각미록(大義覺迷錄)』 및 여유량(呂留良)에 대한 이야기를 나누었으나 원하는 답을 구하지 못했고, 이러한 내용이 『갑인연행별록』에서는 생략되었다.³⁴ 백탑촌을 떠난 황재는 이윽고 심양성에 도착했는데,『갑인연행록』에 묘사된 심양성은 성의 웅장함과 인물의 번화함이 잘 표현되어 있다. 또한 인근에 효종이 머물던 행궁이 있다는 소식을 듣고 둘러보았으나 찾지 못해 슬퍼하는 모습 또한 나타나 있다. 반면『갑인연행별록』의 서술은 사뭇 다르다. 심양성의 규모가 요동성의 열 배나 된다는 사실은 공통적으로 지적되고 있으나, 그에 대한 해석은 전혀 다른 것이다.

『갑인연행별록』에서 황재는 청나라가 심양을 번화한 도시로 만들고, 창고를 채우는 한편 군사를 두어 이곳을 지키는 이유를 "조만간 위급할 때에 이곳으로 돌아오고자 작정한" 것으로 보았다. 이러한 모습은 18세기 조선에 만연했던 '영고탑 회귀설'을 연상케 한다. 영고탑 회귀설이란 오랑캐 청나라의 운명적 몰락을 가정한 조선인들이 청나라가 머지않아 멸망하면 그들의 본거지인 영고탑으로 돌아갈 것이고, 그 과정에서 조선을 침략할 것이라는 위기의식을 일컫는다.³⁵ 이러한 위기의식은 17세기 말 숙종대에 특히 심화되었으며, 18세기에도 지속되었다.³⁶ 이러한 위기

天設關防之險. 而今也皆爲彼有. 鴨綠一帶之外, 便無險阻之, 可恃我國他日之憂, 可勝言哉.

34 마찬가지 맥락에서 황재는 갑인년 9월 6일 백하(白河) 일대에서 자신을 명나라 대중승(大中丞) 당순지(唐順之)의 후손이라고 소개한 사람과 대화를 나누며 중국의 정세를 물어보았는데, 이 사람이 현재 중국의 정세를 긍정적으로 평하자 해당 내용을『갑인연행록』에는 수록했으나『갑인연행별록』에서는 생략했다.

35 17~18세기 조선에 만연한 위기의식과 영고탑 회귀설에 대해서는 배우성, 1998,『조선후기 국토관과 천하관의 변화』, 일지사, 204-209쪽 참조.

36 연갑수, 2010, 「영조대 對淸使行의 운영과 對淸關係에 대한 인식」,『한국문화』51,

의식의 지속은 실제 국제정세를 반영한 것이라기보다 청나라를 이적시하던 조선인들이 자아낸 측면이 강한데,『갑인연행별록』에서 황재가 심양의 번성함을 두고 새삼 '청나라의 회귀'를 우려한 것 또한 이러한 의식의 발로인 것으로 보인다. 이어서『갑인연행별록』은 역관의 말을 빌려 다음과 같은 사실을 전하고 있다.

> 찰원(察院)에 묵었다. 임역배들이 와서 말하기를, "3년 전 성경장군(盛京將軍) 나소도(那蘇圖)가 병사 3만을 거느리고 영고탑에 가서 몽골 사람들이 왕래하는 지역을 방어했습니다. 해수(海壽)가 교대하여 장군이 되었다가, 올해 나소도가 다시 진으로 돌아오고 해수는 공부상서(工部尙書)가 되어 돌아갔습니다"라고 하였다.37

『갑인연행별록』보다 많은 내용을 담고 있는『갑인연행록』에도 등장하지 않는 임역배의 전문이 이 대목에서 등장한 것은 의미심장하다. 만주인 장군이 영고탑으로 가서 몽골인을 방어한다는 내용은 전문의 실존 여부를 떠나 특기할 만한 내용이 아니다. 그럼에도 황재는 이 전문을 영고탑 회귀를 우려한 대목 바로 다음에 배치했고, 이러한 사실은『갑인연행별록』의 서술이 영고탑 회귀설을 의식한 가운데 이루어졌음을 알게 해준다. 마치 임역배들의 전언이 영고탑 회귀설을 입증하는 근거로 활용된 듯한 인상을 주기 때문이다. 이처럼『갑인연행록』에는 등장하지 않는,

---

59쪽.

37 『甲寅燕行別錄』卷1, 甲寅年 8月 14日. "宿察院. 任譯輩來言, 盛京將軍那蘇圖, 三年前領兵三萬往寧古塔, 防守蒙古. 往來" 地方而海壽來代爲將軍. 今年, 那蘇圖還鎭而海壽以工部尙書去矣.

실존 여부를 확인할 수 없는 전문은 비단 심양성에서만 나타난 것이 아니다. 다음은 황재 일행이 행산보(杏山堡)에 이르렀을 때의 기사이다.

『갑인연행록』

동틀 무렵 잠시 정사를 만나고, 자릿조반으로 죽을 먹었다. 출발하여 소릉하교(小凌河橋)와 송산보(松山堡)를 지나 행산보에 이르러 아침밥을 먹었다. 명나라 말기에 홍승주(洪承疇)가 거느린 13만 병사 전원이 송산에서 몰살당했다. 청나라 사람들이 잔혹하게 도륙한 것은 그들의 굳건한 수비에 화가 났기 때문이다. 이제는 폐허가 되어버린 성과 보루들을 보자니 참으로 기가 막혔다.[38]

『갑인연행별록』

동틀 무렵 출발하여 소릉하와 송산보를 지나 행산보에서 아침을 먹었다. 황조(皇朝, 명나라) 말년에 송산보와 행산보 등 여러 보들이 죽음을 각오하고 굳게 지켰으나, 청인(淸人)들이 이긴 뒤 닭과 개까지도 모두 도륙해버렸다. 지금 눈앞에 있는 성루와 촌락들은 너무도 쓸쓸하여 보기에도 참담하였다. 십삼산(十三山) 이후부터 들보를 얹지 않아 지붕이 평평한 집(平樑)이 많았다. 이는 옛날 전란에서 살아남은 유민들이 "백성에게 임금이 없는데 집에 어찌 용마루가 있으랴" 하고는 높은 들보를 없앤 것으로 '평방자(平房子)'라고 한다. 이것이 제도처럼 굳어져 지금도 여전히 이를 따르는 것이라고 한다. 꼭 그러한지는 모

---

38 『甲寅燕行錄』 卷1, 甲寅年 8月 23日. "平明暫見正使, 粥早飯. 發行過小凌河橋松山堡, 至杏山堡朝飯. 明末, 洪承疇十三萬兵全沒於松山, 而淸人之屠戮殘酷, 蓋怒其堅守也. 城壘遺墟見之, 氣短."

르겠으나 듣다 보니 눈물이 흐른다.[39]

『갑인연행록』에 비해 『갑인연행별록』의 서술은 명나라 장수 홍승주와 그 병사 13만 명과 같은 구체적 사실이 생략되었으며, "닭과 개까지도 모두 도륙해버렸다"와 같이 만주인들의 잔혹성을 부각하는 방식으로 재구성되었음을 확인할 수 있다. 사실 홍승주가 실제로는 청 태종에게 항복했으며 이후 반청(反淸) 운동을 진압하는 데에도 적극 참여했음을 고려하면,[40] 마치 '홍승주와 13만 명의 병사'가 현장에서 몰살된 것처럼 묘사한 『갑인연행록』의 기록은 사실을 다소 비틀어 전한 측면이 있다. 황재 또한 이 점을 인식했는지, 『갑인연행별록』에서는 그의 이름을 삭제했다.

이에 더해 황재는 『갑인연행별록』에서 『갑인연행록』에는 없는 '평방자 고사'를 소개하며 이 지역 사람들이 여전히 청나라에 대한 적개심을 품고 있다는 점을 강조했다. 『갑인연행별록』에서 갑자기 나타난 '평방자 고사'가 정말로 황재가 접한 전문인지, 아니면 『갑인연행별록』의 서술 과정에서 의도적으로 추가된 것인지는 확인하기 어렵다. 다만 황재가 연행록의 저술 과정에서 주로 참고한 것으로 알려진 최덕중(崔德中)의 『연행일기』[41]에 평방자에 대한 언급이 있는데, 여기서도 최덕중은 평방자를

---

39 『甲寅燕行別錄』 卷1, 甲寅年 8月 23日. "平明發行, 過小凌河松山堡朝飯于杏山堡. 皇明末年, 松杏諸堡以死堅守, 淸人旣克屠戮及於鷄犬至. 今城壘村落極目蕭條, 見之慘然. 十三山以後村中屋子多, 是平樑. 或謂昔年遺民苟全於兵革之後者, 乃曰人而無君, 屋豈有甍. 遂去其高樑, 名爲平房子. 仍成一制, 今猶因循云. 未知其必然, 而聞之亦足一涕."

40 『淸史稿』 卷237, 列傳24 「洪承疇」 참조. 홍승주와 13만의 병사는 행산보에서 청나라 숭덕(崇德) 7년 8월부터 이듬해 2월까지 항전했으나 패배했다. 이때 상당수 명나라 병사들이 전사한 것은 사실이나, "降殘卒三千"과 같은 표현으로 보아 황재가 말한 것처럼 13만 병사 모두가 '몰살'되지는 않았던 것 같다. 이후 홍승주는 청 태종의 회유로 항복하여 한인팔기에 소속되었다.

41 신로사, 2015, 10쪽의 각주 15. 최덕중은 김창집을 정사(正使)로 한 1712년(숙종 38)

"괴이하다"고만 할 뿐,[42] 별다른 해석이나 전문을 덧붙이고 있지는 않다. 이로 보아 『갑인연행별록』에서 나타난 평방자 고사는 그 전문의 실존 여부와 관계없이 황재의 해석이 강하게 작용한 것으로 보인다. 그러한 해석에는 만주인의 잔혹성을 드러내고 청나라를 원망하는 명나라 유민의 존재를 부각시키고자 하는 황재의 의도가 엿보인다.

이러한 서술의 재구성은 비단 특정한 장소만을 대상으로 한 것이 아니었다. 『갑인연행록』과 『갑인연행별록』은 때로는 같은 날에도 전혀 다른 내용을 수록하기도 하는데, 황재 일행이 북경에 도착한 뒤인 갑인년 9월 20일의 기사가 대표적이다. 『갑인연행록』의 9월 20일 기사는 황재가 건륭제에게 바칠 글의 번역 상황을 수역(首譯)과 의논한 내용과 북경에 성(城)을 신설한다는 내용, 어사가 관리들을 엄하게 감찰하여 관리들이 두려워한다는 내용, 큰 유리를 사용하는 건륭제와 가신(家臣) 김상명(金常明)의 이야기로 구성되어 있다.[43] 반면 『갑인연행별록』은 9월 20일의 기사를 다음과 같은 내용으로 채우고 있다.

관에 머물렀다. 우리들이 처음 조양문(朝陽門)으로 들어올 때 길가에 어린아이들이 무리 지어 있다가 우리를 보고 손가락질하며 박장대소하는 것을 보았다. 이는 필시 우리 장복(章服) 제도를 괴이하게 여겨서일 것이다. 아아, 이들은 태어나 머리털이 마르기도 전에 붉은 모자(紅兜)를 썼으니 지금이 옛날과 다르다는 것만 볼 뿐, 자신들의 선조 때와

연행에서 부사 윤지인을 수행했다.
42 『燕行日記』 壬辰年 12月 12日. "村家間有不掛高梁, 狀如平床, 上鋪塵土, 塗灰開谷, 能避雨水, 謂之平房子, 可怪."
43 『甲寅燕行錄』 卷3, 甲寅年 9月 20日.

지금이 어떻게 같고 다른지는 살펴보지 않는다. 그러니 중화의 문물이 오직 우리나라에만 남아 있다는 것을 또 어찌 알겠는가! 듣자 하니 여러 왕가에 황명(皇明) 때의 옥대(玉帶)가 남아 있어 일행 중에 그것을 본 사람이 있는데, 그 괴판(塊板)의 네모지고 둥근 것이며 면설(面舌)의 잠금쇠가 우리나라의 제도와 똑같다고 하였다.[44]

『갑인연행록』과 달리 『갑인연행별록』은 9월 20일 당일의 일은 "관에 머물렀다"고만 할 뿐, 구체적인 일정이나 감상을 전하지 않는다. 다만 황재는 이 대목에서 사절단이 조양문을 지날 때 아이들이 자신들을 향해 손가락질하며 비웃은 일과 명나라의 옥대를 감상한 일화를 전하고 있을 뿐이다. 『갑인연행록』을 보면 사절단이 조양문을 통과한 것은 9월 7일의 일이며, 이때 황재가 아이들을 목격한 일화는 기록되어 있지 않다. 따라서 『갑인연행별록』의 9월 20일 기사에서 굳이 13일이나 전의 일이 언급되는 것은, 그러한 일화의 실재 여부와 무관하게 황재 자신의 의도가 강하게 들어간 것으로 생각된다.

중국의 역사학자 거자오광(葛兆光)이 상세히 언급했듯이 복식, 특히 명나라 복식에 대한 청나라와 조선 사람들의 시각차는 상당히 컸다. 청나라 지식인들은 일찌감치 이민족 정권의 현실을 받아들였으며, 단지 간혹 역사를 상기하면서 마음속에 어느 정도의 무안함과 부끄러움이 있었을 뿐이다. 이러한 상황에서 청나라 사람들에게 명나라의 복식은 기껏해야 과거의 역사를 상기시키는 매개체가 되거나, 심지어 연희에서 등장하는

---

44 『甲寅燕行別錄』卷1, 甲寅年 9月 20日. "留館. 臣等之初入朝陽門也, 見街上小兒群聚, 指點拍手大笑. 此必怪我章服制度而笑之也. 噫, 此輩生髮未燥, 便着紅兜, 遂乃視今猶昔殊, 不省其祖先之世與今日同異如何. 又安知中華文物之獨在於我國也. 聞諸王家有皇明時玉帶, 行中人有取來見之者, 其塊板之方圓面舌之開鎖一如我國制度云."

광대의 옷 정도로 여겨질 뿐이었다. 반면 조선인은 자신들만을 중화의 정종(正宗)으로 여기면서, 청나라 사람들을 비롯해 외국 사신들의 의관이 조금이라도 자신들과 다르면 마음속으로 그들을 경멸했다.[45] 『갑인연행별록』에서 황재가 자신들의 의관을 비웃는 아이들을 보고는 "중화의 문물을 모른다"라며 측은해하고, 명나라의 옥대를 감상하며 그 제도가 자신들과 같은 것임을 확인하고서 자랑스러워한 것은 이러한 맥락에서 이해되어야 한다.

이처럼 청나라에 대한 부정적 인식은 『갑인연행별록』에서 잡지 형식으로 청나라의 문물을 소개한 권2에서 보다 극명하게 드러난다. 『갑인연행별록』 권2는 황재가 연행 과정에서 접한 전문을 항목별로 나누어 열거하는데, 특히 청나라의 풍속과 관련된 부분에서 황재의 청나라와 만주인에 대한 부정적 인식이 두드러진다.

> 세상에 누린내가 진동함에 온갖 일이 괴이하게 변하였지만, 그중에서도 더욱 해괴한 것은 신안(新安)에서 딸을 익사시키는 것과 영현(酃縣)에서 부인을 파는 것이다. … 아, 추위와 배고픔, 곤궁함을 이기지 못하여 부자(父子)와 부부(夫婦)가 서로를 지켜주지 못하는 것은 예전에도 있었다마는 어찌 훗날에 들어갈 비용과 눈앞의 돈만 보고서 딸을 익사시키고 부인을 팔 수 있는가! 이치를 어그러뜨리고 교화를 해치는 것이 이보다 심할 수는 없다. 이러한 현상이 어찌 중화의 본래 풍습이겠는가? 필시 만주의 더러운 풍습에 물들었기 때문일 뿐이다.[46]

---

45   거자오광, 2019, 235-272쪽.
46   『甲寅燕行別錄』 卷2. "九宇腥穢萬事變, 怪而尤可駭者新安之溺女也, 酃縣之鬻妻也. … 噫, 饑寒困窮之不勝, 而父子夫婦不相保者, 古亦有之. 而夫豈有慮日後之費, 賭目前之

황재는 신안과 영현 일대에서 딸을 익사시키고 부인을 파는 행태를 지적하면서 그 이유로 '만주의 더러운 풍습'을 들고 있다. 사실 중국에서 여아살해나 매처(賣妻)와 같은 현상은 청대 이전부터 지속적으로 확인되며, 그것이 두드러진 시기와 장소 또한 '만주의 더러운 풍속'과는 거리가 먼 명말의 강남 지역이었다.[47] 하지만 황재에게 그러한 풍습의 연원을 고증하는 것은 그리 중요하지 않았던 것 같다. 중요한 것은 황재가 목격한 청나라의 실상은 유교사회의 근간인 가정조차 붕괴된 현실이었으며, 이것은 황재가 심양과 북경의 번성함을 직접 목격했으면서도 오히려 고을의 풍속에 주목하게 된 원인이 되었을 것으로 생각된다.

이처럼 『갑인연행록』과 『갑인연행별록』에서 나타난 서술상의 차이는 단순한 축약이나 일방적 왜곡이 아닌, 황재의 특정한 인식과 의도가 반영된 결과로 이해된다. 『갑인연행록』에서 황재는 서장관으로서 자신의 임무를 충실히 수행하기 위해 사행 중에 발생한 모든 사건과 사절단의 신상과 같은 내용, 역관 등으로부터 전해들은 전문을 빠짐없이 수록했다. 그 결과 『갑인연행록』은 갑인년 연행 노정의 전반을 조망하고 연행 사절단이 사신의 임무를 수행한 구체적인 과정을 생생히 살필 수 있는 자료로 저술되었다.

한편 『갑인연행별록』은 청나라의 치세가 100년 가까이 유지된 현실에 대한 비통한 심정과 청나라 통치에 대한 부정적 시선이 연행록 전반을 관통하는데, 이를 통해 그려진 청나라는 부정과 부패가 만연하고, 가정조

價, 而女可溺也, 妻可鬻也. 其悖理傷化莫甚於此. 此豈中州土俗之本然, 必爲滿洲汚習之所染耳."

47 岸本美緒, 「妻を賣ってはいけないか: 明淸時代の賣妻・典妻慣行」, 『中國史學』 8, 1998. 이에 따르면, 중국의 여아살해나 매처 풍습은 청대에도 지속되었으며, 민국(民國) 시기에도 발견된다고 한다.

차 붕괴된 '이적'의 세계였다. 이러한 사실은 연행록의 서술이 저자의 의도에 따라 얼마든지 달라질 수 있음을 명확하게 보여주며, 특히 청나라에 대한 부정적 인식이 다수 반영된 사실 또한 확인할 수 있다. 『갑인연행별록』은 황재의 개인적인 사행 견문을 담은 '연행록'으로 저술되었으나, 그와 동시에 18세기 노론 지식인들이 가졌던 중화 인식과 화이관을 유지하고 확산시키는 매개로도 기능했다고 볼 수 있다.

4. 굴절된 정보들

그렇다면 황재의 연행록, 특히 『갑인연행별록』에서 분명하게 드러난 18세기 노론 지식인의 청나라에 대한 부정적 인식은 어떠한 모습의 견문으로 조선 사회에 공유되고 확산되었는가? 이와 관련하여 황재의 연행록에서 가장 주목되는 부분은 황재가 청나라의 치세를 논할 때, 청나라의 국력이 점차 쇠락해간다는 식으로 일관한다는 점이다. 황재는 16년의 시차를 두고 두 차례 사행을 다녀왔으므로, 이러한 서술은 두 번째 연행록인 『경오연행록』에서 더욱 두드러진다.

> 갑인년 사행과 이번 사행은 시기상 고작 17년의 차이가 났지만, 전후로 달라진 점을 명확히 말할 수 있었다. … 길가의 빈민들이 먹는 것은 고작 옥수수(糖栗)인데, 익히는 것도 반은 익고 반은 설어 죽도 밥도 아니었으며, 벌여놓은 그릇과 집기도 초라하기 짝이 없었다. 이것은 갑인년에 본 모습이다. 이번 사행에서 보니, 그들이 먹는 것은 예전과 같은데 궤장(櫃藏)과 상합(箱盒) 등은 붉게 칠하고 금으로 그려서 휘황찬란하였다. 그러나 그 속에 담긴 것은 고작 낡은 버선 한 쪽뿐이

었다. 이것이 전후 사행의 달라진 점이다. 만주인과 한인을 막론하고 황제의 일을 감히 꺼내지 않았고, 혹 묻는 자가 있더라도 모두 대답하지는 않았다. 이것은 갑인년에 본 모습이다. 이번 사행에서는 자칭 업유(業儒)라는 자들이 황제의 단점을 떠벌리면서 꺼리는 바가 없었다. 이것이 전후 사행의 달라진 점이다. 마을이 영락하고 생활이 고달픈 모습도 전후로 달라진 점이다.[48]

황재가 보기에 빈민들의 상황이 갑인년에 비해 경오년이 나아진 것처럼 보이나 실상은 그렇지 않으며, 황제에 대한 청나라 사람들의 평가 또한 갑인년에 비해 경오년이 보다 부정적으로 변했다. 이러한 인식을 바탕으로 황재는 청나라가 쇠락한 것으로 보았고, 기존 연구에서는 이러한 황재의 분석을 "비교적 정확했다"고 평가했다.[49] 하지만 황재가 목격한 청나라의 모습은 정말로 청나라의 쇠락을 입증하기에 충분한 근거가 되는

---

48 『庚午燕行錄』卷1, 庚午年 12月 27日 丙申. "甲寅之於今年, 不過爲十七年之間, 前後之異見, 然有可言者. … 路傍下戶, 所食不過糖栗, 其所炊成, 半生半熟, 非粥非飯. 所排器皿什物稱是矣. 此甲寅之所見也. 今行見, 其所喫賣, 只是舊日樣子, 而若其櫃藏箱盒之屬, 載皆添以朱, 畵以金, 輝煌炫耀, 其中所有不過一對破襪而已, 此其前後之異也. 無論滿漢人物, 不敢言皇帝事, 或有問之者, 皆不答. 此甲寅之所見也. 今行, 自稱業儒者, 顯言皇帝之短, 無所忌諱. 此其前後之異也. 閭里之蕭條, 生理之艱辛, 亦有異同於前後者云." 이때 황재가 갑인년(1734) 연행과 경오년(1750) 연행의 시차를 '17년'이라고 한 것은 경오년 사행이 이듬해인 신미년(1751)이 되어서야 끝났기 때문이다. 이로 미루어 짐작하건대 『경오연행록』의 저술 시점은 신미년 즈음이 아닌가 한다.
49 신로사, 2015, 13쪽. 신로사는 황재의 평가가 정확했다는 근거로 건륭 시기 중국의 인구가 증가하여 인구 압박이 커진 점을 들었다. 하지만 건륭 시기의 인구 압박은 이 시기 사회상을 설명하는 하나의 배경이 될 수는 있어도 그 자체만으로 황재의 평가가 정확했는지를 판단하는 근거는 되지 못한다. 애당초 황제가 청나라 '쇠락'의 근거로 인구 증가를 들고 있지 않을뿐더러, 16년이라는 시차와 연행사의 단편적인 견문만으로는 인구 압박으로 인해 심화된 사회상의 모순을 간파하는 것이 사실상 불가능하기 때문이다.

가? 또한 앞서 『갑인연행별록』의 사례에서 살펴보았듯이, 『경오연행록』
에 나타난 황재의 견문은 당시의 상황을 '객관적으로' 전달했다고 할 수
있는가?

 이러한 의문을 해결하기 위해 『경오연행록』에 나타난, 황재가 천하
의 대세를 살피는 한 구절을 살펴보도록 한다. 경오년 연행은 해를 넘겨
신미년(1751)에도 계속되었는데, 북경에 머물던 황재 일행은 신미년 2월
3일에 무진사(武進士)의 발인(發靷)을 목격하게 된다. 무진사는 북경의 대
상인 정세태(鄭世泰)의 아들로, 그 발인이 얼마나 성대했던지 조선 사절단
이 다들 구경을 가는 바람에 관소가 텅 빌 정도였다고 한다. 마침 황재의
자제군관 권순성(權順性)도 그 광경을 목격하고 온 터라, 황재는 그 행렬
이 지나치게 사치스러움을 듣고는 다음과 같이 적었다.

 옛사람 중에 아이가 노인의 수염을 잡아채는 것을 보고 나라에 난이
 일어나리라 예언한 이가 있었다. 기강과 법도가 문란해지면 난리가
 나고 멸망하게 된다. 지금 이 정(鄭) 상인은 무얼 하는 자인가? 왕공
 (王公)도 아니고 조사(朝士)도 아닌데 능단(綾緞)을 집안에 소유하여
 그 사치가 놀라운데도 재산의 유무에 맞춘 것이라고 평계 댄다. … 그
 참람함이 고작 아이가 수염을 당기는 정도겠는가? 관에서는 금할 줄
 을 모르고 사람들은 이상하게 여기지 않으니 수염 당기는 아이를 본
 사람에게 이 작태를 보인다면 반드시 남들이 모르는 점을 찾아낼 것
 이다.[50]

---

[50] 『庚午燕行錄』卷1, 辛未年 2月 3日 辛未. "余日, 古人見童子挽老人之鬚, 而知其國之將
亂者有之矣. 大抵紀綱法度之紊矣, 而治亂盛衰之係爲. 今此鄭商何爲者也, 旣非王公又
非朝士, 綾緞家中所有, 侈靡可駭, 而猶可諉之於稱其有無. … 其爲僭濫, 奚特爲童子之
挽鬚. 而官不知禁人, 不爲怪. 若使見童子者見之, 必有覘得人之所不知者也."

황재가 무진사의 사치스러운 장례식을 매우 비판적으로 바라보았으며, 이러한 사치 풍조를 금하지 않는 청나라 당국까지도 부정적으로 바라보고 있음을 알 수 있다. 흥미로운 점은 이러한 사치 풍조를 단순히 악습으로만 보지 않고, 이를 '나라의 멸망'으로까지 연결 짓는 그의 태도이다. 사실 18세기 연행록에서 사신이 목격한 작은 실마리를 바탕으로 천하의 대세를 가늠하는 것은 박지원(朴趾源, 1737~1805)이 『열하일기(熱河日記)』에서 "한 조각 돌덩이로도 천하의 대세를 엿볼 수 있다"라고 한 것과 같이 일반적인 서술 방식의 하나이다.[51] '연행'이라는 행위 자체가 제한적인 범위 내에서 이루어졌기 때문이다. 중요한 것은 연행록의 저자가 어떠한 관점에서 자신의 견문을 다루느냐 하는 점인데, 황재는 자신이 연행을 통해 얻고 싶었던 정보가 무엇이었는지를 다음과 같이 언급했다.

> 윤 서장관이 말하기를, "황제가 능침을 배알할 때 직언한 어사가 있었는데 손수 채찍을 휘둘러 죽였다 합니다" 하였다. 통주(通州)에 이르러 채성사(蔡成思)라는 사람의 집에 묵었는데, 그는 업유(業儒)다. 필담으로 대략 이야기를 주고받았는데 … 채찍을 휘둘러 죽인 일에 대해서는 "능침을 배알할 때 실로 이런 일이 있었다고 하는데 아마 정확한 정보일 것입니다. 어사는 마성(馬姓)이라고 합니다"라고 하였다. 돌아와 신한상(申漢相)에게 말하기를, "이런 소문이 돈다는데 너는 어찌 말하지 않았느냐? <u>내가 듣고 싶은 정보가 이런 일이다.</u> 너는 더욱

---

[51] 『熱河日記』「黃教問答」, "一片之石, 足以占天下之大勢." 작은 것을 통해 전반적인 천하의 대세를 점치는 박지원의 인식론과 관련해서는 남호현, 2018, 「『熱河日記』黃敎 관련 서술을 통해 본 박지원의 淸朝 인식」, 『한국학연구』 65, 150-155쪽 참조.

자세히 탐문하여 어사의 성명을 알아내서 보고하라"고 하였다.[52] (강조: 필자)

이를 통해 황재가 연행에서 '듣고 싶은 정보'가 무엇인지를 명확하게 알 수 있다. 황재는 자신의 견문에 전문을 더해 청나라 쇠망의 조짐을 찾고자 했으며, 특히 검소하고 영웅적인 강희제와 달리 사치스럽고 향락을 즐긴 건륭제에 대해서는 부정적 전문을 중심으로 정보를 수집했다.[53] 황재의 지침을 받은 역관 신한상은 7일 뒤인 3월 13일에 건륭제가 전년 8월에 채찍을 휘둘러 죽인 이는 좌어사(左御史) 마이새(馬爾賽)이며 어떤 일을 틈타 간언했는데, 그것이 화근이 돼 황제의 노여움을 사 채찍을 맞고는 얼마 후 죽었다는 내용을 전했다. 이에 황재는 "채찍질로 언관을 죽였다는 것은 들어보지 못한 일이다. 죽는 것은 큰일인데 누가 간언하려 하겠는가? 이로부터 황제의 이목이 차단되고 야망은 거세져 못할 일이 없게 될 것이니, 위태롭고 위태롭구나!"[54]라는 평을 하여 건륭제에 대한 부정적 인식을 드러내었다.

그런데 위 이야기의 당사자로 언급된 마이새는 건륭 당시의 인물이 아니라 강희·옹정 연간에 활약한 만주인 관료로, 황제에게 간언을 하다

---

52 『庚午燕行錄』卷2, 辛未年 3月 6日 癸卯. "尹書狀言, 皇帝謁陵時, 御史有直言者, 至於手鞭撾殺云. 到通州, 宿蔡成思, 稱名人之家業儒者也. 以筆談略有酬酢 … 論撾殺事答曰, 謁陵時, 果有此事云, 似是的報. 御史馬姓云矣. 余歸語申漢相曰, 聞有如此傳說, 爾何不言之耶. 余之所欲聞者, 此等事耳. 爾宜更加詳問, 得御史姓名而來告也."

53 김창업이 강희제의 검소함을 강조한 이래 이의봉, 홍대용, 박지원에 이르기까지 18세기 연행록의 저자들은 주로 '검소한 강희제'와 '사치스러운 건륭제'를 대조적으로 인식했다. 임영길, 2018, 「조선후기 연행록에서 북경 '西山'의 의미」, 『대동한문학』 57, 229쪽.

54 『庚午燕行錄』卷2, 辛未年 3月 13日 庚戌. "猶未知聞今鞭殺言者. 死生亦大矣. 人誰肯言之耶. 自此而耳目藏矣, 志氣肆矣, 將無所不爲矣, 其亦殆哉殆哉."

맞아 죽은 것이 아니라 1733년(옹정 11) 준가르(準噶爾)와의 전쟁에서 작전을 잘못 수행한 죄를 물어 처형되었다.[55] 그 밖에 경오년 사행을 전후한 1749~1751년에 청나라에서 좌어사 혹은 좌도어사(左都御史)를 역임한 인물로는 만주인 덕통(德通)과 랍포돈(拉布敦), 목화림(木和林), 한인 유통훈(劉統勳) 등의 이름이 언급되는데, 이들은 모두 정상적으로 관직에 임했으며 이후에도 이름이 등장하는 등 채찍에 맞아 죽었다는 사실과는 거리가 있음을 확인할 수 있다.[56] 물론 실제로 건륭 연간에 황제에게 간언하다 죽은 관리가 있고, 다만 신한상이 그의 관직과 이름을 착각했을 가능성 또한 전혀 없는 것은 아니다. 하지만 중요한 것은 이러한 전문을 접한 황재가 별다른 확인 없이 곧바로 건륭제에 대한 평을 내놓았다는 점이다. 이러한 서술은 『경오연행록』이 황재의 견문을 바탕으로 당시의 상황을 전하는 사료임과 동시에, 그의 특정한 시선이 강하게 반영된 사료임을 보여주는 대목이다.

실제로 황재는 위의 경우처럼 전문을 전달하는 경우에서뿐만 아니라, 건륭제의 남순(南巡)과 관련해서는 더욱 직설적으로 건륭제에 대한 부정적 평가를 일삼는다. 사실 건륭제는 60년의 통치 기간 중 15년을 이동하며 보냈을 정도로 유례없는 방랑벽을 보인 군주였다.[57] 이러한 건륭제의 독특한 통치 방식을 이해하기 위해서는 별도의 논의가 필요하겠지만, 황재에게 건륭제의 잦은 순행은 '사치스러운 군주'라는 이미지와 맞물려 오직 부정적인 모습으로만 비쳤다.

---

55 『清史稿』卷297, 列傳84 「馬爾賽」.

56 언급된 인물들에 대한 정보는 각각 『清實錄』卷358, 乾隆 15年 2月 6日; 『清史稿』卷312, 列傳99, 「拉布敦」; 『清實錄』卷384, 乾隆 16年 3月 9日; 『清實錄』卷354, 乾隆 14年 12月 6日 등에서 확인할 수 있다.

57 마크 C. 엘리엇 지음, 양휘웅 옮김, 2012, 『건륭제』, 천지인, 161-162쪽.

대저 강희는 여러 차례 강남을 순행하였고, 멀리 사막에까지 들어갔으나 원망하는 소리가 있었다는 말을 들어보지 못하였다. 지금 건륭은 그렇지 않아서, 헐뜯는 소리가 도로에 가득하니 어쩌면 순행의 간소함과 번다함의 차이로 인해 그런 것인가? 알 수 없었다. 들자니 전년에 심양을 순행할 때는 시녀들을 모두 남장시켜 수행하게 하였고 이번에 강남을 순행할 때는 태후와 황후를 동행하였다고 한다. 이와 같은데 어찌 백성에게 해를 끼치지 않을 수 있겠는가?[58]

황재가 목격한 건륭의 남순은 그의 여섯 차례 남순 중 첫 번째 남순으로, 청나라 내부에서도 일부 관료들이 남순을 좋지 않은 시선으로 보고 있음을 의식한 건륭제는 자신의 남순을 공(公)과 효(孝)라는 두 가지 명분으로 포장했다.[59] 하지만 이러한 건륭제의 노력과는 관계없이 황재는 건륭의 남순을 사치스러운 기행으로 이해했으며, 건륭제에 대한 청나라 내부의 안 좋은 여론 또한 남순의 결과로 서술했다. 심지어 황재는 이때의 견문을 바탕으로 「호황남순(胡皇南巡)」이라는, 매우 부정적인 의미를 내포한 시를 두 수 연달아 짓기까지 했다. 이 시에서 건륭제는 "비루한 풍습에 젖은 미친 오랑캐(陋習狂胡)"로, 그의 남순은 "억만금의 내탕금을 허비한(虛費帑藏億萬金)" 행위로 묘사되었다.[60]

이처럼 건륭제의 치세에서 쇠망의 조짐을 발견하고 건륭제에 대한 평

---

58 『庚午燕行錄』卷1, 庚午年 12月 27日 丙申. "大抵康熙屢巡江南, 遠入沙漠, 而未曾聞有怨咨之言. 今乾隆則不然. 謗讟盈路, 豈中有繁簡而然耶. 是未可知也. 聞前年瀋陽之行, 侍女皆幻男粧以隨之. 今此江南之行, 太后皇后同之云, 如口此而安得不貽害於生民耶."

59 마크 C. 엘리엇, 2012, 184쪽.

60 『畢依齋遺稿』卷7 詩, 「胡皇南巡」. 연작으로 두 수가 연달아 실려 있다.

6. "중화는 소중화와 다르다" 275

가 또한 부정적인 시선으로 일관한 결과, 황재가 바라본 경오년의 청나라
는 "이십 년 안에 큰 불모(不侔)가 도래할 것"[61]처럼 위태로운 시국으로 인
식되었다. 그렇다면 이러한 인식은 비단 황재의 개인적인 지나친 상상에
만 머물렀던 것인가? 그렇지는 않았던 것 같다. 앞서 언급한 청나라의 사
치와 (와전된 사실임이 거의 분명한) 건륭제가 마이새를 채찍으로 때려 죽인
이야기, 건륭제에 대한 부정적인 여론 등은 모두 거의 그대로 황재가 부
사의 자격으로 조정에 보낸 별단(別單)에 수록되었고,[62] 동시에 조정에서
도 공유되었다.

조선 후기 국왕들은 연행 사절단이 귀국하면 별도로 이들을 불러 이
들이 올린 문서 보고 외에도 구체적인 정보를 더 요구하곤 했다.[63] 이러한
사실은 연행록에 수록된 정보가 비단 연행록 안에서만 머무는 것이 아니
라 조정을 비롯한 조선 지배층 사이에서도 공유되었음을 보여주는데, 경
오년 연행 사절단이 귀국하여 복명한 사실을 다룬 『승정원일기』 기사를
통해 그 구체적 실상을 확인할 수 있다. 경오년 연행 사절단은 해를 넘겨
약 일곱 달 만에 서울로 돌아왔는데, 이는 다소 오랜 기간이었다. 이러한
점을 영조가 지적하자 황재는 자신들의 연행이 지체된 이유를 다음과 같
이 설명한다.

> 상이 말하기를, "(사신의) 귀환은 비록 늦었으나, 처음의 걱정에 비하
> 면 나라의 근심을 잊게 해주는 일이다" 하였다. … 황재가 말하기를,

---

61 『畢依齋遺稿』 卷7 詩, 「聞見」. "邑里饑荒半已流, 京都習俗亦云媮, 人心喩馬還非馬, 邦
憲禁牛便牽牛, 書肆有書素紙碎, 藥籠無藥桂枝尤, 若將聞見論衰盛, 二十年來大不侔."
62 황재가 영조에게 보낸 「別單」은 『庚午燕行錄』 卷2의 일기체 후반부에 수록되어 있다.
63 백옥경, 2012, 「18세기 연행사의 정보수집활동」, 『명청사연구』 38, 204쪽.

"황제가 두 차례 순행을 나가 자연히 날짜를 소비한 까닭입니다. 저들의 속내를 어찌 알겠습니까? 겉으로만 보아도 위망(危亡)의 조짐이 다시 더할 나위가 없었는데, 반드시 망하는 것 외에 다른 도리는 없을 것입니다" 하였다. 상이 말하기를, "이것(건륭제의 남순)은 전렵(田獵)과는 다르니, 궐언(厥言)은 어떠하였는가?" 하였다. 황재가 말하기를, "사람들이 모두 눈살을 찌푸리며, 그 700여 리를 질주하는 파발을 보고는 모두 '발병(發兵)이 아니면 필시 부음(訃音)일 것이다'라고 하였습니다. 신이 지난번에 북경에 사행하여 (황제에 대해) 물었을 때에는 (저들이) '만세야(萬歲爺)의 이야기를 어찌 감히 하겠습니까?' 하였는데, 이번에는 묻지 않았는데도 느닷없이 스스로 이야기를 하였습니다. 이로 미루어 보면 그들의 인심과 기강을 족히 알 수 있습니다" 하였다.[64]

대화의 맥락으로 보아 영조는 이미 황재 혹은 사절단이 보낸 별단을 받아 열람한 듯하다. 『경오연행록』을 보면 이외에도 청나라 당국의 뇌물 요구와 역관들의 일처리 미비 같은 이유로 일정이 지체되었음을 알 수 있다. 하지만 황재는 건륭제의 잦은 순행을 일정이 지체된 주된 이유로 들었고, 이를 곧바로 청나라의 위망과 연결 지으며 자신이 갑인년 연행에서부터 견지한 입장을 고수했다.

영조 또한 황재와 크게 다르지 않은 시각을 지녔던 것으로 보인다. 영

---

[64] 『承政院日記』1068冊, 英祖 27年 5月 20日 丙辰. "上曰, 歸雖晩, 比諸始慮, 國中忘憂矣. … 梓曰, 以皇帝出二次往復, 自費日月故然矣. 彼中裏面, 何以知之. 而以外面觀之, 則危亡之兆, 無復餘地, 必亡之外, 更無道理矣. 上曰, 此則與田獵異矣, 厥言從何出耶. 梓曰, 民皆蹙頞, 故見其七百里疾撥, 皆曰, 非發兵則必赴云而謂之死矣. 臣昔年赴京時問之, 則曰萬歲爺之說, 何敢言云矣. 今則不問爲渠自言之, 推此足知其人心紀綱矣."

조는 이어지는 대화에서 건륭제의 남순에 대해 "놀며 구경하는 것을 일삼는 것은 관풍(觀風)이 아니며 무마(撫摩)도 아니다"라고 하며 건륭제의 처사가 잘못임을 지적했다.[65] 영조 자신이 다른 조선 국왕들과 달리 잦은 능행(陵幸)과 대민 순문(詢問) 등을 통해 백성과의 접촉을 이례적으로 활발히 한 군주였음을 생각할 때,[66] 영조는 자신이 행한 '관풍'과 '무마'를 건륭제의 그것과는 구분 짓고자 한 것으로 보인다. 이처럼 연행 사절단의 별단을 바탕으로 이어진 영조와 사절단의 대화는 뜻밖에 향로(香爐)에 관한 이야기로도 이어지는데, 이는 황재가 이야기를 꺼냄으로써 시작된 것이다.

황재가 말하기를, "신이 의주에서 하나의 향로를 보았는데, 사치스럽지도 않고 지나치게 검소하지도 않은 데다 선덕(宣德)의 연호가 새겨져 있는 것이 바로 황조(皇朝) 때 내단(內壇)의 교사(郊社)에서 사용하던 것이라고 합니다. 이를 황단(皇壇)에서 사용하면 좋을 것입니다" 하였다. 상이 말하기를, "그렇다면 황단에는 이미 삼황(三皇)의 망배례(望拜禮)를 설치하였으니, 또한 그리 해야겠다. (향로를) 황단의 제사에 사용하는 것은 진실로 좋다. 이는 분명 우연한 일이 아닐 것이다. 그 모양이 우리나라의 것과 어떻게 다른가? 고야(古野)한가? 옛날의 물건과 진정 유사한가? 저들의 물건은 황조의 연호를 새긴 것이 많으

---

65 『承政院日記』1068冊, 英祖 27年 5月 20日 丙辰. "上曰, 卿等去時, 以若在南京而使之進去, 則必當坊塞云矣, 初無令去之事耶. 皆曰, 本無此例矣. 曰, 聞蘇·杭州去後, 晝則出而遊賞, 夜則宿於船中云矣. 上曰, 專爲遊賞, 非爲觀風, 又非爲撫摩也. 三使臣皆曰, 然矣."

66 영조의 대민순문에 대해서는 김백철, 2014, 『두 얼굴의 영조: 18세기 탕평군주상의 재검토』, 태학사, 183-231쪽 참조.

니, 동쪽의 사람으로서 존모(尊慕)하고 귀하게 여기는 까닭이다. 옹정 이후로는 (연호를) 직서(直書)하여 근래에는 동쪽의 사람들이 (중화를) 상모(尙慕)하는 것이 예전과는 같지 않다. 이 또한 우리나라 사람들이 겸연해하는 부분이다" 하였다.[67]

『경오연행록』에는 사절단이 의주를 지날 때 향로를 발견했다는 등의 이야기가 전하지 않으므로, 황재가 향로를 본 시점이 이번 연행 중인지, 아니면 이전 어느 시기에 의주에 있을 때인지는 알기 어렵다. 다만 황재는 연행을 마치고 복명하는 자리에서 명나라 연호가 새겨진 향로 이야기를 꺼냈고 이를 황단, 즉 대보단(大報壇) 제사에 사용할 것을 건의했다. 주지하듯이 대보단은 조선 숙종대에 설치된 제단으로, 명나라의 황제들이 선택적으로 배향되었다. 조선인들은 대보단을 통해 명나라 황제들을 제사 지낸다는 사실을 통해 자신들의 '소중화' 의식을 공고히 했다.

공교롭게도 대보단의 배향 대상으로 만력제(萬曆帝)에 이어 홍무제(洪武帝)와 숭정제(崇禎帝)가 추가되고, 국왕의 대보단 의례가 본격적으로 강조된 시기는 경오년 연행이 있기 바로 전해인 1749년(영조 25)이었다.[68] 따라서 복명하는 자리에서 굳이 '황조의 향로'를 언급하며 이를 대보단

---

67 『承政院日記』1068冊, 英祖 27年 5月 20日 丙辰. "梓曰, 臣於義州, 見一香爐, 則不侈不儉, 刻以宣德年製, 是皇朝內壇郊社所用云. 若用於皇壇則好矣. 上曰, 然則皇壇, 旣設三皇望拜禮, 亦爲之, 用於皇壇誠好, 此可謂非偶然事矣. 其制與我國何如, 古野耶, 古物則眞似丁寧耶. 彼人之物, 多刻皇朝年號, 以東人尊慕而貴之故也. 雍正以後, 則多直書之以近則東人尙慕, 不如前也. 其亦我國人歉然處也."

68 영조대의 대보단 확장과 정례화에 대해서는 계승범, 2011, 『정지된 시간: 조선의 대보단과 근대의 문턱』, 서강대학교 출판부, 101-134쪽 참조. 이에 따르면 대보단 배향 인물의 확장 논의에서 노론 청류는 홍무제의 추향에는 대단히 부정적이었다. 하지만 조선의 국왕이 명나라 황제를 제사 지내야 한다는 사실에 대해서는 군신 간에 이견이 발생하지 않았다.

제사에서 활용할 것을 건의한 황재의 의도는 단순히 과거에 대한 그리움을 의미하는 것이 아니었으며, 영조 또한 황재의 건의를 흔쾌히 수락함으로써 조선이 소중화의 나라라는 점을 확실히 하는 데 동참했다. 황재의 연행록을 통해 일차적으로 굴절된 정보가 별단을 통해 조정에 전달되었고, 이것이 조정에서도 회자됨으로써 조선인들의 소중화 의식과도 조응하고 있었던 것이다.

5. 맺음말

이상에서 황재의 연행과 연행록을 살펴보고, 그의 연행록에 나타난 청나라에 대한 인식과 그것이 조정에서 공유되며 특정한 중화 인식을 형성한 과정을 살펴보았다. 황재가 연행에서 얻은 견문과 정보는 사실을 있는 그대로 전달하는 경우도 있지만, 상당 부분은 황재의 특정한 시선에 의해 서술되었다. 이러한 양상은 황재의 연행록 전반에서 두루 발견되는데, 이는 황재가 기존 연행록의 서술을 답습하거나 단순히 사실을 착각한 것이 아닌, 자신의 인식을 연행 견문에 투사한 자연스러운 결과였다.

    황재의 연행록에서 정보의 굴절이 가장 많이 발생하고, 그 자신의 논평이 가장 많이 나타난 부분은 청나라에 대한 평가이다. 청나라에 대한 평가는 곧 그의 중화 인식과도 연결되어 있었으며, 그 결과 청나라는 곳곳에서 전란과 쇠망의 조짐이 감지되고 황제 또한 사치와 향락을 일삼는 부정적인 인물로 서술되었다. 이러한 인식은 곧 '이적의 나라'인 청나라와 달리 '소중화의 나라'임을 자처했던 조선과의 차이점을 부각하는 데로도 나아갔다. 후마 스스무(夫馬進)가 지적했듯이, 조선의 명조에 대한 사대의 관념은 화이사상과 연결되었고, 더 나아가 종족주의로까지 연결되었던 것이다.[69] 황재는 연행 중 발견한 명나라의 의관이 조선의 것과 같다는 사실에 자부심을 느꼈고, 복명하는 자리에서 명나라 황제의 연호가 새겨진 향로를 발견하고는 이를 대보단 제사에 사용할 것을 건의하기도 했다.

이처럼 '오랑캐' 청나라의 현실을 부정적으로 인식하고 '소중화' 조선의 정체성을 발견한 황재의 인식은 18세기 조선인들 사이에서 두루 공유되었다. 황재의 주변 사람들은 황재의 연행록을 기대했고, 황재는 '노론 선비'로서 자신의 정체성을 분명히 하는 한편 별단과 연행록의 작성을 통해 자신의 청나라 체험을 적극적으로 공유했다. 황재가 『갑인연행별록』에서 조선의 의관을 명나라의 옥대와 견주어 보며 조선만이 '중화의 의관'을 갖추고 있음을 자랑스러워했듯이, 영조는 황재가 경오년 사행에서 가지고 돌아온 향로를 조선의 그것과 견주며 청나라에 중화의 문물이 남아 있지 않음을 안타까워했다. 황재의 연행록에 나타난 중화 인식은 비단 황재의 개인적인 '지나친 견해'에만 머물지 않았던 것이다.

그렇다면 이러한 황재의 '왜곡된' 정보 전달은 그가 정보 수집에 소홀했거나, 잘못된 정보를 접했기 때문이었을까? 그렇지는 않았던 것 같다. 두 차례 연행에서 황재는 중국의 정보를 적극적으로 수집하는 등, 정보 수집원으로서 연행사의 책무를 소홀히 하지 않았다. 그럼에도 불구하고 황재가 체험한 18세기 중반의 청나라는 곳곳에서 백성들이 도탄에 빠지는가 하면 전란의 조짐이 보이는, 그야말로 "위태롭고 위태로운" 공간으

---

[69] 후마 스스무 지음, 신로사 외 옮김, 2019, 『조선연행사와 조선통신사』, 성균관대학교 출판부, 62-63쪽. 다만 후마 스스무 또한 지적했듯이 조선에서의 사대 원리가 이러한 종족적 화이사상과 불가분의 관계에 있기만 한 것은 아니다. 하지만 황재의 연행록에서도 확인되듯이 18세기 중반까지도 조선인들은 유독 청나라에 대해서만큼은 그들이 '오랑캐'라는 점을 강조하며 종족적으로 멸시하는 경향을 강하게 보였다.

로 여겨졌다. 황재가 수집한 여러 정보들이 그의 화이 인식과 어우러져 특정한 맥락을 견지한 채 서술되었기 때문이다. 이러한 점에서 황재의 연행록은 단순히 18세기 전반 연행록에 담긴 노론 지식인의 중화 인식을 보여주는 전형이라는 점에서 더 나아가, 그러한 인식이 형성되고 공유되는 과정을 뚜렷하게 보여준다는 점에서 보다 주목되는 사료로서의 가치를 인정받을 수 있다.

참고문헌

『朝鮮王朝實錄』, 『承政院日記』, 『淸實錄』(국사편찬위원회 한국사데이터베이스).

『甲寅燕行錄』, 『甲寅燕行別錄』, 『庚午燕行錄』, 『畢依齋遺稿』(고려대학교 해외한국학자료센터).

『浦渚年譜』, 『燕行日記』, 『熱河日記』(한국고전종합DB).

황재 지음, 서한석 옮김, 2015, 『국역 갑인연행록』, 세종대왕기념사업회.

황재 지음, 신로사 옮김, 2015, 『국역 갑인연행별록』, 세종대왕기념사업회.

황재 지음, 하현주 옮김, 2015, 『국역 경오연행록』, 세종대왕기념사업회.

거자오광 지음, 이연승 옮김, 2019, 『이역을 상상하다: 조선 연행사절단의 연행록을 중심으로』, 그물.

계승범, 2011, 『정지된 시간: 조선의 대보단과 근대의 문턱』, 서강대학교 출판부.

김백철, 2014, 『두 얼굴의 영조: 18세기 탕평군주상의 재검토』, 태학사.

김자현 지음, 김백철·김기연 옮김, 2017, 『왕이라는 유산』, 너머북스.

김현미, 2007, 『18세기 연행록의 전개와 특성』, 혜안.

마크 C. 엘리엇 지음, 양휘웅 옮김, 2012, 『건륭제』, 천지인.

배우성, 1998, 『조선후기 국토관과 천하관의 변화』, 일지사.

임기중, 2014, 『연행록연구층위』, 학고방.

丁晨楠, 2018, 『明淸時代 朝鮮의 중국정보 수집: '新聞類 소식지'를 중심으로』, 연세대학교 박사학위논문.

허태용, 2009, 『조선후기 중화론과 역사인식』, 아카넷.

후마 스스무 지음, 신로사 외 옮김, 2019, 『조선연행사와 조선통신사』, 성균관대학교 출판부.

남호현, 2018, 「『熱河日記』黃敎 관련 서술을 통해 본 박지원의 淸朝 인식」, 『한국학연구』 65.

노대환, 2014, 「19세기 전반 지식인의 對淸 危機認識과 北學論의 변화」, 『연행록연구총서』 8, 학고방.

백옥경, 2012, 「18세기 연행사의 정보수집활동」, 『명청사연구』 38.

신로사, 2013, 「黃梓의 甲寅·庚午 연행록에 관한 고찰 – 雍正·乾隆 연간의 정세 인식을 중심으로」, 『한국한문학연구』 52.

_____, 2015, 「해제: 황재와 그의 연행록에 관하여 – 18세기 전반 조선 문인의 청대 인식의 일면」.

안대회, 2010, 「조선 후기 燕行을 보는 세 가지 시선: 燕行使를 보내는 送書를 중심으로」, 『한국실학연구』 19.

연갑수, 2010, 「영조대 對淸使行의 운영과 對淸關係에 대한 인식」, 『한국문화』 51.

임영길, 2018, 「조선후기 연행록에서 북경 '西山'의 의미」, 『대동한문학』 57.

임현채, 2017, 「英祖代 朝鮮人 범월사건 처리방침을 통해 본 朝鮮의 對淸 태도」, 『명청사연구』 48.

張伯偉, 2017, 「'燕行錄' 및 관련 문헌의 '眞實性' 문제 初探」, 『대동문화연구』 97.

조민우, 2018, 「燕行錄의 死角: 의도된 省略과 縮小」, 『동방학지』 182.

진재교, 2017, 「'燕行錄'과 知識·情報」, 『대동문화연구』 97.

『淸史稿』, 北京: 中華書局, 1975.

藤塚鄰, 1975, 『淸朝文化東傳の硏究』, 東京: 國書刊行會.

岸本美緒, 1998, 「妻を賣ってはいけないか: 明淸時代の賣妻·典妻慣行」, 『中國史學』 8.

7.
18세기 후반 쓰시마 간사재판의 조선행 검토

윤유숙
동북아역사재단 연구위원

1. 머리말
2. 마쓰우라 산지와 이쿠도 규자에몬의 거듭된 교체
3. 별사(別使) 시마오 다다에몬
4. 도다 산자에몬과 영속어수당금(永續御手當金)
5. 맺음말

1. 머리말

이 글의 목적은 18세기 후반 조선에 파견된 쓰시마의 사신(使臣) 간사재판(幹事裁判)이 수행한 교섭의 내용이 무엇이었는지를 규명하는 것이다. 쓰시마의 사신인 재판(裁判)에 관한 연구는 오래전 오사 마사노리(長正統)에 의해 역대 재판들의 임기·임무·재판기록(宗家記錄)의 현존 여부 등이 소개된 이래, 한일 학계에서 재판의 연혁과 재판에 대한 조선의 의례상의 접대와 지위, 특정 재판의 활동을 다룬 논고들이 발표되었다.[1]

재판은 종래 재판의 사명(使命)을 기준으로 하여 '공작미 연한재판(公作米年限裁判)', '통신사 송영재판(通信使送迎裁判)', '문위행 송영재판(問慰行送迎裁判)', '간사재판(幹事裁判)'의 네 종류로 분류되어왔다. 그중 간사재판은 '공작미 연한, 통신사의 송영, 문위행의 송영을 제외하고 그 외의 교섭 사안이 있을 때 도해하는 재판'으로 포괄적으로 규정되어온 탓에, 각각의 간사재판이 행한 구체적인 교섭 사안에 대해서는 아직 검토가 미진하다.

종전 연구에서 간사재판으로 규정된 자는 1696년 히라타 쇼자에몬(平田所左衛門)을 최초로 하여 1700년 히라타 쇼자에몬, 1736년 우치노 이치로자에몬(內野一郎左衛門), 1753년 다다 가즈에(多田主計), 1754년 마쓰우라 산지(松浦贊治), 1765년 시마오 다다에몬(嶋雄只右衛門), 1771년 도다

---

* 이 논문은 동북아역사재단의 기획연구과제로 수행된 연구이며(NAHF-2019-기획연구-21), 『한일관계사연구』 66(2019)에 게재된 논문을 수정·보완한 것이다.

1 長正統, 1968, 「日鮮關係における記錄の時代」, 『東洋學報』 50-4; 田代和生, 1998, 『近世日朝通交貿易史の硏究』, 創文社; 홍성덕, 1992, 「十七世紀 別差倭의 渡來와 朝日關係」, 『전북사학』 15; 이혜진, 1998, 「17세기 후반 朝日外交에서의 裁判差倭 성립과 조선의 외교적 대응」, 『한일관계사연구』 8; 米谷均, 1993, 「雨森芳洲の對朝鮮外交 - 「誠信之交」の理念と實態」, 『朝鮮學報』 148.

산자에몬(戶田三左衛門), 1807년 시게마쓰 고노모(重松此面)까지 총 7명으로, 파견 건수는 8건이다.² 이들 중 현재 조선과 교섭한 내용이 구체적으로 검토된 간사재판은 히라타 쇼자에몬, 우치노 이치로자에몬, 다다 가즈에이다.³

이 연구에서는 그 이후 파견된 마쓰우라 산지, 시마오 다다에몬, 도다 산자에몬에게 초점을 맞추어 그들이 조선에 건너온 이유, 그들의 요구사항을 놓고 조선과 협상한 내용 및 결과를 구체적으로 살펴보고자 한다. 이 글은 18세기 후반 간사재판의 활동을 통해 동 시기 조·일 통교의 전개 상황을 고찰하는 기회가 될 것이다.

2. 마쓰우라 산지와 이쿠도 규자에몬의 거듭된 교체

1754년 간사재판으로 조선에 건너온 마쓰우라 산지(1703~1756)는 다른 번사(藩士)들과 달리 쓰시마의 조선 통교 전문가들과 인적·혈연적 배경 속에서 성장한 인물이었다. 그는 아메노모리 호슈(雨森芳洲)의 아들이자 『조선통교대기(朝鮮通交大紀)』의 저자로 알려진 마쓰우라 가쇼(松浦霞沼)

---

2   長正統, 1968, 96-104쪽.

3   李薰, 2000, 「一八一一年の對馬易地聘礼と積弊の改善」, 『(對馬宗家文書第一期)朝鮮通信使記錄別冊下』, ゆまに書房; 尹裕淑, 2012, 『近世日朝通交と倭館』, 岩田書院, 278-284쪽 등에서 우치노 이치로자에몬이 쓰시마의 정규 선박이 조선 연안에 표착 또는 기항했을 시 조선으로부터 지급받는 오일량(五日糧) 문제에 관해 교섭했다는 사실이 소개되어 있다. 윤유숙, 2018, 「조선후기 쓰시마 간사재판(幹事裁判)의 활동 검토」, 『한일관계사연구』 62에서는 히라타 쇼자에몬, 다다 가즈에가 교섭한 내용이 검토되었다.

의 양자였다. 산지는 1703년 아메노모리 호슈의 차남으로 태어났으나, 마쓰우라 가쇼와 의형제처럼 지내던 호슈는 자식이 없는 가쇼에게 자신의 차남 산지를 양자로 들여보냈다.[4]

과감한 성격에 학문에도 뛰어났던 산지는 1724년 중국어 학습을 위한 나가사키(長崎) 유학을 허락받아 쓰시마 번청으로부터 월은(月銀) 15몬메(匁)를 지급받았다.[5] 1729년에는 공작미 연한재판에 임명된 생부(生父) 호슈와 함께 왜관에 건너와 통교 업무를 견습할 기회를 가졌다. 쓰시마로 귀국한 이듬해인 1731년, 29세의 산지는 고분코가카리(御文庫掛, 외교문서 등의 보관 관리)로서, 번주 소 요시미치(宗義方)의 『대연원공실록(大衍院公實錄)』 편집 사업에 참여했다. 1733년 31세에 조센가타사야쿠(朝鮮方佐役, 朝鮮方의 次席)에 임명되었는데, 조센가타사야쿠는 생부 호슈가 23년간 맡았던 직책이기도 했다. 1736년에는 나가사키야쿠(長崎役, 쓰시마 나가사키 번저의 수장. 長崎聞役)에 임명되었다.

마쓰우라 가쇼와 아메노모리 호슈는 에도시대의 저명한 주자학자 기노시타 준안(木下順庵)에게서 사사받은 동학으로, '목문십철(木門十哲)'의 한 명으로 존칭되던 유학자이자 쓰시마의 조선 통교 전문가였다. 그러한 두 사람을 생부와 양부로 둔 산지는 위의 경력에서 드러나듯이 쓰시마에서 조선 통교의 엘리트로 성장했다 해도 과언이 아니다. 젊은 시절 나가사키와 조선 왜관에서 중국어와 조선어를 배운 후 조선 관련 직책에 임명되었고, 스스로도 차왜가 되어 조선 정부와의 교섭에 임했는데, 이러한 수순은 호슈와 가쇼가 거쳤던 경력의 전철을 그대로 밟는 것이었다.

---

4   마쓰우라 산지의 이름은 '德之允', 가쇼의 양자가 된 후엔 '文平', 마쓰우라 가문의 가독을 이은 뒤에는 '산지'를 칭했고, 호는 '龍岡'이다.
5   松浦京子, 1996, 『松浦桂川書簡抄』, 新潮社, 4쪽.

그런데 이 글에서 주목하는 '간사재판으로서의 그의 행보'에는 의문스러운 점이 적지 않다. 우선 그의 왜관 체류 기간은 놀랍도록 짧아서 불과 1개월 정도였다. 조선의 문헌 『변례집요(邊例集要)』에는 1754년 11월에 왜관에 도착한 산지가 12월에 왜관을 떠났다고 기록되어 있다.[6] 필자가 파악하기로는 종가기록(宗家記錄) 『재판기록(裁判記錄)』에서 산지의 『재판기록』이 결본 상태인데, 그것은 왜관에 도착한 지 1개월 만에 이쿠도 규자에몬(幾度九左衛門)으로 교체되었기[7] 때문으로 추정된다.

산지를 전후해서 쓰시마의 재판 파견 상황은 매우 이례적이었다. 1754년과 1755년 쓰시마의 재판 파견을 시간 순으로 정리하면 다음과 같다.

산지에 앞서 조선에 온 연한재판 이쿠도 규자에몬이 약 5개월 만에 쓰시마로 귀환하고 그와 교대하는 형식으로 산지가 왔지만, 겨우 1개월 만에 돌연 귀국하고 다시 이쿠도가 조선에 온 것이다. 재판이 왜관에서 돌연 사망하거나 병으로 인해 교체되는 일은 왕왕 있었지만 두 사람은 그러한 예에 해당되지 않았다.

사실 산지와 이쿠도의 재판 임명 및 교체는 그들이 왜관에 파견되기 전부터 시작되었다. 이쿠도는 1753년 8월, 이듬해 파견될 재판에 임명되었으나 1754년 5월 산지(朝鮮方頭役으로 승진)로 교체되었고, 그로부터 불과 9일 후 다시 이쿠도가 등용되었는데 그 이유는 '에도로부터 지시가 내려왔기 때문'이었다. 이는 당시 번주 소 요시아리(宗義蕃, 재임 1752~1762)의 결정으로 보인다.[8] 이쿠도 규자에몬의 당시 직책은 고요닌(御用人)으

6　『邊例集要』 권4, 裁判, 甲戌(1754) 11월조·12월조.
7　『邊例集要』 권4, 裁判, 乙亥(1755) 정월조.
8　信原修, 2006, 「對馬藩々儒・雨森芳洲の晩境と次男・松浦贊治の知行召し上げをめぐっ

표 1 1754·1755년 재판들의 왜관 도착과 귀국

재판	왜관 도착 및 귀국 시기	사명(使命)
이쿠도 규자에몬	1754년 6월 왜관 도착	· 연한재판 공작미 기한 연장 인삼 매매 재개 요청
	1754년 11월 13일 귀국	
마쓰우라 산지9	1754년 11월 왜관 도착	· 간사재판 공작미 기한 연장 인삼 구무(求買)매매(賣買)
	1754년 12월 말 귀국	
이쿠도 규자에몬	1755년 정월 왜관 도착	· 연한재판 공작미 기한 연장
	1756년 정월 귀국선 탑승	

출처: 『邊例集要』·宗家記錄, 『裁判記錄 幾度九左衛門 往復·控 貳』(일본국립국회도서관 소장)·『裁判記錄 幾度九左衛門 參(共二五冊)』(일본국립국회도서관 소장)

로, 米藏頭役, 勘定役, 持筒組支配 등 번의 요직을 두루 역임한 인물이었으나 근무 부서가 조센가타(朝鮮方)도 아니었고, 고요닌으로서 번주 소씨의 에도 참부에 동반하여 쓰시마를 떠나 있는 경우가 많아 조선 사정에 밝은 것도 아니었다. 재판이 되기 전 조선 도해 경험은 만송원송사(萬松院送使)의 정관(正官)으로 두 번 건너온 게 전부였다.

먼저 이쿠도 규자에몬의 재판 활동부터 살펴보자. 1754년 6월, 공작미 연한재판으로 조선에 온 이쿠도는 조선의 역관에게 자신의 사명을 '공작미 연한청퇴(公作米年限請退)', 즉 공작미 연한 연장이고 맡은 바 다른 사안도 있다고 밝혔다.[10] 이쿠도는 공작미 연한재판 오노 로쿠로에몬(小野六郎右衛門)[11]에 이어 5년 만에 조선에 온 연한재판이었는데, 맡은 바 다른

て」, 『同志社女子大學總合文化硏究所紀要』 23卷, 14-15쪽.
9 『邊例集要』에는 松守経이라는 실명으로 기록되어 있다.
10 『邊例集要』 권4, 裁判, 甲戌(1754) 6월조.
11 長正統, 1968, 102쪽에는 오노 로쿠로에몬이 조선에 도항한 시기가 1749년으로 되어 있으나, 『邊例集要』 권4, 裁判, 戊辰(1748) 5월조에는 1748년으로 나온다.

사안이란 조선의 인삼 매매 금지 조치에 대한 해제 요청이었다.

인삼 매매 금지의 해제 요청이란 1753년 이래 조선이 금지한 인삼 무역의 재개를 의미했다. 조선이 인삼 무역을 금지하게 된 데에는 예단삼[12] 점퇴를 둘러싸고 조선과 쓰시마 간에 갈등이 고조되었기 때문이다. 인삼 무역이 호황을 이루던 18세기 초까지, 조선은 개시무역에서 수출되는 인삼에 10%의 세금을 부과하여 징수한 세삼(稅蔘)을 가지고 예단인삼의 수량을 충당할 수 있었다. 그런데 18세기 중반 이후 인삼 무역이 쇠퇴하면서 세삼이 감소하자 조선 정부는 공인(貢人)에게 공가(貢價)를 지급하여 그들로 하여금 예단삼을 조달하게 했다.

그러나 날로 오르는 시가보다 훨씬 낮은 공가로는 인삼을 충분히 조달할 수가 없었기 때문에 공인에게 지급하는 공가를 올리지 않으면 안 되었다. 그럼에도 불구하고 공인들은 인삼 시가보다 낮은 공가로 인한 손해를 피하기 위해 품질이 나쁜 인삼을 속여서 납부한다든가 조삼(造蔘)[13]을 섞어 납부하는 일이 생겼다. 그리자 쓰시마는 예단삼의 품질 저하에 반발하여 수령을 거부(점퇴)하며 교체를 요구하는 행위를 반복했고, 조선은 조선대로 '예물'의 수령을 거부하는 쓰시마의 행위를 '교린, 성신(誠信)의 도(道)'에 어긋난 무례한 행위로 인식하면서 양자 간에 갈등이 빚어졌다.

---

12 예단삼이란 진상(進上)의 형식으로 쓰시마가 조선 정부에 제출하는 물품에 대한 대가로 조선이 연례송사와 차왜 등에게 회사품(回賜品)으로 지급하던 인삼을 말한다. 공무역에서 양자가 주고받는 진상품과 회사품은 물품의 종류와 수량이 정해져 있어, 연례송사에게 지급하는 예단삼의 총량은 30斤 14兩(1근= 16량), 여기에 더하여 차왜의 도항이 늘어날 경우 연간 조선의 예단삼 지출은 100근 이상에 달했다. 예단삼의 액수는 평균 연간 약 70근에서 100근 정도였다.

13 조삼(造蔘)이란 다른 식물을 인삼으로 위장하거나 또는 인삼의 일부를 다른 식물의 껍질로 말아놓은 것을 가리키는 반위조(半僞造) 인삼 제작 행위를 뜻한다. 정성일, 2000, 『朝鮮後期 對日貿易』, 신서원, 265쪽.

쓰시마는 수년분의 예단삼 교체를 목적으로 1753년 1월 재판 다다 가즈에(多田主計)를 조선에 파견했고,[14] 교섭 끝에 8월 하순 무렵 조선의 역관들은 경오년(1750), 신미년(1751), 임신년(1752), 도합 3년분의 미수분(未收分)에 대한 지급 교섭을 마무리 지었다. 다만 경오년 분은 미수액 24근 40문 중 4근만 먼저 건네주고 나머지 20근 40문은 이듬해인 1754년 봄·가을 두 번에 나누어 받기로 약속하고 다다는 귀국했다. 하지만 예단삼으로 인한 양국의 갈등은 근본적인 해결 방안을 찾지 못한 채 이후에도 계속되었고, 18~19세기 조·일 통교에서 고질적인 현상이 되고 말았다.

그런데 조선 정부와 다다 가즈에가 예단삼 교체 문제를 놓고 한참 교섭을 벌이던 1753년 4월, 동래부사 이이장(李彛章)이 돌연 개시무역에서의 인삼 수출을 금지했다. 이이장은 동래부에 부임하자마자 적퇴한 수년치의 예단삼을 상질의 것으로 교체해달라는 다다 가즈에의 요청에 직면했는데, 정작 왜관에서 행해지는 개시무역에서는 상고(商賈)들이 예단삼보다 월등한 질의 인삼을 쓰시마 측에 판매하고 있었다. 이이장은 조선의 상인이 개시무역에서 상질의 인삼을 판매하는 행태가 쓰시마의 예단삼 수취 거부를 더욱 부채질하고 있다고 판단한 듯하다. 재판 다다가 예단삼 교체를 약속받고 쓰시마로 귀환한 이후에도 조선은 인삼 매매 금지 조치를 해제하지 않았다.

이쿠도는 갖가지 이유를 열거하며 인삼 무역 재개를 요청했으나 조선의 역관은 "인삼 무역건에 관해서는 조정은 물론이거니와 동래부사에게도 보고할 수가 없다. 인삼 매매에 관한 계문을 절대 올리지 말라는 조

---

14 재판 다다 가즈에의 예단삼 교체 교섭 및 이어지는 동래부사 이이장의 '인삼 매매 금지'에 관해서는 윤유숙, 2018, 303-320쪽 참조.

정의 지시가 있었고, 이를 동래부사도 역관들에게 엄하게 당부했기 때문이다. 이 일은 쉽게 해결될 수 있는 상황이 아니다"라며 그의 요청을 거부했다.[15]

인삼 매매건뿐만 아니라 조선은 쓰시마의 '재판 중송(重送)'도 비난했다. 이쿠도가 조선에 왔을 때, 왜관에는 문위행을 호행하기 위해 문위행 송영재판 우치노 사자에몬(內野佐左衛門)이 전년인 1753년 말 왜관에 와서[16] 문위행의 출발을 기다리고 있었기 때문이다. 조선은 재판 우치노가 왜관에 이미 체재 중인데 또 다른 재판 이쿠도가 온 것을 문제 삼았다. 조정은 2명의 재판에 대한 접대는 인정할 수 없으므로 구(舊) 재판 우치노가 조선을 떠난 후 참작하여 이쿠도를 접대하라는 지시를 내렸다.[17] 1754년 7월 우치노가 문위행과 함께 쓰시마로 떠난 후 7월 말 양산(梁山) 군수 김주(金霔)가 이쿠도의 접위관으로 결정되었다.[18]

그런데 이쿠도는 "인삼 구무매매(人蔘求貿買賣)를 허가해달라"는 내용의 '별서계(別書契)', 즉 별도의 서계를 지참하고 있었다. 왜관에 도착했을 때부터 이쿠도는 조선 역관들에게 별서계를 조정에 올려달라는 요청을 반복했지만, 역관은 물론이거니와 동래부사도 "본래의 사명이 공작미 연한인데 인삼 매매가 금지된 시기에 이를 허가해달라는 별서계를 제출하

---

15 宗家記錄,『裁判記錄 幾度九左衛門 往復狀控 貳』, 寶曆 4(1754) 6월 10일, 일본국립국회도서관 소장.
16 『邊例集要』권4, 裁判, 癸酉(1753) 12월조.
17 『邊例集要』권4, 裁判, 甲戌(1754) 6월·7월·8월조. 과거 1687년 재판 도보 추에몬(唐坊忠右衛門)이 와서 재관(在館)하고 있는 동안 1688년 히라타 쇼자에몬이 연이어 왔을 때 구(舊) 재판 도보에게 철공(撤供), 신(新)재판 히라타에게 접대불허(接待不許) 조치를 취했던 일, 재판 다키타 곤베에(龍田權兵衛)가 재관 중이던 1709년 가노 고노스케(加納幸之助)가 와서 다키타에 철공 조치가 취해진 사례에 의거한 것이었다.
18 『裁判記錄 幾度九左衛門 往復狀控 貳』, 寶曆 4(1754) 7월 26일 幾度九左衛門 書狀.

는 행위는 용납될 수 없다"며 거부했다.[19] 8월에 거행된 다례에서 별서계를 접위관에게 전달하려 했으나 이 역시 역관들의 만류에 부딪혀 이쿠도는 별서계 제출을 단념했다.[20] 다례 후 동래부사가 이쿠도에게 다음과 같이 통보하면서 상황은 오히려 악화되었다.

> 전(前) 연한재판에게 통보했듯이 '공작미 지급 연장은 이번뿐이고 금후에는 약속한 대로 공목(公木)을 주기로' 했으니 이번에는 계문(啓聞)하지 않는다. 그러므로 이번 재판은 1특송사(特送使) 격으로 접대할 것이다. 또한 별서계는 몇 번을 말해도 수취하지 않을 것이다.[21]

인삼 구무매매건은 물론 본래의 임무인 공작미도 연장하지 않을 것이며, 공작미 연한을 연장하지 않는 상황에서는 이쿠도를 재판으로 인정할 수 없으니 '1특송사' 격으로 접대하겠다는 결정이었다. 재판의 경우 '왜관에 머무는 기간'이 규정되어 있지 않지만 특송사의 경우 유관(留館) 일수가 110일, 즉 넉 달 미만이어서[22] 이쿠도가 왜관에 머물며 교섭할 수 있는 기간은 현격하게 줄어든다. 동래부사는 자연히 공작미 연한에 관해 계문조차 올리려 하지 않았고, 조정에서 답신 서계가 발급되면 봉진연(封進宴)을 치르고 귀국하라는 말을 반복했다.

조선이 공작미 연한재판을 특송사 격의 사신으로 격하한 것은 전례 없는 조치였다. 이쿠도는 이때 인삼 매매 재개나 공작미 연장에서 조선

---

19 『裁判記錄 幾度九左衛門 往復状控 貳』, 寶曆 4(1754) 7월 2일 幾度九左衛門 書狀.
20 『裁判記錄 幾度九左衛門 往復状控 貳』, 寶曆 4(1754) 8월 11일 幾度九左衛門 書狀.
21 『裁判記錄 幾度九左衛門 往復状控 貳』, 寶曆 4(1754) 8월 11일 幾度九左衛門 書狀.
22 『增正交隣志』 권1, 1특송사·권2, 재판차왜.

정부가 강고하게 불응하는 것은 전년도(1753)에 있었던 이른바 '예단삼 갈등(單蔘一件)'으로 인해 쓰시마에 대한 조선 조정의 분노가 가시지 않았기 때문으로 해석했는데,[23] 왜관에 두 번째 왔을 때에도 여전히 인삼에 관해서는 언급하기 어려운 분위기였다. '예물'인 예단삼을 무려 3년치나 수취하기를 거부하며 "더 좋은 물건으로 교체해달라"는 쓰시마의 '비도(非道)'함에 조선 조정은 나름의 징계를 가하고 있었던 것으로 보인다.

교섭이 조금도 진전되지 않자 쓰시마 번청은 재판을 마쓰우라 산지로 교체하기로 하고, 이쿠도를 귀국시켰다. 11월 왜관에 건너온 마쓰우라 산지는 '전(前) 재판 이쿠도의 직책 수행에 공적이 없어서' 교대하러 왔다고 설명했다.[24] 다만 산지의 경우 왜관에 머물렀던 기간이 너무나 짧아서인지 그의 『재판기록(裁判記錄)』은 전해지지 않으며, 공교롭게도 『관수매일기(館守每日記)』(일본국립국회도서관 소장)에서도 이쿠도와 산지가 왜관에 왔던 1754년 기록은 누락되어 있다.

왜관에 체재하는 동안의 행적을 『변례집요』에서 살펴보면, 이쿠도가 재관(在館)하는 동안 '교체'라는 명목으로 산지가 온 것을 조선은 '재판 중송(重送)'이라며 문제시했다. 또한 '전(前) 재판 이쿠도의 직책 수행에 공적이 없어서' 교대하러 왔다는 발언에서도, 동래부사는 이쿠도가 조선을 상대로 무례하게 고집을 부리지 않은 점을 산지가 비판한다고 이해했다. 따라서 "이쿠도의 직책 수행에 공적이 없다"는 발언이 기재된 산지의 서계는 "방자무엄(放恣無嚴)하기 짝이 없다"는 이유로, 서계 등본을 만들어

---

23 『裁判記錄 幾度九左衛門 往復狀控 貳』, 寶曆 4(1754) 9월 2일 幾度九左衛門 書狀.

24 『邊例集要』 권4, 裁判, 甲戌(1754) 11월조. 이쿠도가 다시 재판으로 왔을 때의 기록 『裁判記錄 幾度九左衛門 壹(共二五冊)』(일본국립국회도서관 소장)에 의하면, 이전에 이쿠도에서 산지로 교체된 이유는 '별서계'를 끝내 조선에 제출하지 못한 것에 대한 징계 조치였고, 그때 그는 봉진연도 없이 조선을 떠났다.

상송(上送)한 역관들을 곤장에 처하고 서계 등본을 퇴송시키도록 했다. 11월 중순 무렵 이쿠도는 쓰시마로 돌아갔다.[25]

산지는 '중송'이라는 이유로 조선 정부가 자신의 접대를 허가하지 않으며 시탄(柴炭)도 지급하지 않는 것에 항의했다. 그런데 1754년 11월 초순 왜관에 관수로 부임한 스기무라 다테와키(杉村帶刀)가 조선 측에 한 설명이 기묘했다. 스기무라는 좌우를 물리친 뒤 산지에 관해 역관에게 은밀히 말하기를 "내가 쓰시마에 있을 때 듣기로는 이 사람이 자원(自願)하여 조선에 오기는 했으나 마음이 심히 괴이하다. 지금 사정을 들으니 조령관령(朝令官令)이 모두 지엄하다. 이 사람이 당초 무엇을 들었는지 알지 못하며 스스로 왔으나 지금은 회한(悔恨)의 뜻이 없지 않다"라고 했다. 또한 동래부사는 "왜관의 두왜(頭倭) 등은 산지가 계속 왜관에 머물면 공간(公幹)이 성사되지 못하니 쫓아 보내는 것 외에 다른 길이 없어 한편으로는 쓰시마에 통보하고 한편으로는 배를 마련하여 들여 보낸다"라고 보고했다.[26]

12월 말 산지는 갑자기 왜관을 떠나 쓰시마로 귀국했다. 왜관에 머물던 약 한 달 동안 그가 교섭다운 교섭을 했다고는 보기 어려우며, 위 『변례집요』의 기사만으로는 관수 스기무라가 산지에 관해 부정적인 발언을 역관에게 한 진의를 파악하기 어렵다. 분명한 것은 산지의 갑작스러운 귀국을 조선 측도 의아하게 여겼다는 점이다.

산지는 귀국한 뒤 곧 조센가타토야쿠(朝鮮方頭役)에서 해임되었을 뿐

---

25 『邊例集要』권4, 裁判, 甲戌(1754) 11월조.
26 『邊例集要』권4, 裁判, 甲戌(1754) 12월조.

아니라 폐문(閉門)[27]에 지행몰수(知行沒收)[28]라는 처벌을 받았다.[29] 『표서찰방매일기(表書札方每日記)』 호레키(寶曆) 4년(1754) 12월 16일조에 따르면, 쓰시마 번청이 산지에게 이러한 조치를 취한 이유에 관해 "전임 재판 이쿠도 규자에몬은 교섭 경과를 그때마다 번청에 보고했는데, 산지는 그것을 잘 알고 있으면서 자기 판단대로 행동했다. 교섭이 중단된 후에도 금후의 교섭을 계속하기 위해서라는 이유를 대어 사정 설명도 하지 않고 번청의 의견도 구하지 않았으며, 자기 판단으로 귀국해버린 바람에 교섭 상대인 조선 측의 조소를 사고 번의 명예를 훼손했다"라고 기록했다.[30]

노부하라 오사무(信原修)의 연구에 따르면, 그 배경에는 이쿠도와 산지에 대한 당시 쓰시마 번청과 번주의 평가 및 산지의 과거 행적이 작용했다고 보았다. 노부하라 오사무는 순조롭던 산지의 경력이 삐걱거리기 시작한 것은 1747년 그의 나이 45세 무렵부터라고 했다. 조센가타토야쿠에서 파면되었고, 1748년 통신사 방일 시에 신분야쿠(眞文役: 통신사를 응접하는 한문 담당)로 수행할 것을 지시받았으나 이것도 취소되어 한직인 소학교사(小學校師)로 물러났다.[31]

1733년 처음으로 조센가타사야쿠에 임명된 산지는 임명된 지 2주 후 '諸役格扱い(奉行格)'를 사퇴할 것을 청원하여 번청의 허가를 받은 적이 있었다. 그런데 조센가타사야쿠의 '諸役格扱い'가 인정된 데에는 산지의

---

27 에도시대 무사나 승려 등에게 부과된 형벌. 감금형으로, 문과 창을 굳게 닫고는 밤낮으로 출입을 금했다. '칩거(蟄居)'보다는 가볍고 '핍색(逼塞)'보다는 무거운 형벌이다.
28 지행(知行, 지교)이란 상위자로부터 하사받은 직책 또는 영지를 의미한다.
29 폐문 및 지행몰수의 처벌을 받고서 2년이 지난 1756년, 산지는 54세로 세상을 떠났다.
30 산지가 지행몰수 처벌을 받기까지의 경과는 信原修, 2006, 15-16쪽 참조.
31 信原修, 2006, 11-14쪽.

양부인 마쓰우라 가쇼와 조센가타사야쿠인 고시 쓰네에몬(越常右衛門)[32]이 조센가타사야쿠의 처우 개선을 청원하여, 번청이 간조야쿠(勘定役) 다음으로 처우하기로 결정한 경위가 있었다. 번청의 상층부는 마쓰우라 가쇼와 고시 쓰네에몬의 청원을 받아들여 종전의 관행을 수정하면서까지 사야쿠(佐役)의 격식을 높였음에도 불구하고, 산지가 이를 사퇴한 점을 불쾌하게 여겼을 가능성이 있다는 것이다. 산지가 사야쿠를 사퇴한 진의는 불분명하다.

1748년 조선통신사행도 그에게 불운으로 작용했다. 조선을 출발하여 2월 쓰시마 와니우라에 일시 정박하고 있던 중 부사(副使) 남태기(南泰耆)가 승선한 부사선(副使船)이 불타는 사건이 발생했다. 삼사(三使)는 육지에서 숙박하고 있던 터라 무사했으나 중관(中官)·하관(下官) 2명이 사망하고 여러 명의 부상자가 발생했다. 번청은 통신사 일행을 대동하는 역할을 맡은 영빙참판사(迎聘參判使)에게 책임을 물어 참판사 정관(正官)에게 퇴역(退役)을 명했다. 영빙참판사의 도선주(都船主)였던 산지가 조센가타토야쿠에서 파면되고 통신사 신분야쿠(眞文役)까지 박탈당해 한직인 소학교사로 물러난 것이 이때였다.

일설에는 산지가 1754년 재판으로 왜관에 머무는 동안 인삼의 품질이 나쁜 것을 보고 후일의 폐해를 경계하여 자신의 판단으로 인삼을 처분해버렸는데, 이러한 사정이 번청의 중신들에게 제대로 전해지지 않아서 처벌받았다고도 한다.[33] 산지는 이처럼 인삼 매매건으로 인해 공작미의 연장마저 불투명해진 상황에서 조선과 교섭을 시작했고, 불과 1개월 만에 석연치 않은 이유로 귀국하는 바람에 재판으로서의 성과는 전혀 거두

---

32 『竹島紀事』를 편찬한 쓰시마 번사.
33 松浦京子, 1996, 4-5쪽.

지 못했다. 당시 관수였던 스기무라 다테와키도 "산지의 귀국을 막지 않고 번청에 상신하여 지시를 구하지도 않았으니 괘씸하다"는 이유로 파면되어, 그 후임으로 1755년 다다 가즈에(多田主計)가 관수가 되었다.

1755년 정월, 다시 왜관에 온 이쿠도는 조선에 전적으로 공작미 연장 건만을 요청했다.[34] 인삼 매매를 언급했다가는 공작미마저 성사시킬 수 없다고 판단했기 때문이다. 다시 조선으로 떠나기 전 번청이 그에게 발급한 '각서(覺書)'에도 '이번에는 공작미 교섭이 성사될 때까지 왜관에 체류할 것, 별서계는 가져가지 않는다'라고 기재되어 있었다.[35] 새롭게 작성한 서계를 제출하고 동래부사가 계문을 올렸으나 조정은 공작미 지급에 대해 부정적이었고, 재계문도 절대 불가하다는 입장이었다.

그런데 교섭이 또다시 실패할 것 같은 상황에서 변수가 나타났다. 조정에서 왜관 측에 '각(角)', 즉 수우각(水牛角)[36]의 판매를 요청한 것이다. 조선이 인삼 매매를 금지하자 쓰시마는 1753년 봄부터 약 3년간 수우각의 판매를 중단했고 이로 인해 수우각이 부족해진 조선은 '국주용(國主用)'이라는 명목으로 '별무(別貿)'를 요청하기에 이르렀다.[37] 여기에서 재판 이쿠도는 수우각 판매를 빌미로 역관들과 줄다리기를 시작했다. 왜관 안에 보관하고 있던 질이 떨어지는 수우각 30~40본(本)을 판매하는 조건으로 다시 조정에 장계를 올려달라고 요구한 것이다. 역관들이 "그런 적

---

34 『邊例集要』권4, 裁判, 乙亥(1755) 3월조.
35 宗家記錄, 『裁判記錄 幾度九左衛門 壹(共二五冊)』, 甲戌十二月日 覺書.
36 수우각이란 물소뿔로, 공무역과 개시무역을 통해 조선이 수입하는 주요 품목 중 하나였다. 조선에서 수우각은 흑각(黑角)이라고 불렸으며, 주로 공예품과 무기, 특히 가장 보편적인 국궁인 '각궁(角弓)'의 주요한 재료로 사용되었다.
37 宗家記錄, 『裁判記錄 幾度九左衛門 壹(共二五冊)』, 寶曆 5(1755) 4월 16일·17일·晦日조.

은 수량으로는 요구를 들어줄 수 없다"고 하자 이쿠도는 판매를 거부했고, 서로 옥신각신하는 상황이 이어졌다.[38] 정황상 이쿠도는 조선 정부로부터 공작미 허가를 받아내기 위해 수우각을 활용하기로 결심한 듯, 무역품을 관리하는 대관(代官)들까지 통제해가며 수우각 판매를 둘러싼 교섭은 반드시 자신을 거치도록 했다.[39]

5월 초 결국 역관들은 한발 물러서서 "질에 관계 없이 쓰시마가 제공하는 수우각을 매입할 것이며, 그 대신 동래부사를 설득하여 몇 번이고 장계를 올리도록 힘쓰겠다"라는 내용의 각서를 써주고[40] 수우각 200본을 구입하기로 했다. 공작미 연장에 관해 동래부사가 재계문을 올린 것은 그로부터 수개월 후인 9월 중순이었고,[41] 조정은 그해 연말에 공작미 연장을 허락했다.[42] 1755년 12월 2일부로 이쿠도에게 발급된 역관 연명의 각서는 "을해년(1755)부터 기묘년(1759) 5년간에 한하여 공작미를 지급하고 그 이후에는 공목(公木)으로 입급(入給)한다"는 내용이었다.[43] 쓰시마로서는 1년 반 만에 얻어낸 답변이었다.

그 후 1759년에 왜관에 온 공작미 연한재판 요시무라 깃사에몬(吉村橘左衛門)도 반년 이상 교섭한 끝에 1760년 정월, '5년 연장' 허가를 받

---

38 宗家記錄, 『裁判記錄 幾度九左衛門 壹(共二五冊)』, 寶曆 5(1755) 4월 19일·22일조.

39 宗家記錄, 『裁判記錄 幾度九左衛門 壹(共二五冊)』, 寶曆 5(1755) 4월 26일조.

40 宗家記錄, 『裁判記錄 幾度九左衛門 貳(共二五冊)』, 寶曆 5(1755) 5월 9일조(일본국립국회도서관 소장).

41 宗家記錄, 『裁判記錄 幾度九左衛門 參(共二五冊)』, 寶曆 5(1755) 9월 16일조(일본국립국회도서관 소장).

42 『邊例集要』 권8, 公貿易, 乙亥(1755) 11월조.

43 宗家記錄, 『裁判記錄 幾度九左衛門 參(共二五冊)』, 寶曆 5(1755) 12월 2일조. 이 사료에 의하면 이쿠도는 1756년 1월 27일 귀국선에 탑승했다고 하니 곧 쓰시마로 귀환했을 것이다.

았다.[44] 비록 5년씩 공작미 지급을 연장하는 데 성공했지만, 조선은 예전처럼 공작미를 수월하게 허가해주지 않았다. 몇 번씩 거절하다가 겨우 인정해주는 식의 처리가 반복되었다.

쓰시마가 공작미 연한의 연장을 요청할 때마다 조선 정부는 늘 공작미 지급이 '한시적인 조치'이므로 언제든지 본래의 '공목' 지급으로 환원시킬 수 있다는 점을 역대 재판들에게 강조하면서도, 결국에는 '어렵지 않게' 연장을 허가해주곤 했었다. 늘 공목 환원의 당위성을 언급하기는 했지만 공작미가 쓰시마에 대한 시혜 조치라는 인식이 작용해서인지 공목 환원을 실행에 옮기지는 않았던 것이다. 이런 상황이 17세기 중반부터 약 100년 동안 반복되다 보니 쓰시마 역시 조선의 주장이나 뜸 들이기를 몇 년에 한 번씩 '잠깐 동안' 감내하면 지나가는 요식행위쯤으로 여기게 되었다. 그러던 차에 1년 반 동안 조선의 답변을 얻지 못하자 쓰시마는 공목 지급이 정말 현실화될 거라고 예상했는지, 자신들이 공작미 대신 받게 될 공목의 견본을 보여달라고 역관에게 요청할 정도였다.[45]

이와 같은 교섭 과정을 살펴본 결과 생기는 의문점은 '재판 산지'에 대한 분류이다. 과거 오사 마사노리는 그의 연구에서 산지를 간사재판, 이쿠도를 연한재판으로 분류한 바 있다. 당시 쓰시마로서는 인삼 매매를 재개시키는 것도 중요했지만 두 사람이 연달아 조선에 파견된 1754년은 공작미 지급이 마지막 5년째에 해당하는 해라서 조선으로부터 연장 허가를 다시 받아내야 하는 시점이었다. 산지는 연한재판 이쿠도와 교체되어 파

---

44 『邊例集要』 권4, 裁判, 庚辰(1760) 정월조.
45 宗家記錄, 『裁判記錄 幾度九左衛門 壹(共二五冊)』, 寶曆 5(1755) 3월 7일조에 의하면, 이쿠도는 역관에게 "연한(年限)은 상례나 마찬가지로 백여 년 동안 연속되어 왔으니 곤란해질 일이 아니라고 본다"라고 발언했다. 이는 당시 쓰시마가 공작미 제도에 관해 갖고 있던 일반적인 인식이었을 것이다.

견된 재판이었고, 왜관에 체재하는 동안 조선에 요구한 사안도 이쿠도와 동일했다. 따라서 산지 역시 간사재판이 아니라 공작미 연한재판으로 분류해야 하지 않을까.[46]

조선이 인삼 매매 재개를 허가한 것은 1757년이 되어서였다. 쓰시마는 1756년에 다다 겐모쓰(多田監物)[47]를 대차왜 '보정사(報情使: 1756~1757, 報情參判使)로 조선에 파견하여[48] 인삼 매매 재개를 요청했다. 다다 겐모쓰는 햇수로 2년 동안 왜관에 체재한 끝에 가까스로 매매 허가를 얻어낼 수 있었다.[49]

3. 별사(別使) 시마오 다다에몬

1765년(明和 2) 2월 쓰시마 번청은 시마오 다다에몬(嶋雄只右衛門)을 역관송영재판에 임명했다. 그런데 8월이 되자 번청은 방침을 바꾸어 '각별한 긴급 임무를 수행하기 위해서'라는 이유로 그를 간사재판에 임명했다.[50] 도시요리(年寄)들이 시마오를 간사재판에 임명하며 발급한 '각서(覺書)'

---

46 信原修, 2006, 14쪽에서 信原修는 '산지가 공작미 연한재판에 임명된 1754년'이라 기술했다.

47 다다 겐모쓰는 1753년 차왜 '고습사(告襲使)'로 조선에 온 자이다.

48 보정사 구성은 正官(多田監物), 都船主(岩崎喜左衛門), 封進(橋邊豊左衛門), 총인원 약 90명(伴從 16명, 格倭 70명 포함). 『邊例集要』 권1, 別差倭(規外違格幷附), 丙子(1756) 9월조.

49 보정사가 조선 정부로부터 인삼 매매 허가를 받아내기까지의 경위에 관해서는 윤유숙, 2010, 「근세 朝日통교와 非定例 差倭의 조선도해」, 『사총』 70, 131-138쪽.

50 宗家記錄, 『裁判記錄 嶋雄只右衛門 壹』, 明和 2년(1765) 2월 25일, 8월 7일조(일본국립국회도서관 소장).

의 내용을 정리하면 다음과 같다.

> 일본 경탄(慶誕)의 축사(祝詞)를 조선에서 신사(信使)를 보내 말씀드리는 것이 선례(先例)이지만 이번은 어쩔 수 없는 곤란한 바가 있으니, 역관(譯官)을 파견하여 축하 말씀을 드리고 싶고 이후의 예로는 삼지 않겠다는 뜻을 동래(東萊)·접위관(接慰官)이 경탄사(慶誕使)에게 서한으로 부탁했다. 사자가 물러나 <u>위 내용을 공의(公義)에 아뢰었더니, 조선이 지장을 겪는 바는 어쩔 수 없으므로 역사(譯使)를 파견하게 하라고 하셨다.</u> 대례(大例)이자 신규(新規)의 일이니 공의가 지시하신 바를 별사(別使)를 보내서 전해야 하는데 별사는 이전부터 (상황이) 복잡해지므로 귀하는 간사재판으로 공명(公命)을 전하라. … (강조: 필자)[51]

위 사료에 따르면 시마오가 간사재판으로 파견된 발단은 '일본의 경탄(慶誕)', 즉 1762년 쇼군 이에하루(家治)의 장남 이에모토(家基)[52]가 태어난 일이었다. 이듬해 1763년 11월, 쇼군의 후계자가 될 이에모토가 태어난 사실을 조선 정부에 알리기 위해, 쓰시마는 다카세 효고(高瀨兵庫)를

---

51 宗家記錄, 『裁判記錄 嶋雄只右衛門 壹』, 明和 2년(1765) 8월 13일조.
52 이에모토는 1762년 이에하루의 장남으로 태어나 차기 쇼군으로 기대를 모았으나 1779년 18세의 나이에 돌연 요절했다. 유년기부터 총명하며 문무의 재능을 겸비한 이에모토는 성장하면서 정치에도 관심을 보였는데, 1779년 매 사냥에서 돌아오던 도중 시나가와(品川)의 東海寺에서 갑자기 쓰러진 뒤 3일 만에 세상을 떠났다. 아끼던 후계자를 갑작스럽게 잃은 쇼군 이에하루는 비탄에 잠겨 식사도 제대로 하지 못할 정도였다고 한다. 이에하루에게 이에모토는 생존하는 유일한 자식이었고 그 후로도 자식을 더 얻지 못해, 결국 쇼군직은 고산쿄(御三卿)의 일원인 히토쓰바시(一橋) 가문의 이에나리(家齊)가 계승했다.

'경탄사(慶誕使)'라는 이름의 대차왜로 조선에 파견했다.[53] 위 사료에는 그때 동래부사와 접위관이 경탄사를 접대하며 보낸 서한에 "통신사를 일본에 파견하여 축하 말씀을 전하는 것이 전례이나, 통신사 파견은 곤란하니 역관을 보내 축하하고 싶다"는 뜻을 밝혔고, 이런 조선 측의 의향을 막부에 전하자 막부는 역관의 파견, 즉 문위행을 초빙하는 것에 동의했다고 한다.

쇼군의 세자가 탄생한 것을 축하하는 통신사를 파견한 예는 이전에도 있었다. 1643년 통신사의 빙례 명목이 '日光山致祭[닛코 도쇼구(東照宮) 제사]', '世子家綱誕生賀(쇼군 세자 이에쓰나의 탄생 축하)'였다. 그런데 경탄사가 조선에 온 이듬해인 1764년에는 '이에하루의 쇼군 계승 축하'를 명목으로 하는 통신사가 일본을 방문했다. 조선 정부에 통신사의 방일을 요청하기 위한 차왜 시마오 하치자에몬(嶋雄八左衛門)이 조선에 도착한 1762년 4월경[54]은 이에모토가 태어나기 전이었다. 따라서 이 시점에서 조선과 쓰시마는 '이에하루의 쇼군 계승 축하'에 합의했고, 그해 연말에 이에모토가 태어나자 1763년 쓰시마가 차왜 경탄사를 조선에 파견한 것이다.

조선 입장에서는 이듬해인 1764년에 통신사를 보내기로 이미 결정이 된 상황에서 쇼군 세자의 탄생 축하를 명목으로 또다시 통신사를 보내기에는 시간이나 경비 면에서 부담이 크므로 대신 문위행을 보내기로 한 것으로 보인다. 따라서 쓰시마가 문위행 송영재판을 조선에 파견하면 관례대로 문위행이 성사되었을 테고, 1765년 2월 시마오 다다에몬이 문위행 송영재판에 임명된 것도 이런 흐름에서였을 것이다.

---

53 『邊例集要』권1, 別差倭(規外違格幷附), 癸未(1763) 11월조.
54 『邊例集要』권1, 別差倭(規外違格幷附), 壬午(1762) 4월조.

그러나 "통신사 대신 문위행을 파견하겠다"는 조선의 의향에 대해 막부가 동의하고 실행하라는 지시를 내렸다는 이유로, 쓰시마는 이 지시를 조선에 통보하기 위한 사자(使者)를 별도로 파견하기로 했다. 위 사료에 보이는 "대례(大例)이자 신규(新規)의 일이니 공의가 지시하신 바를 별사(別使)로 보내야 한다"는 구절은 이를 의미한다. 다만 전례가 없는 차왜를 조선에 파견할 경우 조선은 그것을 이유로 사행으로 인정하지 않으려 했기 때문에, 쓰시마는 신규 차왜가 아닌 간사재판에게 이 역할을 부여하기로 한 것이다.

문위행 송영재판에 지명된 지 6개월 만에 시마오의 지위가 간사재판으로 바뀐 것은 이 때문으로 보인다. 중요한 점은 관례대로 문위행 송영재판을 파견하여 해결할 사안이었음에도 불구하고, 쓰시마는 막부의 지시가 있었다는 이유로 '별사(別使)', 즉 차왜의 도항을 1회 새롭게 창출했다는 점이다. 그리고 쓰시마는 그 임무를 간사재판에게 부여하여 조선으로부터 예상되는 접대상의 마찰을 피하고자 했다. 새로운 명목의 차왜보다는 재판에 대한 조선의 인정도(認定度)가 훨씬 높았기 때문이었을 것이다.

종래 간사재판은 '공작미 연한, 통신사의 송영, 문위행의 송영을 제외하고 그 외의 교섭 사안이 있을 때 도해하는 재판'으로 규정되어왔다. 그러나 시마오의 경우 그의 재판기록을 검토해보아도 특정 사안을 교섭한 행적이 전혀 보이지 않는다. 그도 그럴 것이 이미 조선이 수락한 문위행 파견에 대해, 막부가 동의했다는 사실을 전달하는 것이 그의 사명(使命)이었기 때문이다.

그는 자신이 '공명(公命)의 사자'이므로 조속히 귀국할 수 있도록 의례를 진행시켜달라는 요청을 거듭했고, 조선은 별다른 반대 없이 접대의례를 진행시켜서 이듬해 1766년(메이와 3) 2월에 답서 1통, 동래부사와 부산첨사의 부서(副書) 2통을 수취해서 곧 왜관을 떠났다.[55] 쓰시마는 문위행 송영재판을 통해서도 충분히 해결할 수 있는 사안을, '막부 명령(公命)의 전달자'라는 명목으로 굳이 간사재판을 파견하여 차왜의 도항 횟수를 늘리려 한 것이다. 실제로 시마오가 1765년 9월 왜관에 도착하고, 그해 12월 미우라 겐노신(三浦源之進)이 문위행 송영재판으로 왜관에 왔다.[56]

어쨌거나 이런 과정을 거쳐 1766년 현태익(玄泰翼)과 이명윤(李命尹)을 당상관으로 하는 문위행이 쓰시마를 향해 출발했다. 임무는 '관백생자(關白生子)', '도주 퇴휴(退休)와 승습(承襲)'이었는데, 관백생자란 쇼군 이에하루의 득남 축하, 도주 퇴휴와 승습은 1762년 윤4월 쓰시마 번주가 소 요시아리(宗義蕃)에서 요시나가(義暢)로 교체된 것을 의미한다. 쓰시마는 1764년 통신사 준비로 인해 연기되었던 번주 교체건도 함께 문위행의 사명으로 요청했다. 하지만 이 문위행은 매우 불행한 결과로 끝이 났다. 부산에서 쓰시마로 향하던 길에 사행단 일행이 탄 배가 해난 사고를 당해, 일행 103명이 며칠 동안 바다를 표류하다가 두모포 낚싯배에 의해 겨우 10명이 구조되었다.[57]

4. 도다 산자에몬과 영속어수당금(永續御手當金)

1771년 간사재판에 임명된 도다 산자에몬에게 부여된 임무는 '매년 은 300관목(貫目)을 하사하시니 공명(公命)에 의해 교역을 열라'는 것이

---

55 宗家記錄, 『裁判記錄 嶋雄只右衛門 貳』, 明和 3년(1766) 3월 2일·6일조.
56 『邊例集要』권4, 裁判, 乙酉(1765) 9월·12월조.
57 『邊例集要』권18, 渡海, 丙戌(1766) 7월조.

었다.[58] '매년 은 300관목 하사'란 '근년 조선 교역이 단절되었다'는 쓰시마의 주장을 받아들여, 1년 전인 1770년부터 막부가 은 300관목을 1775년까지 매년 쓰시마에 하사하게 된 사실을 가리킨다.[59]

18세기에 들어서서 조·일 무역이 쇠퇴 일로를 걷자 쓰시마는 무역 쇠퇴와 재정 곤란을 이유로 막부로부터 재정 원조를 받기 시작했다. 아라노 야스노리(荒野泰典)가 정리한 표(쓰시마에 대한 막부의 원조)에 따르면, 1700년 '조선무역자금'을 이유로 쓰시마가 막부로부터 금 3만 냥을 빌린 이래 1770년까지 원조를 청원한 이유는 주로 '조선 무역 부진'과 '통신사 접대비용'이었다.[60] 그것도 하사금의 성격을 지닌 배령(拜領)보다는 상환해야 하는 배차(拜借)가 많은 편이었다.

하지만 1760년대에만 배령 2회, 배차를 3회 받았을 정도로 쓰시마의 재정은 매우 심각한 위기 상태였다. 1760년대 말부터 쓰시마는 '교역 단절'을 주장하기 시작했고, 1769년에 "종래와 같은 형태로 막부의 지원을 받아도 일시적인 도움밖에 되지 않으니 영속(永續)의 토대를 만들려면 중대한 청원을 해야 한다"는 내결(內決)을 했다.[61] 이미 18세기 중반 무렵 조선 무역의 쇠퇴와 번 재정의 궁핍이 결정적 사실이 되자 쓰시마는 이따금씩 받는 보조금이 아닌 지속적인 지원금을 받기 위해 막부를 상대로 절충에 나선 것이다. 이 절충 과정에서 쓰시마가 내세운 논리가 바로 '朝鮮押

---

58 宗家記錄, 『裁判記錄 戶田三左衛門 壹(共二五冊)』, 明和 8년(1771) 5월 29일조(일본국립국회도서관 소장).

59 田代和生은 '매년 은 300관목 이외에도 쓰시마가 1770년에 은 900관목을 일회성으로 하사받았고, 두 하사금의 명목은 모두 재정 곤란'이라고 정리했다. 田代和生, 1998, 394쪽.

60 荒野泰典, 1988, 『近世日本と東アジア』, 東京大學出版會, 234-235쪽.

61 宗家記錄, 『御在府每日記(江戶藩邸每日記)』, 宗家1-284, 明和 6년(1769) 3월 27일조 (도쿄대학 사료편찬소 소장).

さえ의 役=영지의 수입+무역 이윤(=知行)'이었다. 쓰시마에게는 '지행(知行)'이나 다름없는 조선과의 무역에서 이윤을 창출하지 못해 막부에 대한 군역(軍役)을 수행할 수 없으니, '朝鮮押さえ의 役을 포기하고 싶다'는 주장이었다. 이는 사실상 이봉론(移封論)의 전조나 마찬가지였다.[62]

이러한 의향을 담은 쓰시마의 원서(願書)에 대해, 1770년 2월 막부가 내린 답변서에서 로주(老中) 마쓰다이라 야스요시(松平康福)는 '朝鮮押さえ의 役을 포기하고 싶다'는 주장의 부적절함을 지적하고, 로주들의 평의를 통해 쓰시마의 원서를 기각했다.[63] 4월, 쓰시마는 막부에 두 번째 원서를 제출했고, 7월 막부는 은 300관을 1775년까지 매년 하사하기로 결정했다.[64] 1770년의 배령금이 당초 요구했던 액수(약 2만 5천 냥)보다 훨씬 적은 은 300관으로 결정되자 쓰시마는 1775년부터 추가적인 보조 요구 운동(御本願)을 전개했고, 주지하는 바와 같이 1776년부터 '영속어수당금(永續御手當金)' 1만 2천 냥을 하사받는 데 성공했다. 영속어수당금은 '사무역(私貿易) 단절'을 이유로 한 사무역의 대체로서, 1776년부터 1862년까지 매년 계속되었다.

쓰시마가 지칭하는 사무역이란 왜관의 '개시무역(開市貿易)'을 의미하는데, '사무역 단절'은 막부의 원조를 받기 위해 쓰시마가 고안해낸 고육책으로 실상은 전혀 달랐다. 왜관 개시무역은 1770년대에도 상당한 규모

---

62 荒野泰典, 1988, 236쪽.
63 宗家記錄,『每日記(江戶藩邸每日記)』, 宗家1-287, 明和 7년(1770) 2월 7일조, 도쿄대학 사료편찬소 소장.
64 鶴田啓, 1986,「一八世紀後半의 幕府·對馬藩關係―近世日朝關係への一視覺―」,『朝鮮史研究會論文集』23, 160쪽. 1768년부터 1770년까지 쓰시마가 추진한 보조 요구 운동을 둘러싼 쓰시마와 막부의 절충 과정에 관해서는 鶴田啓의 논문 158-167쪽에 상세히 소개되어 있다.

로 행해졌을 뿐 아니라 메이지 초년 메이지 정부가 왜관을 강점하기까지 계속되었다. 비록 무역량이나 수익의 측면에서 개시무역의 규모가 17세기에 비해 현저하게 줄어들기는 했지만 단절됨 없이 계속되고 있었던 것이다.[65] 그런데도 쓰시마는 원조금을 받아내기 위한 명분으로 '사무역 단절=재정 곤란'을 주장하여 막부를 기만한 것이다.

그런데 1770년 은 300관 하사를 통보하는 막부의 문서에는 "교역이 재개될 때까지 당분간 오사카 오킨조(御金藏)[66]에서 은 300관씩 올해부터 지급하며, … 교역이 재개될 수 있도록 명심하라"는 문언이 기재되어 있었다.[67] 지원금을 주겠지만 "쓰시마도 교역이 재개될 수 있도록 노력하라"는 지시가 내려온 것이다. 이렇게 해서 1771년, 조선에 건너온 자가 도다 산자에몬이었다. '교역 단절'을 이유로 지원금을 청원했고, 지원금을 교부하면서 막부가 교역 재흥에 힘쓸 것을 지시했기 때문에, 쓰시마는 "공명(公命)에 의해 교역을 연다"는 명목으로 도다를 파견한 것이다. 번청은 막부의 명을 전하는 사신이라는 이유로 도다를 다른 차왜가 아닌 간사재판으로 도항하게 했다.

쓰시마의 조센고요시하이(朝鮮御用支配)가 도다에게 발급한 지침서를 살펴보면, 그가 수행해야 할 '침체된 무역의 재흥'이란 구체적으로 다음과 같다.[68]

---

65 森晉一郎, 1986, 「近世後期對馬藩日朝貿易の展開―安永年間の私貿易を中心として―」, 『史學』 56-3, 三田史學會, 112, 141쪽.

66 에도막부가 가지고 있던 금은 화폐의 저장 및 출납기관. '오카네쿠라'라고도 부르며, 에도, 오사카, 니조(二条), 슨푸(駿府), 고후(甲府) 등에 있었다. 에도 오킨조(江戶御金藏)가 가장 중요했으나 그 시작은 불분명하다.

67 鶴田啓, 1986, 167쪽.

68 宗家記錄, 『裁判記錄 戶田三左衛門 壹(共二五冊)』, 明和 8년(1771) 5월 29일조. 이때 번청은 "생사, 직물, 약종(藥種)과 같은 중국산 물품 및 조선 산물의 무역 확대를 위해

① 근래 들어 매년 감소하고 있는 조선 인삼의 매매를 확대시키고 ② 30~40년 전부터 매매가 단절된 중국산 생사(絲)와 직물에 관해 막부가 궁금해하므로 그 매매 재개를 요청하며, ③ 공목(公木)은 공무역(公貿易)의 근원인데 조선의 공목 지급이 연체되고 있으니 당년조(當年條)부터는 현목(現木)으로 조속하게 지급해달라.

하지만 여기에는 다음과 같은 지시가 덧붙여져 있었다.

一 … 당화(唐貨) 매매는 수년 이래 쌍방의 실리(失利)로 인해 단절에 이르렀으니 쉽게 열리기 어렵겠지만 공명(公命)을 입은 이상 어떻게든 힘쓰지 않으면 안 된다. 어쨌거나 요청을 해서 <u>조선국의 성부(成否) 답변을 막부(公義)에 아뢸 것이니, (조선의) 답변을 양역(兩譯)으로부터 진문(眞文)으로 받아야 한다. 이 진문은 막부에 제출할 것이고 곧 청원을 할 때 가장 주요한 증거가 되어 중대한 의미를 갖게 될 것이다.</u> … (강조: 필자)

주지하는 바와 같이 17세기 조·일 교역을 지탱하던 중국산 백사(白絲)·견직물, 조선 인삼과 일본 은의 교환체제는 17세기 말 이후 동요하기 시작했다. 그 요인을 살펴보면 첫째, 일본 내에서 생산되는 생사(和絲)의 수요가 중국산 견직물과 백사의 수요를 능가하게 되었다는 점이다. 종래 나가사키 무역과 조·일 무역을 통해 일본으로 유입되던 중국산 백사는 대부분 교토 니시진(西陣)의 기업지(機業地)로 운반되었는데, 1660년

필요에 따라서는 막부가 착수금을 줄 수도 있다는 뜻으로 응대하라"고 도다에게 지시했다.

대까지 매년 30만 근 이상 운반되던 수입 백사가 1685년에는 7만 근으로 급감했다. 그에 비해 일본산 생사는 1715년 20만 근, 1720~1730년대에 30만 근으로 증가했다.[69] 일본 국내의 양잠업, 제사업(製絲業)이 기술적으로 발전하여 중국산 백사 정도의 품질을 갖추게 되자 일본 내에서는 중국산 백사를 더 이상 필요로 하지 않게 되었다. 18세기 중반 이후가 되면 조·일 무역과 나가사키 무역에서 중국산 백사는 더 이상 취급되지 않았다.

두 번째 요인은 일본의 화폐 개주(改鑄)이다. 막부가 재정 수입의 확대를 꾀하기 위해 일본 국내에서 유통되는 은화의 순도를 크게 떨어뜨리는 화폐 개주를 단행하자, 쓰시마가 조선 인삼을 사들이기 위해 지불하는 은화의 순도가 80%에서 1695년을 기점으로 64%까지 떨어졌다.[70] 이는 일본 은화에 대한 국제 신용도의 추락을 초래하여, 조선 상인들이 순도가 떨어진 은화의 수령을 거부하면서 인삼 수출을 거부하는 사태가 발생한 것이다. 이 같은 상황을 타개하기 위해 막부가 쓰시마의 요청을 받아들여 일본 국내에서 동용되는 은화와 별도로 순도 80%의 '인삼대왕고온(人蔘代往古銀)'을 주조하여 조·일 무역에 투입했지만 결과적으로 인삼 무역의 동요를 막지 못했다.

이와 맞물려 셋째, 조선의 인삼 조달도 부진에 빠졌다. 조선이 일본에 수출하는 인삼은 재배삼이 아닌 자연삼으로, 자연에서 채취되는 산삼(山蔘)이었다. 산삼의 부존량은 극히 제한되어 있어 지속적인 채취는 인삼의 고갈을 재촉했고, 일본에서는 18세기 초반 이후 쇼군 도쿠가와 요시무네(德川吉宗)의 주도로 인삼의 국산화 정책이 추진되어 조선의 인삼 수출은 적지 않은 타격을 받게 되었다. 1764년 일본에서는 국내에서 생산된 인

69　森晉一郎, 1986, 116쪽.
70　田代和生, 1998, 299쪽.

삼을 판매하는 인삼좌(人蔘座)[71]가 설치되어 일본산 인삼이 전국적인 판로를 확보하기에 이르렀다.

그 결과 중국산 백사(白絲)·견직물, 조선 인삼과 일본 은의 교환체제는 1세기여 만에 붕괴되고 18세기 후반에서 19세기로 넘어가면 조선의 소가죽[72]과 일본의 동(銅, 구리)이 주요 무역품의 지위를 차지하게 되었다. 이처럼 주요 무역품의 변화는 조·일 양국에서 진행된 무역 조건의 변화, 즉 기존 무역품의 조달 부진, 국산 대체재의 대두, 정부의 재정정책 등이 상호작용하여 초래된 결과로, 어느 한쪽이 갑자기 무역 증대를 요구한다고 해서 해결될 문제가 아니었다.

위 사료에 보이는 "당화(唐貨) 매매가 수년 이래 쌍방의 실리(失利)로 인해 단절에 이르렀으니 쉽게 열리기 어렵다"라는 구절은 조·일 무역의 당사자인 쓰시마가 이러한 실상을 누구보다도 잘 알고 있었음을 의미한다. 특히 중국산 백사와 견직물의 경우 중계무역을 통해 수입하더라도 일본 국내시장에서 수익을 창출할 수 없게 되었으므로 쓰시마의 입장에서는 사실상 교역 재개에 힘쓸 이유가 없었다.

이런 상황에서 도다를 조선에 보내 '교역의 재개 및 확대'를 요구하기

---

71 에도시대에 막부가 약용 인삼의 판매를 통제하기 위해 특정 상인에게 명하여 설치를 인정한 좌. 에도시대 일본에는 나가사키 무역을 통해 중국으로부터 수입하는 당인삼(唐人蔘), 조선에서 수입하는 조선 인삼, 일본 국내에서 재배하는 화인삼(和人蔘) 등이 있었다. 조선 인삼은 쓰시마 번주가 전매했고, 당인삼과 화인삼은 각각 특정 상인이 운영하는 인삼좌를 통해 유통되었다.

72 조선의 소가죽은 18세기 말부터 적극적으로 수출되기 시작한 것으로 추정된다. 선행 연구에 따르면 1824년에 연간 1만 5천 장의 소가죽이 수출되는 등 당시 개시무역에서 주요 수출품의 위치를 차지하고 있었다. 그 무렵 서일본 일대에는 소가죽과 말가죽의 광범위한 생산·유통구조가 형성되어 있어서 소가죽은 신발류를 중심으로 오사카 지역에서 가공용으로 소비되었으며, 쓰시마에서는 무구(武具)로도 많이 사용되었다. 田代和生, 2007, 『日朝貿易と對馬藩』, 創文社, 212-213쪽.

로 한 쓰시마의 본의는 조선의 답변서를 받아내서 막부에 제출하는 것이었다. 조선의 답변서를 제출하여 교섭 결과를 막부에 보고하는 것이 당연한 수순이기는 하지만, 위 사료에서 주목되는 부분은 쓰시마 번청이 '답변서(진문)가 차후 막부에 금전 지원을 요청할 때 중요한 근거자료가 될 것'이라고 전망하는 구절이다. 당시 쓰시마는 막부를 상대로 한 지원금 청원에서 '교역 단절'을 주장하고 있었는데, 조선의 답변서가 그 청원에서 주요한 근거가 된다는 것은 곧 교역 재흥에 부정적인 내용이었음을 의미한다. 쓰시마는 국내외의 제 조건으로 인해 조선이 특정 물품의 대일 수출 증대를 확약하는 내용의 문서를 써줄 가능성이 희박하다고 예측하고 있었다. 따라서 '교역 재흥은 불가함'이라는 조선의 답변서가 곧 막부에 대한 쓰시마의 주장을 뒷받침하는 '훌륭한' 근거가 될 거라고 계산했던 것이다.

　1771년 6월, 도다에게서 조선에 건너온 이유를 들은 역관은 "교역을 열겠다고 하나 인삼 무역이 금시된 상황도 아니고 매년 다소간 (쓰시마에) 팔고 있는데, 교역을 열어달라고 하니 의아하다"라는 반응을 보였다.[73] 이에 대해 도다는 "조선의 인삼이 절귀(絶貴)하여 많이 매매할 수 없다는 문적(文跡)을 써주면 에도에 보고하겠다"라고 했다.[74] 여기에서 의문시되는 점은 번청은 그에게 '역관의 진문'을 받아오게 했고, 『변례집요』의 기록을 보아도 도다가 역관에게 요구한 것이 '문적'이었다는 점이다. 그런데 왜 쓰시마는 조선의 답변을 정식 외교서한인 서계가 아니라 역관의 사적(私的) 문서인 진문으로 받으려 했을까.[75] '교역 단절'이라는 거짓된 주장

73　宗家記錄, 『裁判記錄 戶田三左衛門 壹(共二五冊)』, 明和 8년(1771) 6월 19일조.
74　『邊例集要』 권4, 裁判, 辛卯(1771) 6월조.
75　이런 식으로 역관이 써준 진문을 막부에 제출한 사례는 이전에도 있었다. 막부가 조선

에서 비롯된 교섭의 답서이기 때문이었을까.

도다의 서계 사본을 본 역관은 서계의 문구 하나가 전례와 다르다며 수정해서 다시 제출하게 했고, 동래부사 이보관(李普觀)은 간사재판 도다가 도착했다는 계문을 올렸다.[76] 그 계문에는 재판이 가져온 서계에 문제가 있어서 개찬(改撰)하게 한다는 내용도 있었기 때문에, 역관은 쓰시마에 연락해서 조속히 조치를 취하라고 재촉했다.[77] 그런데 조정은 계문을 올렸다는 이유로 동래부사 교체를 명했다.[78]

7월 중순 무렵 동래부로 내려온 신임 동래부사 박사눌(朴師訥)은 "근년 들어 조선의 삼세(蔘勢)가 쇠퇴하여 매년 산출량이 감소하고 있다는 사실을 쓰시마도 알고 있을 텐데, 교역을 열라는 공명(公命)을 띠고 간사재판이 왔다는 점을 조정이 수상하게 여기고 있다. 동무(東武, 막부)의 명령이 그러한가. 그렇지 않으면 되지 않을 것을 알면서 공의(公儀)라는 명목으로 우리나라에 주장하여 유무(有無)의 답변을 취하기 위한 게 아닌가. 전임 부사는 이러한 사리를 분별하지 못하고 평상시대로 재판으로 판단하여 계문을 올렸기 때문에 죄를 받아 교체되었다. 전임 부사가 계문한 대로라면 재판이 가져온 서계를 수취하지 말라는 엄명을 받았다"라고 전했다.[79]

수출용 동 20만 근 조달을 허가해준 뒤, 쓰시마는 1769년 임역(任譯)이 작성한 '감사의 진문'을 당시의 로주 마쓰다이라 데루타카(松平輝高)에게 제출했다. 宗家記錄, 『御在府每日記(江戶藩邸每日記)』, 宗家1-286, 明和 6년(1769) 9월 21일조(도쿄대학 사료편찬소 소장).

76 宗家記錄, 『裁判記錄 戶田三左衛門 壹(共二五冊)』, 明和 8년(1771) 6월 26일·7월 朔日조.
77 宗家記錄, 『裁判記錄 戶田三左衛門 壹(共二五冊)』, 明和 8년(1771) 7월 6일조.
78 宗家記錄, 『裁判記錄 戶田三左衛門 壹(共二五冊)』, 明和 8년(1771) 7월 7일조.
79 宗家記錄, 『裁判記錄 戶田三左衛門 壹(共二五冊)』, 明和 8년(1771) 7월 16일조. 쓰시

도다는 신임부사를 상대로 처음부터 다시 자신의 사명(使命)을 설명해야 했고, 약 2개월 후 동래부사는 재계문을 올렸다. 아래와 같이 조정은 동래부에 일임하여 재판을 귀국시키기로 했다.

> 임금이 연화문(延和門)에 나아가 『황은편(皇恩編)』을 지영(祗迎)하고 침전으로 돌아갔다. 대신과 비국 당상을 인견하였는데, 좌의정 한익모(韓翼謨)가 아뢰기를, "왜인(倭人)이 나온 지 이미 오래되었으나, 어긴 일이 있기 때문에 접대를 허락하지 않고 있습니다. 지금 듣건대 그들도 또한 스스로 그 죄를 알고 곧 도로 돌아가고자 하지만, 서계(書契)를 바치지 못하였기 때문에 아직 엄체(淹滯)하고 있다고 합니다. 청컨대 동래부(東萊府)에 분부해서 곧 들여보내게 하소서" 하자, 영의정 김치인(金致仁)이 말하기를, "전 재판왜(裁判倭)가 나오고부터 그 말을 따를 수 있는지 따를 수 없는지를 논하지 않고 원래 접대를 허락하지 않는 예가 없었고, 이번에 외람되고 조잡한 말은 통역을 맡은 무리가 사사롭게 수작(酬酢)한 것에 지나지 않으니, 이것을 조정에서 성상께 아뢰는 것은 마땅하지 못합니다. 만약 <u>회서(回書)를 얻으면 반드시 곧 도로 돌아갈 듯하니, 이것은 오로지 동래부에 맡기는 것이 마땅합니다</u>" 하였다. 임금이 여러 신하들에게 의논하도록 명했는데, 대신의 말과 똑같으니 그대로 따랐다.[80] (강조: 필자)

10월 하순 역관이 재판에게 전달한 회하는 조선 인삼의 산출과 중국

마는 7월 중순 무렵 수정한 서계를 역관에게 확인시켰다. 『裁判記錄 戶田三左衛門 壹 (共二五冊)』, 明和 8년(1771) 7월 29일조.

[80] 『영조실록』, 영조 47년 9월 19일.

산 직물의 현황에 관해 언급한 뒤 "조선의 산물이라면 다소 판매하도록 명하겠다"는 내용[81]으로, 쓰시마가 지정한 물품의 무역 확대에 대해서는 사실상 아무런 답변도 하지 않은 것이나 다름없었다. 다만 도다의 세 번째 요구사항, 공목(公木)의 현목(現木) 지급 요구에 대해서는 구체적인 입장을 표명했다. 조선이 공무역에서 쓰시마에게 지급해야 할 공목 700속(束) 가운데 당년조부터 3분의 1은 현목으로 주고, 3분의 2는 인삼으로 대신하겠다는 제안이었다.

도다는 대통사(大通詞) 다와라 사이헤이(俵最兵衛)를 쓰시마로 보내 그동안의 교섭 상황을 보고했다. 번청이 내린 지시는 다음과 같다.[82]

① 현재 받아놓은 역관의 진문(眞文)은 막부에 제출할 경우 불온한 문세(文勢)이므로, 초안을 작성해서 보내니 이대로 다시 작성하게 하라.
② 진문의 날짜는 될 수 있는 한 정월로 기재하라.
③ 내년 봄에 조선의 답변을 막부에 보고할 예정이니 재판은 이에 맞추어서 출선연(出船宴)을 마치고 나면 곧 귀국하라.

이 지시로 보건대 번청의 주된 관심사는 역관의 진문을 받아내서 막부에 보고하는 것으로, 예조의 정식 답서나 공목의 일부를 인삼으로 교체해주겠다는 조선의 제안에 대해서는 아무런 언급이 없었다.

역관들은 진문을 다시 써달라는 도다의 요청을 즉각 받아들였고,

81　宗家記錄, 『裁判記錄 戶田三左衛門 貳(共二五冊)』, 明和 8년(1771) 10월 29일조. 도다의 다례는 10월 중순에 거행되었다.
82　宗家記錄, 『裁判記錄 戶田三左衛門 參(共二五冊)』, 明和 8년(1771) 11월 30일조.

12월 초 도다는 예조의 답서와 역관의 진문을 수령했다.[83] 역관이 도다에게 건넨 진문에는 중국산 직물류와 조선 인삼 무역이 침체된 이유를 언급한 후 "인삼은 아무리 상인에게 명해도 이전처럼 되지 않는다. 이런 상황을 귀국이 잘 알고 있을 터인데 이제 무역을 확대하자고 요청하는 것은 성신(誠信)의 면에서 바람직하지 않다. … 근래 목화(木花) 작황이 부진하여 가목(價木)이 전수(全數)만큼 직조되고 있지 못하여, 부족분은 인삼을 섞어서 주라고 조정이 부사에게 분부하였으니 재판에게도 전한다"[84]라고 되어 있었다. 도다는 번청의 지시대로 1772년 2월 초순 쓰시마로 돌아갔다.[85] 표면상으로는 조선 인삼 매매 확대와 중국산 직물의 교역 재흥을 요구했지만 간사재판 도다의 조선행은 실상 무역 재흥이 아닌 역관의 '진문' 확보가 주된 목적이라고 보아야 할 것이다.

쓰시마는 그해 6월 역관이 써준 진문과 원서를 함께 막부에 제출했다.[86] 번주 소씨의 이름으로 로주들에게 제출된 원서는 진문의 내용을 다시 설명한 후, 다음과 같은 내용을 싣고 있다.

① 진문의 내용이 이러하니 교역은 열리지 않을 것이다.
② 인삼은 원래 교역품이 아니어서 1년분을 조금 사들인다 해도 인삼좌(人蔘座) 판매용으로 충분하지 않다.
③ 교역은 제 살림살이의 근본이어서 이런 답변으로는 해결되지 않

---

83 宗家記錄, 『裁判記錄 戶田三左衛門 參(共二五冊)』, 明和 8년(1771) 12월 朔日·4일·8일조.
84 宗家記錄, 『裁判記錄 戶田三左衛門 參(共二五冊)』, 明和 8년(1771) 12월 8일조.
85 宗家記錄, 『裁判記錄 戶田三左衛門 參(共二五冊)』, 明和 8년(1771) 2월 6일조.
86 宗家記錄, 『御留守每日記(江戶藩邸每日記)』, 宗家1-291, 明和 9년(1772) 6월 10일조 (도쿄대학 사료편찬소 소장).

는다. 또 관리를 조선에 파견할 것이다.

④ 이 기회를 놓치면 공사(公私)가 해결되지 않으니 이 건의 성부(成否)가 결정되기까지 당분간 참근(參勤)을 유예해달라.

한편 1772년 막부는 나가사키의 관리와 고후신야쿠(御普請役) 사쿠마 진파치(佐久間甚八)[87]를 쓰시마에 파견하기로 결정했다. 3월 쓰시마가 나가사키 부교 나쓰메 노부마사(夏目信政)에게 제출한 문건에 따르면, 막부가 쓰시마에 막부의 관리를 파견하는 이유는 '나가사키 무역(唐紅毛交易)을 전달하기 위해서'였다.[88] 쓰시마가 정식으로 조선 역관의 진문과 원서를 막부에 제출한 것이 6월이므로, 막부의 이러한 결정은 그 이전에 내려진 것으로 보인다. 조선과의 교역이 단절되었다는 이유로 쓰시마가 이봉(移封) 의사까지 내비치며 지원금 요청의 강도를 높여가자 쓰시마 측에 나가사키 무역 방식을 알려주어서 조선 무역의 재흥을 독려하려는 의도도 있었겠지만, 쓰시마의 실정을 직접 조사할 필요성을 느꼈기 때문일 것이다.

---

87 1812년에 완성된 『寬政重修諸家譜』에 따르면, 사쿠마 진파치는 통칭이고 본명은 시게유키(茂之)이다. 기이(紀伊)번의 번사로 있다 막부의 고후신야쿠(御普請役)로 근무한 사쿠마 헤베에(佐久間平兵衛)의 아들로 태어났다. 진파치도 부친의 뒤를 이어 고후신야쿠가 되었다가 1779년 고간조(御勘定), 1790년 고간조긴미야쿠(御勘定吟味役)가 되었다. 고후신야쿠라는 막부의 직책은 1724년에 신설되었는데, 막부의 재정을 통괄하는 간조부교(勘定奉行)의 지휘를 받아 에도, 관동팔주(關東八州, 에도 주변의 8개 國), 그 외 막부령과 막부가 관할하는 하천의 관개(灌漑)·용수(用水), 도로와 다리 등의 토목공사를 주로 관장하는 직책이었다. 사쿠마 진파치가 주로 담당했던 임무는 현재의 나고야(名古屋) 주변 지역과 동해도(東海道) 지역 일대를 돌며 하천 공사를 하는 것이었다. 그러던 중 1772년 막부의 명령을 받아 쓰시마로 향했다.

88 宗家記錄, 『御留守每日記(江戶藩邸每日記)』, 宗家1-290, 明和 9년(1772) 3월 28일조 (도쿄대학 사료편찬소 소장).

이때 쓰시마로 파견된 사쿠마 진파치와 나가사키 관리는 쓰시마 현지에 가서 활동한 내용을 막부에 보고했는데, 『佐久間甚八 報告書』(가칭)[89]와 『朝鮮交易斷絶ニ付唐紅毛商賣方對州役人江傳達仕候趣申上候書付』[90]가 그것이다. 후자가 조선 무역과 나가사키 무역 방식을 대비시켜서 기록한 데 비해, 『佐久間甚八 報告書』는 쓰시마 내부의 정치·산업의 발달 정도, 경작 상황, 조선 무역 현황, 무역품 조달 실태, 조선 무역이 쓰시마 재정에 미치는 영향, 쓰시마의 부산왜관 운영 실태 등 쓰시마의 현황을 망라하는 식으로 기술되어 있다.

보고서에서 사쿠마는 "(수익이) 완전히 없어졌다고 주장했지만 송사(送使)와 무역 외에도 사무역에 쓰는 7만 근의 동을 무명·쌀로 바꾼다고 합니다"[91]라고 하며, 사무역이 계속되고 있다는 언급을 했다. 하지만 전체적인 기조는 "조선과의 무역이 사실상 성과가 나지 않고 있다"는 식으로 조선 무역의 쇠퇴를 인정하는 기술이 반복되고 있다. 당시 고후신야쿠(御普請役)였던 사쿠마는 간조부교(勘定奉行)의 지휘를 받는 직책에 있었으므로 그의 보고서는 간조쇼(勘定所)에 제출되었을 것이다. 그로부터 몇 년 후 쓰시마는 막부에게서 영속어수당금을 받아내는 데 성공했으므로 사쿠

---

[89] 『通航一覽』 권132, 朝鮮國部 108. 사쿠마의 보고서는 한 편의 문헌과 같은 구성을 갖추고 있지만 별도의 제목이 붙어 있지는 않다. 그것은 이 사료가 개인의 저술이 아니라 막부에 제출하기 위한 공적인 보고서로 작성되었기 때문으로 추정된다. 따라서 여기에서는 해당 문서를 편의상 『佐久間甚八 報告書』라는 가칭으로 지칭한다. 『佐久間甚八 報告書』에 관해서는 윤유숙 편, 2018, 『근세한일관계사료집Ⅱ-사쿠마 진파치 보고서·죽도문담』, 동북아역사재단 참조.

[90] 일본국립국회도서관 소장. 1772년(辰) 9월 후쿠다 주로에몬(福田十郎右衛門)과 사카네 다쿠스케(板根宅助)가 기록한 것으로 추정된다. 쓰시마 관리가 진술한 조선 무역의 유래와 쇠퇴 원인을 7개 조항으로 정리하고, 그와 관련하여 쓰시마 관리에게 알려준 나가사키 무역 방식을 기록한 사료이다.

[91] 윤유숙 편, 2018, 45쪽.

마의 보고서가 영속어수당금을 받기 위한 쓰시마의 정치적 행보에 제동을 걸지는 못했다고 하겠다.

쓰루타 게이(鶴田啓)는 그의 연구에서 1775년(安榮 4) '영속수당'을 받기 위해 막부를 상대로 고혼간(御本願) 실행을 결의한 쓰시마가 사자(使者)를 조선에 파견했고, 같은 해 10월 로주 마쓰다이라 데루타카(松平輝高)에게 교역 단절의 진문, 진문의 화해(和解), 첨서(添書)를 제출했으며 11월에 로주 마쓰다이라는 교역 재개 교섭을 위해 도해 중인 사자의 철수를 허가했다고 정리했다.[92] 이듬해인 1776년 3월, 막부는 사무역 단절을 이유로 들어 사무역의 대체로서 영속어수당금(永續御手當金) 1만 2천 냥을 매년 하사하기로 결정했다.[93]

쓰루타 게이가 정리한 바에 따르면 1775년 막부에 제출된 진문이 막부로 하여금 사무역 단절을 인정하게 하는 결정적인 근거가 된다. 하지만 이 글에서 살펴보았듯이 교역 재흥이 어렵다는 조선의 답변을 막부에 제출하여 이를 교역 단절의 증거로 삼으려는 쓰시마의 시도는 이미 1771년 도다를 조선에 파견했을 때 본격화되었다. 뒤이어 1772년 사쿠마 진파치의 쓰시마 실정 보고, 1775년 막부에 대한 조선의 진문 제출 등 일련의 과정을 거쳐 막부는 '사무역 단절'을 최종적으로 인정했다.

---

92 鶴田啓, 1986, 168쪽 참조. 鶴田啓가 정리한 〈表5 御本願運動의 經過〉에 따르면 1775년에 쓰시마가 도다 산자에몬을 조선에 보내 교역 재개를 위한 교섭을 행하다가, 막부의 재가를 얻어 조선에서 도다를 철수시켰다는 의미로 읽힌다. 하지만 조선의 문헌에서 1775년에 도다가 조선에 와서 그러한 교섭을 했다는 기록은 확인되지 않는다. 그가 1771년 간사재판으로 조선에 온 도다와 동일 인물인지, 쓰시마가 1775년 막부에 제출한 진문이 1772년 도다가 받아온 진문과 별개의 것인지 동일한 것인지 등에 관해서는 좀 더 상세한 검토가 필요하다.

93 森晉一郎, 1986, 117쪽. 영속어수당금은 1862년까지 지급되었으니, 1770년부터 시작해서 사실상 약 90년 동안 쓰시마는 매년 막부의 지원에 의존한 셈이 된다.

표 2 역대 간사재판 일람표

순서	도항 시기	이름	실명	교섭 주제	기록 현존 여부
1	1696년 (元祿 9)	히라타 쇼자에몬 (平田所左衛門)	平成尙	・공작미 기한 연장 ・미수(未收) 공작미 지급 재촉	재판차왜등록
2	1700년 (元祿 13)	히라타 쇼자에몬 (平田所左衛門)	平成尙	・공작미 기한 연장 ・왜관 수리에 대한 사의 표명	재판차왜등록
3	1736년 (享保 21)	우치노 이치로자에몬 (內野一郎左衛門)	平如尙	와키노리 잡물(脇乘雜物) 지급량 복구	재판차왜등록 裁判記錄
4	1753년 (寶曆 3)	다다 가즈에 (多田主計)	橘如陳	예단삼 개품 교섭	裁判記錄
5	1754년 (寶曆 4)	마쓰우라 산지 (松浦贊治)	松浦守經	・공작미 기한 연장 ・인삼 매매 허가 요청	×
6	1765년 (明和 2)	시마오 다다에몬 (嶋雄只右衛門)	平暢亮	・막부의 문위행 수락 사실 통보	裁判記錄
7	1771년 (明和 8)	도다 산자에몬 (戶田三左衛門)	藤恭禮	사무역 교역 재개 요구	裁判記錄
8	1807년 (文化 4)	시게마쓰 고노모 (重松此面)	藤功喬	?	裁判記錄 (일부 결본)

* 이 표는 윤유숙, 2018, 「조선후기 쓰시마 간사차왜(幹事差倭)의 활동 검토」, 『한일관계사연구』 62, 293쪽에 수록된 표를 보완한 것이다.
* 출처: 『邊例集要』・宗家記錄, 『裁判記錄 幾度九左衛門』, 『裁判記錄 嶋雄只右衛門』, 『裁判記錄 戶田三左衛門』(일본국립국회도서관 소장).
* 宗家記錄에서 마쓰우라 산지의 재판기록은 현재 결본 상태이다.

5. 맺음말

이 글은 간사재판 마쓰우라 산지(1754), 시마오 다다에몬(1765), 도다 산자에몬(1771)의 교섭에 주목하여 그들이 조선에 건너온 이유, 조선과 협상한 내용과 협상의 결말을 고찰했다. 특히 마쓰우라 산지와 도다 산자에몬은 각각 18세기 이후 조·일 교역에서 커다란 갈등 요소였던 예단삼 거부가 초래한 분쟁과, 쓰시마 측에 중대 과제로 부상한 막부의 영속지원금

하사와 깊숙이 관련되어 있었다.

마쓰우라 산지의 경우 인삼 구무매매(求貿賣買)와 공작미 연장을 조선에 요구하기는 했으나 왜관에 온 지 1개월여 만에 귀국하는 바람에 교섭을 마무리 짓지 못했다. 또한 번청의 허가 없이 귀국을 결행했다는 이유로 처벌을 받아, 조·일 통교 전문가로 근무해온 경력이 사실상 끝이 났다.

산지가 파견되기 직전인 1750년대 초반, 왜관에서는 쓰시마의 예단삼 거부 및 교체 요구로 인해 갈등이 고조되고 있었다. 조선은 1753년 간사재판 다다 가즈에와 교섭한 끝에 1750년, 1751년, 1752년, 도합 3년분의 미수(未收) 예단삼을 상질의 인삼으로 교체하여 지급하기로 했으나, 다다와 교섭이 진행되는 과정에서 동래부사는 개시무역에서의 인삼 매매를 금지해버렸다. 예단삼 교체 요구로 인한 갈등이 인삼 매매 금지 사태를 초래한 셈이었다. 예단삼 사건으로 인해 쓰시마에 대한 조선 정부의 반감과 비난은 상당 기간 수그러들지 않아, 인삼 매매의 허가는 고사하고 공작미 연장도 허가하지 않겠다는 태세였다. 쓰시마는 1754년 정례적인 공작미 연한재판으로 도항한 이쿠도 규자에몬을 도중에 귀국시켰고, 산지는 이처럼 조·일 교역이 험악해진 상황에서 이쿠도와 교체하는 형태로 왜관에 왔다.

당시 쓰시마 내에는 번주 소 요시아리를 비롯하여, 산지에 대해 부정적인 평가를 하는 움직임이 있어 번청과의 의사소통이 원활하지 않았던 것으로 보인다. 번청은 유독 이쿠도와 산지 두 사람을 재판에 임명하는 단계에서부터 몇 번이나 지명을 번복하는 난맥상을 보였기 때문이다. 다만 산지는 이쿠도와 교대하는 식으로 파견된 만큼 왜관에 체재하는 1개월 동안 조선에 요구한 사안도 이쿠도와 동일했고, 다시 왜관에 온 이쿠도는 공작미 교섭에 집중했다. 따라서 종래의 연구에서는 산지를 간사재판으로 분류했으나 공작미 연한재판으로 분류해야 하지 않을까 하는 의

문점이 남는다.

시마오 다다에몬은 1766년 문위행과 관련하여, 그 사행을 막부가 수락했다는 사실을 조선에 전달한다는 명목으로 파견되었다. 쇼군 이에하루의 장남 이에모토가 태어난 일과, 소 요시나가의 쓰시마 번주 승습을 축하하는 사행이었다. 시마오의 경우 이미 조선이 수락한 문위행 파견에 대해 막부가 동의했다는 사실을 전달하는 것이 그의 사명(使命)이었다.

도다 산자에몬은 쓰시마가 지속적인 지원금을 받기 위해 막부를 상대로 청원운동을 하는 과정에서 조선에 '교역의 재흥'을 요구하라는 막부의 지시를 받고 파견되었다. 18세기에 들어서서 조·일 무역 쇠퇴와 재정 곤란을 이유로 막부로부터 재정 원조를 받기 시작한 쓰시마는 1760년대 말부터 간헐적인 보조금이 아닌 지속적인 지원금을 받기 위해 '사무역 단절'을 주장하기 시작했고, 그로 인해 '朝鮮押さえの 役' 수행이 어렵다고 호소하기에 이르렀다.

1770년 이러한 내용이 담긴 쓰시마 원서(願書)에 대해 막부는 1770년부터 1775년까지 은 300관목을 매년 하사하기로 결정했다. 이때 막부는 "교역 단절을 이유로 지원금을 하사하므로 교역 재흥에 힘쓸 것"을 지시했기 때문에 쓰시마는 "공명(公命)에 의해 교역을 연다"는 명목으로 도다를 조선에 파견했다. 도다는 조선의 역관으로부터 "중국산 직물류와 조선 인삼 무역이 침체된 이유는 서로 간에 이익을 잃었기 때문이며 상인에게 명해도 이전처럼 되지 않는다"라는 진문(眞文)을 받아, 1772년 막부에 제출했다. 조·일 무역의 현황을 충분히 숙지하고 있어서 조선의 반응을 이미 예상하고 있던 쓰시마는 애초부터 그러한 조선의 문건이 쓰시마가 주장하는 '사무역 단절'을 증명하는 근거가 될 것이라고 기대하고 있었다.

기존 연구에 따르면 1775년 쓰시마가 제출한 진문이 막부가 사무역 단절을 인정하는 결정적인 근거가 되었다고 한다. 그러나 이 글에서 살펴보았듯이 교역 재흥이 어렵다는 조선의 답서를 받아내서 이를 교역 단절의 증거로 삼으려는 쓰시마의 시도는 이미 1771년 도다를 파견했을 때부터 본격화되었고, 1772년에는 조선의 답서를 막부에 제출했다. 뒤이어 1772년 사쿠마 진파치의 쓰시마 실정 보고, 1775년 '영속수당'을 받기 위해 막부를 상대로 한 고혼간(御本願) 제출 등 일련의 과정을 거쳐 막부는 '사무역 단절'을 최종적으로 인정하기에 이르렀다.

참고문헌

『조선왕조실록』,『변례집요』,『증정교린지』.

윤유숙 편, 2018,『근세한일관계사료집Ⅱ-사쿠마 진파치 보고서·죽도문담』, 동북아역사재단.

정성일, 2000,『朝鮮後期 對日貿易』, 新書苑.

윤유숙, 2010,「근세 朝日통교와 非定例 差倭의 조선도해」,『사총』70.

＿＿＿, 2018,「조선후기 쓰시마 간사재판(幹事裁判)의 활동 검토」,『한일관계사연구』62.

이혜진, 1998,「17세기 후반 朝日外交에서의 裁判差倭 성립과 조선의 외교적 대응」,『한일관계사연구』8.

홍성덕, 1992,「十七世紀 別差倭의 渡來와 朝日關係」,『전북사학』15.

『寬政重修諸家譜』.

『通航一覽』권132, 朝鮮國部 108.

宗家記錄『每日記(江戶藩邸每日記)』, 宗家1-287, 도쿄대학 사료편찬소 소장.

宗家記錄『御留守每日記(江戶藩邸每日記)』, 宗家1-290, 도쿄대학 사료편찬소 소장.

宗家記錄『御留守每日記(江戶藩邸每日記)』, 宗家1-291, 도쿄대학 사료편찬소 소장.

宗家記錄『御在府每日記(江戶藩邸每日記)』, 宗家1-284, 도쿄대학 사료편찬소 소장.

宗家記錄『御在府每日記(江戶藩邸每日記)』, 宗家1-286, 도쿄대학 사료편찬소 소장.

宗家記錄『裁判記錄 幾度九左衛門 往復狀控 壹·貳·參』, 일본국립국회도서관 소장.

宗家記錄『裁判記錄 幾度九左衛門 壹·貳·參(共二五冊)』, 일본국립국회도서관 소장.

宗家記錄『裁判記錄 嶋雄只右衛門 壹·貳·參』, 일본국립국회도서관 소장.

宗家記錄『裁判記錄 戶田三左衛門 壹・貳・参(共二五冊)』, 일본국립국회도서관 소장.
宗家記錄『朝鮮交易斷絶ニ付唐紅毛商賣方對州役人江傳達仕候趣申上候書付』, 일본국립국회도서관 소장.
松浦京子, 1996, 『松浦桂川書簡抄』, 新潮社.
尹裕淑, 2012, 『近世日朝通交と倭館』, 岩田書院.
田代和生, 1998, 『近世日朝通交貿易史の研究』, 創文社.
_____, 2007, 『日朝貿易と對馬藩』, 創文社.
荒野泰典, 1988, 『近世日本と東アジア』, 東京大學出版會.
李薰, 2000, 「一八一一年の對馬易地聘礼と積弊の改善」, 『(對馬宗家文書第一期)朝鮮通信使記錄別冊下』, ゆまに書房.
米谷均, 1993, 「雨森芳洲の對朝鮮外交 -「誠信之交」の理念と實態」, 『朝鮮學報』 148.
森晉一郎, 1986, 「近世後期對馬藩日朝貿易の展開 - 安永年間の私貿易を中心として」, 『史學』 56-3, 三田史學會.
信原修, 2006, 「對馬藩々儒・雨森芳洲の晩境と次男・松浦贊治の知行召し上げをめぐって」, 『同志社女子大學総合文化研究所紀要』 23卷.
長正統, 1968, 「日鮮關係における記錄の時代」, 『東洋學報』 50-4.
鶴田啓, 1986, 「一八世紀後半の幕府・對馬藩關係 ― 近世日朝關係への一視覺 ― 」, 『朝鮮史研究會論文集』 23.

찾아보기

ㄱ

가르니에(François Garnier, 安鄴) 82, 83, 84
간사재판(幹事裁判) 286
간조부교(勘定奉行) 318
간조쇼(勘定所) 319
간조야쿠(勘定役) 298
갑신정변 68, 107, 108, 110
『갑인연행록(甲寅燕行錄)』 246
『갑인연행별록(甲寅燕行別錄)』 246
거란 126, 130, 137
겐소(玄蘇) 159, 162
경산(景山) 253
『경오연행록(庚午燕行錄)』 246
경탄사(慶誕使) 303
고니시 유키나가 176
고분코가카리(御文庫掛) 288
고산쿄(御三卿) 303
고습사(告襲使) 302
고시 쓰네에몬(越常右衛門) 298
고요닌(御用人) 289
고은미 24
고혼간(御本願) 320
고후신야쿠(御普請役) 318
공가(貢價) 291
공목(公木) 300
공인(貢人) 291

공작미 연한재판(公作米年限裁判) 286
『관수매일기(館守每日記)』 295
광개토대왕 비문 33
광서제 86, 88, 91, 99, 109
구준(寇準) 137, 138
국서(國書) 4
국자감 190, 195, 196, 198, 199, 204, 212, 213, 215, 218, 220, 221, 241
권벌 219
기노시타 준안(木下順庵) 288
김상명(金常明) 265
김성규 24
김성일 161, 162
김세정(金世丁) 250
김영창(金永昌) 251
김옥균 107
김인술(金仁述) 254
김흔 158

ㄴ

나가사키야쿠(長崎役) 288
나고야(名古屋) 318
나소도(那蘇圖) 262
남조만 53
남태기(南泰耆) 298
노부하라 오사무(信原修) 297

니시지마 사다오(西嶋定生) 24
니시진(西陣) 310

ㄷ

다다 가즈에(多田主計) 286
다다 겐모쓰(多田監物) 302
다와라 사이헤이(俵最兵衛) 316
다이남(大南) 73
다이비엣(大越) 73
다카세 효고(高瀨兵庫) 303
당보(塘報) 255
당 태종 50
당·토번 회맹 사례 47
대관(代官) 300
『대명회전(大明會典)』 186, 206, 207
대보단(大報壇) 279
『대연원공실록(大衍院公實錄)』 288
『대의각미록(大義覺迷錄)』 261
『대청회전(大淸會典)』 69, 71
대통사(大通詞) 316
대형전(大亨殿) 227
덕통(德通) 274
도교 231, 233, 235, 236
도다 산자에몬(戶田三左衛門) 286
도선주(都船主) 298
도쇼구(東照宮) 304
도시요리(年寄) 302
도요토미 히데요시(豊臣秀吉) 158, 159, 160, 167, 168, 169, 171, 174, 176, 178, 179
도쿠가와 요시무네(德川吉宗) 311
돌궐과 당의 맹약 49
동(銅) 312
동래부(東萊府) 315
동래부사 314
동무(東武) 314
동부유라시아론 28
동북공정 25
동아시아 20, 26
동여국 53
동치제 80, 84
동팔참(東八站) 260
동해도(東海道) 318
떠이산당(西山黨) 72
떠이산당의 난 73
떠이산조(西山朝) 74
뜨득제(嗣德帝) 103

ㄹ

라오카이(保勝) 82
랍포돈(拉布敦) 274
로주 320
류중영 209, 213, 219, 230, 232
류큐 68, 71, 72
리비에르 82

ㅁ

마가리 사건(馬嘉理事件) 84
마미 조선소 106
마쓰다이라 데루타카(松平輝高) 320
마쓰우라 가쇼(松浦霞沼) 287
마쓰우라 산지(松浦賛治) 286
마이새(馬爾賽) 273
만세산 253
만세야(萬歲爺) 277
만송원송사(萬松院送使) 290
맹약 22, 33
맹약-조공관계 57
맹주국 59
메콩강 76, 84
목화림(木和林) 274
무진사(武進士) 271
문금(門禁) 186, 199, 200, 203, 204, 239
문선왕 217, 218
문위행 송영재판(問慰行送迎裁判) 286
문천상 192, 195
미야케 히데토시 170
미우라 겐노신(三浦源之進) 306

ㅂ

박긴(北圻) 96, 97, 103, 104
박사눌(朴師訥) 314
박지원(朴趾源) 272

박홍장 166, 177
반적(潘迪) 218
배령(拜領) 307
배삼익 220, 221
배차(拜借) 307
백기군(白旗軍) 81
백사(白絲) 310
백탑사 212, 213
백탑촌(白塔村) 261
번부 69
『법월신약(法越新約)』 99, 100
벽제관 전투 164
『변례집요(邊例集要)』 289
별단(別單) 276
별서계(別書契) 293
보불전쟁 76
보정사(報情使) 302
부레(寶海, M. Bourée) 94
북경 관광 185
불교 234, 236

ㅅ

『사기』 흉노열전 44
사용재 174
사이(四夷) 127
사이공(西貢) 74
사쿠마 진파치(佐久間甚八) 318
사쿠마 헤베에(佐久間平兵衛) 318

사행 184
산삼(山蔘) 311
상고(商賈) 292
생사(絲) 310
서반 227
서일관 174
소가죽 312
소릉하교(小凌河橋) 263
소세양 200, 201, 205, 209, 229, 230, 237
소 요시미치(宗義方) 288
소 요시아리(宗義蕃) 289
소 요시토시(宗義智) 159
송산보(松山堡) 263
송응창 174
수우각(水牛角) 299
숭정제(崇禎帝) 253
스기무라 다테와키(杉村帶刀) 296
승천태후 133, 138
시게마쓰 고노모(重松此面) 287
시마오 다다에몬(嶋雄只右衛門) 286
시마오 하치자에몬(嶋雄八左衛門) 304
시마이 소시쓰(島井宗室) 159
시모노세키조약 68
신분야쿠(眞文役) 297
신안(新安) 267
신한상(申漢相) 272
심양(瀋陽) 259
심유경 167, 168, 176, 177

쓰루타 게이(鶴田啓) 320

ㅇ

아라노 야스노리(荒野泰典) 307
아메노모리 호슈(雨森芳洲) 287
안남(安南) 73
야나가와 시게노부(柳川調信) 159, 162, 167
양방형 167, 168
에르네스트 푸르니에(福祿諾, François Ernest Fournier) 104
여유량(呂留良) 261
여형여제(如兄如弟) 33
역관(譯官) 5
역대제왕묘 212, 213, 229, 232
연운 16주 129, 130, 135, 139, 147, 148
『연행일기』 264
『열하일기(熱河日記)』 272
영고탑 회귀설 261
영빙참판사(迎聘參判使) 298
영속어수당금(永續御手當金) 306
영현(鄮縣) 267
예단삼 점퇴 291
예의지국 223
오노 로쿠로에몬(小野六郎右衛門) 290
오사 마사노리(長正統) 286
오아종(吳亞終) 81, 82
왕계영(王繼英) 142
왕계충 140, 144

왕흠약(王欽若) 137
요동성 259
요시나가(義暢) 306
요시무라 깃사에몬(吉村橘左衛門) 300
우치노 사자에몬(內野佐左衛門) 293
우치노 이치로자에몬(內野一郎左衛門) 286
운남 84, 86, 88, 95
웅진회맹 37
월남(越南) 73
유사(類似) 조공관계 4
유성룡 160, 176
유영복(劉永福) 81, 82, 83, 101, 105, 109
유인선 30
유장우(劉長佑) 83, 86
유통훈(劉統勳) 274
윤영인 30
응우옌 반후에(阮文惠) 74
응우옌 왕조 70, 71, 72, 74, 76, 79, 80, 82, 84, 85, 87, 93, 95, 99, 103
응우옌푹아인(阮福映) 73
응우옌푹티(阮福時) 102
의제적 친족 관계 35
이계동 158
이덕형 166
이명윤(李命尹) 306
이보관(李普觀) 314
이봉론(移封論) 308
이에나리(家齊) 303

이에모토(家基) 303
이에하루(家治) 303
이이장(李彛章) 292
이형원 158
이홍장 88, 94, 96, 97, 99, 100, 101, 104, 108
인삼대왕고은(人蔘代往古銀) 311
인삼좌(人蔘座) 312
임오군란 68, 107

ㅈ

『자성편(自省篇)』 256
장수성 88, 91
재판기록(裁判記錄) 289
전연의 맹약 130, 135, 144, 145, 146, 147, 148
정두경(鄭斗卿) 253
정세태(鄭世泰) 271
제1차 사이공조약(壬戌和約) 75, 76, 78
제1차 아편전쟁 74, 80
제1차 후에조약(아르망조약, 癸未和約) 77, 78, 96, 102
제2차 사이공조약(甲戌和約) 75, 76, 78, 88, 99
제2차 후에조약(甲申和約) 77, 78
제천의식 54
조공(朝貢) 69, 127
조공-맹약 23

조공-맹약체제론 5
조공-책봉관계 21, 57, 68, 69
조공-책봉 질서 56
조공체제론 4, 24
조광윤(趙匡胤) 126
조삼(造蔘) 291
조선 68, 71, 72, 101, 107, 110
『조선통교대기(朝鮮通交大紀)』 287
조센가타(朝鮮方) 290
조센가타사야쿠(朝鮮方佐役) 288
조센가타토야쿠(朝鮮方頭役) 296
조센고요시하이(朝鮮御用支配) 309
조양문(朝陽門) 265
조익(趙翼) 253
조천궁 211, 212, 231, 232, 233, 235
조청상민수륙무역장정 68
조헌 209, 218, 222
조현명(趙顯命) 256
조회(朝會) 59
존 페어뱅크(John K. Fairbank) 24
종주권 7
주청사(奏請使) 163
준가르(準噶爾) 274
중원고구려비 33
중화제국 질서 24
중화(화이)사상 26
중화 회복 의식 254
지롱(基隆) 106

지행몰수(知行沒收) 297
진문(眞文) 310
진요수(陳堯叟) 137
진종(眞宗) 130
진흥왕 순수비 37

ㅊ

채성사(蔡成思) 272
책봉(冊封) 127
책봉사 167, 168, 171, 177
책봉체제론 4, 24
천단 212, 213, 223, 224
천진조약(中法新約) 78, 108, 109, 111
청불전쟁 82, 101, 105, 107, 108
『청사고(淸史稿)』 69, 70, 71, 83, 95, 102, 103, 105, 108
『청실록(淸實錄)』 70, 88
총리기무아문 76
최덕중(崔德中) 264
최희재 24
취리산회맹 37

ㅋ

크리스트교 93

ㅌ

태상시승(太常寺丞) 225, 227

토사 69
통신사 송영재판(通信使送迎裁判) 286
통킹(北圻) 86, 91, 105, 109
트리코(德理固, Tricou) 96

ㅍ

평방자(平房子) 263
『표서찰방매일기(表書札方每日記)』 297

ㅎ

하노이(河內) 76, 82, 83, 87, 89, 94, 97, 102
하이퐁(海防) 91
한과 흉노의 맹약관계 44
해수(海壽) 262
해인사 212, 236, 237
행산보(杏山堡) 263
허봉 209, 218, 220, 222, 228, 234
허성(許筬) 161
현목(現木) 310
현태익(玄泰翼) 306
호시 69
혼하(渾河) 260
홍강(紅江) 76, 86, 91
홍승주(洪承疇) 263
화폐 개주 311
환구 225
황기군(黃旗軍) 81

황단(皇壇) 278
황신 166, 167, 168, 169, 177
황윤길 161
황재(黃梓) 246
회맹 33, 54
회흘 51
흉노(匈奴) 128
흑기군(黑旗軍) 77, 81, 82, 84, 95, 105
히도쓰야나기 스에야스(一柳末安) 158
히라타 쇼자에몬(平田所左衛門) 286
히로세 노리오(廣瀨憲雄) 27
히토쓰바시(一橋) 303

동북아역사재단 연구총서 116
전통시대 사행으로 본 동아시아 국제관계

초판 1쇄 인쇄　2020년 11월 20일
초판 1쇄 발행　2020년 11월 30일

엮은이　윤유숙
펴낸곳　동북아역사재단

등록　제312-2004-050호(2004년 10월 18일)
주소　서울시 서대문구 통일로 81 NH농협생명빌딩
전화　02-2012-6065
팩스　02-2012-6189
홈페이지　www.nahf.or.kr
표지디자인　역사공간
제작·인쇄　역사공간

ⓒ 동북아역사재단, 2020

ISBN　978-89-6187-575-2　93910

- 이 책의 출판권 및 저작권은 동북아역사재단이 가지고 있습니다.
  저작권법에 의해 보호를 받는 저작물이므로 어떤 형태나 어떤 방법으로도 무단전재와 무단복제를 금합니다.
- 책값은 뒤표지에 있습니다. 잘못된 책은 바꾸어 드립니다.